序

　　新供给经济学于世界金融危机带来的全球经济学者对经济学理论的反思浪潮中应运而生，其并非是对"萨伊定律"或"供给学派"的简单复活，而是更加注重从实际出发，主张以供给端发力服务全局，是经济学理论的中国创新。本书阐述了新供给经济学理论的"五维一体化"框架创新、理论基础的重点创新、"理论联系实际"的思路创新以及时代诉求与政策主张，以期为读者系统展现新供给经济学阶段性研究成果。

　　基于传统经济学、制度经济学、转轨经济学、发展经济学和新兴经济学相关理论，书中论述了新供给经济学"五维一体化"理论框架，并深入阐发了供给侧"物"与"人"的联通。在对世界金融危机的"反思"中，以"动物精神"的分析解读、"理性预期失灵"原理、经济学"新框架"体系和"三驾马车"框架为切入点，从供给侧视角进行了深入探讨。还特别注重在中国"和平崛起"破非常之局过程中"理论联系实际"的思路创新，在相关理论研究的基础上，对胡焕庸线"半壁压强型"三重叠加、政府和社会资本合作模式、城镇化、土地制度改革、科技金融服务等重大问题进行新视角下的探讨。最后，从"时代为什么需要新供给经济学"的思考出发，阐述了中国制度供给变革的国家治理现代化和全面法治化的总纲，认为应从供给端着手改革来化解潜在风险以实现经济可持续发展，并在"八双""五并重"的政策主张下论述了增加有效供给的选择性"聪明投资"的政策建议等。

　　经济学是一门与实践密不可分的致用学科，新供给经济学是在中国本土研究者中抱着"经世济民"的情怀与追求产生和发展起来的。我们期待这样的学术理论研究能够避免走"空谈误国"的迷途，而实实在在地做到胸怀世界、脚踏实地，在"不唯上、不唯书、只唯实"的道路上为中国经济发展、社会进步服务。

贾　康　苏京春

新供给经济学

XINGONGJI JINGJIXUE

贾　康　苏京春◎著

山西出版传媒集团
山西经济出版社

图书在版编目(CIP)数据

新供给经济学 / 贾康,苏京春著. — 太原:山西
经济出版社,2015.8(2016.5 重印)

ISBN 978-7-80767-924-0

I. ①新… II. ①贾… ②苏… III. ①供应学派

IV. ①F091.352.4

中国版本图书馆 CIP 数据核字(2015)第 183763 号

新供给经济学

著　　者:	贾　康　苏京春
出 版 人:	孙志勇
出版策划:	葛志强
责任编辑:	熊汉宗
复　　审:	任　冰
终　　审:	张宝东
装帧设计:	阎宏睿

出 版 者:	山西出版传媒集团·山西经济出版社
地　　址:	太原市建设南路 21 号
邮　　编:	030012
电　　话:	0351-4922133(市场部)
	0351-4922085(总编室)
E - mail:	scb@sxjjcb.com(市场部)
	zbs@sxjjcb.com(总编室)
网　　址:	www.sxjjcb.com

经 销 者:	山西出版传媒集团·山西经济出版社
承 印 者:	山西省美术印务有限责任公司

开　　本:	787mm×1092mm　1/16
印　　张:	21.5
字　　数:	320 千字
印　　数:	6001-8000 册
版　　次:	2015 年 8 月　第 1 版
印　　次:	2016 年 5 月　第 2 次印刷
书　　号:	ISBN 978-7-80767-924-0
定　　价:	58.00 元

目　录
Contents

导论　新供给——经济学理论的中国创新 / 01

一、"新供给"研究中的"破" / 02

二、"新供给"研究中的"立" / 03

三、"新供给"的政策主张 / 06

四、拒绝简单化标签，注重从实际出发，供给端发力服务全局 / 07

第一部分　新供给经济学理论的"五维一体化"框架创新 / 10

第一章　新供给经济学理论"五维一体化"框架 / 10

第二章　传统经济学："供给侧"经济学派的两轮"否定之否定" / 11

一、"供给侧"学派发展脉络的四大阶段 / 13

二、"供给侧"学派源流呈现的两轮"否定之否定" / 18

三、对于"供给侧"学派的评价 / 20

四、启示与展望 / 30

第三章　制度经济学：从制度学派到新制度经济学 / 37

一、制度学派及评价 / 37

二、新制度经济学及评价 / 40

三、马克思主义制度经济学及评价 / 43

第四章　转轨经济学：转轨模式与制度供给 / 44

一、华盛顿共识：由针对拉美而影响其他 / 45

二、北京共识：中国发展模式之争 / 46

三、思考：两模式的偏颇与包容创新 / 46

第五章　发展经济学：从技术演变看供给端与经济发展 / 47

一、后发优势理论 / 48

二、发展的后发优势理论 / 49

三、追赶假说 / 50

四、"蛙跳"模型 / 50

五、技术模仿函数 / 52

六、技术转移、模仿和创新的一般均衡模型 / 53

第六章　新兴经济学：信息、行为经济学带来的启发 / 54

第七章　"五维一体化"框架："物"与"人"的联通 / 55

一、认识供给侧的"物"和"人" / 56

二、从供给侧"物"与"人"的有机联通看中国 / 57

第二部分　世界金融危机"反思"：新供给经济学基础理论的重点创新 / 66

第一章　"动物精神"的分析解读与理性的"供给管理" / 66

一、"动物精神"的内涵及发展 / 66

二、"动物精神"引发"非理性繁荣"：联系中国现实的启示 / 73

三、化解"动物精神"的路径：理性的"供给管理" / 75

第二章　"理性预期失灵"及"供给管理"对其的矫正 / 78

一、对理性预期理论的简要述评 / 79

二、理性预期失灵原理：假设、发生路径与机理分析 / 80

三、理性预期失灵的几点相关考察 / 88

四、理性预期失灵的矫正路径 / 94

第三章　"新框架"与"新供给"创新 / 97

一、回应经济实践诉求的新认识 / 99

二、"新框架"与"新供给"：理论视角的联通 / 103

三、"新框架"的缺陷：对"新供给"的诉求 / 107

四、重要的总结：理论与经济实践的互动式完善 / 108

第四章　"三驾马车"认知框架需对接供给侧的结构性动力机制构建 / 111

一、"三驾马车"认识框架基于需求，但实已体现需求侧管理

也必须面对结构性问题 / 112

二、需求侧"元动力——三动力"的得失悖论 / 113

三、由悖论认知分析的指向：探究对应于需求侧的供给侧结构性

动力机制 / 115

四、深入认识响应需求侧"元动力"的供给侧结构性动力机制，

是经济学理论创新的重大任务 / 118

第三部分　中国和平崛起破非常之局的新供给经济学"理论联系实际"

思路创新 / 122

第一章　"胡焕庸线"引发的供给侧思考 / 122

一、对经济发展中"胡焕庸线"的再审视 / 122

二、"半壁压强型"的三重叠加 / 128

三、与"供给管理"的天然联系及政策建议 / 139

四、本章小结 / 154

第二章　政府和社会资本合作模式：制度供给的重大创新 / 155

一、新公共管理运动中的公共服务市场化改革 / 157

二、政府和社会资本合作模式的理论基础与发展 / 160

三、政府和社会资本合作模式新制度供给在中国释放潜力的

三大正面效应 / 162

四、政府和社会资本合作模式与中国混合所有制改革创新的内在联通 / 166

五、政府和社会资本合作模式与党的十八届四中全会全面"法治化"

主题的贯通：催化新时期相辅相成的现代文明演进——法治建设

与契约精神培养 / 170

第三章　城镇化及后发追赶中的制度供给 / 174

一、发达国家为发展中国家城镇化进程带来的矛盾 / 176

二、发达地区为欠发达地区城镇化进程带来的矛盾 / 179

三、运用"供给管理"思路应对矛盾、实现共赢 / 180

第四章　中国新型城镇化进程中土地制度改革的难题破解路径 / 183

一、中国城镇化和现代化进程中土地制度改革的难题 / 184

二、难题破解的重要实践启示：深圳的突破路径 / 193

三、远景展望：在单一国有平台上，通盘规划土地开发利用，使
市场充分起作用和更好地发挥政府职能，动态优化，因地制宜，
积极探索创新我国的土地制度体系 / 202

第五章 "理性预期失灵"原理的应用：对我国科技金融服务体系的思考 / 207

一、"理性预期失灵"原理及市场中典型现象的思考 / 208

二、基于理性预期失灵对我国科技金融现状的再认识 / 211

三、缓解理性预期失灵：成都市高新区科技金融模式 / 214

四、财政支持科技金融的杭州经验及启示——杭州银行科技支行
调研报告 / 219

五、"珍珠项链"模式、科技金融生态创新与新供给管理
——基于浙江中新力合公司调研 / 228

六、供给侧视角下政策性金融与民间资本、中小企业的对接 / 244

第四部分 新供给经济学的时代诉求与政策主张 / 260

第一章 时代为什么需要新供给经济学 / 260

一、"新供给经济学"的背景 / 260

二、西方经济学和传统供给学派的核心观点及运用成效 / 262

三、以需求管理为核心的凯恩斯主义与货币刺激实践在欧洲
和日本教训多于经验；德国有亮点 / 268

四、立足中国实践看"理性供给管理" / 270

五、中国"供给管理"的切入点与侧重点 / 275

第二章 中国制度供给变革的总纲：国家治理现代化和全面法治化 / 277

一、以"国家治理现代化"为取向推进全面改革优化制度供给 / 277

二、从《中共中央关于全面深化改革若干重大问题的决定》精神
联结《中共中央关于全面推进依法治国若干重大问题的决定》
要领的试解读 / 286

第三章　从供给端着手改革：化解潜在风险，实现经济可持续发展 / 291

一、中国宏观调控和可持续发展面临新环境、新局面及新挑战 / 291

二、传统意义上的货币和财政政策已难以适应中国经济步入新的
发展阶段后的总体要求 / 292

三、成本推动是中国通货膨胀的重要特征 / 293

四、我国将继续面临潜在增长率下降 / 294

五、宏观调控的弹性空间收窄，加大调结构力度，加快发展方式
转变，才能化解潜在"滞胀式"威胁，实现可持续快速发展 / 295

六、以改革为依托，从供给端机制创新入手 / 297

第四章　新供给经济学的政策主张 / 299

一、"新供给"的"八双" / 300

二、"新供给"的"五并重" / 313

第五章　重要应用：引领"新常态"，增加有效供给的选择性"聪明投资"
/ 319

一、增加有效供给的"聪明投资"必要性分析 / 320

二、增加有效供给的"聪明投资"可行性分析 / 323

三、注重"理性供给管理"的政策建议 / 324

并非结束的结束语："供给创造需求"的新解读 / 330

导论
新供给——经济学理论的中国创新

理论一定是要服务现实的，但理论自有其超越片断现实、局部现实的规律认知追求，和高于一般经验、直觉的指导性品质，这才构成了理论服务现实的价值之所在。经济学研究者显然应力求理论密切联系实际，在无穷尽的发展过程中，有所发现、有所创新、有所前进。

中国经济在经受不期而至的世界金融危机冲击之后，已走到了一个自身"潜在增长率"下台阶而"矛盾凸显"对"黄金发展"瓶颈制约日趋严峻的新阶段。往前看，寻求经济增长的可持续，必须在"发展是硬道理"升华为"全面协调的科学发展是硬道理"之后，使中长期发展与有效激发、如愿释放内生潜力与活力相结合，从而使经济增长质量真正提高，已强调多年的优化结构、加快发展方式转变为现实。而与此相关的分析认识反复指向一个人们无法回避、议论纷纷的问题：为使中国中长期经济增长、结构调整所面临的瓶颈制约得到破解，需要构建什么新的思路？我们认为回答这个问题，首先需要得到理论创新之光的烛照引领。

中国的"新供给经济学"研究群体（我们所在的华夏新供给经济学研究院和"新供给经济学50人论坛"），在迎接中国共产党的十八大和党的十八届三中、四中全会的背景之下，提出了从供给端发力应对现实挑战、破解瓶颈制约的一套认识和建议。党的十八届三中全会关于全面深化改革、党的十八届四中全会关于全面推进法治化的指导文件的发表，又给予我们更多的研究激励和改革、转型的紧迫感。作为研究者，我们力求有所作为地形成对主流经济学理论框架的反思，和对于实现从邓小平同志提出的"三步走"到习近平总书记表述的"中国梦"现代化目标的理论创新支撑。相关认识的切入点，是需要对已有的经济学成果有"破"有"立"。

有研究界的朋友问："新供给"新在哪里？我们认为，虽然已有的研究成果还属初步，但其新意已可做出概要总结：一是新在我们的"破"，二是新在我们的"立"，三是新在我们成体系的政策主张与思路设计。

一、"新供给"研究中的"破"

从世界金融危机和中国改革开放的现实生活经验层面考察，人们普遍发问：为什么经济学家对于"千年之交"后震动全球的金融危机没有像样的预测？有无有效、有力的经济学解说与对策思路框架？如何以经济学理论阐释中国的不凡发展与艰巨的转轨进程？众多研究者认为：经济学理论迄今已取得的基本成果亟待反思。我们认为，这一中外人士反复提到的挑战性问题可以归结为经济学理论所需要的、在"新供给"研究中已致力做出的"破"，这至少集中于如下三大方面。

第一，我们直率地指出了主流经济学理论认知框架的不对称性。古典经济学、新古典经济学和凯恩斯主义经济学虽然各自强调不同的角度，都有很大的贡献，但是共同的失误又的确不容回避，即他们都在理论框架里假设了供给环境，然后主要强调的只是需求端、需求侧的深入分析和在这方面形成的政策主张，都存在着忽视供给端、供给侧的共同问题。最近几十年有莫大影响的"华盛顿共识"，理论框架上是以"完全竞争"作为对经济规律认知的假设条件，但是回到现实，即联系实际的时候，并没有有效地矫正还原，实际上拒绝了在供给侧作深入分析，在这样一个重要领域存在明显不足。世界头号强国美国前几十年经济实践里，在应对滞胀的需要和压力之下应运而生的供给学派是颇有建树的，其政策创新贡献在实际生活里产生了非常明显的正面效应，但其理论系统性应该说还有明显不足，他们的主张还是长于"华盛顿共识"框架之下、在分散市场主体层面怎样能够激发供给的潜力和活力，但却弱于结构分析、制度供给分析和政府作为分析方面的深化认识——因为美国不像中国这样的经济体有不能回避的如何解决"转轨问题"与"结构问题"的客观需要，也就自然而然地难以提升对供给侧的重视程度。相比于需求侧，供给侧的问题更复杂、更具长期特征和"慢变量"特点，更要求结构分析与结构性对策的水准，但这并不应成为经济学理论可长期容忍其认知框架不对称的理由。

第二，我们还直率地批评了经济学主流教科书和代表性实践之间存在的

"言行不一"问题。美国等发达市场经济在应对危机的实践中，关键性的、足以影响全局的操作，首推他们跳出主流经济学教科书来实行的一系列区别对待的结构对策和供给手段的操作，这些在他们自己的教科书里面也找不出清楚依据，但在运行中却往往得到了特别的倚重与强调。比如，美国在应对金融危机中真正解决问题的一些关键点，是教科书从来没有认识和分析过的"区别对待"的政府注资，美国调控当局一开始对雷曼兄弟公司在斟酌"救还是不救"之后，对这家150多年的老店任其垮台，而有了这样的一个处理后又总结经验，再后来对"两房"、花旗一直到实体经济层面的通用公司，就分别施以援手，大量公共资金对特定主体的选择式注入，是一种典型的政府区别对待的供给操作，并且给予经济社会全局以决定性的影响。然而，如此重要的实践，迄今还基本处于与其经典学术文献、主流教科书相脱离的状态。

第三，我们还直截了当地指出了政府产业政策等供给侧问题在已有经济学研究中的薄弱和滞后。比如，在经济发展中"看得见摸得着"的那些"产业政策"方面。尽管美国被人们推崇的经济学文献和理论界的代表人物均对此很少提及，但其实美国的实践却可圈可点，从20世纪80年代《亚科卡自传》所强调的重振美国之道的关键是"产业政策"，到克林顿主政时期的信息高速公路，到近年奥巴马国情咨文所提到的从油页岩革命到3D打印机，到制造业重回美国，到区别化新移民和新兴经济等一系列的亮点和重点，都不是对应于教科书的认知范式，而是很明显地对应于现实重大问题的导向，以从供给端发力为特色。不客气地说，本应经世致用的经济学理论研究，在这一领域，其实是被实践远远抛在后面的"不够格"状态。

二、"新供给"研究中的"立"

有了上述反思之"破"后，我们强调，必须结合中国的现实需要，以及国际上的所有经验和启示，以更开阔的经济学理论创新视野，考虑我们能够和应当"立"的方面。

第一，我们特别强调的是经济学基本框架需要强化供给侧的分析和认知，这样一个金融危机刺激之下的始发命题，需要更加鲜明地作为当代学人"理论联系实际"的必要环节和创新取向。在基础理论层面我们强调：应以创新意识明确指出人类社会不断发展的主要支撑因素，从长期考察可认为是有效供给对于需求的回应和引导，供给能力在不同阶段上的决定性特征形成了人类社会不同发展时代的划分。需求在这方面的原生意义，当然是不可忽视的——人有需求才有动力、才要去追求各种各样的可用资源——但是在经济学角度上，有效供给对需求引导方面的作用过去却认识不足。我们从供给能力在不同阶段特征上的决定性这样一个视角，强调不同发展时代的划分和供给能力以及与"供给能力形成"相关的制度供给问题，具有从基础理论层面发生而来的普适性，也特别契合在中国和类似的发展中国家怎样完成转轨和实现可持续发展方面的突出问题。回应和解决这个视角上的问题，其实也包括那些发达经济体怎样在经历世界经济危机冲击后更好地把理论服务于现实需要。在现实生活中，关键是在处理"生产产品满足消费"的需求侧问题的同时，解决"生产什么"和"如何生产"的供给侧问题——尤其是"制度供给怎样优化"的问题。这种把需求与供给紧密联系起来的研究，在人类经济社会发展实践中正在日益凸显其必要性和重要性。

第二，我们强调正视现实，加强经济基本理论支点的有效性和针对性。比如"非完全竞争"，应作为深入研究的前提确立起来，因为这是资源配置的真实环境，牵涉大量的供给侧问题。过去经济学所假设的"完全竞争"环境，虽带有大量理论方面的启示，但它毕竟只能称为一种 1.0 版的模型。现在讨论问题，应放在非完全竞争这样一个可以更好反映资源配置真实环境、涵盖种种垄断竞争等问题的基点上，来升级、扩展模型和洞悉现实。需求分析主要处理总量问题，指标是均质、单一、可通约的，但供给分析要复杂得多，处理结构问题、制度构造问题等，指标是非单一、不可通约的、更多牵涉政府—市场核心问题这种基本关系，必然在模型扩展上带来明显的挑战和非比寻常的难度，但这却是经济学创新与发展中绕不过去的重大问题。更多的中长期问题和"慢变量"问题，也必然成为供给侧研究要处理好的难题。过去经济学研究中可以用一句话表明的"'一般均衡'或'反周期'调控中可自然解决的结构问题"，我们认为有必要升级为在非完全竞争支点上的一系列并非完全自然演变过程而有待加入供给侧能动因素作深入发掘的大文章。

第三，我们认为市场、政府、非营利组织应各有作为并力求合作，这也是优化资源配置的客观要求。在明确认同市场总体对资源配置的决定性作用的前提下，我们还需要有的放矢地来讨论不同的主体——即市场和政府，还有"第三部门"（非政府组织、志愿者、公益团体等），它们在优化资源配置里面可以和应该如何分工、合作、互动。在不同的阶段和不同的领域，分工、合作、互动的选择与特点又必有不同。由分工、失灵到替代，再由替代走向强调"政府和社会资本合作"模式（以下简称 PPP 模式）的合作，反映了人类社会多样化主体关系随经济发展、文明提升而具有的新特征、新趋势。

第四，我们特别强调了制度供给应该充分地引入供给分析而形成有机联系的一个认知体系，即物和人这两个视角，在供给端应该打通，各种要素的供给问题和制度供给问题应该内洽于一个体系，发展经济学、制度经济学、转轨经济学、行为经济学等概念下的研究成果，需要加以整合，熔于一炉。通过这样的"立"来回应转轨经济和中国现实的需求，形成的核心概念便是我们在理论的建树和理论联系实际的认知中，必须更加注重"理性的供给管理"。在中国要解决充满挑战的现代化建设的历史任务，必须借此强调以推动制度和机制创新为切入点、以结构优化为侧重点的供给端的发力与超常规的"追赶—赶超"长期过程。

当然，以上这些并不意味着我们就可以忽视需求方面的认识——"需求管理"的认识在已有的经济学理论成果中已经相对充分，我们希望在供给这方面更丰富地、更有针对性地提高认识框架的对称性。这样的认识落到中国经济学人所处的现实中间，必然要特别强调"以改革为核心"，从供给端入手推动新一轮"全面改革"时代的制度变革创新。这是有效化解矛盾累积和"滞涨""中等收入陷阱""塔西佗陷阱"和"福利陷阱"式的风险，实现中国迫切需要的方式转变与可持续健康发展而直通"中国梦"的"关键一招"和"最大红利所在"。我们的研究意图和可能贡献，是希望促使所有可调动的正能量把重心凝聚到中国迫在眉睫的"党的十八届三中、四中全会之后新一轮改革如何实质性推进"这一问题上，以求通过全面改革和理性的供给管理，跑赢危机因素的积累，破解中长期经济增长、结构调整瓶颈，从而使"中国梦"的实现路径可以越走越宽、越走越顺。

三、"新供给"的政策主张

在上述基本认识引出的新供给经济学研究群体的基本政策主张，是以改革统领全局之下的"八双"和面对"两个一百年"历史任务的"五并重"。本书收尾部分还会对此展开论述，在这里先扼要简介如下。

"八双"的基本要点是：

第一，"双创"——走创新型国家之路和大力鼓励创业。

第二，"双化"——推进新型城镇化和促进产业优化。

第三，"双减"——加快实施以结构性减税为重点的税费改革和大幅度地减少行政审批。

第四，"双扩"——对外开放格局和新的国际竞争局面之下，扩大中国对亚非拉的开放融和，以及适度扩大在增长方面基于质量和结构效益的投资规模(对于消费的提振当然是比较重要的，已经有了不少研究成果和重视程度的明显提高，但是对于投资这方面的进一步认识，我们认为也需要强调，所以放在"双扩"概念之下来体现)。

第五，"双转"——尽快实施我国人口政策中放开城镇体制内"一胎化"管制的转变，和积极促进国有资产收益和存量向社保与公共服务领域的转置。

第六，"双进"——在国有、非国有经济发挥各自优势协调发展方面，应该是共同进步，需要摒弃那种非此即彼截然互斥的思维，在"混合所有制"的重要概念之下，完善以"共赢"为特征的社会主义市场经济基本经济制度的现代化实现形式。

第七，"双到位"——促使政府、市场发挥各自应有作用，双到位地良性互动、互补和合作(这方面的分析认识，需扩展到中国势必要发展起来的第三部门，即志愿者组织、公益慈善界的非政府组织、非营利组织，这些概念之下的一些越来越活跃的群体，应该在社会主体的互动中间发挥它们的潜力。我们非常看重国际上已高度重视的 PPP 模式，在此模式之下寻求共赢，应该是最基本的认识视角)。

第八，"双配套"——尽快实施新一轮"价、税、财"配套改革，和积极地、实质性地推进金融配套改革。

在上述基本考虑中，"双创"是发展的灵魂和先行者；"双化"是发展的动力与升级过程的催化剂；"双减"则代表着侧重于提升供给效率、优化供给结构以更好适应和引导需求结构变化的制度基础；"双扩"是力求扩大供给方面在国际、国内的市场空间；"双转"是不失时机、与时俱进地在人口政策和国有资产配置体系两大现实问题上顺应供给结构与机制的优化需要，以支持打开新局面；"双进"是明确市场供给主体在股份制现代企业制度的演进中的合理资本金构成与功能互补和共赢效应；"双到位"是要在政府与市场这一核心问题上明确相关各方的合理定位；"双配套"是对商品基础价格形成机制和财税、金融两大宏观经济政策体系，再加上行政体制，以大决心、大智慧推进新一轮势在必行的制度变革与机制升级。

"五并重"的基本内容是：

第一，"五年规划"与"四十年规划"并重，研究制定基于全球视野的国家中长期发展战略；

第二，"法治经济"与"文化经济"并重，注重逐步积极地打造国家"软实力"；

第三，"海上丝绸之路"和"陆上丝绸之路"并重，有效应对全球政治经济格局演变；

第四，柔性参与跨太平洋伙伴关系协议（简称TPP）与独立开展经济合作区谈判并重，主动参与国际贸易和投资规则的制定；

第五，高调推动国际货币体系改革与低调推进人民币国际化并重。

这个"五并重"思路设计的视野，是把中国顺应世界潮流而寻求民族复兴的时间轴设为百年、空间轴设为全球，来认识和把握综合性的大格局、大战略问题。

四、拒绝简单化标签，注重从实际出发，供给端发力服务全局

简要地说，我们所主张的上面这些"立"，是生发于对经济规律的探究，首先既对应于中国的"特色"和背景，又服务于中国现代化的赶超战略。邓小平所强调的"三步走"可理解为一种实质性的赶超战略。其间前面几十年主要

是追赶式的直观表现，最后的意图实现，则确切无疑地指向中华民族能够实现伟大复兴，在落伍近 200 年之后又"后来居上"地造福全中国人民和全人类，这也就是习近平总书记所说的"中国梦"。这个"中国梦"绝不是狭隘民族主义的，而是一个古老民族应该对世界和人类做出的贡献，是数千年文明古国在一度落伍之后，应该通过现代化来加入世界民族之林的第一阵营，在人类发展共赢中做出自己应有的、更大的贡献，即服务于中国和世界人民，把对美好生活的向往变为现实。

我们深知，相关的理论和认识的争鸣是难免的和必要的，而在中国现在的讨论中间，似乎还很难避免有简单化贴标签的倾向。比如说在一般的评议中，某些思路和主张很容易被简单地分类——某些观点被称为新自由主义，某些观点被称为主张政府干预和主张大政府，有些则被称为是主张第三条道路。贴标签的背后，是认识的极端化和简单化。

我们自己的认识倾向是希望能够超越过去的一些贴标签式的讨论，侧重点在于先少谈些主义、多讨论些问题，特别是讨论真问题、有深度的问题，来贯彻对真理的追求。没有必要在经济学框架之内、在对经济规律的认知领域之内，对这些讨论中的观点处处去分辩是左是右、姓资姓社。新供给研究的追求，是继承经济学和相关学科领域内的一切人类文明的成果，站在前人的肩膀上，对经济理论学说做出发展，包括补充、整合与提升。

我们对于理论研究的"从实际出发"应该加以进一步的强调。"一切从实际出发"既要充分体察中国的传统（包括积极的、消极的），充分体察中国的国情（包括可变的与不可变的），也要特别重视怎样回应现实需要——有些已认识的固然是真实合理的现实需要，但也会有假象的现实需要即不合理的、虚幻的诉求，需要通过研究者中肯、深入的分析理清。既从实际出发体察中国视角上必须体察的相关各种事物，又要注重其他发展中国家以及发达国家的经验和教训、共性和个性，包括阐明和坚持我们认为现在已经在认识上可以得到的普世的共性规律和价值。

由破而立，由理论而实际，在分析中就特别需要注重供给端与需求端的结合，政府、市场与第三部门互动等全方位的深入考察和相互关系考察，力求客观、中肯、视野开阔、思想开放。"新供给经济学"绝不是为了创新而创新，而是面对挑战有感而发，为不负时代而做出理应追求的创新。中国自 20 世纪 90 年代以来宏观调控中"反周期"的政策实践，有巨大的进步和颇多成绩，但延续主流经济学教科书和仿效发达国家的需求管理为主的思路，继续贯彻单一的"反周期"操作路线，随近年的矛盾积累与凸显，已日益表现出了其局限性。今后随着中国经济潜在增长率下台阶、经济下行中资源环境制约和收入分配等人际关系制约已把可接受的运行状态的"区间"收窄，再复制式地推出"四万亿 2.0 版"的空间，已十分狭窄，较高水平的理性"供给管理"的有效运用，势在必行。既然在中国中长期发展中如何破解瓶颈制约，攻坚克难全面深化改革、优化结构，是国人共同面临的历史性重大考验，那么我们应站在前人肩膀上，以严谨的学术精神，秉持理论密切联系并服务实际的创新原则，更好地发挥经济学经世济民的作用，更多地注重从供给端发力，在实践中破解瓶颈，服务全局，把握未来。

第一部分
新供给经济学理论的"五维一体化"框架创新

第一章　新供给经济学理论"五维一体化"框架

"新供给经济学"作为一种经济学创新理念，并非建立在单一源流的基础上，而是力求最为开阔地建立在传统理论经济学、制度经济学、转轨经济学、发展经济学、信息及行为经济学所构成的"五维一体化"理论框架基础上（图1-1）。我们试图分别从各个理论维度出发，对其进行沿历史发展脉络的供给侧简要综述考察，进而勾勒出新供给经济学如何着眼于"集大成"的理论框架，寻求把供给侧研究最重要的两个视点——"物"与"人"有机联通，并由此提供对新供给经济学自身框架与理论边界的总括式解读。

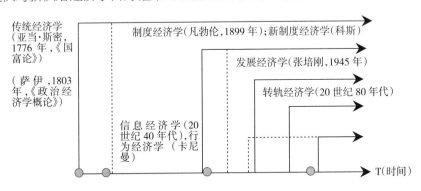

传统经济学
（亚当·斯密，
1776 年，《国富论》）

（萨伊，1803年，《政治经济学概论》）

制度经济学（凡勃伦，1899 年）；新制度经济学（科斯）

发展经济学（张培刚，1945 年）

转轨经济学（20 世纪 80 年代）

信息经济学（20世纪40年代），行为经济学（卡尼曼）

T（时间）

图 1-1　"五维"经济学发展时间谱

正是基于"新供给经济学"这一经济学创新研究理念及其理论"五维一体化"框架，结合全面深化改革的背景，在注重从"供给侧"进行的系列研究中，我们从后危机时代的潮流词汇"动物精神"出发，结合经济发展现实解读理性供给管理可遵循的逻辑路径，并在反思中发现"动物精神"与"理性预期失灵"的一致性，继而继续试图深入探析在理性预期学派成果上可从其反面映像考察的理性预期失灵，而其缓解路径合乎逻辑地指向理性的供给管理，并将理性预期失灵这一原理试运用于中国科技金融发展实践分析，提炼现行科技金融发展模型的精髓。由此回到若干年前已形成的"中国特色的宏观调控要特别注重理性的供给管理"这个基本着眼点，我们特别构建了从我国体现基本国情的"胡焕庸线"所引出的资源、环境"半壁压强型"和"三重叠加"特点的一整套认识，又顺乎"问题导向"地推进到"要以非常之策破解非常之局"的供给管理战略思路与策略组合设计；并且，我们从制度供给的视角分析了现阶段已出现的热点——PPP模式的相关问题，使供给侧研究的重大作用进一步凸显。可以说，新供给经济学理论的"五维一体化"框架，一方面帮助我们梳理了现有的经典经济学理论脉络和新兴经济学理论脉络，另一方面在此基础上为我们利用经济学解决实践问题开辟了更为可行的道路（对这种"理论联系实践"的继续展开详见本书的第二部分和第三部分）。

本部分主要从"供给侧"出发探讨传统理论经济学、制度经济学、转轨经济学、发展经济学、信息及行为经济学发展脉络，及其所构成的新供给经济学"五维一体化"理论框架中所包含的对"人与物""人与人"两个层面的思考。

第二章　传统经济学："供给侧"经济学派的两轮"否定之否定"

为了深入探讨"新供给经济学"理论的"五维一体化"框架，沿着图1-1所示的时间轴，我们可首先从传统经济学理论说起。两个多世纪以来，从理论到实践，再从实践到理论，对于"供给侧"的研究和应用起起伏伏，但从未淡出经济学人的视野。"供给侧"经济学派（Supply-Side Economics）的开端，可认为是19世纪初"萨伊定律"的提出和发展，而随着"后来居上"的凯恩斯革命，凯恩斯主义对其进行了几近全盘的否定；20世纪70年代，"供给学派"重新兴起，构成历史上在"供给侧"的第一次复辟，且明显带有"螺旋式上升"的新特点，并紧接着又继续湮没于"凯恩斯主义复辟"的浪潮中；直至2008年美国"次贷危机"引发全球金融海啸，"供给侧"学派才又重新以

"供给管理"这一带有继续"螺旋式上升"新特点的形式，重新回归至举足轻重之位。与普遍的在表现层面排列史实资料的流派梳理有所不同，我们更注重以史实为依据的长期视野下可发现的主脉演变特征，并认为"供给侧"学派的发展颇具"以史为鉴"的思考价值。试想若将这一思考纳入以历史时期为横轴和以经济哲学为纵轴的坐标系，将"供给侧"学派的发展与实践的发展视为两条曲线，那么必将得到"供给侧"学派曲线始终追逐实践曲线危机点而上升的特点（图 1-2）。

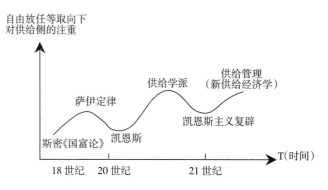

图 1-2　"供给侧"学派发展曲线

　　就"实质"层面的"实际"而言，沿着历史发展的脉络，"供给侧"学派在两个多世纪以来，主要历经四大阶段，呈现出清晰的规律——即两轮"否定之否定"。我们正是在勾画这一轨迹的基础上，试图通过对"供给侧"学派的评价与反思，总结其启示并做出展望：首先，从历史视角和学术视角对"萨伊定律"和"供给学派"的评价作综述和分析。在此基础上，一方面从"大萧条—滞胀—第二次世界大战后危机—次贷危机"为发展脉络的实证维度探析四轮经济危机中"供给侧"学派的曲折发展；另一方面从"萨伊定律—供给学派—供给管理"为发展脉络的学术维度探析"供给侧"学派认识水平的螺旋式上升，并借此思考并论述经济学思潮与危机实践的辩证关系，最后将"供给侧"学派的源流结合经济发展现实，提出"从对立走向融合"的展望。

　　以两轮"否定之否定"为脉络对"供给侧"经济学派的探析，可以揭示出，后危机时代采取的"供给管理"及在中国发展中兴起的"新供给经济学"，绝非脱离轨道的偶然，而恰是沿着历史的长周期和发展逻辑，实质地构成了

"供给侧"学派的理性回归。

一、"供给侧"学派发展脉络的四大阶段

在 19 世纪初的法国，萨伊受到亚当·斯密 1776 年出版的《国富论》的影响，提出"萨伊定律"，步入经济学古典自由主义，并成为法国"庸俗政治经济学"的创始人。其后经历 20 世纪 70 年代追随"萨伊定律"的"供给学派"在美国的高调回归，到 2008 年"次贷危机"引发金融海啸和全球金融危机后美国政府采取"供给管理"的实践。紧密结合经济实践探寻"供给侧"学派源流，我们不难发现其迄今为止历经四大阶段：从"萨伊定律"到"凯恩斯主义"，从"凯恩斯主义"到"供给学派"，从"供给学派"到"凯恩斯主义复辟"，从"凯恩斯主义复辟"到"供给管理"，并沿着四大阶段的历史发展脉络呈现出清晰的两轮"否定之否定"：第一轮否定之否定的逻辑是"萨伊定律—凯恩斯主义—供给学派"，第二轮否定之否定的逻辑是"供给学派—凯恩斯主义复辟—供给管理"。我们试图将发端、四大阶段、起始时间、产生原因以及两轮"否定之否定"纳入一个逻辑框图中，即形成"供给侧"学派发展源流图（图 1-3）。

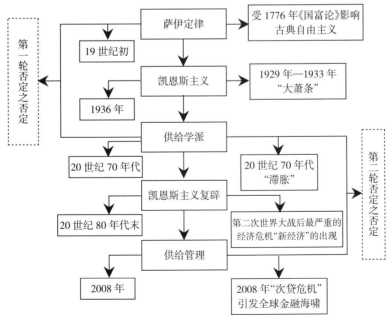

图 1-3 "供给侧"学派发展源流图

（一）第一阶段：从"萨伊定律"到"凯恩斯主义"

让·巴蒂斯特·萨伊（Jean-Baptiste Say，1767—1832）1767年出生于法国里昂，19岁赴英国留学并开始接触斯密的《国富论》，受到此经济学启蒙思想的影响，萨伊后来也成为古典自由主义的代表人物之一。从年轻时期的文学青年，逐步经历从商、从军，后又回归编辑岗位，萨伊在1803年出版著作《论政治经济学》（或《略论财富是怎样产生、分配和消费的》，或简称《政治经济学概论》），并在此著作中提出了著名的"萨伊定律"。按照萨伊的论述，"某人通过劳动创造某种效用，同时授予其价值。但除非有人掌握购买该价值的手段，否则便不会有人出价来购买该价值。所指手段由何组成？回答是由其他价值所组成，即：由同样是劳动、资本和土地创造出的其他产品所组成。基于这一事实，我们可以得到一个乍一看来似乎非常离奇的结论，那就是生产为产品创造需求。值得注意的是，产品一经产出，从那一刻起就为价值与其相等的其他产品开辟了销路。一般来说，生产者在完成产品的最后一道工序后，总是急于把产品售出，因为他害怕产品滞留在手中会丧失价值；此外，他同样急于把售出产品所得的货币花光，因为货币的价值也极易流失。然而，想出手货币，唯一可用的方法就是用它买东西。所以，一种产品的生产，会为其他产品开辟销路"。①应当说，萨伊的论证远非完美，但其生产（供给）产品会引发后续需求的思维，却内含了长久的启发性：实质上，这一萨伊定律核心认识的重大贡献在于启发式赋予了经济学研究中"生产和消费、供给和需求的相互影响决定市场容量（和产品价格）"的思考。

截至1848年约翰·穆勒《政治经济学原理》问世之前，萨伊撰写的由财富的产生、财富的分配和财富的消费三部分为主要内容的《政治经济学概论》一直在欧美经济学教学中占据主导地位。尽管从19世纪中期到20世纪初，古典自由主义一直在不断变化和发展，如哈耶克将其划分为以大卫·休谟、亚当·斯密、埃德蒙·伯克为代表的、侧重经验主义的"英国的流派"，以及以卢梭、百科全书派为代表的、侧重理性主义的"法国的流派"，但是"萨伊定律"作为

---

① 〔法〕萨伊：《政治经济学概论》，商务印书馆，1963年。

古典自由主义的重要分支，始终独树一帜地处于主流地位。直至"大萧条"时期的到来引发经济学理论的凯恩斯革命，"萨伊定律"几近被彻底颠覆，"供给侧"学派也迎来历史上对其的第一次否定。

20 世纪 30 年代，英国经济学家约翰·梅纳德·凯恩斯所发起的经济学研究范式和研究领域颠覆性转变的革命，标志是 1936 年凯恩斯主义奠基著作《就业、利息与货币通论》的出版。凯恩斯认为，经济中的自动机制不足以使生产和就业达到均衡状态，而这恰恰与认为价格和利息率会自动调整达到均衡的"萨伊定律"相悖。经济学界信奉凯恩斯主义的重要历史背景是 1929 年至 1933 年由美国爆发经济危机而引发的全球经济衰退，即"大萧条"。这一次经济危机以 1928 年木材价格的下跌为导火索进而以农产品价格下跌为起点，美国采取强制手段下调基本谷物价格打破全球价格链条，引发美国国内空前投机热，抽回了当时游走在欧洲的巨额资金，并最终于 1929 年 10 月引发华尔街股市暴跌，这一衰退进一步通过金融链条传导而迅速蔓延至全球范围，且引发了大量社会问题。这一局面从 1929 年一直持续到 1933 年罗斯福颁布以复兴（Recover）、救济（Relief）、改革（Reform）为主要内容的"3R"新政，经济萧条才得以遏制并开始企稳向好。当时的经济实践，尤其是罗斯福新政对经济运行采取的宏观调控手段，对经济学理论发展至关重要，实际上是在实践层面对古典自由主义经济学提出了巨大挑战以后，以理论架构的创新给出了对于实践的有力指导。这些相关思考和逻辑演变，纳入凯恩斯的《就业、利息与货币通论》中，得以广泛传播，其对古典自由主义时期"供给侧"学派代表——"萨伊定律"所进行的几近全盘的否定，自然也随之成为"凯恩斯革命"所带来的一次有影响的思想否定。

（二）第二阶段：从"凯恩斯主义"到"供给学派"

自 1936 年《就业、利息与货币通论》出版使凯恩斯主义开始风靡世界起，全球经济面临的历史背景是一次又一次的战争。翻开《美国经济史》即可见 1933 年渡过"大萧条"时期后，截至 20 世纪 70 年代，这一段近现代史大事件几乎由战争填充：1939 年—1945 年为第二次世界大战，1950 年—1953 年为朝鲜战争，1964 年—1973 年为越南战争。即 20 世纪 40 年代、50 年代、60 年代，凯恩斯主义一直在经济学领域占据主导地位。然而，到 20 世纪 70 年代，"滞胀"作为一种新的经济危机现象强烈威胁美国并有可能席卷全球：这种一方面导致经济增长放慢至停滞引起大量失业，另一方面又加剧通货膨胀的新型经济危机，对凯恩斯主义提出了真正意义上的挑战，和实践中凯恩斯主义"干预"操作的手足无措的窘境一起，宣告了凯恩斯主义辉煌时代的终结。

经济学界对"滞胀"进行了大量的讨论，应运而生的供给学派、货币主义学派、新古典综合学派、新剑桥学派、卡尔多学说、二元系统说、两种价格体系说等学派，都在自己的理论立场上对"滞胀"的原因和对策进行探究，供给学派和货币主义学派可说是大潮流中最为重要的两大分支。以弗里德曼为代表人物的货币主义学派认为应当减少政府干预，并在不断发展中分离出著名的理性预期学派，对后来的经济学研究产生了深远影响。而与此同时，由裴德·万尼斯基命名，以罗伯特·蒙代尔、亚瑟·拉弗、马丁·斯图尔特·费尔德斯坦等为代表人物的供给学派否定了凯恩斯主义在宏观调控中以"需求侧"作为主要视角的认识，重新肯定"萨伊定律"着眼于供给的正确性和重要性，认为"供给侧"并非是由需求派生的次要因素，而是更为主要的因素，主张大幅度降低税率来对经济增长进行激励。这种思想最终因其有效性以及在政治层面满足决策者诉求等多重原因而在国家宏观政策考量及实践中得以脱颖而出，成为 20 世纪 80 年代里根政府执政以及英国撒切尔"去国有化"的重要指导思想。1981 年—1982 年，美国经济陷入"第二次世界大战后最严重的经济危机"并进入里根总统执政时期，里根认为供给学派思想"同 70 年代需求学派掌管的、导致通货膨胀的繁荣，形成鲜明的对照"[①]，并提出著名的"经济复兴计划"，声明要与过去美国政府以需求学派为指导思想的宏观政策决裂，而改以供给学派理论为主导思想，且在 1985 年第二任期宣布继续扩大原计划。这使得供给学派的理论思想在实践中对美国宏观经济政策产生了空前的影响，供给学派同时也得到"里根经济学 (Reaganomics)"这一冠称，标志着"供给侧"学派对凯恩斯主义的第一次否定。

---

① 1981 年 2 月 18 日，美国里根总统向美国国会两院联席会议提交的国情讲话。

（三）第三阶段：从"供给学派"到"凯恩斯主义复辟"

供给学派指导政策实践时信心满满，但历史记载的实际结果却并不那么合乎意愿，尽管经过供给学派政策实践，所有经济阶层的所得都有所提升，但是美国宏观经济没有像预期那样顺利增长，加之供给学派主张全面减税的政策导致联邦财政连年出现巨额赤字，还导致利率攀升、外贸出现赤字，于是它又迅速丧失信任，为20世纪80年代末的凯恩斯主义复辟奠定了基调。

此外，20世纪80年代历史背景中后人应给出浓墨重彩的一笔，就是美国"新经济"时代的悄然到来。美国产业结构从20世纪80年代开始产生深刻变化，以信息业为核心、"硅谷"为代表的高科技产业得到长足发展，"星球大战计划"等以高科技为标榜的政府宏观导向也掀起美国国内对科技追求的狂潮。以硅谷为例，尽管是似乎带有偶然性地始创于20世纪70年代初始，以军事技术和无线电技术为基础，但是于20世纪80年代逐步形成了大规模产业园区，成为集生物、空间、海洋、通讯、能源材料等新兴技术研究机构为一体的美国高新技术的聚集区，并从20世纪80年代末起，成为美国经济增长和腾飞最为重要的推动力来源。然而，供给学派当时所掌控的宏观政策并没有将这些新动力充分纳入考虑中，仍然"缺乏系统性"地坚守减税政策，实际上很快脱离了经济实践的发展重心，反而造成了财政赤字的巨额增长，也便表现为宏观经济发展的制约。

因为里根时代"供给侧"的宏观调控，尽管取得明显成效，亦带来明显问题，所以后任美国政府决策者在经济学界凯恩斯主义复辟浪潮中多采取需求侧调节和供给侧调节双管齐下的过渡性财政政策，一方面虽不否定通过减税来刺激供给，另一方面又注重通过节支来控制需求，从而减少财政赤字不断增长的困扰，特别是一旦滞胀特征淡化，政策主流便迅速重拾总量"反周期"调控的标准化国家干预轨道，这标志着凯恩斯主义复辟浪潮对"供给侧"学派启动了第二次否定。

（四）第四阶段：从"凯恩斯主义复辟"到"供给管理"

凯恩斯主义复辟浪潮中，最为突出的代表人物就是凯恩斯主义在美国承大统者、新古典综合学派的代表人物保罗·萨缪尔森。继1948年萨缪尔森《经济学》第一版问世以来，这本《经济学》已再版近20次，是经济学教科书版本中的百科全书，而萨缪尔森倡导的"逆风向"而行的宏观调控指导思想，不仅在凯恩斯革命时期对美国经济政策产生了重要影响，并且在凯恩斯主义复辟浪潮中对全球经济体尤其是以中国为主的新兴经济体的宏观经济调控产生了广泛、深远的影响。这种主要侧重于需求侧调节的"反周期"思想可以作为凯恩斯主义自20世纪90年代"复辟"以来最为重要的经济政策思路。

20世纪90年代及21世纪初，美国经济在以科技发力为先导的巨大增长浪潮推动下，历经十余年的稳定增长，继续坐稳世界经济体之林第一把交椅的位置。截至2007年，尽管中间经历了以罗纳德·科斯和道格拉斯·诺斯为代表的制度经济学带来的"第三次革命"和理性预期及信息经济学为经济学界注入的新思想、新发展，但从实践角度而言，经济学界、特别是各主要国家的决策者对凯恩斯主义以及凯恩斯主义复辟两次浪潮所带来的积极的经济实践结果仍然信奉无疑。然而，2008年美国金融系统爆发"次贷危机"，并通过迅速传导效应直接引发欧洲诸国陷入严重的主权债务危机，世界经济两足鼎立局面发生巨大动荡，引发全球金融海啸和被格林斯潘称为"百年一遇"（实为与"大萧条"相提并论）的世界金融危机，直接导致经济学界对凯恩斯主义的再次质疑。此次金融危机救市政策中，美国实际上断然摆脱所谓"华盛顿共识"，从"供给侧"进行足以影响全局的"区别对待"的政策操作与结构性调整，明确地对本国宏观经济进行了强有力的"供给管理"，而不限于所谓的货币总量调节或者需求侧调节，标志着"供给侧"调控思想对凯恩斯主义的第二次否定。

二、"供给侧"学派源流呈现的两轮"否定之否定"

"供给侧"学派源流发展的四大阶段呈现出相当清晰的规律性，即两轮"否定之否定"。第一轮"否定之否定"是指"萨伊定律—凯恩斯主义—供给学派"，第二轮"否定之否定"是指"供给学派—凯恩斯主义复辟—供给管理"，一方面揭示了"供给侧"学派自产生以来的发展变化起伏轨迹，另一方面对于我们认识后危机时代的"供给管理"提供了可供探寻、值得重视的逻辑路径。

（一）第一轮"否定之否定"：萨伊定律—凯恩斯主义—供给学派

"供给侧"学派的第一轮"否定之否定"即从开端到第一次回归的阶段。19世纪初萨伊提出著名的"萨伊定律"，认为"供给创造自己的需求"，标志着"供给侧"学派的开端，并伴随古典自由主义在19世纪一直位于主流经济学地位，直至20世纪初经济危机的出现打破这一平衡。1929—1933年"大萧条"时期，以"萨伊定律"为代表的古典自由主义无法解释更无法扭转经济急剧衰退的局面，美国罗斯福新政与"凯恩斯革命"相得益彰，并对自由放任的经济学思想及"萨伊定律"进行了几近全盘的否定。凯恩斯主义宏观经济学解释并有效解决了如何走出席卷整个资本主义世界的"大萧条"危机，追随者将其奉为圭臬。然而，美国于20世纪70年代爆发新型经济危机即"滞胀"危机。在对凯恩斯主义提出巨大挑战后使两大学派最终脱颖而出，一个是以弗里德曼为代表的货币学派，后经继续发展分支出理性预期学派，而另外一个是由裘德·万尼斯基命名、以亚瑟·拉弗和马丁·斯图尔特·费尔德斯坦为代表人物的供给学派。供给学派重新肯定"萨伊定律"的正确性，主张在政策层面侧重供给侧的调节，实现了自从凯恩斯主义盛行后由供给学派复活"萨伊定律"对其的否定，构成了"萨伊定律—凯恩斯主义—供给学派"这一轮"供给侧"学派"否定之否定"的完整轨迹。

（二）第二轮"否定之否定"：供给学派—凯恩斯主义复辟—供给管理

"供给侧"学派的第二轮"否定之否定"实质上是从第一次回归到第二次回归。美国在20世纪80年代初遭遇"第二次世界大战后最严重的一轮经济危机"之后，尽管在供给学派指导思想下，宏观经济结构在很大程度上得以优化，但直至里根政府第二任期结束，美国经济一直没有兑现宏观经济高速增长的承诺，并且出现了极为严重的财政赤字和外贸赤字，供给学派逐渐丧失人心，引发了凯恩斯主义复辟浪潮。虽仍然延续供给学派的减税主张，但是凯恩斯主义复辟浪潮下，主要奉行的又是"逆风向"调节的宏观经济政策，并且主要从"需求侧"调节来刺激宏观经济增长。在"新经济"浪潮下，20世纪90年代和21世纪初，凯恩斯主义的思路仍然占据主流经济学的主导地位。直至2008年美国"次贷危机"引发全球金融危机，美国政府在救市实践操作中实质上采用"供给管理"手段，标志着"供给侧"学派的第二次回归。由此，又很快构成了"供给学派—凯恩斯主义复辟—供给管理"这一轮"供给侧"学派"否定之否定"的完整表现。

三、对于"供给侧"学派的评价

对如上所述的"供给侧"学派两轮"否定之否定"发展，探析其给予的启示、进而以反思启迪展望，必须建立在对"供给侧"学派发展的两大阶段——萨伊定律和供给学派——作理性评价认识的基础之上。

对于"萨伊定律"，可从逐一考察马尔萨斯、马克思和凯恩斯对其做出的批评，并结合大卫·李嘉图、约翰·斯图尔特·穆勒、琼·罗宾逊和约翰·伊特韦尔对其的继承和发扬做出论述；而对于"供给学派"，鉴于其处于20世纪70年代与货币主义等其他学派共同质疑凯恩斯主义的"学说混战"时期，且最终落到美国宏观经济政策层面产生一定影响，因而需同时将其实践得失作为评价的重要组成部分。值得注意的是，基于上述两轮"否定之否定"的考察，我们发现在对"萨伊定律"和"供给学派"做出综述时，也呈现了明显的时代特征，如：20世纪80年代，中国经济学界对"供给学派"的评价大都从支持和追随的角度发声，而步入20世纪90年代，中国经济学界对其的评价又多以质疑和批判角度为主，带有较为明显的浪潮起伏变易色彩。我们则试图将对其的评价摆脱"浪潮性"，力求提取对供给学派的理性认识。

（一）对"萨伊定律"的评价

1. 历史视角：重要的影响

19世纪初，萨伊在著作《论政治经济学》（或《略论财富是怎样产生、分配和消费的》）论及供给和需求的关系，认为"供给创造自己的需求"，尽管在书中并没有所谓"萨伊定律"或类似的定律性质的短语出现，但是经过李嘉图和穆勒的发展和总结，"萨伊定律"最终得以广为流传并对整个经济学思想史尤其是古典自由主义的发展具有重大影响。虽然在历史上对"萨伊定律"给予否定之说不绝于耳，但是凯恩斯在持批评态度时仍然做了这样的表述："从萨伊及李嘉图以来，经典学派都说：供给会自己创造自己的需求（Supply Creates Its Own Demand），这种学说不再以如此简陋形式，在今日出现。不过它还是整个经典学派理论之骨干；没有它，整个经典学派理论就要崩溃"①。

---

① 〔英〕凯恩斯：《就业、利息与货币通论》，商务印书馆，1987年，第二章第 VI 节。

"在凯恩斯提出其宏观经济理论之前，主要的经济思想家所追随的，至少在经济繁荣时期，都是古典的经济学观点。……他们的分析都是围绕萨伊的市场定律（Say's Law Of Markets）展开的。"①作为凯恩斯主义的集大成者，保罗·萨缪尔森也对"萨伊定律"在整个经济学思想史中的奠基作用给予充分肯定。由此可见，"萨伊定律"在古典自由主义经济学中举足轻重的地位。

从历史角度看，"萨伊定律"提出的意义主要有三：一是"萨伊定律"为早期经济学家对工业革命中的劳动分工、资本积累、国际贸易的分析以及对商业周期的认识奠定了理论基础。李嘉图、穆勒均对萨伊的经济学认知给予了肯定与发扬；二是"萨伊定律"开创了"供给侧"学派的先河。（这一观点在西方经济学严苛的学派和主义划分下其实一直没有得以体现。从保罗·萨缪尔森对"供给学派"评价时只字未提"萨伊定律"来看，尽管"供给学派"的部分代表人物打着复活"萨伊定律"的旗号，但是凯恩斯主义的追随者对此说法并不认同，或至少没有达成共识。）我们坚持认为"萨伊定律"确实开创了"供给侧"学派的先河，主要是由于：一方面，"供给学派"的理论基础确实与"萨伊定律"的观察视角和逻辑起点一致；另一方面，迄今为止，对"萨伊定律"的研究与剖析从未停止，尽管对其提炼出的认知看上去见仁见智，但是其启发性所引申出的理论和实践应用一直走在历史发展的道路上，并接受着历史的动态评价。张五常在谈及"供给侧"学派时曾明确表示，"究竟谁是供给学派的开山鼻祖呢？我认为是萨伊。此君 1803 年提出足以历久传世的萨伊定律（Say's Law）。这定律说：供应创造自己的需求。不是浅学问，因为有好几个不同的版本，我有一位朋友为之写了一整本书……"②，并戏称自己无意中"创立了萨伊定律的最浅版本"；三是"萨伊定律"开启了欧洲古典自由主义的时代。亚当·斯密于英国地区开启了经济学时代，而萨伊则受其影响成为在欧洲大陆上传播古典自由主义思想的第一人。

---

① 〔美〕保罗·萨缪尔森，威廉·诺德豪斯：《经济学》（第18版），人民邮电出版社，2008年，第600页。

② 张五常：《供给学派的阐释》，张五常搜狐官方微博，http://zhangwuchang.blog.sohu.com/273305854.html.

2. 批评之一：西斯蒙第对自由放任价值观的批评

西斯蒙第不仅对"萨伊定律"进行批评，而且更为主要的是对亚当·斯密开辟的古典自由主义进行批评。他认为，萨伊曾阐述的"干涉本身就是坏事，纵使有其利益"①以及"萨伊定律"本身，都是对于政府干预经济进行排斥的论证，而这种关于国家财富顺其自然的价值观，是西斯蒙第批评的靶心。他认为"个人利益乃是一种强取的利益，个人利益常常促使它追求违反最大多数人的利益，甚至归根到底可以说是违反全人类的利益"②，而自由放任的竞争会导致最终财富极度不公的恶果。

3. 批评之二：马尔萨斯的需求管理思想

与萨伊一派尤其是李嘉图对其的发展不同，马尔萨斯将需求管理思想引入政治经济学体系，而在当时的主流逻辑下，其思想基于对需求和供给的明确划分，这种划分恰是马尔萨斯从供给侧转向需求侧的重要桥梁。"……一切交换价值取决于以这一商品易取那一商品的力量和愿望。由于采用了共同的价值尺度和交易媒介，用通常语言来说，社会就分成了买主和卖主两个方面。可以给需求下的一个定义是，购买的力量和愿望的结合；而供给的定义是，商品的生产和卖出商品的意向的结合。在这种情况下，商品以货币计的相对价值，或其价格，就决定于对商品的相对需求和供给两者的对比关系。这个规律似乎具有充分普遍性，大概在价格变动的每一个实例中，都可以从以前影响供求情况变动的原因中找到线索。"③基于需求和供给变动决定价格变动的思想，马尔萨斯继续对供需双方进行深入分析，尽管其认为供给和需求是一对对立概念，但是他最终认为需求其实是更为重要的方面。马尔萨斯的需求管理思想中，将需求划分为需求程度和需求强度，并在此基础上提出了"有效需求"概念，认为当供给与需求相等时所对应的需求就是有效需求。以有效需求为核心，马尔萨斯认为在需求为有效需求时，市场上商品的价格可以由生产的费用来决定；而在需求不等于有效需求时，市场上商品的价格由供求关系来决定。据此需求原

---

① 〔法〕萨伊：《政治经济学概论》，商务印书馆，1963年，第199页。
② 〔法〕西斯蒙第：《政治经济学新原理》，商务印书馆，1964年，第199页。
③ 〔英〕大卫·李嘉图：《李嘉图著作和通信集》（第二卷），商务印书馆，1979年，第43—44页。

理，马尔萨斯提出需求管理思想，认为："……对于决定于分配的产品价值的增加，最有利的因素是：①地产的分割；②国内和国外贸易；③使社会中占适当比例的一部分人从事私人服务，或者可能以其他方式提出对物质产品的需求，而不直接参与产品的供给。……"[①]这种以需求为核心的思想实际上构成对萨伊一派注重供给思想的批评，更为重要的是，关联于马尔萨斯需求管理思想，凯恩斯后来举世瞩目地倡导了经济学研究领域的革命。

4. 批评之三：凯恩斯的条件性否定

"凯恩斯革命"后，对"萨伊定律"做了几近全盘的否定，从不隐讳，声称自己师承马尔萨斯的凯恩斯，将马尔萨斯经济学理论奉为圭臬，认为："……以往传统经济学中所谓的均衡，是建立在供给本身创造需求这一错误理论基础上的充分就业均衡。这只适用于特殊情况，而通常情况下则是小于充分就业的均衡……"[②]，与此同时，凯恩斯对"萨伊定律"的否定中也有所保留。对此的理解，在中文版《就业、利息与货币通论》译者导读中，高鸿业教授特别指出："从表面上看来，本书的基本内容似乎否定了萨依定律，然而事实上……他并没有如此，而仅仅给萨依定律加上一个条件，即：只要执行正确的宏观经济政策，使投资等于充分就业下的储蓄，萨依定律就是可以成立的。"对此的认识有助于全面、辩证地理解"供给侧"学派历史上所受到的第一次否定。

凯恩斯主义的集大成者萨缪尔森在评价"萨伊定律"时，提出了自己的观点，认为萨伊定律没有能够将货币经济与物物交换经济区别开来，从而导致了失败。他的论述是，"那么萨伊定律的理论基础是什么呢？它建立在这样一种观点之上：货币经济与物物交换经济（在这种经济中，工人有能力购买工厂所能生产的任何产品）之间不存在本质区别"。[③]而这种理论基础决定着古典经济学家认为不会出现持久的生产过剩，因灵活的价格总能够将实际总支出量与充分就业的产出水平匹配。

---

① 〔英〕马尔萨斯：《政治经济学原理》，商务印书馆，1962年，第61—62页。
② 〔英〕凯恩斯：《就业、利息与货币通论》，商务印书馆，1987年，出版说明第1页。
③ 〔美〕保罗·萨缪尔森、威廉·诺德豪斯：《经济学》（第十八版），人民邮电出版社，2008年，第600页。

5. 批评之四：马克思关于"庸俗经济学"批评的考证与认识

（1）基于"劳动产品价值量"的批评涉及萨伊

考察马克思做出的关于"庸俗经济学"的评价及批判，首先有必要对"庸俗经济学"概念作一考证。尽管有观点认为马克思将资本主义社会的政治经济学依时间先后划分为两大阶段，第一阶段为古典政治经济学，第二阶段为庸俗政治经济学，但是这种区分其实也有可商榷之处，马克思的批判对象实质上覆盖了古典政治经济学的重要代表人物，进而在批判后冠之以"庸俗经济学"的名号。马克思在1867年出版的《资本论》（第一版）中正式提出"庸俗经济学"的说法，考证原文，首次提出这一概念是在对劳动产品价值量分析的脚注中，"李嘉图对价值量的分析并不充分，——但已是最好的分析……古典政治经济学在任何地方也没有明确地和十分有意识地把表现为价值的劳动同表现为产品使用价值的劳动区分开……这样，他就陷入庸俗经济学的平庸浅薄之中。庸俗经济学先假设一种商品（在这里是指劳动）的价值，然后再用这种价值去决定其他商品的价值。而李嘉图却把德斯杜特的话读作：劳动（而不是劳动的价值）既表现为使用价值，也表现为交换价值。不过他自己也不善于区别具有二重表现的劳动的二重性质，以致在关于《价值和财富，它们的不同性质》这整整一章中，不得不同萨伊这个人的庸俗见解苦苦纠缠……"①。然而，值得注意的是，这一批评虽由李嘉图而涉及萨伊，但批评的内容与"供给侧"考察无关。

（2）对萨伊"三位一体"公式的批判

而后，马克思在《资本论》第三卷中批判了萨伊"三位一体"的公式，认为："庸俗经济学所做的事情，实际上不过是对于局限在资产阶级生产关系中的生产当事人的观念，当作教义来加以解释、系统化和辩护……庸俗经济学恰好对应于各种经济关系的异化的表现形式——在这种形式下，各种经济关系显然是荒谬的，完全矛盾的……庸俗经济学丝毫没有想到，被它当作出发点的这个三位一体：土地—地租，资本—利息，劳动—工资或劳动价格，是三个显然

---

① 〔德〕马克思：《资本论》第一卷，人民出版社，2004年，第98页。

不可能组合在一起的部分。"①马克思对"三位一体"的公式逐一进行了批判："土地—地租"公式中没有价值而有使用价值的土地和拥有交换价值的地租，被设定在一种比例关系上；"资本—利息"公式掩盖了具有的价值与自身价值不相等的性质，应改为"资本—利润"来更好地揭示两者关系；"劳动—工资"这一公式则揭示了资本者认为"他为劳动支付了货币这一深刻见解……免除了理解价值的义务"。显然，马克思在这里的批评也与"供给侧"考察无关。

(3) 基于唯物史观对资产阶级政治经济学的批判

1872 年《资本论》（第二版）面世，马克思在第二版《跋》中再次阐述了对"庸俗经济学"的思考，与正文中有针对性的学术批判有所不同，此次批判实际上是基于唯物史观对资产阶级政治经济学的批判。"……只要政治经济学是资产阶级的政治经济学，就是说，只要它把资本主义制度不是看作历史上过渡的发展阶段，而是看作社会生产的绝对的最后的形式，那就只有在阶级斗争处于潜伏状态或只是在个别的现象上表现出来的时候，它还能够是科学。"这一论述表明，马克思的指向在于对资产阶级和资本主义制度的批判。对于"古典政治经济学"与"庸俗经济学"，马克思认为"英国古典政治经济学是属于阶级斗争不发展的时期的。它的最后的伟大的代表李嘉图，终于有意识地把阶级利益的对立、工资和利润的对立、利润和地租的对立当作他的研究的出发点，因为他天真地把这种对立看作社会的自然规律……"。我们认为，这里并不能说明马克思明确地将资产阶级政治经济学划分为两个阶段，实质上应当解读为：古典政治经济学能够在阶级斗争不那么尖锐的"潜伏态"或掩盖阶级斗争的前提下，保持其一定的科学性，但是阶级斗争尚不尖锐或被掩盖，并不表示其不存在，也就是说，古典政治经济学实质上就具有庸俗性质，而其是否明显表现出庸俗，则取决于阶级斗争是否尖锐与是否处于被掩盖的阶段。对于这种庸俗经济学的定论，是马克思源于唯物史观中对资本主义制度仅仅是历史上一个过渡发展阶段的认识而来。

总之，马克思以其特有的深刻性和鲜明的阶级立场，确实批评了古典学派与萨伊，但上述批评所指，却均不在于"供给侧"的视角与逻辑起点。

---

① 〔德〕马克思：《资本论》第三卷，人民出版社，2004 年，第 925 页。

(二）对“供给学派”的评价

1. 对“供给学派”的认识

按照美国《新闻周刊》20世纪80年代初的总结，“供给学派”的主要代表人物有：马丁·斯图尔特·费尔德斯坦、阿瑟·拉弗、罗伯特·巴特莱、裘德·万尼斯基、克莱格·罗伯茨、理查德·蔡克豪瑟、罗伯特·霍尔、米切尔·博斯金、保尔·麦克福、罗伯特·门德尔、米切尔·伊文斯、托马斯·萨金特等。此外，当时居于政界的代言人有：20世纪80年代的财政部长唐纳德·里甘、行政管理和预算局长戴维·斯托克曼等。这一集学界、政界、新闻界等跨界组合而成的学派，虽然既没同时代以弗里德曼为代表的货币学派和以哈耶克为代表的新自由主义学派的理论体系所表现的那般系统化，也不似诸多学派具有相当一段时期的酝酿与发展，但是却实实在在对美国经济实践产生了巨大影响。以粗线条梳理，供给学派的主要逻辑和主张包括四大方面。若从细节看，则不难发现供给学派内部始终存在着以拉弗为代表的“主流供给学派”与以费尔德斯坦为代表的“温和供给学派”之间的摩擦与纷争。

（1）“供给学派”的主要观点

如果用一条简要的逻辑线索对供给学派的认识进行概括，可以表述的是：经济增长—增加供给—增强刺激—利用减税—减少干预。沿此线索，供给学派的主要观点可以归纳为以下四个方面。

第一，经济增长的唯一源泉在“供给侧”。需求管理者认为，增加政府支出可以增加就业和产量，从而刺激经济增长。然而，供给学派与之截然不同，认为增加政府支出会抑制储蓄和投资，从而不会增加就业和产量。不仅如此，扩大财政赤字支出还会导致货币供给量过多，物价持续上升，最后酿成恶性通货膨胀，20世纪70年代爆发的“滞涨”危机，根源就是忽视供给而一味强调需求。

第二，增加供给的途径是经济刺激和投资。供给学派认为，增加生产和供给必须通过增加投资和劳动来实现，特别是投资的增加。而投资是储蓄的转化，所以产量的增长间接决定于储蓄量的高低。供给学派把美国同其他主要经济体进行对比，证明凡是储蓄率高的国家，其生产率增长和经济发展也相对更快，以此得出结论：储蓄是生产增长的重要因素，并从而认为美国经济增长缓慢在于储蓄率低，而低储蓄率的结果是由凯恩斯主义需求管理政策造成的。还指出，除储蓄之外，决定投资的一个重要因素是企业家精神。

第三，增加刺激的主要手段是减税。经济增长决定于供给，供给决定于刺激，刺激决定于政府的各项政策措施，包括征税、规章条例、政府支出、货币供给等。供给学派认为，减税是增加刺激最有效的手段，其刺激经济增长的逻辑是：减税可以让劳动者、储蓄者和投资者尽可能地获得最大报酬和利益，这种收入的结果是除去各种纳税和由于政府立法所造成的成本费用以后的报酬净额。对于减税政策，供给学派更注重税率削减，尤其是对累进税制高税率的削减。他们认为：高税率会严重挫伤劳动热情，缩减个人和企业储蓄能力，而储蓄减少将使利率上升；高利率同时会导致企业生产规模萎缩，从而导致经济增长缓慢，商品供给不足。如果加之扩大需求政策，则势必导致通货膨胀加剧，从而进一步导致企业对生产高估因而抑制生产、使资本价格提高因而抑制投资。减税则能够刺激人们工作的积极性和增加储蓄。

第四，增加刺激的外部条件是尽量减少政府对经济的干预。供给学派特别强调市场机制作用，反对政府过多干预经济活动：一是反对政府的过大社会福利支出，二是反对过多的规章法令，三是反对国家控制货币发行量。

（2）"供给学派"的分歧

供给学派的内部分歧主要源于哈佛大学教授马丁·斯图尔特·费尔德斯坦与南加利福尼亚大学教授阿瑟·拉弗之间的摩擦与纷争。基于此，学界对供给学派分歧的程度曾开展过热烈讨论，有论述称两者是决裂的，甚至未将费尔德斯坦划入供给学派当中，也有论述为两者一脉相承，理论思想并未见实质的区别。参阅国内外资料，尤其是立足于 21 世纪对 20 世纪 80 年代热烈纷争的回顾，我们认为费尔德斯坦无疑是供给学派的一位重要代表人物之一，但其在一些分支观点上的确与拉弗存在分歧，然而这并不是不同学派性质的决裂，而是在"大同、小异"下的摩擦与纷争。

两者思想中的共性之处主要表现在四个方面：一是都认同市场的自我调节机制，追求经济自由主义，反对国家过多干预经济；二是都反对凯恩斯主义经济学，并特别强调和重视"供给侧"的作用，认为消费过多影响储蓄会削减经济增长的动力，且此原因导致美国经济爆发了"滞涨"危机，认为解决危机的良方是从供给侧着手；三是都认同减税能够刺激投资、增加供给、带动经济增长，并对此进行了论证；四是都采用了宏观与微观相结合的分析方法，并都更加侧重从微观的角度进行分析。

然而，落到指导政策的应用理论方面，两人不同之处不少，并进行了相当激烈的争论。一是关于支持减税政策的相关理论。拉弗提出了著名的"拉弗曲线"，认为税收收入不一定随税率上升而增加，只有合理的税率才能带来最大的收入。减税是增加供给最主要、最有效的途径，实行大规模减税可以刺激储蓄和投资，从而使生产和税收急剧增加，并开辟新税源，以此减少失业、增加生产，解决通胀问题，从而促使萧条转向繁荣。费尔德斯坦在减税问题的细节上同拉弗有明显分歧，他并不是孤立地考察税收问题，而是将其置于众多影响经济的因素之中。费尔德斯坦甚至公开对拉弗提出批评"早先有这种天真的拉弗曲线理论，认为减税将通过内部作用自行得到弥补，因此没有必要削减预算，现在这一理论已被抛弃。取而代之的是范围广泛和大体上规划周到的一揽子计划变动，它不仅要降低政府的开支，而且还要削减那些使私人部门的财力物力得不到有效使用的障碍"。[①]二是对需求管理理论的可应用性的态度。在对需求管理理论的态度方面，拉弗以税收结构为基点，分析了凯恩斯主义对储蓄和投资的歧视，认为美国的税收结构利于消费而不利于投资，应当复活"萨伊定律"，肯定供给的重要地位，并对古典自由主义十分崇尚。而费尔德斯坦则认为，供给学派仅仅有能力使经济脱离低潮，即应对经济危机，却无法控制商业周期。供给过剩是不可避免的，而一旦出现衰退和萧条，以需求管理为核心的凯恩斯主义仍将发挥重要作用。三是对于货币政策。拉弗主张恢复金本位制，认为这才是反通货膨胀的根本政策。而费尔德斯坦则不赞成金本位制，认为应当通过减缓货币供应的增长速度来抑制通货膨胀。

2. 学界对"供给学派"的批评

学界一般认为供给学派没有成型的理论体系，评价大都集中在"减税"这

---

① 〔美〕莱昂内尔·费尔南德斯：《一项没有仔细协调的预算政策》，美国《华尔街日报》1981 年 8 月 12 日。

一核心政策主张上，且大都来自媒体评论人，论者甚至将乔治·沃克·布什（George Walker Bush）政府减税政策也一并纳入其中。此外，来自萨缪尔森、克鲁格曼、阿罗等经济学家的评论也比较碎片化，难与19世纪学界的思想交锋相提并论。若将学界对供给学派的批评进行归纳和总结，可知这些批评主要指向三个方面。

一是减税的作用可以是刺激储蓄和投资，也可以是刺激闲暇和消费，其实际影响并不是确定的。事实上，当时的减税政策刺激美国需求膨胀，外贸逆差逐年扩大，并一方面导致财政收入减少，另一方面导致财政赤字迅速攀升，进一步引发国家债务危机，而为了维持公债的有效性不得不维持高利率水平促使外贸进一步恶化，一系列连锁反应导致美元信心危机。二是供给学派的减税主张中，特别强调的对税率尤其是边际税率的削减，在实际操作中削弱了税收的累进性，造成主要给富人减税的政策效应，削减政府开支的政策主张则主要削减了社会福利开支，导致出现"劫贫济富"的后果。三是侧重增加供给的思路导致总需求快速增长，成为通货膨胀率攀升的因素。

简要地说，三方面批评的前两项各有其道理，但主要是"减税"实施中"度"与"结构取向"的权衡问题，并不足以总体否定减税的必要性；第三项则主要是只见树木不见森林的管见，并不能成立。

3. 实践中"供给学派"的得失

虽然供给学派的政策主张并没有将美国宏观经济推向预期的增长高度，但是仍然不可否认这种政策主张较有效地缓解了美国滞胀问题。在里根上台之前的美联储主席保罗·沃克尔曾用铁腕顶住压力把名义利率提高到20%以上，力求把通胀压下来。这是典型的需求管理手段。对于滞胀中的"胀"来说，这一招当然还是发挥了一些作用的，但对"滞"的解决却毫无贡献，故在理论圈内难获高度评价。1981年，新上台的里根总统提出的"经济复兴计划"开头就声明，他的计划与过去美国政府以需求学派为指导思想的政策相决裂，改以供给学派理论为依据，采取了大幅度减税和削减社会福利等措施以刺激经济增长和减少政府干预及赤字压力。里根执政期间，主导了两次重要的减税措施的制定和实施（1981年和1986年）。在美国处于高通胀、高利率的不利形势下，里根经济政策有效地平抑了通胀，并且保持赤字处于可控的水平。即使在里根卸任总统之后，人们依然看到里根经济政策对美国经济和国民活力的恢复与提升的影响。从1982年12月起，美国经济逐渐走出衰退，经济复苏势头比战后历次经济复苏都强劲有力。至1988年5月，美国经济持续增长65个月，成为战后和平时期经济增长持续时间最长的一次。通胀率也由最初上任时的13.5%下降为不到5%。美国的国内生产总值（以下简称GDP）占世界的比重也由1980年的23%上升到1986年的25.2%。并且，这一时期也成为20世纪90年代以硅谷为代表的"新经济"技术革命的孕育期。

但里根的经济政策也带来了一些明显的负面影响。与苏联的军备竞赛和大力推行的减税计划，使得里根执政时期累计财政赤字高达13382亿美元，比此前的历届美国总统所累积的财政赤字总额还要多。这严重影响了美国政府财政的可持续性，在一定程度上形成拖累美国经济持续发展的因素，也表现为给后任者留下了包袱和沉重压力。直至克林顿总统，还在指责里根的政策是"不计后果"。2000年前后，美国供给学派一度表现得近乎"销声匿迹"。

另外，由于1980年以来世界经济出现长期的"大缓和"，金融市场的发展和货币政策有效性的提高，发达国家财政政策作为宏观经济调节工具的重要性大大降低，特别是很多国家由于社会福利开支过大，进一步挤压了逆周期的财政政策的操作空间，"华盛顿共识"及其所鼓励的新自由主义取向在若干年内顺风顺水。然而，新自由主义减少监管干预的主张也过了头，并最终出现全球金融危机。目前，很多政府都意识到应适当调低其目标债务水平，以便经济出现大的波动时，政府能够有充足的"财政空间"，以提高具有"自动平衡器"功能和"主动稳定器"效应的财政政策作用。

四、启示与展望

（一）供给学派两轮"否定之否定"给予的启示

在对"供给侧"学派演变与评价做出梳理的基础上，结合其发展中经历的两轮"否定之否定"的表现，我们可从以下两个方面得到重要启示。

第一，两轮"否定之否定"体现了"供给侧"的研究努力及其所形成的学派在实践中的曲折探索，及其内在的生命力，沿着"大萧条—滞胀—第二次世界大战后危机一次贷危机"这一经济危机史的轨迹，历经一次否定，便迎来一次回归。

第二，两轮"否定之否定"还包含了"供给侧"学派的理论思想在与人类社会实践互动中的螺旋式上升，沿着"萨伊定律—供给学派—供给管理"这一发展脉络，可通过对这些理论的深化认识，更充分地把握理论发展的传承与创新，提炼其螺旋式上升最主要的内涵。

从"萨伊定律"到"供给学派"再到"供给管理"，一脉相承的思维逻辑起点是对"供给侧"的认识与重视。然而，"供给侧"学派三个阶段上的发展已呈现出明显的螺旋式上升的特点。

第一，对政策功能的认识。萨伊式政治经济学强调的是完全自由放任的经济，认为供给能够创造相应的需求，不应当对其强加管束；发展到供给学派阶段，这一思想已带有宏观经济学的认知框架，上升为经济政策在短期内能够起到刺激经济发展的作用，但是从长期来看，宏观经济政策是无效的；又发展到供给管理阶段，这一思想已带有制度经济学的色彩，上升为宏观调控中应当特别注重运用供给管理的手段来调整经济结构、化解经济危机、优化制度供给、谋求长期发展。

第二，"供给侧"的研究内容。从萨伊到穆勒和李嘉图，古典自由主义对供给侧的研究尚停留在探析供给与需求的关系上，研究的思路是围绕劳动、土地和资本三大要素最终归结到关于财富的分析；发展到供给学派时，尽管对供给管理的思路予以高度认同，但是管理内容已经开始步入对就业与经济增长关系的分析及如何利用减少税收等思路来刺激经济发展的轨道上来；继续发展到供给管理阶段，对供给侧的研究已经不仅仅停留于较为局限的手段研究，而是发展为更为全面、更有高度的制度安排及转轨与经济增长的关系的研究。

第三，诸家思想的融合。供给侧思想成果被"否定"后的回归，已体现在所提升的包容性：尽管里根经济学标榜与过去的需求管理决裂，但是如我们所述，这种在承认凯恩斯宏观经济学大框架或基本背景下的"决裂"，实际上仍留存19世纪马尔萨斯需求管理思想的脉络与血统，成为一种随时代发展而趋于气度开阔的融合。发展到新千年后的供给管理阶段，这种思想的融合不仅仅停留在究竟是"将供给管理融入需求管理"还是"将需求管理融入供给管理"的思考，而且涉及管理的机制和手段究竟是停留在传统的理论经济学主流认识中，还是必须更多地回应和融合发展经济学、制度经济学等特定分类下的创新，以及两种管理的互补。思想的融合，是"供给侧"学派螺旋式上升认识中最不可或缺的一个方面。

因此，"供给侧"学派经历两轮"否定之否定"可用来解释的经济学术思想发展历程中的螺旋式上升，表明供给学派早已并不是萨伊定律的简单复活，当下我们所讨论的供给管理，也并不应被认为是供给学派的简单复辟。

（二）基于"供给侧"学派两轮"否定之否定"的展望

沿着"供给侧"学派两轮"否定之否定"的发展逻辑，21世纪渐具形态的"供给管理"以美国在宏观调控中的应用为例而影响深远，但实际上仍处于刚刚揭开序幕、方兴未艾之阶段。结合其发展给予的启示，特别是结合中国经济学人的已有探索，我们认为，"供给侧"学派未来的展望，应可立足于两轮"否定之否定"的逻辑基础，派生出从对立走向融合的具有兼容并包与创新色彩的"新供给经济学"。

在近年的经济理论反思中，注重供给管理的新供给经济学，根植于中国经济实践的诉求，同时始终把握"融会古今、贯通中西"的全球眼光和历史视野，认为"供给管理"与"需求管理"不可偏废一方，并将所受到的制度经济学、发展经济学、"转轨经济学"的启迪与影响，一并纳入理论体系框架的"古今中西"大融合思想，标志着"供给侧"学派沿着两轮"否定之否定"的轨道实现理性回归与认识的螺旋式上升，所对接的是包容性、集大成的思想认识追求与开阔境界。对此，可强调如下三个方面。

第一，新供给经济学的"求真务实"特征。所谓"求真务实"，即讲求实际、实事求是。从中国传统文化来看，是与农耕文化有关在较早期便已形成的一种民族精神，但同时亦有"普世"特征，即这种求真务实思路与广泛存在的"问题导向"思维方式内在相关。直接从实践中总结，则这种务实特征的具体表现是：不遇到一定规模的经济危机压力因素，原来相对稳定的理论方向（倾向性主流）不会改变。每当危机到来时，如同实际生活提出问题，争相解决危机（问题）的过程，即是形成经济学新流派的过程。这一过程如同历史上朝代的更替、战争与和平的互换等，是与变化及其压力紧密结合的。经济学派的务实倾向会带来新一轮的头脑风暴、知识碰撞，推动经济学理论体系的不断发展。

在世界金融危机和中国改革开放的现实生活经验层面考察，最新一轮供给侧学派的兴起，源于经济学理论已取得的基本成果所需要的深入反思。金融危机冲击之下，在一线承担决策责任的领袖人物发出了这样的疑问：为什么没有经济学家稍微清晰一点地对我们做出警示？而经济学家自己的群体里面也有这样具体的看法，即人类社会在金融危机的冲击之后，我们十分需要对经济学基于深刻反省、反思而有所创新和发展。新供给经济学，正是踏着2008年美国次贷危机引发全球金融海啸和欧债危机的浪潮而产生的，并根植于中国经济实践，带有十分明显的"求真务实"特征。

第二，新供给经济学"否定"的方式是建设性开阔包容"大融合"。新供给经济学推崇供给管理，为"供给侧"经济学迎来又一轮形似复辟的浪潮，但是其由反思而否定的方式，决非摒弃需求管理，而是讲求供给管理与需求管理的结合并纳入制度经济学成果等的兼收并蓄式的建设性开阔包容大融合。

新供给经济学认为主流经济学的认知框架是不对称的，古典经济学、新古典经济学和凯恩斯主义经济学存在着一种共同的失误——虽然他们各自强调了不同的角度，都有很大的贡献，但是共同失误是不容回避的——就是他们在理论框架里假设了供给环境，然后更为强调的只是需求侧的深入分析和在这方面形成的政策主张，存在着忽视供给侧的共同问题。西方代表经济学主流的教科书，无论是在"政治经济学"这个概念下，还是发展到"经济学"（或称理论经济学）的表述，至今仍然存在着与实践"言行不一"的缺点。美国等发达市场经济在应对危机的实践中间，实际上是跳出经济教科书来实行了一系列区别对待的结构对策和供给手段的操作，这些在经济学教科书中找不到清楚依据的动作，在运行中间却往往得到了特别的倚重与强调，产生了足以影响全局的决定性作用。

在这一方面应具体指出，新供给经济学强调：

（1）经济学基本框架需要强化供给侧的分析和认知，这样一个始发命题或可说源于萨伊的古典自由主义定律，在新时代、新经济、新兴市场的背景下被赋予弥补片面注重需求管理之缺陷的新思想。

（2）新供给经济学强调正视现实，强化针对性，扬弃"完全竞争市场"这样与实践环境大相径庭的假设，注重还原资源配置中"非完全竞争"的真实场景，以此为基础来扩展模型和洞悉现实。

（3）新供给经济学不认同简单退回到古典自由主义所倡导的自由放任、减少干预的时代，而认为优化资源配置的客观要求是强调市场、政府各有所为，并主张考虑第三部门主体与两者的良性互动。

（4）新供给经济学在基础理论层面，认为在"新经济"时代，应该以创新意识更为明确地指出人类社会不断发展的主要支撑因素，可以认为是有效供给对于需求的回应和引导，供给能力在不同阶段上的决定性特征形成了人类社会不同发展时代的划分。新供给经济学基于此还特别地引入制度经济学的相关理念，特别强调对制度供给的认识与重视，认为制度供给问题与供给能力的形成密切相关，应该充分地引入供给侧分析而形成有机联系的认知体系，打通"物"和"人"这两个都位于供给侧的分析视角，将各种要素的供给问题纳入紧密相连于制度供给问题的分析体系。这一系列思想观点，落实到中国的实践层面，就是要强调以改革为核心，从供给侧发力推动新一轮制度变革创新和加快发展方式的转变与升级。

由此可见，新供给经济学在总结美国等发达国家实践操作的基础上提出的理性的"供给管理"，强调的并不是对"供给侧"与"需求侧"选边式的"复辟"，而是在肯定需求管理重要意义和实践贡献的基础上，加入对供给管理的重视与强调，并加入了在制度经济学思想指导下对制度供给层面更具系统化特征的思考。回归到"供给侧"学派两轮否定之否定的轨迹上，新供给经济学所强调的理性供给管理对凯恩斯主义复辟实施的新一轮的形式否定，毋宁说其否定的手段是兼收并蓄"大融合"框架下对供给侧理论观点的树立、强调与升华。

第三，新供给经济学赋予"复辟"浪潮的思想内核与创新色彩，是从基础理论到政策主张的贯通。不学原教旨极端学派动辄谈"主义"，也不似供给学派"打天下"树立复辟古典自由主义"萨伊定律"的旗号，新供给经济学立足于以发展的思路和升级的包容性赋予"复辟"浪潮更鲜明的认知凝练与思想结晶，赋予"供给创造自己的需求"以新的解读。

从供给侧角度讲，虽然需求是原生性的，但是供给侧升级换代的演变可以决定生产和经济发展的不同阶段。在人类社会经济发展大的划分上，有石器时代、青铜时代、铁器时代，工业革命后走到了蒸汽时代、电气时代、信息时代，这些都是在供给侧由不同的递进的升级换代形式所决定的时代划分（详见表1-1）。

表1-1 供给侧视角的人类社会发展概况

时代特征	供给侧特征与突破（人与物）	制度特征与进展（人与人）
旧石器时代 （Paleolithic Period）	以使用打制石器为标志	在洞或巢中混居、群居 （生成采集、狩猎的组织）
新石器时代 （Neolithic Period）	以使用磨制石器为标志 （发明了陶器，出现了原始农业、畜牧业和手工业）	氏族公社 （组织功能扩展至农耕等）
青铜器时代 （Bronze Age）	以青铜采冶业为标志 （犁铧，兵器）	国家出现与奴隶制
铁器时代 （Iron Age）	以铁制工具和武器的应用为标志	奴隶制社会加速瓦解，封建社会在欧洲成为主流，出现皇权、农奴与佃农；亚洲有中国或"东方专制主义社会"
蒸汽时代（机器时代，The Age of Machines）	以机器的广泛应用（机械化）为标志（机器代替了手工劳动，工厂代替了手工工场）	工业革命与资本主义社会（资本主义战胜封建主义；工业化和城市化进程明显加快；资本主义国家社会关系发生重大变化，工业资产阶级和无产阶级成为两大对立阶级；自由经营、自由竞争、自由贸易为主要内涵的自由主义经济思潮兴起；资本主义国家加快殖民扩张和掠夺；世界市场初步形成；两千年帝制在中国被推翻）
电气时代 （The Age of Electricity）	以电力的广泛应用（电气化）为标志（电力、钢铁、化工、汽车、飞机等工业迅速发展，石油开始成为最重要的能源之一）	社会主义实验，资本主义调整
信息时代 （The Age of Information）	以计算机技术的广泛应用为标志，计算机技术的发展经历了数字处理阶段、微机阶段、网络化阶段、大数据阶段，并正在走向人工智能阶段（半导体、互联网、"智能化"……）	社会主义实验中的改革转轨，资本主义调整（"和平与发展"特点）全球化＋新技术革命（思考：信息时代下，对内：制度和治理结构不断发生变化；对外：全球化程度和世界格局不断发生变化）

说明：该表格由作者绘制；表中资料参见：〔美〕斯塔夫里阿诺斯，《全球通史：从史前史到21世纪》，北京大学出版社，2006年。

基础理论层面，萨伊虽仅仅给出了一个供给侧的视角和论证：驱动—平衡认识，但却打开、启迪了后续的思想探索空间，供给侧在需求原生性之后的巨大能动性潜力，以及激发这些潜力在调控机制上的极高复杂性、挑战性，足以构成我们追求经济学原理的严谨对称以及追求经济学发挥"经世济民"功用的激动人心的领域。纵观世界最近一二十年里，以美国硅谷引领新技术革命潮流所引出的在供给侧实现更新换代的实例，如苹果产品和现在互联网概念上包括"互联网金融"这种带有颠覆性特征的供给创新，贯通着实实在在立足于人本主义立场的"用户体验"概念，及"供给创造自己的需求"的机制示范。智能手机、互联网金融服务产品等，特别强调的就是"用户体验"。虽然用户需求一直是有的，但是"用户体验"这种不同的、由供给带来的升级换代的感受，显然是在供给端发力的有决定性意义的创新。比如：将过去认为需要有偿使用的产品变成无偿——现在互联网上很多服务的直观形式就是无偿；或是把过去看来非常复杂的东西简单化，如将摄影等专门技术发展为傻瓜相机，再发展为轻便手机的一键式操作。应当说，萨伊"供给创造自己的需求"命题的合理成分，在现实生活里是一而再，再而三地有所印证的。我们当然永远不应否认需求的原生意义，有需求才有各种各样的动机和满足需求的活动；我们当然也不是无条件地为一切供给唱赞歌，而是特别推崇有效供给及其伴随的创新驱动，一旦发展到社会化大生产的全球化阶段，特别鲜明的特点就是由供给侧出发实现成功的"颠覆性创新"，那么市场上的回应是非常热烈的，一个产品可能迅速地风靡全球，并且给用户的感受确确实实带来了人本主义视角上常说的幸福感，乃至改变生活的习惯、节奏、格局与时代氛围。

对于转轨国家，一旦把这种物的供给形式上的"后发优势"潜力插上制度供给优化人际关系进而加速腾飞的翅膀，把"物"与"人"贯通的新供给经济学思维框架及其引出的政策主张，便有可能让我们"站在前人的肩膀上"支持特定的超常规发展实践。显然，中国经济学人这方面已作的努力，是在回应时代召唤而把握特定经济体的发展机遇，并且这种努力的学理根基，深植于"否定之否定"轨迹所代表的人类从必然王国向自由王国演进中对客观规律的不懈探求，进而可以绽放出其表现为改革思路与政策主张的鲜活花朵。

从传统经济学的两轮"否定之否定"出发，供给侧理论还经历了制度经济学、发展经济学、转轨经济学、以信息和行为经济学为代表的新兴经济学发展时期，本部分将在第三章、第四章和第五章中对这些重要学派分别展开"供给侧"考察。

第三章　制度经济学：从制度学派到新制度经济学

从其发展史来看，制度经济学大体可分为以乔治·弗里德里希·李斯特（Georg Friedrich List）、托斯丹·邦德·凡勃伦（Thorstein B Veblen）、康芒斯—约翰·罗杰斯（Commons-John Rogers）等为代表的制度经济学和以罗纳德·哈里·科斯（Ronald Harry Coase）、道格拉斯·塞西尔·诺斯（DougRass Cecie Notth）、威廉姆森等为代表的新制度经济学。然而，旧制度经济学与其称之为"制度经济学"，不如称之为"制度学派"更为准确，其研究对象可认为是某特定制度（例如：资本主义经济制度）下的经济及其处于不同阶段而具有的不同特征。制度学派实际上由其先驱李斯特所成就的德国历史学派发展而来，其性质很大程度上仍然可归属于历史学派，但其最早对法律、冲突、秩序、交易等问题的特别关注，为新制度经济学奠定了重要的思想基础；而以制度为研究对象的新制度经济学实质上研究的是制度对经济行为和经济发展的影响，以及反过来经济发展对制度演变的影响，以交易费用理论、产权理论、企业理论及制度变迁理论为基础，可以说开启了经济学研究的新时代。此外，在20世纪80年代新制度经济学兴起并传入中国以来，以顾钰民等为代表的马克思主义制度经济学者将马克思研究重点之一的"生产关系"纳入经济制度的研究范畴。因此，我们从制度学派、新制度经济学和马克思主义制度经济学三方面进行制度经济学的"供给侧"考察。

一、制度学派及评价

19世纪40年代，以李斯特强调本国国民经济及创造财富的国民生产力建立在国家规模分工和相互合作等的基础上为认识的初始框架，后来制度学派逐渐形成于20世纪初，以凡勃伦、康芒斯为代表，基于资本主义发展历史阶段的研究，认为"制度"是经济进化的动力所在。

（一）凡勃伦与《有闲阶级论》：制度思想的发端

凡勃伦创立制度经济学的开山之作应是 1899 年最早出版、影响广泛的针对性著作《有闲阶级论》。自有闲阶级产生的时间（"未开化文化的阶段"）及发展历程开始，凡勃伦从"金钱的竞赛""明显有闲""明显消费""金钱的生活标准""金钱的爱好准则""服装是金钱文化的一种表现"等内容，逐渐延伸至论述的重点"工业的脱离与保守主义"。在书中，凡勃伦论述了对制度及制度演变的思考，认为社会结构的演进实质上是制度的演进，微观个人与自然之间的关系，经历自然淘汰选择出最为适应的方面而形成制度，这种制度反过来又会约束人类发展，强制人类对其适应。[①]

在此宏观思路的基础上，凡勃伦进一步认为"社会结构要变化，要发展，要同改变了的形势相适应，只有通过社会中各个阶级的思想习惯的变化，或者说到底，只有通过构成社会的各个个人的思想习惯的变化，才会实现。社会的演进，实质上是个人在环境压迫下的精神适应过程……"。这反映了凡勃伦将对制度的理解不仅建立在演进的基础上，而且建立在个人精神的基础上，进而继续提出最为核心的观点："任何社会的机构如果是由所谓经济的制度组成的，就可以看作一个工业的或经济的机械结构……集体是由个人组成的，集体的生活是至少在表面上各不相谋的情况下进行的各个个人的生活……由于应付环境的方式有了变更，生活条件就必须重新分配……情况变更以后，整个集体的生活的便利程度也许会有所提高，但重新分配通常会产生的结果是，集体中的某些成员在生活的便利或充实程度上有所降低"，而有闲阶级不仅自己具有保守性，且会造成下层阶级的保守性，并"尽可能地剥夺后者（下层阶级）的生活资料，使之消费缩减、精力消耗到这样的地步，以致更无余力从事学习和采纳新的思想习惯。在金钱的等级上，财富既然集中在等级的上一端，下一端就必然陷入贫困。无论哪里发生了人民中某一部分陷入极度贫困的情况，对任

[①] "人类在社会中的生活，正同别种生物的生活一样，是生存的竞争，因此是一种淘汰适应过程，而社会结构的演进，却是制度上的一个自然淘汰过程。人类制度和人类性格的一些已有的与正在取得的进步，可以概括地认为是出于最能适应的一些思想习惯的自然淘汰，是个人对环境的强制适应过程，而这种环境是随着社会的发展、随着人类赖以生存的制度的不断变化而逐渐变化的。"凡勃伦：《有闲阶级论——关于制度的经济研究》，商务印书馆，1964 年，第 62 页。

何革新总是一个严重障碍……"。由此可见，凡勃伦对制度的认识与分析在特定历史背景下带有很强的针对性，通过这种特定历史阶段上阶级关系制度不合理因素的存在而导致抑制进一步发展的思路，体现了其对制度与经济发展关系的思考，并通过分配的相关问题反映出其认识到物质财富与其所有权之间是能够分离的。韦斯利·克莱尔·米切尔（Wesley Clair Mitchell）、约翰·莫里斯·克拉克（John Maurice Clark）等都是凡勃伦思想的重要追随者。

（二）康芒斯对凡勃伦制度思想的发展：对"所有权"的重视

制度学派的另一代表人物康芒斯则在凡勃伦思想成果的基础上对该学派做了发展，他总结出凡勃伦的理论实际上建立在通过"无形财产"概念认识到"物质"与"所有权"有所区别的基础上，而这种分离是探讨制度经济学的前提，或说"所有权"是制度经济学的基础，这为制度经济学一脉的后续发展奠定了十分重要的概念基础。康芒斯认为，"所有权"的概念建立在"稀缺性"概念的基础上，休谟最早提出由于"稀缺性"的存在引发了"利益冲突"，马尔萨斯显然也认识并承认由于稀缺性而存在的冲突（人口论），因而康芒斯非常强调"利益冲突"这一概念，由于利益冲突的存在，制度对经济制度发展的重要性才得以体现。

基于此，康芒斯认为"只有稀少的东西（实际稀少或是预料会稀少），人们才缺乏和想望。因为它们是稀少的，它们的取得就由集体行动加以管理，集体行动规定财产和自由的权利与义务，否则就会发生无政府状态……制度经济学公开地主张稀少性，而不是认为当然，并且肯定集体行动在一个由稀少性和私有财产以及因此而发生冲突的世界里处于解决冲突和维持秩序的适当地位"[1]。

康芒斯将"利益调和"（社会主义者认为这是制度学派试图维护垄断资本主义制度的工具）看作是集体行动的后果，认为"我又把效率作为一项普遍的原则，因为它用合作来克服稀少。可是合作并不是产生于一种预先假定的利益协调……协调不是经济学的一种假定的前提——它是集体行动的后果，这种集体行动的目的在于维持那些管制冲突的规则"[2]。而这种"利益调和"解决"冲

---

① 〔美〕康芒斯：《制度经济学》（上册），商务印书馆，1962年，第12—13页。
② 〔美〕康芒斯：《制度经济学》（上册），商务印书馆，1962年，第13页。

突"的方法，就是"交易"（被康芒斯认为是"经济研究的基本单位，一种合法控制权的转移的单位"）。在凡勃伦对集体认识的基础上，康芒斯认为"集体行动"是另一重要概念，因为制度实际上是"集体行动控制个体行动"①，与凡勃伦强调个人精神不同，康芒斯认为这一概念涵盖无组织的习俗、家庭、股份公司、同业协会等范畴，但是最重要的是法律，以及相关的所有权，即合法控制权，并认为法律制度加强了国家对私人企业活动的干预，甚至认为法制先于经济，而这一点，恰恰构成新制度经济学的重要思想基础。

（三）关于制度学派的一些思考

毋庸讳言，制度学派产生和发展锁定的资本主义历史发展阶段背景，决定着其对制度思考程度的浅薄和视角的局限，尤其是康芒斯理论最终落脚于"利益调和"，更是揭示了制度学派为资本主义现行制度服务的取向。然而，以凡勃伦、康芒斯等为代表的制度学派确实对经济学理论做出了重大贡献，表现在将制度这一因素引入对经济发展的分析认识框架当中，并基于"所有权"的概念更加侧重于对法律制度的重视和思考，为新制度经济学的发展奠定了重要的思想基础。值得注意的是，正如传统经济学起源于《国富论》，康芒斯坦言"所读第一本书是亨利·乔治的《进步与贫困》"，尽管沿不同轨迹发展的思想保持着火花的碰撞，但却更明确地告诉我们经济学对"财富"状态的关注和对"财富"追求的本质。如把这种本源思想植入现代社会，即可认为是对"经济发展升级换代"的不断追求，并构成供给侧经济学研究的基本和重要的制度目标。

二、新制度经济学及评价

新制度经济学以及经济分析法学的产生，虽然在一开始被认为是旧制度学派的重新崛起，但是基于旧制度学派的思想基础，确实又走出了很长一段路，具有里程碑意义。尽管"制度演进""所有权""冲突""集体行动""交易""法制"等概念在旧制度学派中都曾得到思考与探究，但当时以"点"的形式出现的思想火花最终归于康芒斯笔下的"法制"，而并没有"捅破窗户纸"来充分揭示真正属于制度及经济发展关系的实质性内涵，直至 20 世纪 40 年代

① 〔美〕康芒斯：《制度经济学》（上册），商务印书馆，1962 年，第 87 页。

新制度经济学的产生，开启了经济学制度纬度理论发展的新时代。

（一）以科斯为代表的新制度经济学派

1937年，27岁的科斯发表的两年前完成的学术论文《企业的性质》，成为新制度经济学的奠基之作。科斯认为，企业存在的原因是"市场的运行是有成本的，通过形成一个组织，并允许某个权威（一个'企业家'）来支配资源，就能节约某些市场运行成本"[①]。由于通过公开市场交易是有成本的，所以资源配置有时不直接通过价格机制来完成，而是取决于与企业相关的资源耗费带来的亏损与在公开市场上进行交易的成本的比较。这一认识与企业的规模（是否增加额外交易）直接相关，企业规模的扩张会在两项成本相等时停止。其后在《社会成本问题》一文中，科斯提出"通过企业组织交易的行政成本"未必低于"被取代的市场交易的成本"这一问题，将研究取向落脚在私人产品与社会产品的差异上，认为应"把分析集中在制度中的具体不足之处"来"消除缺陷"，"做产生有害效应的事（如排放烟尘、噪声、气味等）的权力也是生产要素"，而"行使一种权力的成本，正是该权力的行使使别人蒙受的损失"。将人们所认识到的生产"外部性"问题内部化，进一步推进到以"权力界定"（"产权清晰"及其后的交易）视角作重新解读，实质上是对设计和选择社会制度安排的一种特定解读与要求。尽管科斯自己并未将其归纳为一种定理，但乔治·斯蒂格勒等经济学家还是将外部性的存在及纠正与社会效益最大化之间的关系，总结为"科斯定理"这一术语，甚至科斯自己都参与到对这一术语的讨论中。奥利弗·伊顿·威廉姆森（Oliver Eaton Williamson）后来被认为是将科斯定理的重要性带回学界视野之人。

同样作为新制度经济学的奠基人，诺斯则重点研究了包括产权理论、国家理论及意识形态理论在内的制度变迁理论：产权理论的核心在于有效率的产权对经济增长有重要作用；基于此的国家理论认为如果国家制度界定的产权能够提供合理使用资源的框架，就能促进社会福利增加，从而推动经济增长，反之则会成为经济衰退的根源；针对经济人"搭便车"现象，诺斯认为除产权和国

[①]盛洪：《现代制度经济学》（第二版上卷），中国发展出版社，2009年，第115页。

家制度，还与个人的意识观念相关，当经验与思想不相符时，个人就会改变意识观念。因此，可以说诺斯的制度变迁理论在更大程度上继承了旧制度学派的思想理念。

哈罗德·德姆塞茨（Harold Demsetz）在 1967 年发表《产权理论探讨》一文，进一步讨论了产权的经济理论要素（如：概念、作用、出现、组合等相关问题），认为"产权是一种社会契约，它的意义产生于这样的事实，即它有助于形成一个人在同他人的交易中能理性地把握的那些预期。这些预期在法律、习俗和社会惯例中得到实现"，而"产权的基本功能是引导在更大程度上实现外部性的内部化动力"。

作为科斯理论的追随者，张五常在 1969 年发表的《佃农理论》一文中，通过对分成租佃制度的研究，得到制定土地私人产权、明晰产权制度、允许土地自由转让才能让生产要素与土地发挥最大效率的结论，深入研究了市场经济条件下契约的本质与交易费用的关系。

（二）新制度经济学的进步为新供给经济学奠定供给侧"人"的研究视角之基础

在新制度经济学关于"制度变迁是一种均衡—不均衡—均衡的动态反复过程、制度变迁的因素分析、制度变迁的方式分析"的研究成果及诺斯、舒尔茨的制度供给滞后观念的基础上，贾康、冯俏彬首先探讨了制度供给滞后模型，接着分析了制度供给滞后的原因。[①]他们认为，首要原因是"制度需求的不均匀而引致的磨合与冲突（及冲突的解决）过程"，第二个重要原因是"以公共选择方式实施规则来达到均质、同一的难度"，第三个原因是"应对产品需求的改变，调整供给也需要较长时间"。该文得到的"制度创新中应自觉引入规范的公共选择""'少数理性'和'个人理性'如果能先导地、正确地集中反映制度需求的历史趋势则会成为发展与进步重要力量"的结论，由供给侧分析而连通人的能动作用、非均质的人参与制度变革的机制与路径选择，和制度供给的重大能动作用与历史意义，为新供给经济学的制度供给分析奠定了重要的

---

① 贾康、冯俏彬：《论制度供给的滞后性与能动性》，载《财贸经济》2004 年第 2 期。

理论基础。

结合制度学派与新制度经济学的理论综述，不难发现其基于供给侧考察的如下特性：一是"制度"这一概念与需求侧并不直接相关，却与供给侧直接相连。从制度学派的思想可知，"制度"这一对经济发展产生重大影响的因素，实际生活中与消费者或生产者偏好等需求侧心理原动力及其管理，直观上鲜有关联，但与其直接相通的却是供给侧的生产链条、企业组织形式及企业所处的宏观影响与制约（"调控"）机制和环境。发展至以研究企业性质、交易成本、生产的外部性及其消除机制等为核心的新制度经济学，其与供给侧的关联更加明显。换言之，无论通过自然形成、变迁还是人为推动，"制度"实质上都是与供给侧连通的生产关系框架。二是"制度"这一概念也可顺理成章地揭示供给侧研究的基本视点之一：对"人"的研究及把对"物"与对"人"的研究打通（暗合于马克思的研究哲理——"凡是他人看到物的地方，马克思都看到了人"）。凡勃伦开创制度学派伊始，对"制度"的关注就建立在资本主义特定历史发展阶段大背景下，这一历史阶段的深层定义涉及人与人之间的生产关系发展而出的非凡特定阶段；康芒斯对基于"稀少"而引发的"所有权"思考并最终延伸至法律制度，归根结底是研究影响人与人之间关系的因子和人与人之间关系的调整；发展至新制度经济学，这一特点则更加直接地表现为一系列相关问题的研究：由人与人之间通过企业组织生产与各自生产效率的不同，推及人与人之间组织生产的制度存在哪些缺陷，探究这些缺陷对经济发展带来了哪些影响以及如何克服和消除这些缺陷。

三、马克思主义制度经济学及评价

正如诺斯认为，马克思实现了"对长期制度变革的最有力的论述"[1]，以中国学者顾钰民为代表之一的马克思主义制度经济学试图用制度经济学的方法研究和阐发马克思主义经济学，认为马克思主义政治经济学"深刻地揭示了经济制度产生、发展的客观规律"。该学派认为，马克思把社会经济制度看作是个人从事经济活动最重要的制度，把生产资料所有制作为社会经济制度的核

---

[1] 〔美〕诺斯：《经济史上的机构与变革》，商务印书馆，1993年，第61—63页。

心，并将经济制度的分析分为"生产资料所有制""具体的产权制度"和"资源配置的调节机制"三个层次。①对马克思主义理论中蕴含的制度经济学内容所进行的研究，实际上是清晰归纳和再次印证"制度"与供给侧研究中在"人"这一基点的连通，即基于"生产关系和生产力"这一社会发展基本矛盾演变而对于经济社会发展规律的深刻认识与考察。

以《政治经济学批判导言》和《资本论》等为代表的马克思主义经济学，其实质是要面对现实社会问题廓清如何客观合理地认识世界之经济、社会变化内在机理（规律性）而引出以未来理想社会（"自由人的联合体"）为目标导向的改变世界的群体性能动努力。这一哲理层面的主线和"理论密切联系实际"的精神实质，对于人类社会其实也必然具有普适价值，亦可以解释：本原的马克思主义何以具有历史性的、长久不衰的思想影响和学术地位，中国人在经历可能要几代人才能最终收官的历史性经济社会转轨（以"人民美好生活向往"为普适性导向）的艰巨豪迈过程中，为什么要把马克思主义的基本制度分析思路与相关领域的一切人类文明之积极思想成果打通，以及马克思主义制度经济学为何于当代完全应当在"中国的奋斗"过程中产生其应有的发展、丰富与提升的新成果。

第四章 转轨经济学：转轨模式与制度供给

若从逻辑关系上来看，转轨经济学实际上是将制度经济学的系列成果(特别是关于制度变迁内容)具体化和对象化展开后所形成的一门理论，尤特指20世纪70年代末至20世纪90年代初中国改革开放、苏联东欧解体后的经济和社会变革阶段上，理论界"与时俱进"地与改革、转轨密不可分的相关研究认识的集合。

计划经济通过改革实现向市场过渡之制度变迁的简要概括，在苏东和中国均可以两"轨"之间的转变而称之，目的非常明确，就是从计划经济一"轨"

①顾钰民：《马克思主义制度经济学》，复旦大学出版社，2005年，第19—20页。

转入市场经济一"轨"，形象地称为"转轨"①，经济理论上称为转轨经济学。要经历由计划向市场的过渡，所以转轨经济学也称过渡经济学。就"转轨经济学"而言，虽早有概念，也有研究者的积极努力和有益成果，然而总体发展状态仍显系统性明显不足，但不妨将其看作是制度经济学的一个分支，其研究对象与中国等经济体具有天然的对应性。当然，不同经济体的转轨、过渡实践与相关分析，又可表现出种种大相径庭之处。中国经济目前仍处于"转轨"中，对于经济转轨的起点及终点、选择渐进式还是激进式等基本问题，学界固然见仁见智，但也在凝聚一些基本共识。显然转轨过程中将面临许多攻坚克难的问题（尤其在"渐进"已形成"路径依赖"的中国），亟须设计针对性的过渡方案联结制度安排总体战略构想的动态优化与贯彻实施，力争尽可能合意地渡过转型时期。作为一门与实践紧密结合的理论，其特定追求和基本范式可谓是与供给侧的制度供给问题（制度安排与体制变革问题）形成了核心部分的一体化，并以学术话语做出表达和争鸣。相关理论分析的重要参照框架，前一时期最典型、最具影响的范式之争，有"华盛顿共识"与"北京共识"。

一、华盛顿共识：由针对拉美而影响其他

所谓"华盛顿共识"，是国际货币基金组织（以下简称 IMF）、美洲开发银行和美国财政部这三家位于华盛顿的重量级机构针对 1989 年饱受债务危机困扰的美洲国家提出的经济改革思路与政策的组合，其核心要领是约翰·威廉姆森（John Williamson）提出的包括"财政纪律、公共支出优先权、税制改革、自由化利率、竞争性汇率、贸易自由化、输入性外国直接投资（以下简称 FDI）的自由化、私有化、放松管制、保护产权"在内的 10 条政策措施。可以看出，这些政策措施都以更为自由化的主张为共性特点。然而，这一首先针对拉美国家进而也在其他新兴的、转轨的经济体产生重要影响的转轨方针政策组合，并没有成功地帮助拉美解决所面临的经济问题及推动经济崛起，有效扭转拉美地区在落入"中等收入陷阱"后的令人沮丧的现实，并随着中国等亚洲国家转型转轨中多样化经验的参照不断产生，越来越多地产生了对于"华盛顿共

<hr>

① 樊纲：《改革三十年——转轨经济学的思考》，"纪念中国改革开放三十年讲坛"主题演讲，2008 年 6 月 12 日。

识"的现实疑虑与思想挑战，至世界金融危机席卷全球之后，一时间很多的评论者甚至认为"金融海啸"实际上已宣告了"华盛顿共识"的失败。当然，从学理层面作中肯分析，"华盛顿共识"所体现的政策供给及其背后所蕴含的制度供给理论与制度转轨设计思路，确有其一系列可取之处，只是如把其"自由化"倾向性与"新自由主义"极端化见解和主张简单合并，很容易形成认识和实践中的偏颇，虽在一些主要方面很合乎某些主流经济学教科书，却难以有力支持指导应对金融危机等事关全局的重大实践。

二、北京共识：中国发展模式之争

所谓"北京共识"，是由高盛公司顾问库珀针对"华盛顿共识"提出的中国通过努力、创新、实践摸索出适合本国国情的一种发展模式，该模式试图揭示发展中国家在世界立足的三原理，从定位创新价值，到将国内生产总值与人民生活质量挂钩，再到多渠道快速实现更多的变化和创新，这种为提出人所肯定的"成功模式"无形中传达出其对中国经济发展的信心，但其在基础理论层面的支撑因素还明显不足，并且未能有效回应方方面面对中国随"黄金发展"特征而来的"矛盾凸显"特征的普遍关切。与之相关的"中国模式"概念与内容之争，在中国的内外都相当热闹，也显然密切关联供给侧的"区别对待"（"中国国情"是其最代表性的大概念之一）和制度供给、体制转轨方面的种种热点、难点问题。

三、思考：两模式的偏颇与包容创新

无论是"华盛顿共识"还是"北京共识"，对于正处于中等收入发展阶段、面临诸多发展陷阱的中国而言，都难免有偏颇之嫌。一方面，虽然中国经济历经较长时期高速发展甚至被称为"中国奇迹"，但距离跻身世界发达国家之林的目标尚远，不得不面临后发经济体和先易后难"渐进改革"路径上的诸多尴尬和严峻挑战，远不及发达经济体通过工业革命捷足先登后一路而上（也遭遇过"大萧条"等严重危机）那样可以按照需求管理"自由化"取向下的简单规则行事。另一方面，中国转轨中的成绩和初步经验方面虽然可以给人以深刻印象，但与形成相对清晰、稳定的"模式"级概念还相距甚远，可以说作为"真问题"的中国抉择的大考验还在进行中，"攻坚克难"的关键性事件还在后面。①中国制度供给方面事关前途和命运的决定性考验，在于如何以党的十八届三中全会《中共中央关于全面深化改革若干重大问题的决定》（以下简称《决定》）为全面深化改革的指导方针，不惜"壮士断腕"并运用极高的政治智慧推进实质性的制度变革，尤其是要在改革中创造性地处理好后发的现代化过程中政府与市场关系这一核心问题，以求持续走完实现"中国梦"的成功转轨道路，这也正是转轨经济学与新供给经济学的理论支撑点及相互结合的意义之所在。

若从理论实质看，转轨经济学所追求的研究成果，必然属于制度经济学理论的大框架之下，但其针对性更加鲜明，尤其是突出地标示发展中经济体"由计划经济体制向市场经济体制转轨过渡""全面改革"等约束条件，始终环绕"制度"的研究与思考，从而成为我国经济社会发展不可回避的重大理论建设问题。从中国学人努力以"新供给经济学"框架来认识于 2008 年爆发的全球金融危机中美国果断采取"供给管理"重大实践举措，加之对经济学需求侧研究已有模型、假设、主流范式的综合性反思与批判性接纳，不难得知其力主的应当直面中外思想成果和经济实践而"融汇古今贯通中西"包容性发展的特点，是必然要求跳出容易滑为"贴标签"式展开"两种共识"之争的老套路的。

第五章　发展经济学：从技术演变看供给端与经济发展

通常认为，新发展经济学以张培刚于 1945 年出版著作《农业与工业化》为起点，经历了 20 世纪 40 年代末至 20 世纪 60 年代初的第一阶段和 20 世纪 60 年代中期以后的第二阶段，是以贫困落后的农业国家如何实现工业化从而摆脱贫困、走向富裕为研究对象的理论。发展经济学是研究经济发展的学科，而首先基于中国经济实践的新供给经济学认同的"理论密切联系实际"的思维框架，是沿着发展经济学脉络承认经济体间非均衡发展而研究实现经济追赶—崛起中的长时段"赶超战略"。经济赶超战略对以中国为代表的新兴经济体而言，属于决定经济发展大方向的至关重要的顶层战略抉择。

①贾康：《关于我国若干重大经济社会现实问题的思考》，载《贾康自选集——理论创新 制度变革 政策优化》（上卷），人民出版社，2013 年，第 239—269 页。

邓小平提出的"三步走"式"追赶—崛起—赶超"战略内涵，固然肇始于作为伟大决策人物的综合性（乃至某些直觉性）判断，但在经济发展理论的已有成果中，却不乏与之吻合、呼应或可资梳理、整合与深化认识的思想材料。赶超战略的学理探索，沿着经济发展理论的脉络，按照标志性学说或模型的提出，大致可将相关经济赶超的西方理论分为 6 个阶段，这些标志性学说或模型基本上都以同一时期的经济增长特点、理论及模型为基础，可以贡献于经济赶超的独特理论体系。上述西方理论的 6 个阶段是：美国经济史学家亚历山大·格申克龙提出的后发优势理论；美国社会学家 M.列维从现代化的角度提出的发展后发优势理论；阿伯拉莫维茨提出的追赶假说；伯利兹、克鲁格曼和丹尼尔·东提出的"蛙跳"模型；罗伯特·J.巴罗提出的独特的技术模仿函数；R.范·艾肯建立的技术转移、模仿和创新的一般均衡模型。这些标志性学说或模型，以研究者可观察的经济增长特点、可获取的理论成果或模型为基础，形成经济发展理论不应忽视的组成部分或分支，而将它们串联在一起，又可启发和形成关于经济赶超的独特理论体系。

一、后发优势理论

美国经济史学家亚历山大·格申克龙（Alexander Gerchenkron）对 19 世纪的欧洲经济发展特别是较为落后的巴尔干地区和拉丁语系国家的经济发展问题给予了全新的解说，即著名的"落后的优势"理论。他认为，相对的经济落后并非像大多数人认为的那样仅是一种劣势，相反，它有一种相对的潜在优势，即落后国家可以直接学习相对发达国家的优势，拿来为己所用，从而实现跨越式发展。

格申克龙的后发优势理论源于以经济落后的历史透视为研究背景对"现代工业化前提"概念的思考。所谓现代工业化前提，是指当时被广泛认可的在工业化得以开始之前，某些主要的障碍必须被清除，某些有利于工业化发展的条件必须创造出来，实质是认为每一个工业化都必然要基于同样一组前提条件且工业的发展具有一致性。[①]这种前提认为无论是开拓式前行的发达国家，还是相对落后的发展中国家，其工业化进程都存在不可跨越的发展步骤，只有当这

---

① 〔俄〕亚历山大·格申克龙：《经济落后的历史透视》，商务印书馆，2009 年。

些条件即所谓"前提"踩着发达国家曾经的脚印、经过若干年的成熟发展之后，才能够实现。然而，格申克龙对此持保留态度，其反思引发了其对于后发优势的思考。格申克龙认为，较不发达国家"落后的优势"使其"克服经济进步前提的缺失"成为可能，落后的国家可以引介多种发达国家的工业化模式并对其进行选择、组合，并在此基础上，结合本国的各项条件加以创造，这种创造在世界经济发展中并不具有跨时代意义的历史性，但却可对本国经济的发展起到至关重要的作用。这种克服经济进步缺失的前提、引介发达国家的工业化模式的所谓后发优势，致使后发国家能够在经济上实现赶超，缩短初级工业化的时间，较快实现高水平工业化发展。

格申克龙的后发优势理论可以看作是经济赶超思想的源头，这种通过多经济体、长时间序列、多经济指标考察认识而形成的理论阐述，内在倾向是将经济赶超思想纳入科学、严谨、缜密的理论研究之列。尽管格申克龙在论述中一再表明，后发国家实现赶超需要各项成本巨大的付出，与此同时，由于工业化程度、资本条件、金融体系、文化风俗等方面的差异，后发国家并不能靠直接引入发达国家高精尖技术及运行体制来实现赶超，但是他已清晰地认为：后发国家依靠综合引介多种发达国家的工业化模式，在本国实际条件基础上进行再创造来实现经济赶超，是相对高效且具备可能性的。

二、发展的后发优势理论

M.列维（M. Levy）在格申克龙后发优势理论的基础上，从现代化的角度对其进行了拓展，阐述了后发优势的五大内容[1]：一是认识层面，后发国对现代化的认识要比先发国在自己开始现代化时对现代化的认识丰富得多。从发展伊始，后发国家对工业化和现代化的认识程度比发达国家在本国工业化发展开端时的认识程度要高，主要表现在通过发达国家实践经验能够得到更为丰富的认知且在开端时期就重视现代化发展并直接引介发达国家的经验。二是制度层面，后发国可以大量采用和借鉴先发国成熟的计划、技术、设备以及与其相适应的组织结构。发达国家在其工业化和现代化进程中逐渐形成了诸多行之有效

---

[1]Marion J.Levy，*Modernization and Structure of Societies: a Setting for international Relations*，Princeton University press，1996.

的政策、组织构架和制度设计，这些都能够保障一国工业化和现代化的良性运转，后发国家可以通过引介并创新直接在本国加以运用。三是技术层面，后发国可以跳越先发国的一些必经发展阶段，特别是在技术方面。比如后发国可以引介先发国在发展中不断发明创造、优化成熟的高新技术，节省高新技术研发产生的大量经费，跨越其研发所需的大段时间，从而在较短期内实现赶超，迅速推进其工业化和现代化进程。四是路径层面，由于先发国的发展水平已达到较高阶段，可使后发国对自己现代化前景有一定的预测。随着后发国工业化和现代化发展，其向前推进的路径就显得极为重要，在这一层面，发达国家早已渡过了选择的岔路口，而已经被证实成功的道路往往就是后发国家继续的发展方向。五是合作层面，先发国可以在资本和技术上对后发国提供帮助。与发达国家在工业化开端的孤立无援不同，后发国家可以通过外交等手段得到来自发达国家的帮助，从而更快地实现经济赶超。

三、追赶假说

阿伯拉莫维茨（Abramoitz）在 1989 年提出了"追赶假说"（The Catch-up Hypothesis）[1]，他认为工业化水平相对落后的国家具有一种潜在的迅速增长的可能性，不论是以劳动生产率还是以单位资本收入衡量，一国经济发展的初始水平与其经济增长速度都呈反向关系。作者认为这种增长力是潜在的（Potential），要实现这种追赶需要特别的条件与资质（Qualification）：一是技术上要有差距才能实现赶超；二是在技术差距的基础上，社会体制要相对进步，才有能力实现技术仿效从而实现赶超。此外，作者认为追赶假说中谈到的潜在增长力具有自我限制性，简单来说，是因为后发国家在追赶过程中与先发国家的差距会越来越小，那么这种潜在增长力也会随之减弱。这一理论认识并未由"追赶"推及"赶超"，但其分析也无疑至少具有部分的启发性。

四、"蛙跳"模型

伯利兹（Brezis）、保罗·R.克鲁格曼（Paul R Krugman）、丹尼尔·东（Daniel.Tsiddon）在 1993 年以 18 世纪英国超过荷兰、19 世纪末美国和德国超

---

①M.Abramjoritz: Thinking about Growth，Cambridge University press,1989.

过英国等发展实践的考察为切入点，提出了发展中国家利用后发优势实现跨越某些技术阶段的"蛙跳"模型[1]。模型以最简明的美国—英国制造业为例着手分析，经过"基本模型—短期均衡—某一技术时代动态发展—实现蛙跳"的分析过程，"蛙跳"模型实现如图1-4所示。

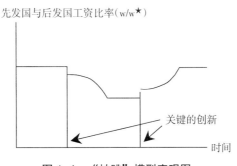

图1-4　"蛙跳"模型实现图

某项技术相对落后的后发国家通过贸易成功学习先进技术从而实现"蛙跳"的过程中，会伴随着侵害先发国家的贸易（如表现为先发国的顺差减少或逆差），而这种侵害恰成为理解"蛙跳"模型的有效途径。后发国家实现一轮"蛙跳"的整个过程可分为三个阶段：第一阶段，领先国与后起国之间工资成本差异足够大，先发国技术水平因技术惯性锁定于某一范围，后发国家尚未对先发国家进行技术赶超，w/ w★ 值（以工资比率作为相对优势的标志性指标）曲线相对平稳，即两方的平均工资率保持于比率（w/w★）；第二阶段，通过贸易，先发国产品流入后发国市场，后发国家从先发国家获得"技术外溢效应"（或说"学习效应"），由于存在工资成本差异，先发国更倾向于采用原技术，而后发国则更倾向于采用新技术，新技术必然需要新工种，由于稀缺性其工资成本必然提高，w/w★ 值相应减少，曲线逐步下降，待后发国对先发国技术学习到一定程度时，会进入一段时期的平稳状态，但此时后发国还没有实现技术的完全掌握；第三阶段，随着技术进步继续深化，后发国对先发国技术终会实现全面掌握，这种状况会使情况发生逆转，曲线经一段平稳表现后，开始进入"蛙跳"上升阶段，因为完全掌握新技术意味着技术在后发国的全面覆盖和普

①Brezis，Paul Krugman，Tsidden: Leap-frogging in international Competition: a Theory of Cycles in National Technological Leadership，American Economic Review,83,1993.

及，此时相关的技术工种不再稀缺，相应工资也逐步减少（或说回归），曲线发生陡然上升及较快增长，接着又进入相对平稳期，即准备进入下一轮"蛙跳"阶段。这便是后发国对于先发国通过贸易实现技术模仿的"蛙跳"过程分析描述，它从一个重要视角证明了后发国可以发挥后发优势实现赶超发展。

五、技术模仿函数

罗伯特·J.巴罗（Robert J Barro）将经济赶超叫做"技术扩散"[①]，主要观点是：因为研究成果的模仿和实施比创新更便宜，所以追随经济体倾向于追赶上领先经济体。这里的追随经济体即为经济赶超中所指的后发国，而领先经济体即为先发国。思路是先研究领先国家的创新者的行为，再研究追随国家的模仿者的行为。

在此需要说明的是，我们在梳理经济赶超理论基础及模型的过程中，认为巴罗的技术模仿函数（或称为领先者—追随者模型）描述经济赶超相对更为科学和严谨，原因有两点：首先，其科学性表现在对技术扩散的研究建立在一系列经典高级宏观经济学理论基础之上，从索洛—斯旺的经济增长模型、拉姆齐模型及开放的拉姆齐模型、内生增长模型及特别关注人力资本的内生增长模型，到技术变革模型，最后发展出技术扩散模型，逻辑路径为：以索洛—斯旺模型揭示经济体之间的收敛趋势源自资本的收益递减；在拉姆齐模型中阐述了储蓄率及相关行为会改变这种倾向，收敛的快慢取决于贫穷经济体的储蓄占其收入的比例；于开放的拉姆齐模型中研究开放经济体之间的资本流动会加速收敛；以技术变革模型发现，如果研发投资具有不变收益，那么长期增长就会实现，但是由于研发技术的扩散性，因此也倾向于加速整个机制的收敛性。其次，严谨性表现在巴罗技术模仿函数运用了较为严格的高级宏观经济学模型来刻画技术扩散的两个主体各自的经济发展动态，并在宏观上对两者进行综合把握，认为虽然在只有研发投资的经济中可能会出现不变收益，实现经济长期增长，但是由于技术扩散行为的存在，也会造成整个经济机制具有收敛性。

领先国家创新者行为模型由以下 7 个公式组成，可逐次推导出先发国经济的增长率，顺着公式推导的脉络，可以清晰地看到先发国通过技术研发来实现

---

① 〔美〕罗伯特·J.巴罗、夏维尔·萨拉－伊－马丁：《经济增长》（第二版），格致出版社，2010年。

经济增长的过程。

企业所生产的最终产品数量：

1. $Y_1 = A_1 L_1^{1-\alpha} \cdot \sum_{j=1}^{N_1} (X_{1j})^\alpha$

A：生产率参数，L：劳动投入的数量，X：非耐用品投入的数量

假定人口不变即 L 不变，A 表示领先国家的技术水平；

X 的边际产品与价格决定领先国所使用的各种中间产品的数量：

2. $X_{1j} = X_1 = (A_1)^{1/(1-\alpha)} \alpha^{2/(1-\alpha)} L_1$

将 2 式带入 1 式，可得领先国工人的人均产出水平：

3. $y_1 = X_1/L_1 = (A_1)^{1/(1-\alpha)} \alpha^{2\alpha/(1-\alpha)}$

领先国销售第 j 种中间品所获得的垄断利润为：

4. $\pi_{1j} = \pi_1 = \left(\dfrac{1-\alpha}{\alpha}\right) \cdot (A_1)^{1/(1-\alpha)} \alpha^{2/(1-\alpha)} L_1$

国家的利率为：

5. $r_1 = \pi_1/\eta_1 = (L_1/\eta_1) \cdot \left(\dfrac{1-\alpha}{\alpha}\right) \cdot (A_1)^{1/(1-\alpha)} \alpha^{2/(1-\alpha)}$

增长率为：

6. $\gamma_1 = \dot{C}_1/C_1 = (1/\theta) \cdot (r_1 - \rho)$

将 5 式带入 6 式可得经济增长率为：

7. $\gamma_1 = (1/\theta)\left[(L_1/\eta_1) \cdot \left(\dfrac{1-\alpha}{\alpha}\right) \cdot (A_1)^{1/(1-\alpha)} \alpha^{2/(1-\alpha)} - \rho \right]$

追随国家的模仿者行为模型，起始模型与 1 式构造相同，但 A 不代表研发技术，而代表追随技术（或称为扩散技术），第二步使用中间产品的数量：

$X_{2j} = L_2 \cdot (A_2 \cdot \alpha)^{1/(1-\alpha)} \cdot (P_{2j})^{-\alpha/(1-\alpha)}$

作者还对模仿成本进行了一系列缜密的逻辑和模型推理，最终得出结论：在以引介技术为主的经济赶超过程中，后发国家的模仿成本是不变或缓慢增加的。这一点也充分肯定了经济赶超的可能性、必要性及必然性。

六、技术转移、模仿和创新的一般均衡模型

R.范·艾肯（R. Van Elkan）承认存在技术扩散和外溢效应，并建立了开放

经济条件下技术转移、模仿和创新的一般均衡模型，①从南北国家之间经济发展程度差异着手，强调经济欠发达国家可以通过技术的模仿、引进和创新，最终实现技术和经济水平的赶超，结果导致南北国家经济发展的趋同。技术模仿所带来的生产效率的提高取决于国别之间技术的初始差距，而技术转移、模仿和创新的有效程度取决于后发国家"干中学"（Learning By Doing）的能力和经验的积累。

已有发展经济学，特别是经济发展理论中关于追赶—赶超的研究，都自然而然、合乎逻辑地关注供给侧的技术创新供给及其相关分析，也涉及制度供给（来自经验层面）的便捷性与相对低成本问题。这些对于笃信须站在前人肩膀上对于经济学理论做出创新的新供给经济学研究群体，提供了值得重视的有益借鉴。

第六章　新兴经济学：信息、行为经济学带来的启发

除了制度经济学、转轨经济学和发展经济学以外，新兴的、但在经济学理论学派中已占据一席之地的信息经济学和行为经济学，也为新供给经济学带来启发。

起源于 20 世纪 40 年代的信息经济学，从微观角度研究信息的成本和价格，并提出不完全信息理论，将理想假设模型与经济运行实际结合起来深化认识。而作为一门将人类行为分析与经济运行规律、心理学与经济学有机结合的学科，行为经济学的出现和产生影响仅 30 余年，如果试图为其认定一个里程碑式的登堂入室的标志，那么不妨以 2002 年丹尼尔·卡尼曼（Daniel Kahne-Man）作为一个心理学家荣膺诺贝尔经济学奖开始。然而，正如尼克·威尔金森（Nick Wilkinson）所说"如果我们的研究目标是人们在各种条件下如何配置资源，那么在这个意义上，任何经济学都与行为有关"，行为经学正是将以心理学为基础而认识到人们行为的不确定性，并把其对经济生活的影响带入经济分析当中的理论。行为经济学的理论基础并非完全的创新，可认为是由传统经济学的"偏好"及"期望"理论，加上所谓"心理核算"的方法共同构成。

---

① R.Van Elkan: Catching up and Slowing Down: Learning and Growth Patterns in an Open Economy. Journal of International Economics,41,1996.

在对"逆向选择"、"不完全信息"和"动物精神"进行再解读的过程中，不难发现，在信息经济学和行为经济学的框架下，沿乔治·阿克洛夫（George A Akerlof）、迈克尔·罗斯查尔德（Michael Rothschild）、约瑟夫·斯蒂格利茨（Joseph E Stiglitz）、桑福德·格罗斯曼（Sanford J Grossman）和罗伯特·希勒（Robert J Shiller）等学者的研究序列，并纳入对博弈论的相关思考，恰勾勒出一条清晰的"理性预期失灵"逻辑线索。[①]因此，我们基于研究分析给出了认识框架。我们认为，所谓"理性预期失灵"，主要是指在国民经济实践中理性预期和有效市场理论失效的领域，这一领域包括三个层次：一是基于理性预期假设下的"柠檬"市场，二是基于理性预期假设下的不完备信息市场，三是以"动物精神"为代表的非理性行为。

上述非理性因素的存在有助于我们理解新供给经济学所主张的实施理性的供给管理矫正理性预期失灵的必要性和重要性。若从经济学理论角度对此三个层次进行考察，不难发现，第一和第二个层次实际上属于信息经济学的理论范畴，第三层次则属于行为经济学的理论范畴，信息经济学和行为经济学由此可以共同构成"新供给经济学"的第五维理论基础。

第七章 "五维一体化"框架："物"与"人"的联通

基于以上"五维一体化"的理论综述及思想脉络考察，可以发现，传统经济学在贯穿五维体系的主线上，主要研究范畴是需求和供给的关系及其作用机制；由传统经济学派生而来的多学派经济学理论发展中，制度经济学以制度及制度变迁与经济发展的互动作用为主要研究内容；发展经济学以研究农业国家的工业化或者说后发国家的现代化为主要研究内容；转轨经济学可被认为是具体化的制度经济学分支，以计划经济向市场经济的转变与过渡为主要研究内容；信息及行为经济学则以市场中不完全信息对人预期的影响、人的偏好及心理学

[①] 贾康、苏京春：《"理性预期失灵"的发生逻辑及其矫正路径——从供给管理视角对政府调控与作为的探析》，载财政部财政科学研究所《研究报告》第 33 期（总第 1679 期），2014 年 2 月 17 日。

特征为基点研究经济发展。有意以"问题导向"而从事"站在前人肩膀上"的创新性研究的中国新供给经济学研究者，在把需求侧与供给侧充分打通的努力中，侧重点与创新发力点在于供给侧的全面深入分析认识，立志于在融会古今贯通中西"集大成"的包容性框架下，把"物"与"人"的分析认识也充分打通。

一、认识供给侧的"物"和"人"

所谓"供给侧"的"物"和"人"，剖析起来，首先是从对于"物"和"人"两大基本视角的划分上切入，这可认为不仅源于对经济学大家思想脉络的考察（例如：马克思关于生产力与生产关系基本矛盾关系的唯物史观；亚当·斯密关于人际分工与"看不见的手"使物资配置达于合意的内洽性原理），而且源于对经济社会现象的"通识研究"或广泛认知（例如：保罗·肯尼迪所言大国兴衰的秘密是"技术上"和"组织上"的变化）。实际上，所谓"物"，也必是指"人与物"的关系，即"生产力"层面，由劳动对象、劳动工具而推及劳动者（人，或"人力资本"），具体到现代经济发展的核心而言，即"技术"的层面（邓小平所说的"科技是第一生产力"实为由人实现的科技创新供给）；所谓"人"，则实质上必是指"人与人"的关系，即"生产关系"层面，或具体到现代经济发展而言，即如何组织经济活动的形式与制度安排、利益分配；而无论是强调"生产力"（即由"物"切入）的层面，还是强调"生产关系"（即由"人"切入）的层面，归根结底都是居于"生产"的方面，即都属于"供给侧"，以回应"需求侧"的原生诉求（人从温饱底线上必生的需要）。

反过来认识"五维一体化"的理论基础要素，供给侧的"五维一体化"考察是在以传统经济学需求和供给研究两轮"否定之否定"演进[1]的主线下，以发展经济学为一大基点——即突出于"物"的供给研究，又以制度经济学、转轨经济学、信息及行为经济学为另一大基点——即突出于"人"和人际关系的研究，进而作"打通"之努力。

---

[1] 贾康、苏京春：《探析"供给侧"经济学派所经历的两轮"否定之否定"——对"供给侧"学派的评价、学理启示及立足于中国的研讨展望》，载财政部财政科学研究所《研究报告》第 77 期（总第 1723 期），2014 年 5 月 8 日。

基于"物"的研究告诉我们，由于存在后发优势，欠发达后进经济体可以追赶发达经济体，并通过"蛙跳"、技术扩散、"干中学"等方式方法，实现技术上的乃至组织结构方面的先追随后赶超，从而实现经济上的赶超。基于"人"的研究告诉我们，制度作为一个极其重要的供给因素，尤其是产权和交易成本的机制联结状况，直接影响某一经济体的经济发展。在制度变迁即制度安排的供给演变过程中，既会出现制度滞后现象，又会存在制度潜力的能动性空间，计划经济制度作为一种经济组织形式，其相对劣势在历史进程中已然较充分暴露，而作为原属计划经济制度的国家，怎样成功实现由计划经济向市场经济过渡，无论是稍早风行而标榜全面"自由化"的"华盛顿共识"，还是稍后期兴起对并未定型的"中国特色"充分肯定而将其推向模式化的"北京共识"，都难免失之偏颇。人类社会生产关系的优化提升，仍须进一步肯定其摸索前行的基本姿态，加之信息的不完全和人们行为的不确定性，例如："柠檬市场""不完备信息市场""动物精神""羊群效应""王庆悖论"等因素的存在，往往造成理性预期失灵，亟须讨论如何加入"理性的供给管理"的矫正力量。两大基本视点可展开的相关理论研究都表明，以矫正传统主流经济学理论之缺陷为切入点而初具形态的强调以"理性的供给管理"为核心（在当下中国即以改革为核心）的新供给经济学，绝非"为创新而创新"无的放矢，而是在致力于经济学人理应尽责的学科发展建设和对时代要求的积极回应。

二、从供给侧"物"与"人"的有机联通看中国

如前所述，新供给经济学注重实现供给侧认识的有机联通，即将"物"与"人"的两个视角打通而助益于经济学理论创新，那么，所谓"物"的视角，其逻辑脉络是：生产力—生产要素供给结构—技术创新—实现供给优化升级—经济增长；所谓"人"的视角，其逻辑脉络是：生产关系—宏、微观经济制度—制度供给创新优化—经济增长；将"物"与"人"从供给侧有机联通，即追求通过理性的供给管理，一方面充分促使生产力中的技术创新带来经济升级优化，另一方面充分发挥生产关系中的制度结构优化能动性，从而互动地实现经济增长。理性的供给管理的实质任务，是使制度创新、管理创新和技术创新充分互动而解放生产力、焕发现代国家治理可包容的一切潜力、活力空间，其核心内容落实于现阶段中国经济社会发展进程中，就是强调全面深化改革的统领。

三十余年的"中国奇迹"固然是依靠利用人口红利和低廉劳动力等资源禀赋相对优势，在开放条件下参与全球分工和竞争，并释放出"后发优势"，但更主要的是依靠改革（包括全面开放对改革的"变法"式倒逼），调动了、激活了相关经济资源的供给潜力。市场经济在逐步替代计划经济、降低交易成本、提高经济效益的同时，显示了一系列正面效应，但也伴生了一系列中国特定国情、特定阶段的"矛盾凸显"挑战因素，其制度优化进程还存在严重不对称，即束缚生产力供给潜力进一步释放和不利于增进社会和谐的种种掣肘因素愈益明显，在"先易后难渐进改革"路径依赖下，好吃的"肉"已吃完而难啃的"硬骨头"啃不下来的情况下，杨小凯生前所强调的制度性"后发劣势"①，就会成为中国实现其现代化宏伟"中国梦"愿景的巨大拖累和严重威胁。

中国经济社会"矛盾凸显"现实的代表性事项，在"物"的视角可举出资源、环境的"雾霾"式危机因素，它正明显地威胁可持续发展；在"人"的视角可举出收入分配、财产配置、公权体系与公民关系领域中一系列紊乱及违背公平正义的不良现象。这两方面都愈益容易导致"经济问题的政治化"而危害现代化进程的全局，而两者间的内在关联十分明显。比如，目前，我国一般产品市场的比价关系和价格形成机制已基本完全放开，但要素市场和大宗基础能源、资源市场，仍然存在严重的扭曲，人为压低要素价格，从而粗放地推进经济增长和引致大量的落后、过剩产能，造成不可再生资源低效、甚至挥霍浪费式使用，在源头上加重雾霾形成，并以不合理的对生产者和投资者的显性、隐性补贴，使得经济严重依赖投资和出口，并加剧垄断、非垄断行业企业分配的苦乐不均，使经济结构失衡的矛盾与收入分配、财产配置两极悬殊的矛盾有可能越来越突出。因此，我们必须在实质性推进"顶层规划"下的全面配套改革中，对经济制度、机制与结构进行治本的调整，从而合理地运用市场和政府力量的结合，实现向较高水平的新常态经济增长路径和可持续升级版增长方式转变，在"物"与"人"的有机联通视界下，有效化解矛盾凸显的压力与威胁。

---

① 杨小凯：《后发劣势》，爱思想网站—思想库—学术—杨小凯专栏，2004年2月12日，http://www.aisixiang.com/data/2718.html.

我国宏观调控政策，一方面要在总需求管理上稳健审慎且能预调微调，避免在稳增长努力下压抑"使市场充分起作用"的空间和防止通胀、通缩轻易抬头；另一方面需在货币政策的"稳健"和财政政策的"积极"搭配下，坚持有所区别对待地在我国"三农"、社会保障、区域协调发展、自主创新、节能降耗、生态保护等领域运用理性供给管理结构性对策，加大要素投入的升级换代力度，特别是呼应全面深化改革促进相关制度机制创新改进，消除过度垄断，降低准入，打造高标准法治化营商环境和有利于长治久安、合理调节社会收入分配的公平正义制度安排和机制运营体系。

这是在制度供给中加强经济社会中的薄弱环节，化解瓶颈制约，释放自组织、自管理弹性空间，避免"经济问题政治化"的临界点越压越低。增加宏观经济中涉及"物"的与"人"的种种有效供给，只会改进而不会恶化总供需的平衡状态，只会有利于维护"又好又快"的发展局面而不会助长下一期的通货膨胀和经济过热，而且将会逐渐增强我国在国际竞争环境中的综合竞争力和发展后劲。这里最为重大的要领是，应"冲破利益固化的藩篱"，从根本上通过一系列配套改革举措衔接短期诉求与中长期目标，化解制约我国长期发展和全要素生产率进一步提升的深层制度因素。虽然在中长期内，我国将面临外部国际竞争环境复杂化和国内人口老龄化等问题，势必告别高增长奇迹，但这也并不意味着中国经济没有继续保持10—20年"次高速""中高速"较快增长的可能。当前，我国还有很多深层次改革仍未实质性地或充分地开展，如资源型产品价格形成机制改革、新一轮价税财改革、中小企业融资机制改革、充分减少行政审批管制、打破过度垄断的改革，以及户籍制度改革、司法体系改革、行政体制改革等，这些改革都能够帮助企业对冲成本上升的压力、增加有效供给、释放潜力提高经济活力，既有利于控制住物价，又有利于维护增长的可持续性。"制度红利"是中国未来十年、二十年最需要着力争取的因素，也是超越西方的凯恩斯主义、新自由主义两端的偏颇，正确发挥出"供给管理"优化结构、促进转轨的合理政府作用而成功地使我国实现现代化的关键条件。

毋庸讳言，在供给端"有保有压""有支持有节制"的结构性方略，也有可能给政府体系带来一种"政府万能"的幻觉和轻易滑向过度调控的危险性

（甚至带上"旧体制复归"色彩），所以极有理由使承担调控之责的各政府部门，首先是高端战略决策者和核心当局，务必保持清醒头脑，始终把结构对策、供给管理，掌握在符合市场经济配置资源总体决定性机制的"政策理性"范围之内，避免做出那些过多、过细碎的行政干预和"越界"调控，特别应始终强调尽量运用经济手段（经济杠杆）来贯彻结构优化的追求，避免滑入新的产能过剩—不足循环，生成高质量、有效益、能适应市场需求且可以引领市场潮流的供给力量。中国现代化伟大民族复兴"中国梦"的"制度保证条件"的形成，将主要依靠改革之功效。

值得充分强调，在研究者"理论密切联系实际"的分析考察中，有必要把供给端的重要主体——公权体系和供给形式中的重要内容——制度供给，更充分地纳入"新供给经济学"集大成包容性的理论框架。以政府和立法、司法机构一并构成的公权体系，其所必然实施的制度供给，是客观存在、有弹性空间（即有可塑性）和必有高下之分的。在中国追求现代化的历史过程中的供给管理，除经济部门、产业、产能、产品、技术等结构方面的供给内容之外，最关键的还须着眼于打开"制度红利"这一转轨中最大红利源的释放空间，形成激发经济社会活力、潜力的有效制度供给，及实现相关改革决策的较高水准。制度安排层面深刻变革的取向是坚定不移的市场化，但又不能简单限于、止步于市场化概念下的作为。"使市场在资源配置中发挥决定性作用"的基本认识是千难万难之后实现的重大思想解放式突破，但市场的"决定性作用"绝非可以理解为决定一切领域和一切事项。其实，中国独特的市场发育和经济赶超正是改革中最难处理的一项基本矛盾：国际竞争的基本现实已不允许我们再常规地、跟随式地经历和等待以平均利润率机制主导的漫长的市场发育及经济结构优化的自然过程，需要从供给端得到一种比自然、自发的市场配置在某些领域、有限目标下更强有力的机制——政府"理性主导"机制，并使之与市场机制"1+1＞2"式地叠加，才能逐渐接近并最终实现赶超目标。把后发优势与理性的政府主动作为结合在一起，摆脱经济学发展到凯恩斯主义、新古典学派和货币学派的"百家争鸣"仍未摆脱的需求—供给不对称框架，在现实生活中就要着眼于此，形成凌驾于"政府与市场绝对冲突"或"要么政府、要么市场——二者必居之一"旧式思维之上的新思想、新理论、新方法，来指导改革与发展的实践。在尊重市场、培育市场的旁边，供给端的特定作为必须包括政府积极有效地建设市场、组织市场和"合作式"地超越市场平均利润率机制自然过程。"混合所有制"有望成为其重要产权基石，进而推进"现代市场体系"在中国的发育和成型。

总之，未来中国的经济发展迫切需要凝聚改革共识，也强烈呼唤能促进改革的新供给经济学，并在其"集大成"的包容式开阔边界理论框架下探讨"顶层设计"和"系统改革"。30多年来我国经济社会发展取得了举世瞩目的成就，同时也遗留了诸多问题（绝大多数属于棘手问题、难啃的"硬骨头"问题），种种问题无法通过制定若干条政策、政企来解决，必须有全面、系统的改革"顶层设计"，并加以配套、协调的推进。为提升全面改革的可操作性，把握好决定中国现代化命运的重心与关键，从政府职能转变、法治建设、财税配套改革、土地制度、人口流动、改善民生、优化收入分配、公共事务决策等重大现实问题入手，无疑也需要理论的烛照与引导，呼唤着把传统经济学、制度经济学、发展经济学、转轨经济学、信息与行为经济学等熔于一炉的中国特色新供给经济学，真正实现资源、技术方面的"物"与组织、分配方面的"人"的供给侧打通，以及"需求—供给"认知逻辑的全面贯通和一切相关有益思想成果的兼收并蓄、融会升华。

参考文献

［1］ Jean-Baptiste Say. A Treatise on Political Economy（or the Production，Distribution，and Consumption of Wealth），Batoche Books，Kitchener，2001.

［2］ Marion J Levy. Modernization and Structure of Societies：a Setting for international Relations ［M］. New Jersey：Princeton University press，1996.

［3］ MAbramjoritz.Thinking about Growth ［M］. New York：Cambridge University press，1989.

［4］ Brezis，Paul Krugman. TsiddenLeap-frogging in international Competition.a

Theory of Cycles in National Technological Leadership［J］.American Economic Review：83，1993.

［5］ R.Van Elkan.Catching up and Slowing Down，Learning and Growth Patterns in an Open Economy［J］. Journal of International Economics：41，1996.

［6］贾康.新供给·经济学理论的中国创新［M］.北京：中国经济出版社，2013.

［7］贾康.贾康自选集——理论创新 制度变革 政策优化：上卷［M］.北京：人民出版社，2013.

［8］西斯蒙第.政治经济学新原理［M］.北京：商务印书馆，1964.

［9］萨伊.政治经济学概论［M］.北京：商务印书馆，1963.

［10］大卫·李嘉图.李嘉图著作和通信集：第二卷［M］.北京：商务印书馆，1979.

［11］大卫·李嘉图.政治经济学及赋税原理［M］.北京：商务印书馆，1976.

［12］马尔萨斯.政治经济学原理［M］.北京：商务印书馆，1962.

［13］穆勒.政治经济学原理及其在社会哲学上的若干应用：上、下卷［M］.北京：商务印书馆，1991.

［14］马克思.资本论［M］.北京：人民出版社，2004.

［15］中共中央马克思恩格斯列宁斯大林著作编译局.马克思恩格斯选集［M］.北京：人民出版社，2012.

［16］盛洪现代制度经济学（第二版）：上卷［M］.北京：中国发展出版社，2009.

［17］马歇尔.经济学原理［M］.北京：中国社会科学出版社，2007.

［18］凯恩斯.就业、利息与货币通论［M］.北京：商务印书馆，1987.

［19］保罗·萨缪尔森，威廉·诺德豪斯.经济学［M］.北京：人民邮电出版社，2008.

［20］凡勃伦.有闲阶级论——关于制度的经济研究［M］.北京：商务印书馆，1964.

［21］康芒斯.制度经济学：上册［M］.北京：商务印书馆，1962.

［22］诺斯.经济史上的机构与变革［M］.北京：商务印书馆，1993.

［23］顾钰民.马克思主义制度经济学［M］.上海：复旦大学出版社，2005.

[24] 张培刚.农业与工业化：中下合卷.农业国工业化问题再论 [M].武汉：华中科技大学出版社，2002.

[25] 亚历山大·格申克龙.关于现代工业化的"前提"概念的反思经济落后的历史透视 [M].北京：商务印书馆，2009.

[26] 罗伯特·J.巴罗，夏维尔·萨拉－伊－马丁.经济增长 [M].上海：格致出版社，2010.

[27] 尼克·威尔金森.行为经济学 [M].北京：中国人民大学出版社，2012.

[28] 斯坦利·L.恩格尔曼.剑桥美国经济史：第三卷 [M].北京：中国人民大学出版社，2008.

[29] 乔纳森·休斯，路易斯·P.凯恩.美国经济史.第 7 版 [M].北京：北京大学出版社，2011.

[30] 保罗·克雷·罗伯茨.供应学派革命华盛顿决策内幕 [M].上海：格致出版社、上海人民出版社，2011.

[31] 吴敬琏，丁守和，付利.经济思想家丛书·马尔萨斯 [M].北京：中国财政经济出版社，2006.

[32] 吴敬琏，丁守和，黄进.经济思想家丛书·李嘉图 [M].北京：中国财政经济出版社，2006.

[33] 吴敬琏，丁守和，李志平.经济思想家丛书·穆勒 [M].北京：中国财政经济出版社，2006.

[34] 吴敬琏，丁守和，吕静.经济思想家丛书·马歇尔 [M].北京：中国财政经济出版社，2006.

[35] 费尔南德斯.一项没有仔细协调的预算政策 [N].美国华尔街日报，1981-8-12.

[36] 贾康.新供给经济学理论基础的比较与分析 [J]现代产业经济：2013（5）.

[37] 贾康，江旭东.积极运用财政政策加强供给管理——论财政政策促进供求关系中长期均衡和国民经济跨世纪发展的思路 [J].财政研究：1999（3）.

[38] 贾康，徐林，李万寿等.中国需要构建和发展以改革为核心的新供给经济学 [J].财政研究：2013（1）.

[39] 贾康.博源文库·现代性与中国社会转型丛书 [M].北京：社会科学文献出版社，2012.

[40] 贾康，刘军民.政策性金融与中国的现代化赶超战略——兼与林毅夫教授商榷 [J].财政研究：2010（1）.

[41] 贾康，冯俏彬.论制度供给的滞后性与能动性 [J].财贸经济：2004（2）.

[42] 贾康，苏京春.中国特色宏观调控的概念与现实——基于理性"供给管理"与"动物精神"的解读 [J].人民论坛（学术前沿）：2014-3（下）.

[43] 贾康，苏京春."理性预期失灵"的发生逻辑及其矫正路径——从供给管理视角对政府调控与作为的探析.财政部财政科学研究所研究报告 [R].（1679）：2014-2-17.

[44] 贾康，苏京春.从我国基本国情看"半壁压强型"环境压力与针对性能源、环境战略策略——供给管理的重大课题.财政部财政科学研究所研究报告 [R].（1691）：2014-3-4.

[45] 黄有光.谈杨小凯的新框架 [J].上海经济评论：2014-7-1.

[46] 樊纲.改革三十年——转轨经济学的思考 [R]."纪念中国改革开放三十年讲坛"主题演讲：2008-6-12.

[47] 杨小凯.后发劣势 [OL].爱思想网站—思想库—学术—杨小凯专栏. http://www.aisixiang.com/data/2718.html.

[48] 苏京春.避陷阱、求坦途中等收入阶段的福利赶超与经济赶超 [M].北京：经济科学出版社，2013（9）.

[49] 葛奇.凯恩斯主义、货币学派和供给学派 [J].社会科学：1980（3）.

[50] 唐岳驹.费尔德斯坦及其"供给学派"经济理论 [J].经济科学：1982（3）.

[51] 周寿萱，杜修平.简析萨伊定律、凯恩斯主义、供给学派的历史更替 [J].晋阳学刊：1983（3）.

[52] 杨鲁军.关于供给学派的几点评论 [J].世界经济文汇：1983（4）.

[53] 李五四，孔祥琯.从资本主义经济危机看凯恩斯主义之兴衰 [J].山西财经学院学报：1984（6）.

[54] 张翠玉.介绍美国新兴供给经济学 [J].黑龙江财专学报：1986（7）.

[55] 杨德明.被称为"里根经济学"的供给学派 [J].瞭望周刊：1987（10）.

[56] 杨林枫.费尔德斯坦与供给经济学派 [J].江西财经学院学报：1987（5）.

[57] 陈维辰.论供给学派的经济理论与实践 [J].北京轻工业学院学报：1987（7）.

[58] 范家骧，高天虹.供给学派（上） [J].经济纵横：1987（3）.

[59] 范家骧，高天虹.供给学派（下） [J].经济纵横：1987（5）.

[60] 郭熙保.从需求经济学到供给经济学——供给学派述评 [J].湖南社会科学：1989（10）.

[61] 曹坤华.关于供给学派的几个理论问题——与杨鲁军同志商榷 [J].湖北大学学报：1990-3.

[62] M.马歇尔，P.阿里斯蒂斯.供给学派与里根经济学 [J].世界经济文汇：1991（3）.

[63] 丁一凡.论80年代欧美的自由化浪潮及其新走向 [J].欧洲研究：1993（5）.

[64] 吴先明.论凯恩斯主义的复兴 [J].经济学动态：1997（10）.

[65] 傅学良.现代西方经济思潮的发展与变革 [J].上海交通大学学报：1997（1）.

[66] 张弥.国内外供给经济学派理论研究的比较 [J].财经问题研究：1999（4）.

[67] 马焕明.归去来兮凯恩斯——"凯恩斯主义"盛衰演变与现代资本主义经济周期的关系初探 [J].史学集刊：1999（8）.

[68] 李义平.需求管理与供给管理——宏观经济管理的两种模式及其理论基础 [J].中国工业经济：1999（12）.

[69] 郑秉文.20世纪西方经济学发展历程回眸 [J].中国社会科学：2001（5）.

[70] 滕泰，冯磊.放松供给约束，解除供给抑制 [N].中国证券报：2013-5-27.

第二部分
世界金融危机"反思":新供给经济学基础理论的重点创新

第一章 "动物精神"的分析解读与理性的"供给管理"

"供给管理"是新供给经济学的重要概念之一,与经济学理论框架中的"需求管理"相对应。后者强调需求角度实施扩张或收缩的宏观调控,而前者则侧重于使总供给发生变化的机制中更多样化的政府作为,并特别注重与政府产业政策等相关联的结构优化,强调增加有效供给的宏观调控。[1]

所谓"动物精神",是经济行为中与理性的经济动机相对应的概念,这种非经济方面的动机导致对经济利益的追求并非总是理性的,而这正是经济发生波动的主要原因,也是非自愿失业的主要原因。[2]

因此,政府的任务是给市场主体营造良好的环境,同时引导市场主体免受动物精神的支配。在宏观层面上,这种以非经济动机和非理性行为为实质的动物精神,会在一定程度上引发经济的"非理性繁荣"。中国经济中也存在着以房地产炒作托举其价格居高不下、民粹主义情愫高涨中的福利赶超和通胀预期与货币幻觉等为代表现象的非理性繁荣因素。

新供给经济学的逻辑是:在存在"非理性繁荣"的背景下,宏观调控所需采用的"供给管理",应当在理解经济如何受到"动物精神"驱动的基础上将其纳入通盘考虑,以成就值得推崇的"理性"行为。

一、"动物精神"的内涵及发展

凯恩斯首先提出了"动物精神指非经济方面的动机导致对经济利益的追求

---

①贾康:《新供给:经济学理论的中国创新》,《中国特色的宏观调控:必须注重理性的"供给管理"》,中国经济出版社,2013年,第133-139页。

②Keynes John M. 1936, The General Theory of Employment, Interest and Money. London. Macmillan. p161—162.

并非总是理性的"这一表述。他在试图解释经济偏离充分就业的原因时，认为"我们用于估计铁路、铜矿、纺织厂、专利药品的商誉、大西洋邮轮或伦敦市内某栋建筑未来 10 年收益的这些基础知识并没有多大意义，有时甚至毫无用处"，人们的决策"只能被视为动物精神导致的结果"，来自人们"想要采取行为的自发冲动"，而不是"量化收益乘以其量化概率的加权平均值"。罗伯特·希勒对此表示了完全的赞同，与此同时，发展了动物精神在现代经济学中的含义，认为"它（动物精神）现在是一个经济术语，指的是导致经济动荡不安和反复无常的元素；它还用来描述人类与模糊性或不确定性之间的关系"。在希勒的观点中，对动物精神词性的界定应当是中性的，其积极的一面在于"赋予我们能量"，其消极的一面在于"被它麻痹"。显然，从创始者凯恩斯到继承者希勒，无论采用形象描述，还是采用逻辑提炼，动物精神的实质其实就是非沉稳的动机和非理性的行为。几年前当世界金融危机的冲击波席卷全球之际，又有罗伯特·希勒撰写的《动物精神》一书译成中文，在国内产生了一定的影响。

然而，关于动物精神的内涵，创始者凯恩斯并未系统地给出论述，而继承者希勒则对此颇具见解。认识动物精神的内涵并思考其中玄妙的逻辑，是认识动物精神引发非理性繁荣进而影响整个宏观经济的基础。根据希勒的见解，动物精神的内涵主要包括五大维度：信心及其乘数、公平、腐败和欺诈、货币幻觉、故事。鉴于我们研究动物精神的目的主要在于为中国宏观经济理性的"供给管理"提供"问题导向"下的可行路径，所以我们试图跳出希勒利用成熟资本主义市场经济中生动却零散的案例进行的故事性描述，而改以一种融入我们的思想、中国元素以及发展中新兴经济体存在的相关元素的升华版，以期提供更为清晰的逻辑、更为有力的论述。

（一）动物精神的关键：信心

从凯恩斯对动物精神的关注不难看出，当经济偏离充分就业时即宏观经济周期出现下行因素时，动物精神所造成的影响才备受关注，而无论是作为消费者群体的一方还是投资者群体的一方，每一个微观主体对宏观经济的"信心"是动物精神的关键。经济学一直以来都在信心理性的基础上对其进行研究，因而按照逻辑，我们不得不提出以下四个问题。

1. 问题一：信心如何成为动物精神

当宏观经济出现下行因素时，市场主体对宏观经济进行的预测不仅仅基于手头的信息，而且很大程度上受到信心的影响，这种信心可以是积极的，也可以是消极的。假设市场主体基于同类信息对宏观经济进行预测，出现下行因素时，对市场满怀信心的人会选择继续消费、保持投资，而对市场缺乏信心的人则会选择减少消费、减少投资。在作为条件的信息上，可能并没有过大差异，但是最终的行为选择却出现了很大的不同，甚至会出现如下分化：假设市场主体同时持有明显的经济衰退信息，对市场满怀信心的人会选择加大投资，而对市场缺乏信心的人会选择撤出投资。这种由于信心造成的行为选择反差使其成为动物精神的关键。导致人们对宏观经济信心不同的因素可以是多样的，典型的可以有：群体影响——社会心理学中的重要概念之一，其可能产生的社会助长（Social Facilitation）作用（个人行为及效率受到群体行为的积极影响）和社会懈怠（Social Loafing）作用（个人行为及效率受到群体行为的消极影响）会影响微观主体的信心；微观主体的知识结构——有宏观经济周期相关知识的微观主体做出的选择与没有相关知识的微观主体做出的选择往往存在很大反差；微观主体的风险偏好——倾向于冒险的微观主体与风险规避型的微观主体所作出的选择有时可能截然相反。显然，这里影响微观主体的因素主要属于心理学范畴，与传统经济学范畴以及分析思路有所不同，而经济学在现实中对信心的关注和测度也更加侧重于实用角度。

信心被视为影响宏观经济的重要因素之一，尽管信心随微观主体呈现多样性，且量化工作非常困难，但是仍然不乏将其纳入科学化框架的努力。包括：巴隆信心指数（Barron Confident Index）。最早由巴隆基于债券交易者行为理论计算得出，认为较高的信心指数是牛市的信号。消费者信心指数（Index Of Consumer Sentiment，ICS）由美国密歇根大学调查研究中心的乔治·卡通纳在20世纪40年代后期提出，通过询问消费者对经济形势、就业、物价、利率的看法，来调查消费者信心，认为这些心理上的直接感受决定了他们的消费支出计划。可以说，微观主体充满信心是帮助美国经济于第二次世界大战结束后逐步复苏的重要原因，这一实践的结果与当时经济学界对宏观经济将出现20世纪 30 年代大萧条的紧缩与失业的担忧恰恰相反。这种与理性预期造成宏观经济衰退间的偏差，正是动物精神的体现。AC 尼尔森是荷兰 VNU 集团下属公司，是全球最为知名的市场研究公司，对消费者信心的计算主要基于消费者对就业市场、个人财务状况的信心和消费者意愿，若最终数值在 100 以上就表示消费者充满信心，而若最终数值在 100 以下则表示消费者缺乏信心。中国消费者信心指数。计算始于 1997 年，由现指数和预期指数两个分指数组成，涵盖了房地产、耐用消费品、汽车和股票投资等 4 个主要行业，并按照年龄、收入水平和地域划分提供较为详细的统计数据。

2. 问题二：是否存在信心乘数

简言之，乘数效应就是某外生变量的每单位变化所引起的经济总量变化。按照萨缪尔森的理论，乘数效应的大小与边际消费倾向（MPC）直接相关，数值应等于 1/（1-MPC）。那么信心是否存在乘数效应呢？答案是肯定的。结论的得出源于以下三点。

第一，每单位信心的变化会影响经济总量变化。尽管对信心的测度很难在定量层面上按照科学化标准进行要求，但利用定性分析结合逻辑推理的方法，不难得到如下逻辑的链条：微观主体信心提升一个单位，其将增加消费或投资（增加消费；增加投资；增加消费和投资），消费或投资所带来的产出是经济总量变化的第一个层次，所带来的产出将为宏观经济带来继续扩大投资、扩大就业、提高收入水平、增加税收等方面的积极影响。由此迎来经济总量变化的第二个层次：继续扩大投资提高了产出；就业的扩大带来微观主体收入水平的提高，从而引发新一轮的消费和投资；为在职职工带来的收入水平提高，继续提高社会消费水平；税收收入的增加会引发政府投资的扩大，从而带来产出的提高。如此逻辑的演进，还将继续进行第三轮等，但鉴于各指标增量的逐步收缩从而导致效果逐步降低。在以上逻辑的基础上，特别值得注意的是，微观主体信心提升一个单位所带来的一轮又一轮经济总量的增加，将有助于微观主体信心的继续提升，并可能会引发其对长期宏观经济的信心。

第二，信心直接影响边际消费倾向。边际消费倾向实质上就是消费曲线的斜率，消费是随收入增加而增加的，但是消费增加的幅度略低于收入增加的幅度，因而从公式出发，消费者信心提升一个单位对消费者收入所带来的影响直接影响边际消费倾向，从简化公式的角度来看，信心也存在乘数效应。

第三，信心会影响别的乘数。在消费者理性预期和理性行为的作用下，如果宏观经济繁荣，投资和消费变化一单位，将会产生产量大于一单位的变化，存在相应的投资乘数、公共支出乘数、税收乘数、政府购买乘数等，而除了理性因素以外，由于信心的存在而带来的非理性因素同样会作用于这些乘数，从而在宏观经济繁荣、存在相应乘数的情况下，出现继续推高各项乘数的效果。

3. 问题三：一个重要的辨析——到底是影响了"信息"，还是影响了"信心"

在对信心作为动物精神关键的论述中，特别值得注意的辨析是：到底是影响了"信息"还是影响了"信心"。二者极易混为一谈，而实质上泾渭分明。总体而言，对信心的关注实际上已经深入到与传统宏观经济学相比更加深入的层面。目前，对消费者信心的测度中不难看出，大多数研究者都将信息作为信心测度的基础，例如：消费者信心指数是在国家或地区的经济发展形势、失业率、物价水平和利率等宏观经济指标的基础上进行测量的，而这种方法恰掩盖了信心作为动物精神的实质，并且使动物精神因果陷入悖论。若以消费者作为市场经济中微观主体的代表，对这一问题的论述可能将更加明了易懂：若将消费者行为分为理性的行为和非理性的行为，那么理性的行为可以视为理性预期基础上所做出的消费者行为选择，而非理性的行为可以视为动物精神支配基础上所做出的消费者行为选择。其中，基于理性预期的理性消费者行为产生的基础，源于消费者对宏观经济各项指标组成的手中信息进行理性分析而得到的结果；而基于动物精神的非理性消费者行为产生的基础，则源于消费者受到以信心为核心的动物精神的支配而得到的结果。也就是说，"信息"可以被认为是消费者理性预期和理性行为的基础，而"信心"则可以是消费者非理性行为的基础。基于此，对于"信心"而言，在不同的国家或地区的经济发展形势、失业率、物价水平和利率等宏观指标下，并不能直接得到消费者"信心度"的高与低，而实质上，这种"信心度"的不同主要源自我们所述影响微观主体行为选择的心理学因素。这一点实际上也可以解释为什么在不同的国别、不同的发展阶段、不同的经济结构、不同的产业领域，可以产生同样令人瞠目结舌资产的富豪。对同样"信息"下的"信心"的关注，实质上更能体会信心作为动物精神因导致消费者不同的非理性行为而造成微观主体个人财富、产业发展、经济繁荣等不同的表现。

实践中的微观主体行为往往并不是非此即彼，而是同时受到理性层面和非理性层面的综合影响，我们认为"信心"总体上还是受到宏观经济指标等理性因素的制约，这能够帮助我们理解为何动物精神会引发的繁荣是"非理性"的，其与不同指标下能够产生同样的富豪但却无法产生同样出色的企业家，道理异曲同工。

（二）公平：机制公平与心理公平

如果说对信心的关注实际上已经深入到了与传统宏观经济学相比更加深入的层面和更加复杂的分析课题，那么对公平的关注显然也极有必要更为深入。公平其实也是关联于动物精神的重要因素。关于公平，可分为两层解读：一是经济学中所指的"公平"，通常是社会分配及再分配结果的公平（均平状态），是"不患寡而患不均"中涵盖的公平，通常与经济运行的效率放在一起讨论两者的权衡问题，从目标上来讲，追求的是一种机制上的平衡状态，以激发效率与而后适当处理结果均平以维护稳定相结合。二是公平的另一个层面，就是微观主体的感觉，从目标上来讲追求的是一种心理上可接受的平衡状态。按照美国行为科学家斯塔西·亚当斯提出的公平理论（又称社会比较理论），设 OP 为"自己对所获报酬的感觉"、OC 为"自己对他人所获报酬的感觉"、IP 为"自己对个人所作投入的感觉"、IC 为"自己对他人所作投入的感觉"、OH"对自己过去报酬的感觉"、IH"对自己过去投入的感觉"，那么对微观主体公平感觉的衡量可以抽象为：OP/IP、OC/IC 与 OH/IH 的比较，OP/IP 与后两者相等时，微观主体在心理上就达到了与过去的自己进行比较以及与别人进行比较的公平感觉。目前，经济学者讨论的主要问题，是把更多的关注落在前一层面，而对微观主体公平感觉的重视程度和展开分析尚显不足。

（三）被误导产生的动物精神因子：未理顺的机制和"钻空子"式欺诈

未理顺的机制和欺诈的相关问题，更值得发展中经济体特别关注，因为这一动物精神因子的存在可解释为什么发展中经济体经常出现公共政策效果的偏差。发展中经济体在高速发展进程中，通常会对宏观经济各部门提出更高的要求，从而给相关机制带来很大压力，这种压力得到排遣的路径有几种，但是通过理顺机制而最终得以实实在在走通解决路径，往往是非常艰难的，因而在机制未理顺的发展中国家，这些压力会通过形成"肿瘤"的路径进行排遣，这种排遣通常并不是真正将问题解决，而是通过某种方式将压力"堆积"起来，表面看上去可能得到了暂时的缓解，实际上潜在矛盾会越积越深。我们在研究"拉美化"问题的过程中，就注意到其宏观经济最终失败的重要原因之一，就是源自"最终的不可控"，主要原因是在未理顺的机制下，盲目制定严苛的劳工法和刚性的社会保障税，于是在巨大压力下，大量非正规部门出现来对冲失业、企业倒闭、贫富差距等各类社会问题，以"维稳"为取向，却最终导致宏观经济的混乱。

未理顺机制所带来的另外一个重要特征，就是加剧市场失灵中信息不对称的影响，在存在信息错配的情况下，极易出现欺诈的行为。这里所谓"欺诈"，主要是指技术上合法但"心术不正"的经济行为，或可称为"钻空子"的经济行为。在这种动物精神因子的作用下，微观主体即使在相应的宏观经济数据基础上进行理性的预期和行为选择，也难以在这种数据雾霾下看清楚事实，从而自然而然地受到动物精神的支配。有一种解释可以用来回应下述问题：为什么在不同的国家、不同的发展阶段、不同的产业领域都存在资产数量令人瞠目结舌的富豪？答案就是他们利用了动物精神。然而，这些人中相当多的成员只能成为富豪，而并不被社会评价为成功的企业家。同时，未理顺的机制和欺诈为经济和社会生活带来的中长期潜在危害之一，是导致社会贫富差距的显著扩大，势必对经济体的长远发展产生负面影响。

（四）货币幻觉

货币幻觉并不是什么新词汇，早在1928年，美国经济学家欧文·费雪就提出了这一概念，是指货币政策存在通货膨胀效应，而微观主体会更多地受到货币名义价值的影响，忽视手中名义货币的实际购买力，并根据这种心理错觉而做出相应选择。宏观经济学比较强调微观主体有自动调整名义货币与实际货币之间扭曲的理性，从而能够进行理性的预期、做出理性的选择。然而，在实践层面，微观主体首先可能未必留意名义货币的实际购买力，即使试图对此予以关注，也往往不能够确切地、实时地掌握货币的通货膨胀信息或者商品价格的变化信息，且不论得到的信息是否准确，由此而引发微观主体的货币幻觉——即通常情况下微观主体会忽略或者低估通货膨胀的作用，而由于手中持有的名义货币量的增长对宏观经济的繁荣做出误判，从而导致最终选择的非理性——这也成为重要的动物精神因子之一。

（五）示范效应编写的故事

如果说发达国家的"故事"主要是由政治、经济和制度安排编写的，那么发展中国家的故事则更多是由示范效应编写的。这类故事动听到什么程度呢？动听到可以催生发展中国家的民粹主义情愫，引导微观主体盲目追求发达国家高收入、高福利、多休闲的生活状态，绑架政治、政策来迫使决策经济体进行不当的福利赶超，从而最终落入"中等收入陷阱"。这一逻辑关系听起来似乎危言耸听，但却实实在在是拉美地区由于盲目的福利赶超而最终落入中等收入陷阱这一前车之鉴的基本脉络。示范效应所编写的故事之所以作为动物精神的因子，是因为它能够导致微观主体的非理性行为，其影响路径可以有：一是影响消费结构，主要是指在示范效应的作用下，微观主体会追求提高消费中进口商品的比重——这种对洋品牌的追求在很大程度上并不是理性的。二是影响投资结构，主要是指微观主体更愿意选择投资虚拟经济而不是投资实体经济，甚至更极端地讲，是更加倾向于投机而不是投资。三是影响分配结构，受到发达国家示范效应的影响，发展中国家的微观主体往往不能够理智地基于本国的发展阶段做出行为选择，而一味地追求高工资、多闲暇、高福利的生活状态，必然对社会福利产生强烈的诉求。

二、"动物精神"引发"非理性繁荣"：联系中国现实的启示

"动物精神"的五大因子对经济生活都会产生影响，易引发经济"非理性繁荣"，其逻辑路径是：一是信心和信心乘数的存在，导致一定阶段上微观主体对宏观经济盲目乐观，从而加大消费和投资，使宏观经济看上去更加繁荣；二是未理顺的机制和较普遍"钻空子"式欺诈的存在，使宏观经济堆积的矛盾

问题得到"维稳"式暂时缓解；三是货币幻觉的存在导致微观主体不能够认清名义货币的实际购买力，从而非理性地增加消费和投资；四是发达国家示范效应编写的故事可能会压力式迫使发展中国家扩大赤字来提高福利水平，使短期内生活状态有很大改善却无可持续性。这种非理性繁荣会带来许多发展问题：一是信心和信心乘数存在的行业和领域往往与过度投机行为相关，从而催生了宏观经济的泡沫；二是未理顺的机制和欺诈缓解的宏观经济问题实际上并未得到真正的解决，而是矛盾后移，可能积重难返，对经济发展构成潜在威胁；三是货币幻觉的存在会明显冲减社会再生产中的平衡因子，制约宏观经济的长期发展；四是发达国家示范效应编写的故事导致微观主体无法正视自己的发展阶段，吊高胃口而不可持续的福利赶超最终可能会将国民经济拖入中等收入陷阱；五是在这种种扭曲下，往往忽略了公平的真实底线，导致社会问题层出。

将动物精神引发非理性繁荣的理论探讨联系于我国的现实，不难发现，动物精神引发的中国非理性繁荣的现象已比比皆是：比如，某些区域房地产价格居高不下、"越调越高"，实际上是在未理顺机制情况下，民众受到信心及信心乘数的影响一味追涨，并形成"炒房团"式羊群效应的投机热潮，这正好无法由宏观经济中消费者理性预期和理性行为选择的理论来解释，主要体现的是动物精神支配下纷纷做出非理性选择。此外，由于中国没有统一规范的房地产买卖信息披露平台，房产中介的"钻空子"欺诈行为有很大的操作空间，索取的中介费用直接与所售房产的价格挂钩，致力于利用信息不对称来向消费者索取更高价格，甚至许多房产中介利用手中信息的便利直接收购较市场价格更低的房产，转而以高价格销售，攫取其中高额利润，并且推高房地产市场价格。又如，公平问题在我国表现非常突出，以国企与民企相比较，以"体制内在编职工"与"劳务派遣工"相比较，员工的工作效率、工作时间、工作量与薪资待遇方面相差很多，并且关联于城乡发展不平衡、区域发展不平衡两大突出问题。此外，未理顺的"从煤到电"机制也引发了资源价格的扭曲问题和不合理的行业垄断问题，并且加剧了工资中的不公平。中国宏观经济目前尚处于由中等收入阶段向高收入阶段过渡时期，民粹主义倾向及其激发的对福利赶超的诉求也已逐步而显著地显现。伴随经济高速增长而来的通货膨胀，由于微观主体存在货币幻觉而可能被低估而引出投资、消费行为的非理性。

三、化解"动物精神"的路径：理性的"供给管理"

鉴于以上分析，针对我国存在由于动物精神引发的非理性繁荣因素，考虑凯恩斯提出的政府"保证市场主体免受动物精神支配"的意旨，在宏观调控中应当注重"动物精神"的存在，并以理性的"供给管理"，优化与需求管理的匹配，来矫正和化解"动物精神"。

（一）必要性逻辑探析

综上所述，理性的"供给管理"与"动物精神"之间的逻辑关系可抽象如图2-1所示，沿着两者逻辑关系发展的路径，恰可同时对我们的论述做出小结。

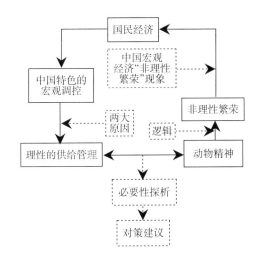

图 2-1　理性的"供给管理"与"动物精神"逻辑图

第一，中国特色的宏观调控需要理性的"供给管理"，并阐述了货币政策的总量调控不足以"包打天下"且我国经济存在突出的结构性问题，进而思考，怎样的供给管理是更为理性的？

第二，由动物精神的概念出发，阐述动物精神所涵盖的信心、公平、未理顺的机制和"钻空子"式欺诈、货币幻觉、示范效应编写的故事五大因子：信心是动物精神的关键因子，并且存在信心乘数；公平因子存在机制公平与心理公平两大层面；未理顺的机制和"钻空子"式欺诈是被误导而产生的动物精神因子；货币幻觉由来已久且通常的表现是民众对名义货币购买力的高估；示范效应编写的故事对于发展中国家防范国民经济落入"中等收入陷阱"有重大意义。这五大因子能够导致国民经济的非理性繁荣。

第三，我国国民经济中存在动物精神及其引发的非理性繁荣，主要表现有：民众信心导致的盲目投机行为推升房价，未理顺机制和"钻空子"式欺诈导致的房产中介推升房价，突出的工资水平、资源价格引发的公平问题，示范效应编写的故事引发的中等收入阶段福利赶超问题，货币幻觉引发的低估通货膨胀等非理性消费问题。

第四，由于动物精神的存在及其引发非理性繁荣逻辑的成立，加之其在中国国民经济中的表现，构成中国国民经济的理论与实践现状必将导致对中国特色宏观调控的相应诉求。

第五，将上述第四与第一相结合后，不难得出以下逻辑结论：由于动物精神的存在及其引发非理性繁荣逻辑的成立，加之其在中国国民经济中的表现，导致对中国特色宏观调控的相应诉求最终需要落实到：理性的"供给管理"必须将"动物精神"纳入调控框架。

第六，在以上闭合的逻辑路径基础上，考虑到动物精神引发国民经济非理性繁荣对经济长远发展带来的危害，思考以理性的"供给管理"矫正和化解"动物精神"及其政策层面的对策建议，具有重大现实意义而应成为理论研究工作者的研究任务。

（二）目标及对策建议

我们认为，将矫正和化解"动物精神"纳入理性的"供给管理"框架，应当基于前述分析有针对性地在"供给管理"中特别注重以下目标：管理和引导消费者信心；促进收入分配的机制公平与心理公平并重；降低货币幻觉带来的风险；理顺市场机制与弥补市场失灵并行；避免民粹主义催化示范效应导致"中等收入陷阱"。

落实到政策层面，以理性的"供给管理"矫正和化解"动物精神"的对策建议可归纳为以下四个层面的"八字方针"。

1. 科学发展，统筹协调

鉴于"动物精神"五大因子引发非理性繁荣对国民经济长远发展产生的负

面影响，理性的"供给管理"应当首先在提纲挈领层面上促进科学发展、统筹协调。科学发展观所追求的发展是全面协调可持续发展，强调注重发展的整体性、协调均衡性、当前发展和长远发展结合的可持续性。科学发展所要求的理念、所指引的方向、所追求的目标实质上更加针对国民经济的结构层面，远不是单一调控需求与调控总量就能够达成，势必要求宏观调控从供给端发力，通过理性的"供给管理"来以结构优化助力科学发展。统筹协调是处理重大关系的重要科学思想方法和工作方法，在经济发展层面主要囊括城乡发展、区域发展、经济社会发展、人与自然和谐发展、国内发展和对外开放五大方面，以及统筹各方面利益关系的层面。统筹协调是贯彻落实科学发展观的根本方法，而实现统筹协调需要依靠理性的"供给管理"下科学、细化、多维、多方的制度供给。只有在科学发展、统筹协调的大背景下，信心及信心乘数催生的虚拟经济投机行为才能够随着国民经济结构的调整而减少，机制公平和心理公平才能够稳步提升，降低货币幻觉带来的风险，疏导经济、化解高速增长过程中存留的未理顺机制问题，始终清醒地认识把握不同的经济发展阶段而坚持一脉相承的全面、协调、可持续经济社会发展战略。

2. 结构优化，升级提质

如上文所述，虽然受到"动物精神"的支配，但是国民经济总体而言首先还是基于硬指标组成的硬信息下对宏观经济产生的理性预期而做出理性的行为回应。换言之，某一经济体的经济发展水平和未来发展趋势本质上还是受到本身经济发展"过硬程度"的影响，即某一经济体的经济发展路径总体上还是沿着理性的主线，正如：发展中经济体不会由于存在"动物精神"并由于集体受到"动物精神"的支配产生强大的非理性繁荣，最终步入发达经济体；而发达经济体也不会由于受到"动物精神"支配对经济发展产生的负面影响而必定最终堕入经济的倒退。从这一角度来看，我国宏观经济理性的"供给管理"矫正和化解"动物精神"，最根本的一条还是要有助于我国经济实现结构优化、打造中国经济发展"升级版"、充分发挥出改革的红利效应、在注重经济发展数量的同时更加关注提升经济发展质量。

3. 制度供给，机制创新

对"动物精神"进行矫正和化解的有效路径上特别应强调加强制度供给、加快机制创新。加强制度供给、加快机制创新能够有效引导公众的信心及信心乘数合理化，在很大程度上解决机制公平和心理公平的问题，特别是有助于理顺原有机制并减少"钻空子"式的欺诈行为，并可以在必要时期通过提供真实有效的实时信息在一定程度上帮助公众减少货币幻觉。在需求端的调节、对货币总量的调节，都不足以达到改变制度体系、理顺体制机制的目标，唯有通过供给端发力的供给管理才能够实现我国现阶段亟待解决的制度、体制机制问题。因此，加强制度供给、加快机制创新应当成为理性的"供给管理"在经济社会转轨过程中特别注重的关键内容。

4. 后发优势，赶超战略

发达国家示范效应编写的故事可能导致发展中国家微观主体无法正视自己的发展阶段，吊高胃口而盲目追逐不可持续的福利赶超，最终可能会将国民经济拖入中等收入陷阱。加之我国现阶段已存在日益高涨的民粹主义情愫，无形中不断催化示范效应编写故事的动听程度。针对于此，理性的"供给管理"应当特别注重把握好国民经济的通盘发展战略，充分认识作为现代化阶段的相对"后来者"对相对"先行者"赶超的必要性和重要性，注重发挥发展中经济体的后发优势，始终牢牢把握住经济建设的中心，坚定落实"三步走"经济赶超战略，通过加强制度供给的途径，充分发挥制度红利对国民经济发展的重大作用，成功跨越"中等收入陷阱"，跻身发达经济体之林。

第二章　"理性预期失灵"及"供给管理"对其的矫正

理性预期理论素有"经济学上第六次革命"之称，其代表人物罗伯特·卢卡斯为此获得 1995 年诺贝尔经济学奖。自 20 世纪 70 年代以来，理性预期理论作为对凯恩斯主义的重大修正，一直被视为欧美主要国家长期奉行新自由主义的理论源头之一。但 2008 年全球金融危机以后，包括理性预期在内的自由市场理论受到实践层面的严重置疑，在经济学上，这预示着某种重大理论创新与突破的"时间窗口"已经出现。在中国，一方面自改革开放以来，政府主导特征明显的中国经济已经有 30 多年的高速增长，主流经济理论对此解释乏力，另一方面，经过多年的刺激政策，中国经济已步入了高增长后"下台阶"的阶段转换，各方面对于未来的乐观（包括过于乐观因素）的预期正在朝相反方向演变。国际国内的现实都呈现出种种挑战"理性预期"命题的线索和依据。我们在关于新供给经济学的研究中认为，从"理性预期"推进到"理性预期失灵"的讨论，是经济学理论创新的需要，同时在政策层面也将十分富有启示。

一、对理性预期理论的简要述评

理性预期学说产生于 20 世纪 60 年代初期。当时，西方国家已感受陷入"滞胀"的压力，凯恩斯主义面临前所未有的诘难。1961 年，约翰·穆思(John F Muth) 在美国《经济计量学》杂志上发表了一篇题为《理性预期与价格变动理论》的文章，首次提出了理性预期的概念。20 世纪 70 年代初，芝加哥大学的罗伯特·卢卡斯（Robert E Lucas）、斯坦福大学的托马斯·萨金特（Thomas J Sargent）和哈佛大学的罗伯特·巴罗（Robert Barro）等人对于理性预期学说做了重大发展，形成了理性预期理论和理性预期学派。

所谓理性预期，是指人们对未来事件进行的有根据的预测，而所谓有根据，除了心理直觉和经验，更重要的是经济理论的支持。换言之，理性预期概念暗含基于经济理论和经济模型对未来进行预测的认知。这一学派代表人物在继承古典学派理论及观点的同时，强化对"理性预期"的研究，在某种意义上成为古典宏观经济学发展至新古典宏观经济学的关键，其假设：一是市场竞争中价格和工资是充分灵活的；二是人们可以充分利用所有可获得的信息来作决策；[1]三是新古典宏观经济学所强调的预期，是没有系统性预测错误的预期，或可以称为"无偏"的预期，亦即理性预期。在政策方面，该学派认为，如果存在理性预期，那么政府的经济政策便是无效的。因为人们在看到经济即将发生变化时，就倾向于从自身的利益出发，做出合理而明智的反应，这种反应会使政府的政策达不到预期的效果。基于此，理性预期学派对宏观经济学几乎所

---

① 〔美〕保罗·萨缪尔森、威廉·诺德豪森：《经济学》（第十八版），人民邮电出版社，2008 年，第 607—608 页。

有的领域都进行了重新思考和探索，形成了独特的理论体系，其中又以自然率理论、货币中性理论、经济周期理论等最为知名。由此引出的政策推论是：正是由于市场主体的理性预期及相应的行为调整，会化解政府所有管理宏观经济的各项政策意图；反过来说，凯恩斯主义所主张的政府短期视野内的宏观调控、管理经济的措施，从总体、长期而言是无效的。相对于各类相机抉择的短期经济政策，政府更应当做的是制定具有一致性和连贯性的长期政策规则，以合理引导人们的理性预期。

理性预期理论具有重要的理论启迪价值，乃至被称为经济学发展史上的第六次革命，其主要贡献有二：一是将现代经济学建筑在信息论的基础之上，从而使宏、微观经济学在特定的意义上被打通、被联结；二是将预期引入经济预测模型，并使之可测度、可计算。这两点都称得上是经济学中的重要进步与成就。在实践层面，理性预期理论同样产生了重大影响，在长达几十多年的时间内，理性预期理论一直被视为西方国家奉行新古典主义自由经济思想的"源头活水"，从基础理论逻辑层面支撑了其后几十年"新自由主义"经济理念的大行其道。

尽管取得了如此辉煌的成就，对理性预期理论的批评意见也一直存在。概括而言，一是三个"不可能"：理性预期理论关于人们能够做出合理预测的前提之一是"信息完全"，这在现实生活是不可能的；理性预期理论关于人们能够做出合理预测的前提之二是"经济预测知识的匀质分布"，这也是不可能的；另外，理性预期理论建立在市场完全竞争自动出清的前提之上，而在很多情况下，这也是不可能的。二是在应用层面，批评者针对其承认风险但排斥不确定性、重长期不重短期、主张政府"无为而治"等推论，认为理性预期理论实际上否定了政府政策的作为空间，因此对于现实复杂世界中无法回避的政府政策优化的指导意义十分有限，等等。

二、理性预期失灵原理：假设、发生路径与机理分析

应当承认，理性预期理论对经济学的发展具有某种里程碑意义，在理论和实践两个层面都产生了重大影响。然而，当我们以理论联系实践、指导实践的时候，很容易发现，诸多假设条件下的理性预期，实际很难得到现实生活的充分对应和印证，在非完全竞争、价格与工资并不充分"灵活"和人们难免囿于信息不对称的局限而又必须有所决策的情况下，其实合乎逻辑地需要讨论和认识的另一个相关命题，是"理性预期失灵"问题。在对"逆向选择"、"不完全信息"和"动物精神"进行再解读的过程中，不难发现，沿着乔治·阿克洛夫（George A Akerlof）、迈克尔·罗斯查尔德（Michael Rothschild）、约瑟夫·斯蒂格利茨（Joseph E Stiglitz）、桑福德·格罗斯曼（Sanford J Grossman）和罗伯特·希勒（Robert J Shiller）等学者的研究序列，并纳入关于博弈论的相关思考，恰好可使我们勾勒出一条趋于清晰的"理性预期失灵"逻辑线索。

（一）理性预期失灵：概念及其假设

我们认为，应当明确提出与深入研讨"理性预期失灵"。所谓理性预期失灵，是指市场主体在对未来事件进行预测时，由于不完全竞争、不完全信息与不完全理性的影响，不可能给出完全准确的预期并据此调整自己的行动，而这一问题对于政府经济管理的政策优化具有重大的关联和影响。这一命题主要是基于如下三个理论假设：

第一，不完全竞争假设。完全竞争假设对于我们认识资源配置优化中市场以可发挥决定性作用具有莫大的意义，但人类社会中市场经济发展到现时状态，哪怕是最发达、最成熟、最推崇"政府无为而治"的经济体，真实的情况仍然是非完全竞争。其中冲抵竞争因素的，大体上可分为来自政府主体的行政垄断因素和来自市场发展本身的寡头垄断因素，不同国度、不同阶段，这些垄断因素的形成原因与组合状态，又各不相同。这虽然带来了"非完全竞争"假设前提下分析框架和分析方法的复杂性，但我们认为，从"理论密切联系实际"的本义出发，经济学人应对这种复杂性挑战的研究工作已无可回避，并将产生独特的认识贡献。

第二，不完全信息假设。真实世界中信息的不完全性质主要来源：一是信息收集是有成本的，人们不可能无限度地支付成本，因而通常难以获得完全信息；二是人们处理信息的能力是有限的和各不相同、非匀质的，不可能人人都能同等程度地"合格地"处理相关信息，特别是就广义而言，知识、经济理论、经济模型也是信息的一种，对于芸芸众生的市场主体，这类信息更是不完全的，经济知识、模型不可能在所有市场主体之间匀质分布，不同个体掌握相关理论和认知规律的程度，高下之别极其显著；三是即使是经过长期专业训练的经济学家，在信息处理中也要面对广袤的未知世界，大多数情况下，经济学家自己也并不确切知道真实的经济模型，并对同一事物的认识大相径庭、充满争议。

第三，不完全理性假设。经济史上多次发生的重大危机已经反复表明，驱使人们付诸行动的，并不仅仅是经过审慎的成本—收益计算的理性动机，源于"动物精神"的各类非理性动机——如恐惧、乐观、从众、幻觉等——也是驱使人们行动的另一类动机。大多数情况下，人是理性的，经济活动的结果也是大体上可以预测的，但在那些为数不多却有着重大后果的事件情形下，非理性和理性一起左右着我们的行动，甚至在特定阶段上由非理性发挥着主导作用，表现为几百年间中外可同类列举、反复出现的以"疯狂的郁金香"（在几百年前的荷兰）和"疯狂的君子兰"（在改革开放后的中国）、"疯狂的股市"（中外皆同）等事件为代表的"泡沫"与"泡沫的破灭"所带来的社会震荡。

（二）经济学研究应当致力于提出更加有效的对应于真实世界的假设

在此，我们愿意再稍作展开地讨论一下对于"假设"的理解。在经济学研究中，"假设"有时是指一种未经证明的理论解说，但在更多的时候，"假设"是为我们"把复杂的问题简单化"而从事研究、推进研究的一种预设前提。换言之，在特定研究情境下，我们视假设本身为常识、为公理，既不需要证明、也不用质疑。一般情况下，假设来自于研究者对人们日常行为的长期观察而"删繁就简"的判断，而观察既是基于观察者自身的学识和提炼、推理、逻辑等个人能力，更是基于某个特定时代背景下，人类在自然科学和社会科学方面的知识总和对于观察者的耳濡目染。随着时代的发展、知识的累积，一些原来可信、甚至被奉为圭臬的假设，很可能时移事易，不再像当初那样基本满足研究、认识的要求，进而需要放松、矫正、推演和丰富化。

以"理性的经济人"假设为例：时刻进行着成本—收益计算即精明无误地追求自身经济利益最大化的经济人，的确是从事经济活动的无数个体之可观察、可抽象概括的基本特征之一。但随着近现代心理学、社会学、神经学、行为科学等的显著进步，对于"人性""人的行为特征"的认知便更加深入和全面，现在已几乎没有人认为"理性的经济人"几个字足以提炼为覆盖全部人类经济行为的"唯一概念"。事实上，从经济人假设产生伊始，就伴随着对这一假设的犹豫和补充。众所周知，亚当·斯密在写出《国富论》的同时代，也写出了著名的《道德情操论》；凯恩斯一方面将自己的理论建立在理性经济人假设的基础之上，另一方面也直面"动物精神"且将其视为自己理论的出发点之一。格林斯潘在2008年金融危机以后，曾沉痛地说道，虽然大多数经济行为的确是建立在理性经济人假设的基础之上的，且它也的确能说明人类大多数的经济行为，但显然，它并不能说明全部，否则，我们就不会预见不到危机的发生。

因此，我们认为，随着科学和经济学分析认识能力的发展，也随着人们对于人性本身的认识更加丰满，一些原来可近似地视为常识与公理的假设，需要矫正、放松和复杂化，所有的研究者，都可以和应当不断努力提出更加逼近真实的假设，以尽可能弥合理论研究与现实世界之间的距离。对于"理性预期"所依据的"完全竞争""完全信息"和"预测知识匀质分布"等假设，也必须作如是观，进而把我们的理论认识向更好地服务与引领实践的方向推进。

（三）理性预期失灵的发生机制

理性预期失灵的发生机制，在以"不完全竞争"假设作为大前提之下，可以分为三个层面：一是存在某种触发"失灵"的因素，这可称之为第一因子；二是在受到触发后，系统发生两种反应：传递和交互，系统内各主体之间发生复杂反应，这可称为第二阶段或中间过程；三是在结果端，反应后的系统输出经显著放大的、数倍于初始之时的效果，产生重大影响。下面试分述之。

1. 第一因子：触发系统的扳机

（1）不完全信息

关于不完全信息对于理性预期失灵的影响，经济学理论已有相对充分的阐述。20世纪70年代，围绕着放松"完全信息"假设，经济学迎来了一次革命，其成果是信息经济学正式成为经济学的一个分支，表明人们对于不完全信息这一新的经济学假设已全面接受。除此之外，不完全信息还体现在各国用于宏观经济管理的经济模型方面。自丁伯根在 1936 年为荷兰经济创建计量模型、1938 年为美国创建包含 48 个方程的经济模型以后，以模型来预测未来经济的趋势并据此调整政策，已成为各国宏观管理当局的主要功课之一。在过去半个多世纪的时间里，经济模型已经越来越复杂，如联合国计量经济模型系统总共包括几千个方程，连接着世界上每一个主要国家的计量经济模型，日夜运行以帮助人们获得对全球经济的信息。但即使如此，2008 年还是发生了模型未能预测到的全球性金融危机（而且，在危机发生前不久，模型还给出了乐观的预测结果）。[①]这表明，即使在信息技术高度发达、知识爆炸的今天，即使是训练有素的一流经济学家，即使有世界一流的计算机和最复杂的经济模型，专家们对于现实世界和未来情景也还是有诸多未知、混沌和误判之处，更不用说千千万万个主要依靠直觉和经验行动的个体了。

(2) 非理性因素的要点

相对于探讨较为充分的不完全信息，经济学对于不完全理性或者说非理性因素的探讨曾几近空白。直到 2000 年，以罗伯特·希勒出版的《非理性繁荣》一书为标志，非理性因素才正式进入经济学研究的殿堂。甚至在 2008 年全球金融危机爆发掀起惊天巨浪之后，对于非理性因素的经济学研究仍然是一个十分"小众"的事。正因为如此，此处我们有必要不吝笔墨，略作展开论述。

在经济学意义上，对"非理性"更直接的形象表述是凯恩斯最早形成概念的"动物精神"，但他仅限于描述现象。希勒对"动物精神"一词的来源做过考证。据他说，这一术语起源于古希腊，哲学家乔治·桑塔亚构建了一个以"动物信仰"为中心的哲学体系，他将动物信仰定义为"一种纯粹的、绝对的精神，一种觉察不到的认知能量，其本质是直觉"，不过希勒笔下的动物精神极具经济学意义：

"在现代经济学中，动物精神……指的是导致经济动荡不安和反复无常的元素，用来描述人类与模糊性或不确定性之间的关系。"

---

①2008 年 9 月……宏观经济模型在我们最需要它的时候遭遇到彻底失败。事实上，当时美联储、国际货币基金、摩根大通等政府组织与私人部门都发布了乐观的经济预测信息。〔美〕艾伦·格林斯潘：《动荡的世界》，中信出版社，2014 年，第 6 页。

根据希勒的见解，动物精神主要表现为五大方面：信心及其乘数、公平、腐败和欺诈、货币幻觉、别人成功的故事。格林斯潘则将对宏观经济运行产生重大冲击的动物精神概括为以下几个方面：恐惧与狂热、时间偏好、从众行为、依赖倾向、互动倾向、家族倾向、竞争倾向、价值观、乐观主义倾向、珍视亲人的倾向、自利倾向和自尊倾向等。在本书第一章，我们已对希勒所概括的五大方面做了介绍与分析，在此再择其要者评述之。

关于信心。信心对于经济趋势的影响众所周知，我们都知道经济繁荣有时是因为信心增加，经济衰退有时则源于信心缺乏，当然反过来，繁荣导致信心增加、衰退引出信心缺乏也是成立的。但有趣的是，信心并不是在占有大量信息基础上经过审慎计算后得出的结果，而恰恰相反，往往强调信心、重视信心的时候，正是对未来走势信息不足的时候。所以，从某种程度上讲，信心本身就是无知的产物，是不知道却必须采取行动的替代品。换言之，"信心的真正含义恰恰是我们会超出理性"①，特别是如果我们将严格定义的基于完全信息所做出的决策视为理性的话。

关于公平。公平是一种心理感受，即个体认为自己得到了与他人相比较时平等一致的对待。有一种看法认为，公平主要是政治学、社会学、心理学概念，而很难成为严谨的经济学概念。但这种心理感受，恰恰是影响个体经济行为的重要动机之一（例如，在现实生活中，公平感是决定工资水平的最主要的因素），进而影响着整个经济系统和社会稳定。希勒提到一个有趣的例子：一位讲授了30年工资理论的经济学家，后来先后受聘在政府、大公司、大学、基金会等处工作，他在总结自己的双重人生时沉痛地说，"在现实世界里，制定工资所依据的因素似乎与新古典理论中所说的那些因素迥然不同。在现实世界里，最重要的决定因素似乎就是公平"②。

关于"别人的故事"。心理学家认为，人类的思维模式是以故事为基础的，而故事是由各个事件的碎片拼接而成的（如果没有这些故事，生活很可能只是

---

① 〔美〕乔治·阿克洛夫、罗伯特·希勒：《动物精神》，中信出版社，2012年，绪论第5页。

② 〔美〕乔治·阿克洛夫、罗伯特·希勒：《动物精神》，中信出版社，2012年，绪论第5页。

"一桩接一桩该死的事情"),而这些事情之间,可能并不具备随后被大家所认同的连贯性与逻辑性。但一旦成为故事,就走向因果、逻辑的自我增强、自我实现之路,并因其听上去真实、可靠而触发我们恐惧、乐观、狂热、模仿、追随、跟从的"扳机",在特定条件下成为成就与摧毁经济体系的重大因素。

关于价值观。价值观是我们看待外部世界、判断自己与他人行为正确还是错误的标准,大多数人的价值观根植于宗教、文化、环境、家庭,一旦形成就极难改变。很明显,价值观不是经过理性计算后自主选择的结果,但对人类行为(包括经济行为在内)的影响至关重要。

如上所述,可以看出种种"动物精神"、非理性因子都潜存在每个人的自身,并显著地影响我们的选择与行为方式。

2. "第一因子偶然触发"后的传递作用

第一因子"扳机"式的触发,表现形态上大都是偶然的,但会现实地、"多米诺骨牌"式地在从事经济活动的个体之间发生有所扭曲后的信息、失真的情绪等的传递,渐次、连动地向后传输,从 1,2,3,…,n-1,n,使受到影响的主体越来越多(图 2-2)。

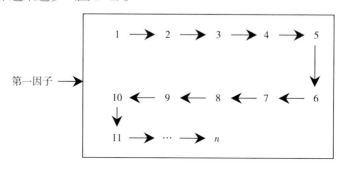

图 2-2 传递作用

3. 交互作用

在传递的同时,所有客体之间还很容易发生交互反应,以复杂的、无规律的方式激荡着整个系统,相较于启动之初,系统往往呈现出难以想象的放大效果(图 2-3)。

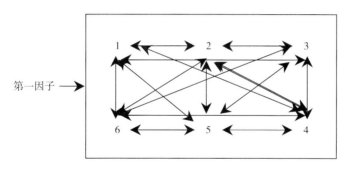

第一因子 →

图 2-3　交互作用

4. 乘数效应

以上描绘的理性预期失灵的发生过程，在其他学科的考察中常会见到，如心理学上的从众与羊群效应、流行病学中的传染病模型，甚至物理学中的正反馈与振荡电路等。在经济学中，能对此进行较好描述的则是凯恩斯理论中的乘数原理。

所谓乘数，是指由于连锁反应，某一变量的变化引起另一相关变量变化的倍数。依其在不同领域的应用，相应地有不同的乘数概念，如投资乘数、财政支出乘数、货币乘数和外贸乘数等，甚至还有激励乘数、管理乘数等。我们所阐述的理性预期失灵及其后果的发生和放大机制，也可称为非理性预期乘数。

5. 需要以后长期努力才可望趋于成熟的研究：模型与计量

必须指出，相对于能够模型化并相对准确计量的投资乘数、税收乘数等，理性预期失灵的导致因素由于主要是基于某种心理或情感状态，在现有经济学分析中还不能很好地测度和计量，难以形成量化模型。但这并不影响我们在观察层面对其做出初步总结，更不能因此而无视其存在。如何将许多经济学家过去所坚信的"非理性不能被测量"的信条打破，把由各类非理性因素所导致、对经济系统可能产生重大影响的行为纳入经济模型之中寻求其量化，将可以成为未来经济学数量研究领域的一个重要方向。正如格林斯潘指出的那样，"反复的观察表明，人类诸多基于动物精神的行为其实也是可以预测的、可以量化的……经济学需要创造出新的经济模型，必须将人类之'非理性因素'包括在内"[1]。

---

① 〔美〕艾伦·格林斯潘：《动荡的世界》，中信出版社，2014 年。

但在这个方向上要取得相对成熟的成果，显然还需付出长期不懈的努力。

三、理性预期失灵的几点相关考察

（一）不完全信息："柠檬"市场"逆向选择"的中国例证

所谓"柠檬"市场（Lemon Market），[①]实际上就是次品市场，也可以称为阿克洛夫模型市场（1970年经济学家乔治·阿克洛夫发表论文提出这一表述而得名。"柠檬"一词在美国俚语中意为"次品"或不中用的东西）。依托于通俗易懂的二手车市场，关于"柠檬"市场的认知阐述了这样的逻辑：由于市场中总是存在"柠檬"（次品、劣质品），商品的质量并不总是一定的，往往在很大程度上存在不确定性；而买家和卖家针对这种质量的不确定在信息掌握上并不是对称的，卖家往往能够掌握更多的信息；这些导致原来应由需求方选择商品的逻辑出现逆转，转而由供给方选择是否将商品售于需求方，即所谓"逆向选择"的出现；最终的后果，是导致"柠檬"市场出现类似于格雷欣定律（Gresham's Law）中"劣币驱逐良币"的现象，劣质品逐渐将优质品驱逐出市场，从而导致市场中商品质量趋于下降，市场规模缩小。由于商品质量情况的不确定且买家和卖家掌握信息的不对称从而势必导致的逆向选择，可作为"理性预期失灵"逻辑的第一个观察面。

基于信息不完全的"柠檬"市场理论可以有较广泛的应用。特别是对于发展中经济体而言，在发展过程中甚至存在着不可逾越的"柠檬"市场爆发阶段。与二手车市场类似的二手商品市场自不必赘述，就中国改革目前遇到的带有攻坚克难性质的一些具体问题而言，如中小企业融资难问题、大学生就业难问题等，结合"柠檬"原理均可讲述一二。

1. 中小企业融资难中的"柠檬"原理

我国中小企业融资难问题中，融资市场的"柠檬"市场特性非常明显：由于中小企业融资市场中信誉度低的"柠檬"太多，从而导致银行等大型金融机构不愿意为中小企业提供贷款等融资服务，而在信贷市场中，金融机构与中小企业间的信息不对称问题相当严重，导致资金供给方会对服务对象进行非常苛

---

①George A. Akerlof, The Market For "Lemons": Quality Uncertainty And The Market Mechanism, Quarterly Journal of Economics, Vol.84, No.3.（Aug., 1970），p488—500.

刻的选择。在"柠檬"原理的作用下，即便在对金融机构实施多种压力或是扩大资金池等措施下，上述情况也并不会从根本上得到改善。大银行起主导作用的正规金融市场对中小企业的排挤还会体现逆向选择，所挤出的中小企业若选择继续生存，则会流入非正规金融市场，从一定程度上助长了"黑色金融""灰色金融"势头，并实质上进入到真正的"柠檬"（次品）市场。在非正规金融市场，中小企业在继续承受逆向选择的基础上，还要承担放贷人规定的高利率，一大批短期拆借、地下钱庄等非正规金融，会不断重复劣质金融产品驱逐相对良质金融产品的过程，导致中小企业不断被"黑色金融"吃掉。

2. **大学生就业难中的"柠檬"人才原理**

我国大学生就业难问题与高等教育规模激增以及人才培养与就业存在结构性问题等息息相关，但除此之外，大学生就业市场实际上也存在"柠檬"特征。在目前的高等教育机制下，大学生个人素质高低不同、良莠不齐的问题比较严重，实际上存在大量"柠檬"人才，在这种情况下，用人单位也就会不断抬高门槛，于就业市场上出现非常明显的逆向选择。近年出现的"考证狂潮"实际上就是市场为了克服"柠檬"特征而进行自我调节的一种表现。

3. **地方债中的隐性"柠檬"市场原理**

不仅在商品市场有这样那样的"柠檬"现象，在信贷市场上同样存在"柠檬"现象。以地方债务为例，由于已存在大规模的地方政府融资平台，在我国法律上一般不允许地方发债券，强调地方财政量入为出，从而导致地方隐性债务赤字堆积。比照"柠檬"原理，金融机构对这些带有"柠檬"性质的地方政府融资平台虽没有表现出明显的逆向选择，但这并不意味着"柠檬"原理没有起作用，而是由于金融机构在评审的时候将地方政府与中央政府视为一体，从而将其划出了"柠檬"的范围。除了地方债务，国有企业债务也与此有着类似的逻辑，将部分具备"柠檬"性质的国有企业划出"柠檬"范围的主要原因，也是基于企业与政府"一体化联通"性质的缘故。值得注意的是，不能够由于体制性原因掩盖"柠檬"市场而导致忽略其存在，而应当与其他可认识到的失灵一起矫正。

克服"柠檬"现象，既需要努力消除信息分布的不对称，但同时也要看到，市场信息永远达不到真正、完全的对称。为此，需要考虑对于"柠檬"市场的至少四种纠正手段：一是依靠委托—代理的原理，引入第三方来对"柠檬"进行保证，从而摆脱逆向选择负面影响；二是支持企业创立品牌，依靠品牌将自身与"柠檬"进行明确划分；三是在品牌效应基础上的连锁经营也是有效方法之一；四是引入和适当扩展许可证制度，将"柠檬（次品）"与质优品进行划分，防止由劣质驱逐良质而导致市场萎缩。

（二）以不完备信息市场为认识基础展开的"格罗斯曼—斯蒂格利茨悖论"

在"柠檬"市场基础上，对不完备信息市场的研究主要经历了两个阶段，这两个阶段共同构成"理性预期失灵"逻辑的观察面。

第一，斯蒂格利茨等研究了在不完备信息下竞争性市场的均衡问题，对此的经典结论有三："不完备信息市场中，具有完备信息的竞争者可能限制消费者可以购买的数量，这不是出于建立垄断的意图，而仅仅是为了改善他们的信息状况；均衡有可能不存在；竞争性均衡不是帕累托最优。"[1] 由此可见，在不完备信息市场中，即使在理性预期假设下，理性人首先不能获得完备的信息从而做出理性选择，其次要受到信息完备理性人所做选择的影响，也即不完备信息下的静态或动态博弈，从而产生距离完全信息和理性预期假设下理性选择更大的偏差。以我国近 20 年来的房地产市场为例，若将市场中的微观主体简单分为高风险偏好消费者和低风险偏好消费者，那么在 20 年前，高风险偏好者会对房产选择投资，而低风险偏好者会对房产选择自住。在这样两种不同的偏好下，高者与低者的行为之间存在博弈，并且高者对风险的偏好直接影响着低者的行为选择。例如：设高风险偏好者可接受的风险偏好值为 A，而 A 决定下的房产价格为 P，那么，当 A 变小时，P 会随着降低，即更趋于低者所能够接受的价格，从而激励低风险偏好者买房，改变原来由于规避风险而做出的不买房的决定。尽管高者和低者当时分别达到自己在博弈中的纳什均衡，但却并没有达成帕累托最优，在不完备信息的影响下，随着房产价格的上涨，高风

---

① 〔美〕迈克尔·罗斯查尔德、约瑟夫·斯蒂格利茨：《竞争性保险市场的均衡：论不完备信息经济学》（1976 年），载《阿克洛夫、斯彭斯和斯蒂格利茨论文精选》，商务印书馆，2010 年，第 59—83 页。

险偏好者与低风险偏好者逐步产生巨大的贫富差距。

第二，通过引入价格分析研究不完备信息市场中信息的流动情况。这项研究的结论认为价格并不能够完全反映所有的可利用信息，尤其是信息拥有者的信息，并基于此提出了"格罗斯曼—斯蒂格利茨悖论"，如果均衡价格完全揭示私人信息，那么由于存在"搭便车"的动机，每个无信息的人都不愿意付成本来成为有信息的人，更不必谈信息的价格机制。这一悖论有力地反驳了有效市场假说认为个人无法依靠搜集信息而获得超额收益的观点。由于总体而言拥有信息者一定比无信息者做出的选择更好，所以无信息者会选择成为拥有信息者。在此过程中，理性人首先不能获得完备的信息从而做出理性选择，其次要受到信息完备理性人所作选择的影响和自己的信息从无到有对理性选择的影响，最后还要受到自己获取信息所承担的成本对行为选择的影响。

（三）与理性预期失灵发生机制相关的对"动物精神"等非理性行为的考察

与 20 世纪 70 年代起对"完全信息"争论的重点不同，2008 年美国次贷危机引发全球金融海啸后，经济学理论界掀起的各式各样复辟和开拓的浪潮中，同样是以阿克洛夫为代表的"动物精神"将争论重点转向"理性"假设。除动物精神以外，我们已经注意到的"羊群效应""反身理论"及"王庆悖论"同样揭示了经济行为中的非理性，成为"理性预期失灵"逻辑的又一个观察面。

1. 动物精神

本书前文已指出，"动物精神"实质上是经济行为中与理性的经济动机相对应的概念，指非沉稳的动机、情绪化本能式的非理性的行为。凯恩斯首先提出了"人们的积极行为大都基于自发乐观主义（Spontaneous Optimism），而不是理性预期"的表述，他在试图解释经济偏离充分就业的原因时，认为"我们用于估计铁路、铜矿、纺织厂、专利药品的商誉，大西洋邮轮或伦敦市内某栋建筑未来 10 年收益的这些基础知识并没有多大意义，有时甚至毫无用处"，人们的决策"只能被视为动物精神（Animal Spirits）导致的结果"，来自人们"想要采取行为的自发冲动"，而不是"量化收益乘以其量化概率的加权平均值"。①

---

①Keynes John M. 1936，The General Theory of Employment，Interest and Money. London. Macmillan. p161—162.

乔治·阿克洛夫和罗伯特·希勒对此表示了完全的赞同。与此同时，发展了动物精神在现代经济学中的含义，认为"它（动物精神）现在是一个经济术语，指的是导致经济动荡不安和反复无常的元素；它还用来描述人类与模糊性或不确定性之间的关系"，在阿克洛夫和希勒的观点中，对动物精神词性的界定应当是中性的，其积极的一面在于"赋予我们能量"，其消极的一面在于"被它麻痹"。显然，从创始者凯恩斯到继承者阿克洛夫和希勒，无论采用形象描述，还是采用逻辑提炼，动物精神的实质其实就是非沉稳的动机、本能式情绪化决策和非理性的行为。几年前当世界金融危机的冲击波席卷全球之际，由美国学者乔治·阿克洛夫和罗伯特·希勒撰写的《动物精神》一书被译成中文（2009年中信出版社版），在国内产生了一定的影响。而后，罗伯特·希勒也曾在其金融分析研究中应用对"动物精神"的相关理论，认为"最终，人类所能做出的决定都是受个人情绪驱动的，决定的源头很大程度上都是人的潜意识"。①关于动物精神的内涵，创始者凯恩斯并未系统地给出定义式解说，而继承者阿克洛夫和希勒则对此颇具见解，认为内涵主要包括五大维度：信心及其乘数、公平、腐败和欺诈、货币幻觉、故事。然而，这五大维度若落实到发展中国家的视角，则可以包括信心、公平、未理顺的机制和"钻空子"式欺诈、货币幻觉、示范效应编写的故事等五大因子。②

动物精神的五大因子对经济生活都会产生影响，易引发经济"非理性繁荣"，在此再概括一下其逻辑路径：一是信心和信心乘数的存在，导致一定阶段上微观主体对宏观经济盲目乐观，从而加大消费和投资，使宏观经济看上去更加繁荣；二是未理顺的机制和较普遍"钻空子"式欺诈的存在，使宏观经济堆积的矛盾问题得到"维稳"式暂时缓解；三是货币幻觉的存在导致微观主体不能够认清名义货币的实际购买力，从而非理性地增加消费和投资；四是发达国家示范效应编写的故事压力式迫使发展中国家扩大赤字来提高福利水平，使短期内生活状态有很大改善却无可持续性。这种非理性繁荣会带来许多发展问

---

① 〔美〕罗伯特·希勒：《金融与好的社会》，中信出版社，2012年，第253页。
② 苏京春、贾康：《理性的"供给管理"与"动物精神"的分析解读：概念与现实》，载财政部财政科学研究所《研究报告》，2014年第5期。

题：一是信心和信心乘数存在的行业和领域往往与过度投机行为相关，从而催生了宏观经济的泡沫；二是未理顺的机制和欺诈缓解的宏观经济问题实际上并未得到真正的解决，而是矛盾后移，可能积重难返，对经济发展构成潜在威胁；三是货币幻觉的存在会明显冲减社会再生产中的平衡因子，制约宏观经济的长期发展；四是发达国家示范效应编写的故事导致微观主体无法正视自己的发展阶段，吊高胃口而不可持续的福利赶超最终可能会将国民经济拖入中等收入陷阱；五是在这种种扭曲下，往往忽略了公平的真实底线，导致社会问题层出。

2. 羊群效应

所谓"羊群效应"[1]，最早是属于动物行为和心理的研究范畴，而后纳入心理学或管理心理学的研究范畴，后又为微观经济学所用，分析微观主体的行为特点，亦称为"从众效应"，是指微观主体经常受到多数人的影响，而跟从大众的思想或者行动，这直接影响消费者偏好，并影响供求理论中所使用的价格偏好产生的行为选择结果，[2]与微观主体"理性"的假设偏离。现实生活中，羊群效应的现象非常广泛地存在。结合以上对动物精神的认识与分析，可知我国目前某些区域房地产市场价格居高不下，"越调越高"，实际上是在未理顺机制情况下，民众受到信心及信心乘数的影响，并形成"炒房团"式羊群效应的投机热潮，这已无法由宏观经济中消费者理性预期和理性行为选择的理论来解释，主要体现的是动物精神和羊群效应支配下纷纷做出的非理性选择。此外，我国目前对外来品牌的盲目信赖、扎堆购买等也是受到羊群效应的影响，而这些行为选择均无法利用传统模型和理性预期理论来解释。

3. 从"反身理论"到"王庆悖论"

所谓"反身理论"[3]，是指投资者根据所掌握的市场信息来预期走势并据此行动，而与此同时，投资者的行动也反过来影响、改变市场原来可能出现的

---

①Wilfred Trotter, Instincts of the Herd in Peace and War, 1916.

②Hamilton W. D., Geometry for the Selfish Herd, Journal of Theoretical Biology 31 （2），1971, p295—311.

③George Soros, The New Paradigm For Financial Markets: The Credit Crisis of 2008 And What It Means, Public Affairs, 2008.

走势，并且这种相互影响会一直持续，从而永远不可能有人掌握完备的信息，做出偏离理性的选择。与索罗斯提出的"反身理论"逻辑类似，王庆基于更为宏观的视角提出了"王庆悖论"[①]。新供给经济学论坛50人成员、上海重阳投资总裁王庆在新供给经济学研究院的会议上提出，由于人们对未来经济发展预期越是乐观并形成高度共识，纷纷把远期收益折现于现时的资本市场引出泡沫，反而越有可能导致该预期无法实现，很快被媒体称为"王庆悖论"，并且这一论断由于非常贴合资本精英们对于市场的感受，很快被传诵开来。结合我们的分析视角，可以看出，正是由于存在不完全信息（即使资本市场精英也不可能掌握完全的信息与充分有效的经济模型）与"动物精神"（可迅速传递、互相激励的过于乐观、"羊群效应"式的从众等），某些个体认为自己基于理性的行动，经过市场发酵（由传递与交互作用产生的乘数效应）后，却产生出与起始预期完全相悖的后果。王庆指出：资产价格作为对未来现金流的贴现会体现对未来的预期，而中国经济尚处于相对低的水平，正在追赶发达经济体，加之有经济建设为中心的政策导向，于是比较容易形成对未来经济发展的水平和路径的高度乐观共识，这种乐观预期会反过来影响资本市场，通过金融市场机制的贴现功能，很容易在短期内推高资产价格，形成资产价格泡沫化，从而导致对未来非常乐观的预期反而不能达到，从而陷入发展的"悖论"。

四、理性预期失灵的矫正路径

基于以上分析，结合我国的实践，达成矫正"理性预期失灵"的目标，仅仅依靠需求端的货币政策、总量调节是远远不够的，应在我国宏观调控中重视理性的"供给管理"。落实到方针政策层面，可从以下四方面考虑。

（一）把握科学发展，注重结构优化

理性的供给管理应当首先在提纲挈领覆盖全局的面上，促进科学发展指导下的统筹协调。科学发展观所追求的发展是全面协调可持续发展，强调注重发展的整体性、均衡性，注重当前发展和长远发展结合的可持续性。科学发展所要求的理念、所指引的方向、所追求的目标，实质上更加针对国民经济中表现

---

① 《定义"王庆悖论"》，载《第一财经日报》，2013年7月29日。

为不协调、不均衡、"一条腿长一条腿短"的结构层面，远不是单一调控需求和调控总量所能够达成的。所以，贯彻科学发展观势必要求宏观调控从供给端发力，通过理性的"供给管理"来优化结构，促进协调均衡，助力科学发展。统筹协调是处理重大关系的重要科学思想方法和工作方法，也是贯彻落实科学发展观的根本方法，在经济发展层面主要囊括了城乡发展、区域发展、经济社会发展、人与自然和谐发展、国内发展和对外开放五大方面，以及统筹各方面利益关系的层面。而实现统筹协调又特别需要依靠理性"供给管理"之下科学、创新、多方面的制度供给。尽管存在"理性预期失灵"，但是某一经济体的经济发展主流和未来发展趋势总体上还是有望沿着理性的主线，只是很有必要加入对非理性的抑制。以我国宏观经济理性的"供给管理"矫正和化解"理性预期失灵"的实质，就是要更为主动、积极、有前瞻性地促进我国经济实现结构优化，打造中国经济"升级版"，在注重经济发展规模数量的同时更加关注提升经济发展质量，服务于"后来居上"的现代化赶超和人民美好生活"中国梦"的实现。

（二）认识"柠檬"市场，加强制度供给

如前所述，"柠檬"市场在我国也必然存在，有些为显性、有些为隐性，虽然按照阿克洛夫对"柠檬"市场矫正的理解，可以分为四个层次，但其实这四个层次归根结底都是强调对"柠檬"和质优品的区别，实质上都是在避免劣质驱逐良质而导致的市场萎缩。基于此，结合我国中小企业融资难和大学生就业难等类问题，应当切实加强相关制度供给。在缓解的层面考虑：首先，可基于委托—代理理论为中小企业融资时的融资评估提供有用的独立第三方支持，例如：当中小企业采用知识产权等无形资产进行抵押或者质押贷款时，此第三方机构可以为其出具具有说服力的证明以供其融资或担保时使用；其次，应充分利用网络平台，在真实有效的基础上加强信息交流和信号传递的渠道，缓解信息不对称的程度；第三，针对大学生盲目考证等寻求为自己"贴标签"来走出"柠檬"范围的方式，应考虑将学生在校成绩单、参加社会活动记录等有效信息纳入用人单位的考量范畴，并优化竞争性面试机制以利于现有人力资源的利用和优化。在矫正的层面考虑：一是有效转变政府职能为中小企业营造良好

的品牌塑造、企业成长、连锁经营的环境，并且注重监督、引导行业发展规范，建立健全许可证制度；二是大力推进教育改革，以市场需求为导向调整高等教育的结构，着力提升高等教育的质量，减少大学生劳动力市场中"柠檬"的数量，摆脱"柠檬"市场的制约。

（三）理顺价格机制，疏通信号渠道

在不完备信息市场下，竞争的逻辑路径会更显复杂，微观主体的行为选择也较理性预期理论假设下更为多样化，而价格体系这一习惯上被视为传递信息从而使资源配置达到帕累托最优的有效手段，在实际上的非完全竞争市场中，会有诸多细节尚未理顺，更别说价格体系不能够完全反映信息的情况了。基于此，我们仍必须首先注重理顺价格机制，让信息能够顺利传递；在此基础上，由于不完备信息下的竞争性市场往往不能够达到帕累托最优，并产生如上文所述的贫富差距扩大等负面影响，所以制度建设和政策手段上应当注重尽量疏通信号渠道，加强信息的流通和共享，建立有效的信息平台，尽量减少由于信息不对称而造成的行为扭曲。

（四）抑制"动物精神"，施行"四八"方针

矫正和化解"动物精神""羊群效应"和"王庆悖论"等引起的非理性行为，对策建议可归纳为前文提及的四个层面的"八字"方针：一是科学发展，统筹协调。在科学发展、统筹协调的大背景及其相关机制约束下，信心及信心乘数催生的虚拟经济投机行为才能够随着国民经济结构的优化调整而减少，机制公平和心理公平才能够在互动、互补中稳步提升，降低货币幻觉带来的风险，疏导化解经济高速增长过程中存留的未理顺机制问题，始终清醒地认识到自身的经济发展阶段而坚持一脉相承的经济发展战略。二是结构优化，升级提质。虽然受到"动物精神"的支配，但是国民经济运行首先还是基于信息响应对宏观经济产生的理性预期而形成理性行为选择的。换言之，某一经济体的经济发展水平和未来发展趋势总体上还是有望沿着理性的主线，但亟应更为主动、积极、有前瞻性地促进我国经济实现结构优化，打造中国经济"升级版"，在注重经济发展规模数量的同时更加关注提升经济发展质量。三是制度供给，机制创新。对"动物精神"进行矫正和化解，应特别强调加强制度供给、推进

机制创新，即释放改革红利。这能够有效引导公众的信心及信心乘数合理化，在很大程度上解决机制公平和心理公平的问题，特别是有助于理顺原有机制并减少"钻空子"式的欺诈行为，还有助于在必要时期通过提供真实有效的实时信息在一定程度上帮助公众减少货币幻觉等非理性因素。四是后发优势，赶超战略。理性的"供给管理"应当特别注重把握国民经济的发展战略，充分认识作为现代化阶段的"相对后来者"对"相对先行者"赶超的必要性、重要性，与可行性的基本实现前提，注重发挥发展中经济体的后发优势，始终牢牢把握经济建设的中心，结合我国正在进行中的"三步走"现代化战略，"守正出奇"，继续坚定而务实地循序落实经济赶超。

总之，供给侧的结构对策、制度供给，经济社会治理中的政府正确政策与有效作为（包括与其他主体的良性互动），应当为"理性预期失灵"的矫正提供路径。但这也必然成为对调控当局的一种挑战与考验。虽然"政策无效"结论在理性预期假设下可以给我们带来一些有益的启示，但是还原于现实生活，面对"理性预期失灵"问题，毕竟任何政策当局都无可回避地需要制定必要的政策，并努力地不断优化其政策。只要有政策，就有"区别对待"——没有区别就没有政策，所以相关经济学认知的"复杂性"水平的升级也必定会随之而来，这更将使人们对于"供给管理"之道的研讨历久弥新。

第三章　"新框架"与"新供给"创新

新供给经济学的基础理论研究，除在"动物精神"这一前沿领域做出梳理与认识深化和原发性地做出"理性预期失灵"原理的阐发与应用之外，还实现了与"新框架"的联通创新。

沿着传统理论经济学的发展脉络考察微观经济学，不难发现古典经济学分析框架的一大缺陷是不区分总量、平均量与边际量，[①]但其后在经历所谓"边际革命"后，古典经济学步入引进"边际"分析的新古典阶段。然而，尽管如

---

① 黄有光：《谈杨小凯的新框架》，载《上海经济评论》，2014年7月1日。

此，这种新分析方法主要研究劳动时间与其他生产要素或产品和中间产品等的数量在边际上增减的收益和成本，仍沿袭市场资源配置思路而与原分析框架相比并无本质创新，因而可将古典经济学与新古典经济学合并看待视为"旧框架"。旧框架对分工与专业化这一重要分支重视不够，或说其研究框架不能够解决与专业化经济和经济组织模式相关的问题，而"新框架"或称新兴古典经济学框架以杨小凯等的研究成果为代表，则设计了能深化分析分工与专业化的模式。

然而，特别值得注意的是，尽管该模式被创始人认为可与"哥白尼与开普勒对天文学的贡献"相比肩，从而强调其对于传统经济学的颠覆性改进，且"新框架"也确实摆脱供求双方的传统分析而转求同一经济主体的分析视角，但其实质上仍可被认为形成了对传统理论经济学微观部分的重要补充。与此同时，我们发现，在经济学的创新发展中，虽然一个是从微观层面发起的研究（即指"新框架"）、一个是从宏观层面发起的研究（即指"新供给"），但是"新框架"得到的最优化分工标准，即在"提高专业化的经济与减低交易成本之间做最优取舍"[1]的核心主张，恰与"新供给"研究中力求在理论框架中廓清和打通的"物"与"人"视角[2]联通，或曰"新框架"实际上应可被定位为对传统理论经济学微观部分供给侧的创新，而"新供给"显然应吸取这一积极成果纳入其"集大成"的认识体系之中。我们坚信，这并不是巧合，而是经济学沿时间轴不断曲折式前进发展过程中回应经济实践诉求而势必产生的理论努力的殊途同归和螺旋式上升。

在本章，我们首先从两大理论框架的交会对经济实践的解释出发，论述两个理论的联通，并在此基础上阐述"新框架"为"新供给"所追求的"集大成"理论框架与最大包容性所带来的贡献；接着在肯定"新框架"重要理论地位的前提下，论述其所忽略或无法解释的两个方面——对经济周期成因认识的片面性以及无法解决"交换者间协调"问题，这恰又可以帮助我们认识基于分

①黄有光：《谈杨小凯的新框架》，载《上海经济评论》，2014年7月1日。
②贾康、苏京春：《供给侧考察：新供给经济学理论"五维一体化"框架与包容性边界探讨》，载财政部财政科学研究所《研究报告》第117期（总第1763期），2014年7月14日。

工与专业化视角的对"新供给"的需求；最后，我们总结了旧框架与新框架相结合的相对完整框架，并阐述了新框架启发下对经济转轨的新认识。

一、回应经济实践诉求的新认识

我们所强调的新认识，至今并未系统化地出现在传统理论经济学的教科书中：从微观层面而言，传统理论经济学教科书中并未展开关于专业化与经济组织关系的研究；从宏观层面而言，传统理论经济学教科书中并未展开关于供给管理的研究。然而，"专业化与经济组织"和"供给管理"的重要性，却在经济实践中有切实体现并趋于更加显著，很有必要扩展、深化其认识并纳入经济学理论框架的认知体系。

（一）微观起点：专业化与经济组织视角的缺失

在传统微观经济学的分析框架下，以马尔萨斯的均衡思想、瓦尔拉斯一般均衡、马歇尔静态均衡为核心的分析框架，建立在需求与供给关系的基础上，并默认对微观主体进行纯生产者和纯消费者的划分，来研究如何通过市场机制配置资源能够实现经济增长的最优化，而这种分析框架却不能很好解释分工及专业化视角下技术变革和新兴经济组织对经济增长的作用，以及经济实践中生产者与消费者的难以割裂，这成为专业化与经济组织视角的研究被杨小凯等人注重而促使"新框架"产生的原因。

1. 传统微观经济学的分析框架简述

以资源稀缺性和人之欲望无限性的基本矛盾为出发点，经济学脱胎于最初对需求与供给的思考，并沿着从古典派到新古典派的脉络发展。古典经济学分析框架最大的贡献就是分析了自由竞争的市场机制，而新古典经济学的分析框架最大的贡献则是为古典经济学分析框架引入了边际分析。特别值得注意的是古典经济学与新古典经济学中的均衡理论框架，沿其脉络，主要包括了托马斯·罗伯特·马尔萨斯（Thomas Robert Malthus）的均衡思想、莱昂·瓦尔拉斯（Leon Walras）的一般均衡理论（General Equilibrium Theory）以及阿尔弗雷德·马歇尔（Alfred Marshall）的静态均衡理论（The Statical Theory Of Equilibrim）。

第一，马尔萨斯的均衡思想（1820年）。马尔萨斯认为："……一切交换价值取决于以这一商品易取那一商品的力量和愿望。由于采用了共同的价值尺度和交易媒介，用通常言语来说，社会就分成了买主和卖主两个方面。可以给需求下的一个定义是，购买的力量和愿望的结合；而供给的定义是，商品的生产和卖出商品的意向的结合。在这种情况下，商品以货币计的相对价值，或其价格，就决定于对商品的相对需求和供给两者的对比关系。这个规律似乎具有充分普遍性，大概在价格变动的每一个实例中，都可以从以前影响供求情况变动的原因中找到线索。"①由此可见，在总结自由竞争资本主义阶段经济学思想的基础上，马尔萨斯对均衡的认识源自对需求和供给关系的逻辑推理，并不细致区分总量、平均量与边际量。

第二，瓦尔拉斯的一般均衡理论（1874年）及发展。随着自由竞争资本主义向垄断资本主义过渡，微观经济学研究爆发了边际革命，瓦尔拉斯的一般均衡理论正是建立在对边际效用价值论的基础之上，将古典经济学朴素认识的需求和供给的关系发展至"交换理论、生产理论、资本形成理论和流通理论"。在需求和供给关系的基础上，瓦尔拉斯认为"在既有的两种商品下，要使有关这两种商品的市场处于平衡状态，或者要使两种商品彼此互计的价格处于稳定状态，其必要与充分条件是两种商品的有效需求与有效供给须各相等，如果不存在这一均等，则为了达到平衡价格，有效需求大于有效供给的商品的价格必然要上升，有效供给大于有效需求的商品的价格必然要下降"②，并在此基础上讨论了两种商品互相交换问题的解法，即本着商品最大效用定理实际上引出了效用曲线，并认为"在完全竞争市场中，两种商品的互相交换是一种活动，通过这种活动，两种商品或两种商品之一的持有者，都可以获得他们欲望的尽可能大的满足，其间必须遵守的条件是，在整个市场中两种商品应按照完全相同的交换比率进行买卖"，即"现期价格或平衡价格等于稀少性的比率"。③基于瓦尔拉斯的一般均衡理论，微观经济学理论框架中产生了无差异曲线（等产量曲线）、边际替代率（边际技术替代率）、交换契约线（生产契约线）、效用可能性曲线（生产可能性曲线）、艾奇沃斯盒式曲线等一系列分析方法，加深

①〔英〕大卫·李嘉图：《李嘉图著作和通信集》（第二卷），商务印书馆，1979年，第43—44页。

②〔法〕莱昂·瓦尔拉斯：《纯粹经济学要义》，商务印书馆，1989年，第95页。

③〔法〕莱昂·瓦尔拉斯：《纯粹经济学要义》，商务印书馆，1989年，第135—137页。

了微观经济学对需求曲线、供给曲线及两者均衡的研究。

第三，马歇尔的静态均衡理论（1890年）。同在边际效用理论的基础上，马歇尔则以某一商品的价格轨迹提出并绘制了需求曲线（以产量为横轴、价格为纵轴，一般为一条向下倾斜的曲线）和供给曲线（以产量为横轴、价格为纵轴，一般为一条向上攀升的曲线），并认为若将两条曲线绘制在一起，"当需求价格等于供给价格时，产量没有增加或者减少的趋势，处于均衡状态……单位时间内生产的商品数量可以称为均衡数量，其售价可以成为均衡价格……如有任何意外事件导致生产规模偏离均衡位置，则会立即出现某些作用力使它趋于回到均衡位置"[1]。

2. 微观层面的经济实践：专业化与经济组织视角的起因

从古典经济学到新古典经济学，形成对均衡的认识，反映了肯定通过市场机制最优化配置资源，从而达到最优化市场均衡结果的理论追求。然而，特别值得注意的是，传统微观经济学发展框架有两大缺陷而难逃诟病：一是始终围绕着需求和供给两者的关系，而未注意到专业化与经济组织对经济增长的重要影响；二是始终遵循纯生产和纯消费的两个划分，表现就是从一般均衡理论到静态均衡理论，都有商品市场、要素市场乃至更多的对市场的划分。但回到经济实践，不难发现其总是带有如下特点：一是除了需求和供给两者及互动关系的影响以外，专业技术水平与经济组织形式也切实影响着微观经济的发展，最具代表性的就是三次工业革命带来的专业技术的颠覆性变化以及以股份制等为代表的新兴经济组织形式的革命性变化；二是对于微观市场主体而言，一般不会属于纯生产者或者纯消费者，而多数情况下是同时以生产者和消费者双重身份出现。如上所述，微观经济学理论框架中的缺陷以及经济实践的诉求，实际上构成了专业化与经济组织视角的起因。

（二）宏观起点：供给管理视角的缺失

传统宏观经济学遵循传统微观经济学的分析框架，构建了以总需求和总供给为均衡分析核心的理论框架，并在此基础上侧重于"需求管理"的政策研

---

[1] 〔英〕马歇尔：《经济学原理》，中国社会科学出版社，2007年，第747—749页。

究。而从 2008 年经济危机发生后的调控实践来看，决定性意义的宏观调控手段却显然属于"供给管理"，而这种调控手段的认识分析并未曾出现在宏观经济教科书中，表现出宏观经济学的理论缺陷，并且这种理论欠缺视角具有与微观层面欠缺视角指向的一致性。

1. 传统宏观经济学的分析框架简述

对应于传统微观经济学以需求和供给两者关系为核心的分析框架，传统宏观经济学也通过首先定义总供给与总需求，绘制并研究了总供给曲线和总需求曲线以及两者可解释的宏观经济发展均衡理论。与微观经济学相比，宏观经济学的理论体系显然更为发散，但其根植于微观经济学的特点非常明显：一是核心分析框架实质上是微观层面需求和供给模型的总量拓展；二是在宏观调控上，基于微观层面对需求的研究侧重，而更加注重宏观的需求管理；三是在研究经济增长中忽略了经济组织与制度的作用，后虽通过制度经济学得到了补充，但是并未纳入较成熟的宏观经济增长理论框架中。

2. 宏观层面的经济实践：供给管理视角的起因

宏观经济学体系的缺陷在经济实践中表现出与微观层面缺陷指向的一致性。以 2008 年金融危机后美国政府的宏观调控为例，美国人抛开前面若干年所一再标榜的"华盛顿共识"式由市场自发解决结构问题、只注重需求管理的思路，转而采用实实在在的"供给管理"手段，如在选择性地不救"雷曼"之后出手救助"两房""花旗""通用"，明确推行"油页岩革命""新能源汽车"等政策倾斜举措，等等。[1]"供给管理"是与经济学理论框架中的"需求管理"相对应的概念，后者强调需求角度实施扩张或收缩的宏观调控，而前者则侧重于讨论使总供给发生变化的机制中更多样化的政府作为，并特别注重与政府产业政策等相关联的结构优化，强调在供给角度实施结构优化、增加有效供给的宏观调控。[2]关于这种供给管理的展开讨论从未出现在传统宏观经济学的教科书中，却切切实实地为经济主体的经济发展提供了可供选择的优化路径

① 贾康：《新供给：经济学理论的中国创新》，中国经济出版社，2013 年，第 3—36 页。
② 贾康：《新供给：经济学理论的中国创新》，中国经济出版社，2013 年，第 133—139 页。

与调节机制，相关宏观层面的理论缺陷与来自宏观经济实践的经验实际上构成了供给管理视角的起因。

二、"新框架"与"新供给"：理论视角的联通

以上从微观层面和宏观层面对经济学理论缺失的分析，结合经济实践的启示，引发了对专业化与经济组织（即"新框架"）以及供给管理（即"新供给"）的新认识，且两层面弥补缺失视角的指向具有一致性。我们认为，这种一致性并非偶然，而是合乎逻辑地体现了"新框架"与"新供给"两大创新努力在关注视角上的联通，此联通不但以"新框架"对"新供给"包容性下的拓展贡献，帮助我们加深了对"新供给"的认识，而且以微观和宏观的联通考察，构成对传统理论经济学的发展创新。

（一）"新框架"：专业化与经济组织视角的简述

1. 专业化经济

专业化经济是指生产率变化与行为人的产出范围变化之间的关系。[①] 按照杨小凯的逻辑：产出与投入之间的关系就是技术，技术的最重要标志是生产率；大多数生产都具有规模报酬递增效应，意味着全要素生产率随着企业运作规模的扩大而提高，而这种生产率的提高与专业化水平之间的关系在传统微观经济学中并未得到解答。正如亚当·斯密所说分工是经济增长的源泉，而"技术进步也因分工水平的提高而内生地出现"[②]。专业化经济试图描述的正是生产率与专业化水平之间的关系，即技术与专业化水平之间的关系。

2. 经济组织模式

如前所提及，大多数生产都具有规模报酬递增效应，意味着全要素生产率随着企业运作规模的扩大而提高，然而这种生产率的提高与企业内部组织之间的关系未在传统微观经济学中得到解答。此外，资源禀赋约束等概念在传统微观经济学中也被设定为与经济组织无关，而实际上恰恰相反，两者有着非常密切的联系：可用资源多少或禀赋约束与人类社会掌握的知识有关，而人类掌握

---

① 〔澳〕杨小凯、黄有光：《专业化与经济组织：一种新兴古典微观经济学框架》，经济科学出版社，2000年，第24页。

② 〔澳〕杨小凯：《发展经济学——超边际与边际分析》，社会科学文献出版社，2003年，第3页。

的知识又与经济组织模式有关。①通常分工越复杂，对于整个社会而言掌握的知识就越多，会直接影响经济社会中相对资源结构和禀赋约束。由分工和专业化在很大程度上决定的经济组织模式，与交易费用又直接相关。

（二）"新供给"："物"与"人"的视角的简述

1. "物"的视角

所谓"物"，概念上必有别于"人"，但经济学研究中凡涉及物，其展开分析也必是相关于"人与物"的关系，即"生产力"层面，由劳动对象、劳动工具而关联和推及劳动者（人，或"人力资本"）。具体到现代经济发展针对物的运用与加工的"技术"的层面，邓小平的名言"科技是第一生产力"，实指由人实现的科技创新供给对生产力三要素带来的"乘数效应"。基于"物"和"技术"的研究告诉我们，由于存在后发优势，欠发达后进经济体可以追赶发达经济体，并有可能通过"蛙跳"、技术扩散、"干中学"等方式方法，实现技术上的赶超乃至激发组织结构方面的赶超，从而实现经济上的赶超。②

2. "人"的视角

所谓"人"，必是指处于人类社会关系中的社会成员，经济学视角考察人，实质上必是指"人与人"的关系，即"生产关系"层面，或具体到经济发展而言，即如何组织经济活动的形式与制度安排、利益分配。基于"人"的研究告诉我们，制度作为一个极其重要的供给因素，尤其是产权和交易成本的机制联结状况，直接影响某一经济体的发展状态。在制度变迁即制度安排的供给演变过程中，既会出现制度演变的滞后现象，又会存在制度潜力发挥的能动性空间。计划经济制度作为一种经济组织形式，其相对劣势已然较充分暴露，而作为原属计划经济制度的国家，怎样成功实现由计划经济向市场经济过渡，最重大的考验即是调整改变人与人之间生产关系的改革，能否达到真正解放生产力的结果。无论是稍早风行而标榜全面"自由化"的"华盛顿共识"，还是稍后兴起对并未定型的"中国特色"充分肯定而将其推向模式化的"北京共识"，都难免失

---

① 〔澳〕杨小凯、黄有光：《专业化与经济组织：一种新兴古典微观经济学框架》，经济科学出版社，2000年，第24页。

② 贾康、刘军民：《政策性金融与中国的现代化赶超战略》，载《财政研究》，2010年第1期。

于偏颇。人类社会生产关系的优化提升，仍须进一步肯定其摸索前行的基本姿态，加之信息的不完全和人们行为的不确定性，例如："柠檬市场""不完备信息市场""动物精神""羊群效应""王庆悖论"等因素的存在，往往造成理性预期失灵，亟须讨论如何加入"理性的供给管理"的矫正力量。[①]

（三）两个理论创新的联通

"新框架"基于微观起点创新性地提出的专业化与经济组织的结合考察视角，与"新供给"基于宏观起点创新性提出的"物"与"人"的关系打通认识供给驱动、特别是制度供给的视角，实际上显而易见是联通在一起的。

1. 基于"物"视角的联通：物质生产的专业化经济与物之运用的技术进步

"物"的视角必指向"人与物"的关系，即"生产力"层面，由劳动对象、劳动工具和劳动者结合"科技第一生产力"的创新供给而形成的发展进步。而专业化经济是指生产率变化与行为人的产出范围变化之间的关系，其描述的是专业化水平与生产发展水平之间的关系。"新框架"的专业化经济视角实质上强调的是专业化伴生的技术进步，"新供给"的"物"的视角实质上强调的是国民经济总体进步对技术进步供给的倚重，体现了"新框架"与"新供给"在创新中基于"物"视角的联通。

2. 基于"人"视角的联通：经济组织模式与生产关系制度变革

"人"的视角必指向"人与人"的关系，即"生产关系"或制度供给问题，具体到经济生活中，即如何组织经济活动的形式与制度安排、利益分配机制。经济组织必涉及组织经济活动的形式以及与制度、体制如何联通，经济组织模式的进步会带来交易费用的降低即生产力的解放（"现代企业制度"在规模经济、社会化大生产上最具适应性和代表性的具体形式——股份制，便是生动而雄辩的证明）。"新框架"的经济组织模式视角和"新供给"的"人与人"的视角实质上所强调的都是经济发展与制度供给、结构性变革之间的关系，都逻辑地关注不同制度安排下不同的交易费用，区别仅是从微观、宏观不同层面的切入而已，从而体现着"新框架"与"新供给"基于"人"的视角的联通。

---

①贾康、冯俏彬、苏京春：《理性预期失灵原理的应用：立论、逻辑梳理及其"供给管理"矫正路径》，载《财政研究》，2014 年第 10 期。

（四）"新框架"与"新供给"的包容性

"新框架"与"新供给"的理论视角形成的必然联通，可使我们进一步认识"新框架"对"新供给"之包容性拓展的贡献，这一拓展是以对"五维一体化"框架与包容性边界"集大成"式的概括为表现，而新框架的理论贡献也成为其中的组成部分。

1. "新框架"对"新供给"包容性拓展的贡献

如上所述，传统宏观经济学理论框架仍建立在传统微观经济学理论框架的基础上，基于纯生产者和纯消费者两大假设从总供给和总需求及其互动关系的角度来研究经济增长。"新框架"对传统微观经济学的补充，主要体现在利用超边际分析（对每一个角点进行边际分析，在角点之间用总效益费用分析）将专业化经济与经济组织模式纳入传统微观经济学分析框架。基于"新框架"与"新供给"理论视角的联通，正如微观层面的供给和需求分析为宏观层面带来总供给和总需求分析，宏观角度对技术进步和制度变革的研究认识，也合乎逻辑地和更坚实地建立在微观层面对专业化与经济组织内化的超边际分析基础上。这构成"新框架"对"新供给"包容性拓展的一项重要贡献。

2. "新框架"在"新供给"包容性拓展中的定位

"新框架"在"新供给"包容性拓展中的定位可从两方面考虑：一是"新框架"理论产生于 20 世纪 90 年代，尽管并不须像传统框架那样特别区分纯生产者和纯消费者，也不须特别划分供给端与需求端，但其所强调的专业化经济与经济组织模式，并未见与消费的直接相通，而是与生产即供给侧的直接相连，其对"新供给"包容性拓展的贡献若还原到新供给经济学"五维一体化"的框架中，应定位于传统经济学供给侧两轮"否定之否定"的主线上，成为对古典自由主义供给思想的重要提升和充实。二是值得注意的是，"新框架"理论思想的一个重要应用是发展经济学，它认同工业化是由分工演化引起的结构变化（包括工业份额的上升、投资率和储蓄率的上升等），基于此而深入研究城市化和工业化问题，并可通过拓展宏观经济学框架进一步研究经济转轨问题，构成新供给经济学"五维一体化"框架中发展经济学—制度经济学—转轨经济学部分的重要补充。

三、"新框架"的缺陷：对"新供给"的诉求

虽然"新框架"对"新供给"包容性产生了重要拓展，但是其从微观层面出发而带有一定的局限与理论缺陷。结合既有的新供给经济学研究成果，在"五维一体化"理论框架下，除了肯定"新框架"对"新供给"包容性拓展的贡献以外，其两个理论缺陷也从宏观层面对"新供给"提出了进一步的理论创新发展诉求，客观上构成"新框架"对"新供给"更深一层的启示。

（一）"新框架"的缺陷

1. 对经济周期成因理解的片面性

"新框架"认为造成经济周期与失业的原因是由于某些产品有耐久和不可分性，不可分可能造成产品的供过于求，而与产品耐久性相关的滞销则可能带来失业。这当然可以作为经济周期的一个成因，但导致经济周期的缘由中还包括了竞争的不完全性、工会的作用、总需求的变化、信心的变化、储蓄—投资的变化等诸多经济性因素。[1]此外，经济周期的成因除固定资产更新周期之外，还包括以政治周期和心理周期为主的非经济性因素。这些未包含的经济性因素和非经济性因素共同揭示了"新框架"对经济周期成因理解的局限性。

2. 不能解决交换者之间的选择协调问题

"新框架"研究的是不同的行为人生产不同商品的情况，但不能解决交换者之间的协调问题。不同的行为人之间可能生产不同的产品：如果此时的交易效率很低（即交易成本很高），那么行为人的最优选择是自给自足；如果此时的交易效率足够高，那么最优选择是进行专业化分工，不同的行为人之间生产不同的产品，然后每个人的产量扣除部分自用量以外，其他产量用来交易给他人，这样就是更加有效率的选择。然而，不同的行为人之间也有可能生产相同的产品，因为他们在生产之前往往不会自发进行沟通，而如果确实选择了生产相同的产品，交易就不能发生，造成"产能过剩"和再生产阻滞。

（二）对"新供给"的启发

"新框架"的两大缺陷可启发对"新供给"更深层次的思考。经济周期和

---

[1]黄有光：《谈杨小凯的新框架》，载《上海经济评论》，2014 年 7 月 1 日。

协调问题不仅与"新框架"有关，还与旧框架有关，属于需求和供给分析框架、专业化与经济组织分析框架都无法解决的问题，其恰恰凸显了对"新供给"的需求。

1. 更全面地认知旧框架与新框架都无可回避的经济周期问题

在经济实践中，经济活动总会沿着经济发展的总趋势经历周而复始、有规律性的扩张和收缩。针对经济周期的繁荣、衰退、萧条和复苏，旧框架中包含了"凯恩斯革命—供给学派—凯恩斯复辟—供给管理"[①]的调控机制发展逻辑，从而证实供给管理是旧框架中供给侧经济理论研究的理性回归；新框架则是从微观视角上片面的解释了经济周期的成因，而未充分考虑到其他经济性因素以及非经济性因素的影响，但由于新供给经济学与"新框架"存在的理论视角的联通性和基本逻辑的一致性，新供给完全可以在宏观层面对于与分工和专业化相关的经济周期问题提供更优化而全面的认识。

2. 更有效地认知旧框架与新框架都难以解决的顶层规划问题

采用旧框架进行分析，市场存在失灵的领域，经济周期正属于市场失灵，信息不对称、公共品等问题也属于市场失灵；采用新框架进行分析，不同的行为人之间存在对产品生产进行选择的问题，且这种选择是自发进行的，如果选择不恰当，那么不同行为人之间就不一定能够成为交换者，从而无法充分实现效率。不难发现，无论是由于存在市场失灵而导致的某种产品的产量供过于求、供不应求，还是由于专业化分工过程中存在行为人自发选择生产的不协调，归根结底都形成"经济自由化"命题所无法解决的领域。引发失灵和不协调的因素是错综复杂的，但无论由何种原因引发，这种宏观视角下可以视为"顶层规划"的问题（如"有效市场"和"有为政府"的"双到位"结合、合作问题），恰是新供给经济学所关注的焦点之所在。

四、重要的总结：理论与经济实践的互动式完善

"新框架"对专业化与经济组织的认识形成传统理论经济学的重要补充，

[①] 贾康、苏京春：《探析"供给侧"经济学派所经历的两轮"否定之否定"——对"供给侧"学派的评价、学理启示及立足于中国的研讨展望》，载财政部财政科学研究所《研究报告》第77期（总第1723期），2014年5月8日。

其所采用的超边际分析模式也是传统理论经济学数理分析方法运用中的创新。然而，经济实践的现实，既不只是与旧框架的对应，也不只是与新框架对应，而是两者以及尚未开拓的研究领域的错综结合——尤其对于发展中经济体而言，这种结合的框架特别需要其能够为认识经济增长提供更为开阔的视角，能够为理论经济学构建一个相对更为完整的框架，在此框架启发下，我们在"新供给"上的创新努力对宏观调控又会生成一些新的认识，可以帮助理解理论与实践的差异并进一步探索未来理论紧密联系实际可遵循的路径。

（一）相对完整框架的简述

传统理论经济学中，微观经济学的理论基石在于对供给和需求及两者关系的认识，并基于纯生产者和纯消费者的划分，在不同类型的市场中定位供求双方并研究两者的互动关系，效用论的引入丰富了微观经济学对供给和需求的认知，并将更多的影响因子纳入微观经济学的认识框架中。然而，微观经济学的认识焦点在于通过研究资源配置问题来获得效率以实现经济增长，而对经济学的另外一个重要分支即分工的相关问题却没有给予充分重视，"新框架"则弥补了这一空缺。经过对专业化经济和经济组织模式的研究，新框架更加认同"技术和经济制度的交互作用"[1]对经济发展的影响，并利用超边际分析方法处理最优决策的角点解，从而实现了内生行为人选择专业化水平视角的研究。两者当然不是割裂的，通过超边际分析而实现的分工和专业化水平的认知，可以作为资源配置研究的基础部分之一。

（二）对经济转轨的新认识

对转轨经济学的认识，在于从计划经济一"轨"转入市场经济一"轨"，从而被形象地称为"转轨"[2]之阐述逻辑。这种转轨经济学较为主流的认识实际上的关注视角正是在于资源配置这一经济学基本问题的相关制度演化，简言之，计划经济是由计划来进行资源配置，市场经济是通过市场机制实现资源配置，那么经济转轨就意味着资源配置机制的转变。随着"新框架"将分工与专

---

① 〔澳〕杨小凯：《发展经济学——超边际与边际分析》，社会科学文献出版社，2003年，第5页。

② 樊纲：《改革三十年——转轨经济学的思考》，"纪念中国改革开放三十年讲坛"主题演讲，2008年6月12日。

业化视角引入，对经济转轨的认识也更加丰富。传统的转轨认识实际上没有充分反映制度变化的复杂性，而经济转轨只是转轨的一部分，转轨的核心实质是宪政规则的大规模改变。①从经济实践出发，处于经济转轨阶段的经济体实际上也并不仅仅面临着从计划向市场的体制转变，而是面临一方面如何提升技术水平而成为经济增长的引擎，另一方面如何优化特定经济体成长中各演变阶段上和各经济体"特色"中的经济—政治—社会全套制度，促进经济发展。基于此，可以得到三点认识：一是按照"新框架"的逻辑，技术是在专业化分工达到一定程度的时候而产生"升级"态的，我们可以将此技术理解为动态创新的技术，后发国家具有技术上的后发优势在某种程度上是具有共识的，但其学习、追赶先发国家技术过程中能否使技术实现真正的内化，是与后发国家专业化分工水平的提升直接相关的；二是对属于经济组织模式方面的制度转轨，发达国家有许多相对先进的制度，但是后来者对先行者的制度进口走到制度供给的层面，实际必须经历较长一段历程，②且在较确定的技术性后发优势的旁边，大都会遭遇十分不确定的制度性"攻坚克难"问题，如不顺利，则可能引发杨小凯强调的"后发劣势"；三是上述两点十分有助于理解发展中的转轨经济体在经济实践中并不能机械遵循如教科书中阐述的那样简单回归市场而放任自流的操作（如"华盛顿模式"，拉美转轨跌入"中等收入陷阱"就是失败的典型案例），而是需要其政府理性采用多重方式优化和加强供给管理，特别是显然具有关键性的"全面改革"式制度供给。制度供给成功的红利，合乎逻辑地成为这一转轨经济体的"最大红利"，反之，制度供给的失败，必将导致技术供给的"后发优势"也最终归于制度拖累的"后发劣势"。

总之，本章首先分别从传统经济学理论微观起点和宏观起点分析框架视角的缺失出发，论述了"新框架"的专业化与经济组织视角和"新供给"的供给管理视角；接着论述了"新框架"的专业化经济与"新供给"的技术进步、"新框架"的经济组织模式与"新供给"的制度变革之间所实现的"物"与

---

① 〔澳〕杨小凯：《发展经济学——超边际与边际分析》，社会科学文献出版社，2003年，第439页。
② 苏京春：《试论现代化先行者为后来者带来的城市化矛盾及对策》，载《财政研究》，2014年第2期。

"人"视角的联通，并指出"新框架"对"新供给"的包容拓展形成贡献，补充了传统理论经济学主线上古典自由主义的供给思想；但"新框架"理论并非完美，其存在对经济周期成因理解的局限性、片面性，且难以全面解决交换者之间的协调问题，这恰恰表明在分工与专业化视角下对"新供给"形成的启发；我们进而通过对传统与新兴相结合的完整框架的综合认识，形成理论与实践结合上更为广泛、开阔的分析视角，并可积极地运用到经济体发展实践，特别是发展中（后发）经济体的转轨分析中去。

不可忽略的是，"新框架"与"新供给"的重要联通及启示，使新供给经济学的理论创新在"五维一体化"框架分析基础上，其包容性拓展可以更体系化。"新框架"与"新供给"的联通，客观地体现了"从实践中来、到实践中去"的哲理，并可进一步有力支持新供给经济学的理论追求，即结合继传统理论经济学之后得以蓬勃发展的制度经济学、发展经济学、转轨经济学、信息经济学及行为经济学等理论，"集大成式"汇入分工与专业化研究的重要视角及其积极成果，从而实现更为广泛的包容性，以及体现现代经济学研究及其政策主张在供给侧发力打开新境界的大势所趋。

第四章 "三驾马车"认知框架需对接供给侧的结构性动力机制构建

多年以来，围绕宏观经济学理论，从经济学新兴学派（如发展经济学、制度经济学、转轨经济学等）到新兴流派（如货币学派、供给学派、新自由主义等），无一不在重视并研究经济增长动力的相关问题。从全球范围内各经济体发展过程中的宏观经济调控手段看，传统宏观经济学倡导的经济增长"三驾马车"理论一直被奉为圭臬。然而，若细心观察也不难发现，从 2008 年美国应对金融危机时在宏观调控中采用具有针对性的"供给管理"措施，到中国开启全面深化改革时代决心加快推进的从重经济发展规模、数量到重经济发展质量、效益转变的经济结构调整，无一不是在经济体运行实践中推动经济增长的切实有效措施。这些并未正式出现在教科书中的、看似颠覆"华盛顿共识"等金科玉律却在经济实践中切实有效的宏观调控手段，已引发学界的广泛讨论，对"三驾马车"究竟是否经济增长根本动力的讨论也包括于其中。我们所致力构建的新供给经济学认为，"三驾马车"其实并未真正成为经济增长的动力，因为其认知框架需对接供给侧的结构性动力机制构建才能得以实现。

一、"三驾马车"认识框架基于需求，但实已体现需求侧管理也必须面对结构性问题

追根溯源，凯恩斯在《就业、利息与货币通论》中强调的还是"有效需求"这一概念，所指即在总供给与总需求达到均衡时有支付能力的总需求，而由此而产生的经济增长"三驾马车"理论中所强调的消费、投资、出口三大动力，自然也相应地指向消费需求、投资需求和出口需求。在短期视角和三部门经济框架下，传统宏观经济学理论认为有效需求总是不足的：消费者边际消费倾向递减会导致消费需求不足，资本边际效率递减和强流动偏好会导致投资需求不足，并认为这是形成生产过剩危机并导致高失业率的直接原因。加入开放经济因素作分析后，传统宏观经济学理论在四部门经济框架下认为净出口需求受到实际汇率的影响，而影响程度则最终取决于该国出口商品在国际市场上的需求弹性和国内市场对进口商品的需求弹性，总而言之，最终仍落脚在需求侧。

但基于需求的以上认识，并不妨碍我们对经济增长"三驾马车"理论做出一个新视角的定位，即其认识框架实已体现了需求侧管理也必须面对结构性问题，即光讲总量是不够的，必须对总量再做出结构上的划分与考察，这当然可称为是一种认识深化与进步的体现。从灵感源自马尔萨斯需求管理的凯恩斯主义开始，宏观经济学强调的就是侧重于总需求的有效需求层面，并随着微观经济学理论分析框架的更新而抽象为大家所熟知的总需求—总供给（以下简称AD—AS）模型。20 世纪 80 年代，以美国经济学家弗里德曼为代表的货币学派强调的实际上就是通过货币总量来调节宏观经济。而以消费、投资和出口为核心的经济增长"三驾马车"理论，则使一直以关注总量为己任的需求管理实已展现出结构性特征。虽然都是基于需求侧的分析，但是从以俄罗斯籍经济学家希克斯的相关研究而抽象产生的宏观经济学模型开始，希克斯—汉森（以下简称 IS—LM）模型和希克斯—汉森—国际收支（以下简称 IS—LM—BP）模型显然通过产品市场的决定、货币市场的决定以及开放经济的决定为需求管理拓展出更为广阔、也理应继续得到认识深化的结构性空间，其相关研究也使需求管理得以更好地"理论联系实际"来满足宏观调控需要，并合乎逻辑地延展到"供给管理"问题。

二、需求侧"元动力——三动力"的得失悖论

如此，按照经济增长"三驾马车"理论，人们结构化地将消费、投资和出口视为需求侧总量之下划分出认识经济增长的"三大动力"：从动力的源头追溯，人类社会存在和发展的本原层面的"元动力"，当然是人的需求，有需求才会继之有生产活动来用以提供满足需求的产出，从而产生供给。基于这种"元动力"的认识，才有把需求总量三分的"三动力"即"三驾马车"的认识。凯恩斯主义的分析得出：由于消费需求、投资需求和出口需求构成的有效需求总是不足的，所以认为政府应当通过宏观调控手段刺激总需求，同时还不得不具体处理消费、投资和出口间的关系，从而实现宏观经济增长的目标。这一认识框架的内在逻辑，实已指向了对应三方面需求的结构性响应因素——供给的方面，必须纳入研究，但在传统经济学中这一框架隐含的（非内洽的）"完全竞争"假设下，在绝大多数经济学家那里，这种应继续努力探究的供给侧分析认识，却被简化为"市场决定供给结构并达于出清"而无须再作分析的处理。

无论如何，三大"动力"赋予需求侧管理以结构性特征，使其得到了注入新鲜活力的新发展。沿着 IS 曲线所表示的投资决定，LM 曲线所表示的利率决定，以及 BP 曲线所表示的实际汇率决定，经济增长"三驾马车"理论推动传统宏观经济学在继 AD—AS 均衡之后，走向 IS—LM—BP 的均衡。相应地，落实到宏观调控政策主张方面，也从原来的强调总量调节合乎逻辑地发展到通过货币政策和财政政策带有结构性地刺激消费、投资和出口需求来实现宏观经济增长的政策主张层面。回归到经济实践中，甚至更加灵活地表现为结构性地调整三大"动力"中的某一个或者某两个，以此来达到弥补一方或两方的疲软，在权衡中最终均衡地实现经济增长的目标。这一点，我们一方面在全球经济宏观调控范例中得到印证，比如 2008 年美国金融危机后相继爆发欧债危机，发达国家市场遭受重创，以中国为代表的新兴市场一致感到出口需求严重不足，从而大角度转向拉动内需、加大国内投资与消费来实现宏观经济稳定增长；另一方面还可在学界对宏观经济的讨论中常年关注三大"动力"在短期与长期中作用的比较、正负面效应、调控手段等讨论中认识其无可回避性和可观的分量。因此，三大"动力"分析认识对需求侧管理的贡献已无须赘言。

但更加关键的是，我们注意到三大"动力"认识虽然在一定程度上满足了需求侧管理的宏观调控需要，但是却并不能真正在需求侧得以实现其认识与逻辑的周延。学界目前非常关注的"三驾马车"是否是经济增长根本动力的问题，结论的指向性非常明确，基本表现为否定一侧。然而，究竟其为何不能成为经济增长的根本动力，则说法不一，有观点认为其只是国民经济核算指标、有短期特征、影响的是国内生产总值（以下简称 GDP）需求边，[1]有观点认为需求侧三大"动力"已跟不上现代经济发展步伐，提出了经济增长的"新三驾马车"，内容又有所不同，有的认为是城镇化、信息化和民生建设，[2]有的认为是原"三驾马车"的引擎升级[3]等。

我们则认为，"三驾马车"不能构成经济增长根本动力的原因，在于其并不能仅在需求侧继续实现其"动力"特征与功能。消费、投资和出口三大认识上所称的"动力"，其实已是"需求"这一"元动力"层面不得不再做出其结构分析而派生出的结构化认识框架，一旦脱离了元动力层面而变为合力的部分，便失去了元动力属性和定位，所以严格地作学理的推演，这三个力自然不可能归为"根本动力"，只是"动力"的不同传递区域在人们认识上的一种归类。从研究者在实际生活中应做的需求原动力的回应考察或动力响应机制认知来说，不能不进一步沿需求侧的"结构化"认识推进到供给侧的相应分析认识，反映实际生活的经济学理论理应如此。如果仅局限于消费需求、投资需求和出口需求的层面，便走入了近年学界已普遍不再满意的局限性状态。

第一，仅从需求侧看消费，带有过强的静态特征，这与真实产品市场中种类更新日新月异这一现实大相径庭，许多新消费动力的产生并非因为消费需求

①李佐军：《"三驾马车"不是经济发展的根本动力》，载《中国经济时报》，2014 年 12 月 16 日。

②康怡：《尹中卿采访："新三驾马车"拉动中国经济》，载《经济观察报》，2012 年 12 月 15 日。

③邵宇：《中国经济的"新三驾马车"》，载《第一财经日报》，2013 年 7 月 31 日。

发生了变化，而恰恰是对消费的供给发生了变化。

第二，仅从需求侧看投资，则带有过强的主观特征，按照对投资需求的重视，似乎刺激了投资需求就能够在经济体量上有所体现，而现实的经济实践绝非如此，最典型的例子就是中小企业投资需求强烈而充分，但投资供给却往往跟不上；同样的投资规模，不同的投资机制和投资结构，结果可能有天壤之别，诸如此类例子不胜枚举；资本市场中如资源错配、结构性失衡的格局长时期存在，在这种情况下再大力刺激需求于宏观经济显然易导致长板更长、短板更短，有百害而无一利。

第三，仅从需求侧看出口，则多带有纯比较优势理论与纯汇率理论主导的色彩，出口产品在国际市场中影响力越大则对本国宏观经济增长的拉动作用就越强，这种利用经济学抽象模型演绎的分析无可厚非，但真正落实到全球化背景下的开放经济中，发展中国家通过后发优势赶超发达国家的增长路径显然难以得到全面解释，常识就可以告诉我们，仅仅是实际汇率的变化并无如此大的魔力，先进经济体对后进经济体的"高端选择性供给"往往对于双边贸易的中长期基本格局具有某种决定性意义。

总而言之，在需求侧对"元动力"的认识发掘推进至"三动力"，为需求管理带来的"得"与"失"构成了一个悖论：一方面，需求侧的"总量"观与简洁的"三驾马车"认识框架，确实在发达市场经济体一般情况下的实践层面满足了其调控对于"理论指导与支持"的需求，而另一方面，仅在需求侧的由"元动力"派生、演化出的"三驾马车动力"机制，在三者合力"怎样合成"上始终解释模糊，特别是经受不了"世界金融危机"冲击考验之下"水落石出"般的审视和回应不了摆脱种种局限引出建设性对策的要求——这种悖论，只有在引入供给侧分析和供给结构与制度机制分析后，才能得到化解。一言以蔽之，"三驾马车"完全无法认作拉动经济增长根本动力的道理在于：对需求"元动力"的回应和传导，关键已不在需求侧。

三、由悖论认知分析的指向：探究对应于需求侧的供给侧结构性动力机制

由此，我们的核心观点已呼之欲出：消费、投资和出口只是需求作为经济增长的"元动力"而可进一步做出结构性认知的分析框架，只要沿着"结构性"的角度继续深化认识，就会发现仅在需求侧并不能够真正完成动力认知这一悖论，这强烈呼唤着对与之相对应的供给侧的结构性动力机制的探究。

显然，"三驾马车"所强调的消费、投资和出口需求三大方面的分别认知，只有联通至消费供给、投资供给和出口供给，才有可能对应地成为各自需求的满足状态，其中蕴含着由需求侧"元动力"引发的供给侧响应、适应机制，或称其所派生的要素配置和制度安排动力机制。

在经济增长动力的全景图上，我们当然首先应该肯定需求的原生意义，人活着就会有需求，有需求才有各色各样被激活的动机和满足需求的创业、创新活动。但特别值得注意的是，这些创业、创新活动的定位实已转到供给侧，供给是需求元动力（"第一推动力"）之后由响应而生成的最重要的"发动机"与增长引擎。事实上，人类从茹毛饮血时代发展到今天，已看到科技革命产生巨大的生产力飞跃，创造着上一时代难以想象的供给能力，同时这些原来让人难以想象的供给，并没有充分满足人类的需求，原因是在于人类作为一个适应环境进化的物种来说，其需求是无限的。正因为如此，现实地推动人类社会不断发展的过程，虽然离不开消费需求的动力源，但更为主要的支撑因素从长期考察却不是需求，而是有效供给对于需求的回应与引导。在更综合、更本质的层面上讲，经济发展的停滞其实不是需求不足，而是供给（包括生产要素供给和制度供给）不足引起的。在其中一般而言，要素供给（如生产资料、劳动力、技术供给等）是经济层面的，与千千万万的微观主体相关联；而制度供给是政治社会文化层面的，直接与社会管理的主体相关联。人类的长期发展过程正是因为不确定性的科技创新产生一次次科技革命，带来一次又一次生产力的提升，也进而推动制度安排的一轮又一轮改革和优化，使总供给能力一次次大幅度提升，促进并保持了经济的长期发展和趋于繁荣。人类的供给能力现实地决定着人类的发展水平，也正是因为这种原因，我们可划分人类社会的不同发展时代（参见本书第一部分的论述及图1—4）：狩猎时代、农业时代、工业时代、信息技术时代，以后随着生物技术的不断飞跃，我们还可能会迎来生物技术时代。与之相呼应，人类社会经济形态与制度框架上经历了自然经济、半自然经济、自由市场经济、垄断市场经济和"混合经济"的各种形态，包括我国这个世界上最大发展中经济体正在开拓与建设的"中国特色的社会主义市场经济"①。我们所处的当今时代，全球化的社会化大生产所具突出特点，就是供给侧一旦实行了成功的颠覆性创新，市场上的回应就是波澜壮阔的交易生成，会实实在在地刺激需求增长。这方面例子已有很多，比如乔布斯和他主导创造的苹果产品，再比如"互联网电子商务与金融"这种带有一定颠覆性特征的创新等。这些动不动就席卷全球的供给侧创新，其真正作用是引导式改变，改变产品市场的数量、机制、构造和联系，当然也改变了需求的种类、范围、激励和方式，体现在宏观经济中一定是形成增长的动力。

其次，我们自然而然、合乎逻辑地应当特别注重供给侧投资的特殊性、针对性和结构特征。需求侧强调的投资需求，概念上还是总量中的"三足鼎立"的一足（即三驾马车中的一驾），而一旦表现为对应投资需求的投资供给，便成为生产能力的形成与供给，成为消费和出口的前提，并天然地要求处理其具体的结构问题——事实证明这恰恰不是传统概念的需求管理就能够完全处理好的。在市场发挥"决定性"作用的同时，只要不是纯理论假设的"完全竞争"环境和完全的"理性预期"行为，政府的供给管理就必不可少，而且在实践中往往还会表现为决定性的事项（可观察美国应对世界金融危机的关键性举措）。仅刺激或抑制投资需求，并不能同时解决好结构性问题，必须同时处理好投资的结构优化政策与机制，达到基于结构优化形成的投资质量与综合绩效的提升，才能形成推动经济增长的动力（发动机）。比如，当下中国进入"新常态"增长的最关键投资动力源，就包括应当启动以增加有效供给的选择性"聪明投资"②，来实现"补短板、挖潜能、转主体、增活力、提效率、可持续"，以达到投资拉动经济增长的意愿目标。至于外贸的出口净值也决不属于需求管理可直接解决的对象，真正应抓住的，是在全球化进程中的自身结构优化、不断提升国家竞争力。

消费供给、投资供给和出口供给，实际上构成了供给侧的动力机制，这种

①贾康等：《中国需要构建和发展以改革为核心的新供给经济学》，载《财政研究》，2013年第1期。

②贾康：《"聪明投资"助力稳增长和促改革》，载《中国证券报》，2014年12月22日。

动力机制带有非常明显的结构性特征。与需求侧的均质、可通约明显不同，供给侧的产出是千差万别、不可通约的产品和服务，以及以各种特色表现的必须具体设计、鲜可照搬的制度供给——产品服务供给的升级换代产生"供给创造自己的需求"的巨大动力，制度供给的优化更会带来"解放生产力"的巨大"引擎"与"红利"效果。"物"的供给能力的竞争，也相应地呼唤着与之匹配的"人"的利益关系视角的制度供给优化竞争。而通过上述这种与需求侧"元动力"相对应的供给侧的结构性动力机制构建，我们不难发现经济增长的"动力体系"已浑然天成。

不论是理论工作者还是实际工作者，所普遍认可的"创新驱动"，显然是一种关于发展动力的描述和认知，但如果放到需求侧与供给侧中分别考察，便可知实指供给问题。因为需求是永无止境的，即是"永新"而"无新"的，调控管理所讲的有效需求，只能是指有货币支付能力的需求，即可通约总量状态下的有支付意愿与能力的需求，这无所谓其"创新"含义；唯有到了供给侧，创新才是有实质意义的、必然具体细分（即结构化）的且不确定、千变万化的，因而特别需要制度激励。在一般而言的经济发展中，供给侧的调控管理均不可回避和忽视，对于后发、转轨的经济体，供给管理的重要性还往往会更为突出，比如中国，在特定阶段上和历史时期内，以制度供给统领的全面改革式创新驱动，必然成为其可持续增长的现代化过程能否如愿实现的"关键一招"。

四、深入认识响应需求侧"元动力"的供给侧结构性动力机制，是经济学理论创新的重大任务

总结上述，"三驾马车"的实质是需求管理由本义的"总量调控"开始引入结构性认知框架，作为重视"结构性"的成果，这一认识可以更好满足宏观调控需要，但仍然在理论与实践的互动发展中表现出其局限性；这种把消费、投资、出口的划分看作通过需求管理促进经济增长的"动力"即"三驾马车"式表述，既有所得、又有所失：得在确实拓展了需求管理的范畴，失在这种"动力"在需求侧难以自我实现；这一得失悖论势必引导我们将探究目光转向供给侧，与需求侧"元动力"相对应的、回应为消费供给、投资供给和出口供给综合形成的供给侧产出及相关的制度供给，才是真正形成了经济发展中至关重要的供给侧动力机制体系。突破需求管理局限而助力经济增长，亟须推进经济学理论在供给侧研究的创新——在不完全竞争这一更符合真实世界情况的大前提下，认识和把握以物质要素的供给和制度安排的供给所合成的动力源。

现阶段中国处在中等收入发展阶段、力求跨越"中等收入陷阱"，对接全面小康和伟大民族复兴"中国梦"历史任务的演进过程中，我们更应以世界金融危机发生之后的经济学反思为重要的思想营养，以宏观经济进入"新常态"为当下背景，切实考虑在"如何实现供给侧的结构性动力机制优化构建"上做好文章、下足功夫，即以调结构、促改革，创新驱动，把握好理性的供给管理。

经济学理论有关经济增长问题的研讨，可以看作一个还在不断深化揭秘的过程，我们基于一直以来对供给侧的关注所带来的分析认识，在本章中将认识结论定位为：需求侧"元动力"之上认识逐步形成的"三驾马车"，其实在动力全景解释上已无适用性，必须对应、联结供给侧的动力机制构建，因而也必然引出比在需求侧的分析认识复杂得多、艰巨得多的经济学理论创新任务。

参考文献

〔1〕 Keynes John M. The General Theory of Employment 〔M〕. Interest and Money. London：Macmillan，1936.

〔2〕 Wilfred Trotter. Instincts of the Herd in Peace and War 〔M〕. London：1916.

〔3〕 George A Akerlof. Quality Uncertainty and The Market Mechanism 〔J〕. Quarterly Journal of Economics. Boston：the MIT Press Vol.84，No.3.p488−500，1970.

〔4〕 Hamilton W D. Geometry for the Selfish Herd 〔J〕. Journal of Theoretical Biology 31 （2）.p295−311，1971.

〔5〕 Sanford J. Grossman Joseph E Stiglitz.. On the Impossibility of Informationally Efficient Markets 〔M〕. The American Economic Review. p393−408，1980.

［6］ Keynes John M. The General Theory of Employment ［M］.Interest and Money. London：Macmillan.p161-162，1936.

［7］ George Soros. The New Paradigm For Financial Markets ［R］. The Credit Crisis of 2008 And What It Means. Public Affairs，2008.

［8］ 大卫·李嘉图.李嘉图著作和通信集：第二卷 ［M］.北京：商务印书馆，1979.

［9］ 莱昂·瓦尔拉斯.纯粹经济学要义 ［M］.北京：商务印书馆，1989.

［10］ 马歇尔.经济学原理 ［M］.北京：中国社会科学出版社，2007.

［11］ 杨小凯，黄有光.专业化与经济组织.一种新兴古典微观经济学框架 ［M］.北京：经济科学出版社，2000.

［12］ 杨小凯.经济学——新兴古典与新古典框架 ［M］.北京：社会科学文献出版社，2003.

［13］ 杨小凯.发展经济学——超边际与边际分析 ［M］.北京：社会科学文献出版社，2003.

［14］ 杨小凯.后发劣势.爱思想网站—思想库—学术—杨小凯专栏 ［OL］. http.//www.aisixiang.com/data/2718.html.

［15］ 乔治·阿克洛夫，罗伯特·希勒.动物精神 ［M］.北京：中信出版社，2009.

［16］ 罗伯特·希勒.非理性繁荣 ［M］.北京：中国人民大学出版社，2008.

［17］ 罗伯特·希勒.金融与好的社会 ［M］.北京：中信出版社，2012.

［18］ 保罗·萨缪尔森，威廉·诺德豪森.经济学（第十八版） ［M］.北京：人民邮电出版社，2008.

［19］ 贾康.新供给·经济学理论的中国创新 ［M］.北京：中国经济出版社，2013.

［20］ 张维迎.博弈论与信息经济学 ［M］.上海：上海人民出版社，2004.

［21］ 贾康.“供给创造需求”新解读与“新供给经济学”研究引出的政策主张 ［J］.铜陵学院学报，2014-3.

［22］ 贾康.“聪明投资”助力稳增长和促改革 ［N］.中国证券报，

2014-12-22.

[23] 贾康，刘军民.政策性金融与中国的现代化赶超战略 [J].财政研究.
2010-1.

[24] 贾康，苏京春.理性的"供给管理"与"动物精神"的分析解读：概
念与现实 [J].人民论坛·学术前沿，2014（6）.

[25] 贾康，苏京春.新供给经济学理论"五维一体化"框架与包容性边界
探讨 [J].财政部财政科学研究所研究报告，2014（117）.

[26] 迈克尔·卡特，罗德尼·麦道克.理性预期 [M].上海：格致出版社，
上海人民出版社，2011.

[27] 江世银.预期理论史考察——从理性预期到孔明预期 [M].北京：经
济科学出版社，2008.

[28] 艾伦·格林斯潘.动荡的世界 [M].北京：中信出版社，2014.

[29] 罗伯特·J.希勒.非理性繁荣 [M].北京：中国人民大学出版社，2005.

[30] 黄有光.谈杨小凯的新框架 [N].上海经济评论，2014-7-1.

[31] 李佐军."三驾马车"不是经济发展的根本动力 [N].中国经济时报，
2014-12-16.

[32] 邵宇.中国经济的"新三驾马车" [N].第一财经日报.2013-7-31.

[33] 康怡.尹中卿采访."新三驾马车"拉动中国经济 [N].经济观察报，
2012-12-15.

[34] 苏京春.试论现代化先行者为后来者带来的城市化矛盾及对策 [J].财
政研究，2014（2）.

[35] 陈晨.定义"王庆悖论" [N].第一财经日报，2013-7-29.

第三部分
中国和平崛起破非常之局的新供给经济学
"理论联系实际"思路创新

第一章 "胡焕庸线"引发的供给侧思考

中国正处于承前启后和平发展而崛起为现代化强国的关键历史时期。基于经济学总体反思的新供给经济学理论创新，必须密切联系实际地关注与支持中国的发展升级大局。而这亟须在"问题导向"下更全面、深入地把握与"中国国情"相关的现实挑战。

对于中国基本国情的理解认识，又极有必要注重著名的"胡焕庸线"。此线由胡焕庸教授于1935年提出，其以黑龙江瑷珲和云南腾冲为点确定的直线，将中国领土划分为东南和西北二部（故亦称"瑷珲—腾冲线"）。迄今为止，虽已历70年有余，但中国人口密度分布基本格局依然遵循"胡焕庸线"这一条说来神奇的中部主轴。伴随着人口密度分布在此线之两边的极度不均，"胡焕庸线"实际上还可揭示中国能源消耗密度和环境压力的极不均衡状态，并会引发与不考虑该线存在时所进行的分析之结论迥异的认识。换言之，据此线考量所得结论，会凸显中国基本国情引出的资源环境压力与挑战的严峻性，可称之为中国发展方面的"非常之局"。

一、对经济发展中"胡焕庸线"的再审视

（一）由"胡焕庸线"引发的思考

所谓"胡焕庸线"（亦称"瑷珲—腾冲线"或"黑河—腾冲线"），由中国地理学家胡焕庸于1935年在《中国人口之分布》一文中首先提出。该文囊括了胡焕庸编制的中国第一张等值线人口密度图，并清晰地说明："今试自黑龙江的瑷珲，向西南作一直线，至云南腾冲为止，分全国为东南与西北两部：则此东南部的面积计400平方千米，约占全国总面积的36%；西北部之面积，计

700 万平方千米，约占全国总面积的 64%。唯人口之分布，则东南计 44000 万，约占总人口的 96%；西北部之人口，仅 1800 万，约占总人口的 4%。其多、寡之悬殊，有如此者。"[1]（图 3-1）换言之，该线的特征可以描述为：以黑龙江瑷珲（1956 年改称爱辉，1983 年改称黑河，2015 年恢复为瑷珲）和云南腾冲两点确定一条直线，该直线倾斜约 45 度，以此直线为界，线东南半壁 36% 的土地供养了全国 96% 的人口；西北半壁 64% 的土地仅供养 4% 的人口，二者平均人口密度比为 42.6∶1。随着以后年月里人口普查工作的继续进行，相关数据显示：1982 年我国第三次人口普查结论为东南部地区面积占比为 42.9% 而人口占比为 94.4%；1990 年第四次人口普查结论为东南部地区面积占比为 42.9% 而人口占比为 94.2%；2000 年第五次人口普查结论为东南部地区面积占比仍为 42.9%，而人口占比为 94.2%。60 余年间东南部人口的绝对数值已由 4 亿多增长为 12 亿多，但占比数值较 1935 年只减少了 2%（数据口径均不包括台湾）。到目前，在 70 年的发展过程中（包括多轮次的"支边"等），"胡焕庸线"这条"神奇的中部主轴"[2]对中国人口分布格局所揭示的内容，基本不变！

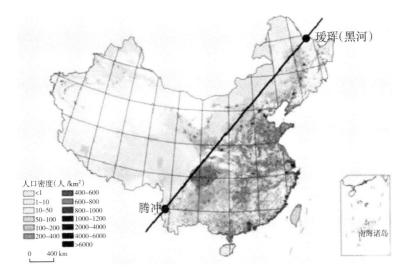

图 3-1　"胡焕庸线"

---

①胡焕庸：《中国人口之分布》，载《地理学报》，1935 年第 2 期。

②张林：《2010：不可逾越的"胡焕庸线"》，载《科学时报》，2010 年 1 月 20 日 B1 区域周刊。

由此，"胡焕庸线"这一中部主轴不仅仅划分出极为悬殊的人口密度，同时也可为认识我国绝大多数社会居民所面临的随能源耗费、资源使用而伴生的空气、水流质量等资源环境问题，带来重大启发。"胡焕庸线"一直是中国地理学界研究的重要命题，这一来自于中国实践调研的结论，为发源于16世纪并发展至今、强调地理环境对社会发展有着决定作用的地理环境决定论等相关研究，提供了重要线索和例证。然而，这一地理学界的重要结论对于认识中国发展问题的启发和可能贡献，远非"地理"或"经济地理"一般概念所给出的联系与推论空间所能容纳，尤其是在改革开放带来体制转轨、经济起飞、工业化、城镇化高速发展的现阶段，以"胡焕庸线"为重要线索来进一步认识中国基本国情对经济发展的特殊制约和挑战，具有非同寻常的现实意义。下文论述中，我们将以"地理"与"经济地理"定位的"胡焕庸线"为思考的起点，力求把空间、环境、能源与经济规划、经济发展战略等不同视角的思考打通，指出客观存在、无可回避的中国绝大多数居民生存空间内所存在的压缩型—密集式能源消耗压力，以及这种压力与近几十年重化工业为主支撑的经济起飞超常规高速发展阶段能源消耗高峰期的叠加，以及应对叠加的严峻挑战所必须设计、采用的发展模式升级与能源、环境战略策略，并说明这是"供给管理"性质的重大课题。我们的分析路径和论述逻辑，可用框图简要表示（图3-2）。

（二）一个认识框图

基于以上"胡焕庸线"引发的思考，本章按照以下逻辑框图（图3-2）从"供给侧"展开论述。

（三）必要的学术交代：相关理论综述式点评与廓清

从"胡焕庸线"切入引到"半壁压强型"之上的"三重叠加"能源消耗、环境压力问题，意在如实认识这一视角上中国基本国情的特殊性，并展开对策思路的讨论。但由于涉及"多学科研究"，在此还有必要作一廓清：对本研究涉及的相关理论做出简要综述，以更好地勾画理论基础。

1. 本研究定位：交叉学科的集成创新

上文所述的"三重叠加"中，首先形成依托的是第一重认识，即"半壁压强型"。因此，本研究是从"经济地理学"交叉式起点这一早已有之的学术平

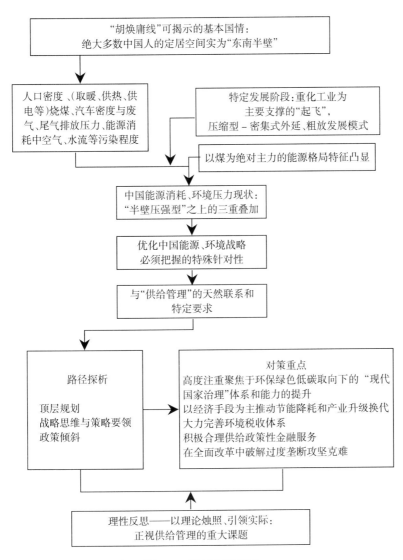

图 3-2　论述逻辑框图

台出发，寻求由前人所未见的新认知因素升华、集成的新观点而服务于对策研究。正如我国著名科学家钱学森先生所言"地理科学是一个作为现代科学技术部门的科学体系，其性质的主要特点是自然科学与社会科学的汇合"①。鉴于此，我们可知地理学与经济学的交叉作为研究中的必然，派生出的主要理论

---

① 钱学森：《关于地学的发展问题》，载《地理学报》，1989 年第 3 期。

体系包括了经济地理学及新经济地理学、区域经济学及新区域经济学和空间经济学等。与本研究相联系的学术框架主要是经济地理学及新经济地理学。

关于经济地理学，顾名思义，研究的是经济和地理之间千丝万缕的联系。广义看来，人类最早在生产活动中对地理环境的必要观察，实际上就可以纳入这一研究范畴；狭义看来，经济地理学的名词最早起源于俄国经济学家米哈伊尔·瓦西里耶维奇·罗蒙诺索夫，后在苏联时期得到发展，并结合当时的政治经济环境而更名为马克思列宁主义经济地理学。在对《巴尔扎克等著苏联经济地理》这一当时大学经济地理教学唯一教材进行评述时，我国学界专家也对经济地理学的研究范围进行了界定："经济地理学是研究世界各地区生产分布和生产发展的条件的科学……主要的研究对象有三方面，生产分布、生产发展和影响分布发展的条件。"[1]新中国成立以来我国可供查询的其他早期相关文献，也特别针对经济地理学的研究对象进行了论述，如"马克思列宁主义的经济地理学研究的中心问题是社会生产的配置法则。它研究各种不同社会经济形态下的生产配置法则；研究各国、各地区生产发展的条件和特点"[2]。效仿经济地理学的研究思路，学界对《水经注》《徐霞客游记》等典籍中的经济地理思想也进行了相关研究，我们不再赘述。然而，归根结底，经济地理学是研究生产的理论，注重的是空间视角一直可扩展为全世界范围的生产发展。

进入 20 世纪 90 年代，以保罗·克鲁格曼为代表的新经济地理学登上历史舞台，在经济地理学的传统区位理论基础上，引入世界贸易和新经济增长理论，创立了空间区位理论和新经济地理学，而其最突出的贡献正如瑞典皇家科学院的颁奖词所总结的那样，"在自由贸易、全球化以及推动世界范围内城市化进程的动因方面形成了一套理论"[3]。此外，沿着《牛津经济地理学手册》中所采用的展开脉络，也可以清晰地观察到经济地理学及新经济地理学从关注生产这一起点出发，逐步迈向对城市与区域增长的关注，进而步入从国际投资贸易

---

①吴传钧：《巴尔扎克等著苏联经济地理》，载《地理学报》，1951 年第 1—2 期合刊。
②祝卓：《关于经济地理学研究对象的探讨》，载《教学与研究》，1954 年第 6 号。
③段学军、虞孝感、陆大道、Josef Nipper，2010：《克鲁格曼的新经济地理研究及其意义》，载《地理学报》，第 2 期。

视角而分析全球经济一体化的发展轨迹。①

　　然而，我们发起的研究与前述经济地理学及新经济地理学所研究的框架并无太多交集，"胡焕庸线"作为中国国土特征造成的"半壁压强型"及我们继续考察说明的"三重叠加"，是在经济地理等相关于经济增长的研究领域，客观地紧密结合中国在工业化、城市化进程中国民经济发展所关联的基本国情视角。换言之，我们发起的研究，目的在于以此基本国情为前提条件，尽可能透彻和到位地考察探索未来的经济增长路径，"胡焕庸线"在认识基本国情方面的展开分析可以说既是一种对经济地理已有成果的延续探讨，也是一种进一步开阔相关视野，结合新阶段、新问题的科研创新。

　　2. 能源经济学及其与本研究的关系

　　沿着"胡焕庸线""三重叠加"向下探索，涉及中国"压缩型—密集式"的经济发展导致能源、环境问题；以及中国能源利用结构中"以煤为主"的问题。这实际上使本研究与环境研究和能源经济学理论研究形成交叉。能源经济学最早起源于威廉·斯坦利·杰文斯的《煤炭问题》，尽管诚如凯恩斯所言，对于边际革命的代表人物杰文斯而言，此书并不能算作出色的著作，②但确实是首次利用经济学来研究煤炭问题的著作，可认为是能源经济学的发端。作为一项典型的交叉研究，现阶段能源经济学仍在不断发展和完善，从方向上来看，有的侧重于能源的开发、利用等分支，有的侧重于能源的市场、产品的价格等分支，有的侧重于能源与经济发展的关系，本研究的重点正是中国能源结构、能源利用与经济可持续发展、环境容量可承受之间的关系。

　　前述"胡焕庸线"导致的"半壁压强型"特征下形成三重叠加的发展制约，是基于我国经济发展实践中切实存在的矛盾问题而形成的条理化认识，这种发展制约是基于能源经济学已经确定的能源与经济发展之间存在的关系。林伯强、牟敦果（2009 年）认为，能源消费量的决定因素主要有经济发展水平、能源资源禀赋、产业结构、自然环境、能源转换效率和能源价格等③；经济发

---

①陆大道：《西方"主流经济地理学"发展基本议题演变的评述——为〈牛津经济地理学手册〉中译本所作序言》，载《地理科学进展》，2005 年第 3 期。

②〔英〕凯恩斯：《精英的聚会》，江苏人民出版社，1998 年。

③林伯强、牟敦果：《高级能源经济学》（第二版），清华大学出版社，2009 年，第 149 页。

展水平越高，能源消耗量越大；能源资源禀赋越好，能源消耗量越大；经济发展结构中工业所占比重越高，能源消耗量越大；自然环境越恶劣，能源消耗量越大；能源转换效率越高，能源消耗量越大；能源价格越低，能源消耗量越大。其中，经济发展水平高所导致的能源消耗量大与工业化比重高所导致的能源消耗量大相比，两者对经济发展的意义显然是不同的。因此，对能源制约的认识不仅要通过能源消耗量来表达，而且要通过能源消耗的结构来表达。能源经济学认为，经济发展水平越高，对高耗能产品的需求和能源消费产品的需求也越多，最典型的指标是私人汽车拥有量，根据亚洲开发银行（2006年）的研究，汽车拥有量与人均GDP水平成正比；[1]经济发展结构中工业所占比重越高，经济增长就越依赖高耗能产业，能源消耗量也越大；能源转换效率越高，说明能源相关技术水平越高，而技术水平的创新所带来的能源供给创新也同时会创造对能源新的需求，从而导致能源消费量的增加。

我们形成的相关认识，与能源经济学的已有成果不发生矛盾，但却是把相关理论要素紧密结合于中国国情的"有的放矢"以引出新的认知：对上文所述中国三重叠加的"半壁压强型"发展制约继续展开分析，不难发现，中国经济目前阶段上能源的消耗非常大，然而从人均能源消费量的角度来看，经济发展水平、能源转换效率比中国高的发达国家人均能耗水平，又远高出中国人均能耗水平，造成这种局面的原因当然也与能源消费结构有关。中国基础能源消费结构呈现突出的"以煤为主"局面，会带来巨大的环境压力问题，但是其成因，正是难以做出太大改变的"资源禀赋"国情和能源价格形成机制改革攻坚难题等"慢变量"，所以"以煤为主"的局面很难在短期内摆脱，应当视为一段时期经济发展的基本国情来寻求特殊的针对性。这些就不仅限于能源经济范畴了。

二、"半壁压强型"的三重叠加

（一）实证量化考察："画线"与"不画线"的迥异

尽管"胡焕庸线"的提出首先与人口密度相关，但是随着国内外学者对其的深入研究和认识的发展，不难发现该划分线下的诸多"巧合"：从气象角度

---

[1] ADB report, 2006: Energy Efficiency and Climate Change Considerations for On-road Transport in Asia.

看，胡焕庸线与 400 毫米等降水量线重合；从地貌角度看，线东南部以平原、水网、丘陵、喀斯特和丹霞地貌为主，线西北部以草原、沙漠和雪域高原为主；从产业渊源来看，线东南部自古以农耕为主，线西北部自古以游牧为主，该线至今仍是农牧交错带，并是玉米种植带的西北边界。不仅如此，按照中国科学院国情研究分析小组根据 2000 年资料的统计分析结论，线东南部以占比为 43.18% 的国土面积供养了占比 93.77% 的人口，且集中了 95.70% 的国内生产总值（GDP）。从这些视角给予的启示出发，"画线"与"不画线"的不同考量下得到的迥异结论，足以发人深省。

1. 人口密度

"不画线"：若不考虑"胡焕庸线"的存在，基于世界银行《世界发展指标》发布的 2012 年数据，以平均密度作为衡量标准，中国人口密度仅排名第 11 位（表 3-1）。中国人口平均密度是 141 人 / 平方千米，是美国人口的平均密度 32 人 / 平方千米的 4 倍多。

表 3-1 2012 年全球前 20 名高人口密度国家排名

排名	国家 / 地区	人口（万人）	面积（万平方千米）	密度（人 / 平方千米）
1	孟加拉国	15 465	14.40	1074
2	印度	123 668	328.76	376
3	日本	12 756	37.78	338
4	菲律宾	9 670	30.00	322
5	越南	8 877	32.96	269
6	英国	6 322	24.48	258
7	德国	8 188	35.70	229
8	巴基斯坦	17 916	80.39	223
9	意大利	6 091	30.12	202
10	尼日利亚	16 883	92.38	183
11	中国	135 069	959.70	141
12	泰国	6 678	51.40	130
13	印度尼西亚	24 686	191.94	129
14	法国	6 569	54.70	120
15	土耳其	7 399	78.06	95
16	埃塞俄比亚	9 172	110.36	83
17	阿拉伯埃及共和国	8 072	100.15	81
18	墨西哥	12 087	197.26	61
19	伊朗	7 642	164.80	46
20	美国	31 391	982.66	32

数据来源：世界银行，2013 年：《世界发展指标》

"画线"：但若考虑"胡焕庸线"两边的不同情况，线东南部所占人口为94.2%而所占面积比重为42.9%，为方便进行对比，按 [135069（万）×0.942] / [960（万）×0.429] 进行计算，可得到线东南部的人口密度为309人/平方千米，与美国人口密度相比，这时要高出接近10倍！由此可见，是否考虑"胡焕庸线"的存在，对中国人口密度相关基本国情的认识至关重要。可以说，作这种考量便直接揭示了中国绝大多数居民所处的区域在人口密度方面的实际现状。画线后中国东南部的居民如按生存环境中的人口密度指标，便会相当于表3-1排序中的第5位，而不再是第11位。

2. 汽车空间密度

汽车保有量（Car Parc）一般是指某一地区社会居民拥有的汽车数量，通过在当地登记的车辆来统计，不包括摩托车、农用车等。根据美国汽车行业权威杂志《沃德汽车世界》（Wards Auto World）2011年的统计数据，从绝对数量上来讲，美国是目前世界上最大的汽车拥有国，汽车保有量为2.4亿辆，而中国次之，汽车保有量为7800万辆。按照国际比较惯例，一般是从人均数量上进行比较，那么2010年全球汽车平均保有量为1∶6.75（即平均每6.75人拥有一辆汽车），美国汽车平均保有量为1∶1.3，而中国的汽车平均保有量为1∶17.2。若简单从此数据来看，中国汽车保有量与世界平均水平及美国水平相比，增长空间似乎还很大。若从汽车空间密度的角度看，如不考虑"胡焕庸线"的存在，鉴于中国与美国领土面积大小几乎相当，粗略计算下来，中美汽车平均空间密度比应为2.4∶0.78；而实际上汽车数量的分布大都集中在线东南部，若将这一总量按94.2%的人口占比还原至这一面积占比为42.9%的国土上，中美汽车平均空间密度比为2.4∶1.71（7800万辆×0.942/0.429=1.71亿辆），即中国在如此低的汽车人均保有量前提下，东南半壁已达到与美国汽车空间密度近乎相当的水平。

3. 能源消耗空间密度

若以煤炭消耗的数据作为比较的依托（为方便进行对比，我们采用美国能源信息署公开发布的2011年数据），美国煤炭消耗总量为8.56亿吨，中国煤炭消耗总量为34.5亿吨，从总量上来看，中国煤炭消耗总量是美国的4倍有余。进一步分析煤炭消耗的空间密度：若不考虑"胡焕庸线"的存在，鉴于中美两国领土面积相当，可大致得出中国煤炭消耗空间密度也大约是美国4倍这一结论。然而，由于中国煤炭的消耗主要集中于线东南部，若将此消耗总量还原至这42.9%的国土上，便会得出中国煤炭消耗总量的空间密度（可称为国土面积上由人均消耗量合成的此单位面积上的消耗压强）在东南半壁实际已达到美国的10倍有余。

此外，从中科院得出的占比43.18%的国土面积上集中了95.70%的GDP这一结论进行倒推，也可看出中国平均数据掩盖了线东南部与线西北部之间发展状态的巨大反差。这种掩盖导致中国国情之中许多突出尖锐的问题由于"平均数"处理而得以美化、淡化，许多切实存在的尖锐问题平摊到全部国土面积上，而几近钝化于无形。

当然，类似的"局部高密度"问题在其他国家或地区也存在，如美国的纽约市、韩国的首尔区域、墨西哥的墨西哥城区域等，但主要经济体中以近乎居中"一分为二"的轴线而使整个国土上的情况在线两边判若云泥的案例，却极为罕见，应当归属为"特殊国情"问题。我们把此特殊国情状态称为"半壁压强型"能源、环境问题。（请注意：如果说美国约40%的东部国土也居住了大于40%的人口，那么要对比一下：且不说其东部人口远不及中国约19/20的比重，只需考虑美国总人口规模仅为3亿左右，国土面积却与中国大体相当，其"半壁压强型"的量度怎么能和有近14亿人的中国同日而语。）

（二）在"胡焕庸线"因素之上压缩型—密集式发展阶段因素的叠加

在"胡焕庸线"这一思考线索的启发下，前面以中国的人口密度、汽车空间密度及能源空间消耗密度等作为代表性指标，可得到中国资源环境问题的真实压力（压强值）较普通指标反映的程度远为严峻的基本结论。而与此同时，我们还需要将另一个重要现实叠加在此项认识之上，即中国近几十年来施行的以改革开放中进入经济起飞状态为主要标志的"压缩型—密集式"发展阶段带有粗放特征的外延型高速增长，使又一层资源、环境压力也高密度地叠加于"半壁压强型"国情带来的能源、环境问题之上，势必使资源压力、能源消耗、环境污染等问题的严重程度随之升级。人口密度、汽车空间密度、能源消耗空间密度，再加上"压缩饼干式"和粗放式外延型发展阶段中超常规的高峰期密度提升系数，势必引发高压力区和高压力阶段上叠加而成的矛盾凸显。

按照《2005 中国发展报告》[1]中采用的统计口径（单位：千克油当量／美元），1980 年、1990 年、2001 年的单位 GDP 能耗美国为 0.47、0.23、0.15，日本为 0.22、0.10、0.08，中国为 1.04、1.24、0.49。1980—1990 年，中国的经济处于起飞阶段，但增长方式多以资源—投资密集式增长为主，单位 GDP 能耗呈现攀升趋势，随着深化改革扩大开放、确立社会主义市场经济体制、转变增长方式等一系列重大变革，中国经济转轨中单位 GDP 能耗逐步降低，具体而言，2004—2013 年十年间，中国单位 GDP 能耗（单位：吨标准煤／亿元）依次为：1.335、1.276、1.196、1.055、0.928、0.900、0.809、0.736、0.696、0.695，呈现出明显的逐步下降的趋势（详见图 3-3），在很大程度上反映了我国经济随工业化、城镇化程度的加深而发生的结构上的转变。然而，我们又不得不认识到，虽然单位 GDP 能耗的绝对数值在不断降低，但是该数值与国际水平相比仍然很高。应清醒地认识到：进入新千年，中国已明显降低后的水平值，才刚刚达到美国 1980 年的水平值，且是美国同期水平的 3 倍有余，是日本同期水平的 6 倍有余。

此外，中国的钢材、水泥消耗总量均在全球前三位之中，且生产中单位 GDP 能耗均高于发达国家数倍之上（详见表 3-2）。目前我国电力、钢铁、有色、石化、建材、化工、轻工和纺织等 8 个行业主要产品单位能耗平均比国际先进水平高 40%；钢、水泥和纸板的单位产品综合能耗比国际先进水平分别高 21%、45%和 12%。[2]对于国土面积与美国相当、能源资源比美国匮乏的中国而言，30 多年黄金发展期在压缩型—密集式增长基础上叠加的多方压力与负面效应，主要集中作用于仅占国土面积 42.9%的东南部区域之上，并通过"外溢性"方式以空气污染等影响更大范围（如"雾霾"已频繁出现，动辄打击大半个中国及周边区域），落到可持续发展的层面势必形成极大压力，亟须正确认

---

[1]中华人民共和国国家统计局：《2005 中国发展报告》，中国统计出版社，2005 年。
[2]温桂芳、张群群：《能源资源性产品价格改革战略》，载《经济研究参考》，2014 年第 4 期。

识、寻求出路。

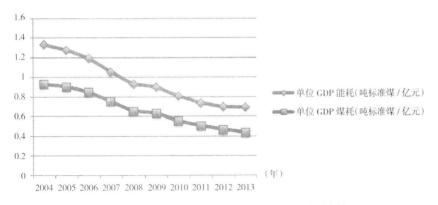

图 3-3　2004—2013 年中国单位 GDP 能耗和煤耗趋势图

数据来源：国家统计局官方网站（http://data.stats.gov.cn）

表 3-2　2004—2013 年中国能源消费和单位 GDP 能源消耗数据表

年份	国内生产总值（万亿元）	能源消费总量（万吨标准煤）	煤炭消费总量（万吨标准煤）	石油消费总量（万吨标准煤）	天然气消费总量（万吨标准煤）	水电、核电、风电消费总量（万吨标准煤）	单位 GDP 能耗（吨标准煤/亿元）	单位 GDP 煤耗（吨标准煤/亿元）
2004	159878.34	213455.99	148351.92	45466.13	5336.40	14301.55	1.335	0.928
2005	184937.37	235996.65	167085.88	46727.41	6135.92	16047.80	1.276	0.903
2006	216314.43	258676.30	183918.64	49924.47	7501.60	17331.29	1.196	0.850
2007	265810.31	280507.94	199441.19	52735.50	9256.76	19074.54	1.055	0.750
2008	314045.43	291448.29	204887.94	53334.98	10783.58	22441.50	0.928	0.652
2009	340902.81	306647.15	215879.49	54889.81	11959.23	23918.47	0.900	0.633
2010	401512.80	324939.15	220958.62	61738.41	14297.32	27944.75	0.809	0.550
2011	473104.05	348001.66	238033.37	64728.37	17400.10	27840.16	0.736	0.503
2012	519470.10	361732.00	240913.51	68005.62	18810.06	34002.81	0.696	0.464
2013	568845.21	375000.00	247500.00	69000.00	21750.00	36750.00	0.695	0.435

数据来源：国家统计局官方网站（http://data.stats.gov.cn）

（三）中国基础能源"以煤为主"形成的第三层叠加因素

中国基础能源种类主要包括：煤炭、焦炭、原油、汽油、柴油、煤油、燃料油、液化石油气、天然气、电力等。然而，从多方数据分析中不难发现，尽管种类繁多，但是中国基础能源仍然突出地呈现出"以煤为主"的特征，这也成为中国"半壁压强型"发展制约中不利于环保的第三层叠加因素。

从可得数据看，中国基础能源突出地呈现"以煤为主"的特征，主要可从以下几个方面描述。

1. 总量：所占比重最大

从表 3-2 数据可知，2004—2013 年十年间，中国单位 GDP 煤耗虽有明显降低，但同期煤炭消费总量上升了 66.83%，煤炭消费总量占能源消费总量之比仅从 0.695：1 轻微下降为 0.66：1，仍有 2/3 的分量。其占能耗的比重仍为最大，凸显能耗结构中"以煤为主"的特征不变。从相对值来看，如图 3-4 所示，始终居于突出的主力地位；从发展趋势来看，如图 3-5 所示，煤炭消费总量近十年来不断攀升，且从变化态势看来，未来一段时间仍有攀升的趋势，石油、天然气消费总量近十年来虽也呈现逐步增长趋势，但增长幅度远不如煤炭消费总量大。在中国近年原油、天然气进口依存度已明显攀升至近 60% 的情况下，客观地讲已是"贫油国"状态，未来很长一段时间还看不到改变煤炭主力地位的相关可能性。

2. 进口：攀升速率最快

基于表 3-3、图 3-6，2004—2012 年中国主要能源品种进口数据：从绝对值来看，煤炭进口量增长幅度非常大，2004 年还低于燃料油进口量，2005 年即攀升至与燃料油进口量相当的水平；从 2006 年开始，煤炭进口量仅次于原油进口量，攀升至中国进口能源的第二位，并且于 2011 年前后呈现赶超原油进口量的趋势；2012 年，原油进口量为 27103 万吨，而煤炭进口量则为 28841 万吨，已超过原油成为中国进口的第一大能源；从相对值来看，2012 年煤炭进口量为 28841 万吨，约为 2004 年煤炭进口量 1861 万吨的 15.5 倍，远超同期其他能源进口的增长速率（具体数据：2012 年原油进口量约为 2004 年的 2.2 倍，柴油进口量约为 2004 年的 2.3 倍，其他石油制品进口量约为 2004 年的 4.0 倍，燃料油、煤油、液化石油进口量为负增长），成为在种种制约因素和利益对比制约之下，进口数量攀升速率最快的能源。

3. 结构：产业中工业煤炭消费占比最高，工业中以发电消费为首

基于相关数据，我们可以得知。

第一，工业煤炭消费总量在煤炭消费总量中占比最高。如表 3-4 所示，就 2004—2012 年中国煤炭消费总量的产业结构看，工业煤炭消费占比最高，

历年来所占比重都在 90% 以上，并且呈现逐年攀升的趋势，2011 年和 2012 年，这一比重甚至已经超过 95%。

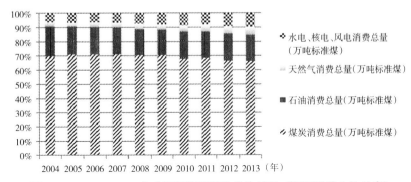

图 3-4　2004—2013 年中国能源消费结构柱状图（煤炭消费占比最高）

数据来源：国家统计局官方网站（http://data.stats.gov.cn）

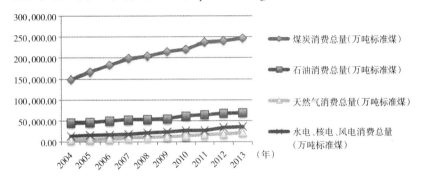

图 3-5　2004—2013 年中国能源消费分类别趋势图（煤炭消费仍在攀升）

数据来源：国家统计局官方网站（http://data.stats.gov.cn）

表 3-3　2004—2012 年中国能源分种类进口数据表

指标	2004 年	2005 年	2006 年	2007 年	2008 年	2009 年	2010 年	2011 年	2012 年
煤进口量(万吨)	1861	2617	3811	5102	4034	12584	16310	22220	28841
原油进口量(万吨)	12272	12682	14517	16316	17888	20365	23768	25378	27103
燃料油进口量(万吨)	3059	2609	2799	2417	2186	2407	2299	2684	2683
柴油进口量(万吨)	275	53	71	162	624	184	180	233	621
煤油进口量(万吨)	282	328	561	524	648	612	487	618	91
液化石油气进口量(万吨)	641	617	536	405	259	408	327	350	359
其他石油制品进口量(万吨)	384	443	443	689	666	1153	1731	1648	1548
汽油进口量(万吨)	/	/	6	23	199	4	133	3	/
天然气进口量(亿立方米)	/	/	10	40	46	76	165	312	421
电力进口量(亿千瓦小时)	34	50	54	43	38	60	56	66	69
焦炭进口量(万吨)	1	1	/	/	/	16	11	12	8

数据来源：国家统计局官方网站（http://data.stats.gov.cn）

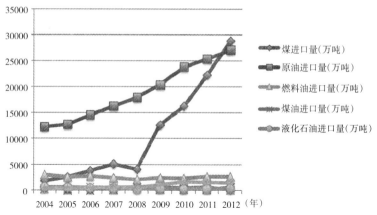

图 3-6　2004—2012 年中国主要进口能源趋势图

源数据来源：国家统计局官方网站（http://data.stats.gov.cn）

表 3-4　2004—2012 年中国煤炭消费总量产业结构

项目	2004 年	2005 年	2006 年	2007 年	2008 年	2009 年	2010 年	2011 年	2012 年
煤炭消费总量(万吨)	207 561.29	231 851.07	255 065.45	272 745.88	281 095.92	295 833.08	312 236.50	342 950.24	352 647.07
工业煤炭消费总量（万吨）	191 864.98	215 493.30	238 510.23	256 202.76	265 574.20	279 888.52	296 031.63	326 229.97	335 714.65
工业煤炭消费占比（%）	92.4	92.9	93.5	93.9	94.5	94.6	94.8	95.1	95.2

数据来源：国家统计局官方网站（http://data.stats.gov.cn）

第二，工业煤炭中间消费中，发电中间消费煤所占比重最高。从绝对数值来看，如表 3-5 所示，在工业煤炭中间消费中，占据消费用途前三位的依次为：发电中间消费煤、炼焦中间消费煤和供热中间消费煤。从相对数值来看，如图 3-7 所示，前三种用途占工业煤炭中间消费的比重接近 100%，且发电中间消费煤占比最高，一直保持在 70% 左右的水平。从趋势来看，如图 3-8 所示，供热中间消费煤水平基本稳定、稳中有升，炼焦中间消费煤增长趋势较为明显，发电中间消费煤曲线陡峭、增长幅度很大，且未来一段时期仍将呈现攀升趋势。

表 3-5　2004—2012 年煤炭中间消费结构

单位：吨煤

年份	发电	供热	炼焦	炼油及煤制油	制气
2004	91 961.60	11 546.60	26 149.60	/	1 316.40
2005	103 263.50	13 542.00	33 167.10	/	1 277.00
2006	118 763.90	14 561.40	37 450.10	/	1 257.10
2007	130 548.80	15 394.20	39 659.00	/	1 491.80
2008	135 351.70	15 029.20	41 461.70	/	1 227.20
2009	143 967.30	15 359.70	43 691.70	/	1 150.70
2010	154 542.50	15 253.10	47 150.40	213.4	1 040.10
2011	175 578.50	16 834.20	52 959.90	345.7	870.5
2012	178 531.00	20 251.20	54 068.40	/	798.6

数据来源：国家统计局官方网站（http://data.stats.gov.cn）

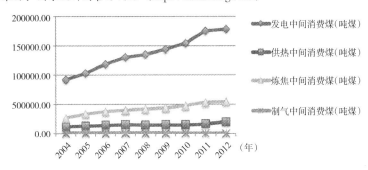

图 3-7　2004—2012 年煤炭中间消费结构比例图

数据来源：国家统计局官方网站（http://data.stats.gov.cn）

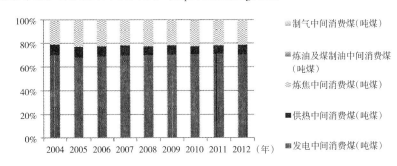

图 3-8　2004—2012 年煤炭中间消费趋势图

数据来源：国家统计局官方网站（http://data.stats.gov.cn）

　　第三，炼焦中间消费煤作为煤炭消耗的第二高，其最终是将煤炭能源转化成焦炭能源，而焦炭能源实际上百分之百是煤炭能源的间接利用。从我国焦炭能源使用的产业结构来看，主要是用于制造业焦炭消费和黑色金属冶炼及延压加工业焦炭消费。

4.能源在生活消费中占比"超高"，是绝对主力

基于表3-6，2004—2012年中国人均主要能源生活消费数据，与电力、液化石油气等常用能源相比，煤炭消费量明显超出，占绝对主力地位。值得注意的是，生活煤炭主要是指生活中直接所用的煤制品（如：烟煤、无烟煤等等），而不包括生活中所用热力能源和电力能源中间接涉及的煤炭消费，若将此部分还原至包括直接和间接的生活煤炭消费总量当中，占比更会大得多。

表3-6 2004—2012年中国人均主要能源生活消费量数据表

单位：千克标准煤

指　　标	2004年	2005年	2006年	2007年	2008年	2009年	2010年	2011年	2012年
人均能源生活消费量	175.7	194.1	211.8	233.8	240.8	254.2	258.3	278.3	293.8
人均煤炭生活消费量	75.4	77.0	76.6	74.1	69.1	68.5	68.5	68.5	67.8
人均电力生活消费量	22.6	27.2	31.4	37.9	40.8	45.0	47.1	51.4	56.6
人均液化石油气生活消费量	17.8	17.4	19.0	21.2	18.8	19.2	18.3	20.5	20.7

数据来源：国家统计局官方网站（http://data.stats.gov.cn）；换算标准参照国家发改委《各种能源折标准煤参考系数表》

因为从表3-7看，2004—2012年间，我国全部电力生产中，火电生产量占比为83.0%—78.1%的区间；按照80%左右的比例，将电力生活消费量折合成煤炭消费量，将使煤炭在生活消费中的"超高"占比更加突出（2012年的数值将为67.8+56.6×0.8=113.08千克标准煤）。

表3-7 2004—2012年中国电力生产数据表

单位：亿千瓦小时

生产量	2004年	2005年	2006年	2007年	2008年	2009年	2010年	2011年	2012年
电力生产量	22 33.10	25 002.60	28 657.30	32 815.50	34 668.80	37 146.50	42 071.60	47 130.20	49 875.50
水电生产量	3 535.40	3 970.20	4 357.90	4 852.60	5 851.90	6 156.40	7 221.70	6 989.50	8 721.10
火电生产量	17 955.90	20 473.40	23 696.00	27 229.30	27 900.80	29 827.80	33 319.30	38 337.00	38 928.10
核电生产量	504.7	530.9	548.4	621.3	683.9	701.3	738.8	863.5	973.9
风电生产量	/	/	/	/	/	/	446.2	703.3	959.8

数据来源：国家统计局官方网站（http://data.stats.gov.cn）

总之，中国基本国情下，本土资源储量、可用量决定的"资源禀赋结构"中最主要的能源产品是煤，以及"从煤到电"的具有"经济命脉"性质的能源供应链。对此格局，若企图改变，如再提高原油进口比例，已基本上无可操作空间；大力发展本土非煤的可再生能源，属"远水不解近渴"之安排，见效要经过较长期渐进过程；以新一轮价税财联动改革改变"煤炭成本偏低"比价关系和价格形成机制，将会有助于使改变"以煤为主"的进程得到一定加快，但总体而言，在可预见的一个相当长的时间段内，中国的基础能源供应"以煤为主"，仍将是难以改变的基本现实，而众所周知，煤的开发、使用全过程对于环境、生态和社会的压力是显然大于、高于原油和天然气等品类的，更不用说风电、太阳能电等可再生能源。且不提煤炭采掘中的安全事故问题，仅从采掘后的地层塌陷、环境修复问题，运煤过程的洒漏与相关粉尘问题，特别是烧煤（包括火电、炼焦等）废气排放所带来的大气污染、雾霾肆虐问题，都尤为棘手。这一特点，在前已分析的"半壁压强型"格局、"压缩式—密集式"发展阶段的两重叠加之上，又客观地叠加了第三重环境压力，共同构成了我国能源、环境问题的特殊严峻性。

三、与"供给管理"的天然联系及政策建议

（一）优化中国能源、环境战略必须把握的特殊针对性

如前所述，"半壁压强型"发展制约及其上的多层压力叠加，是指来源于"胡焕庸线"的现实存在对中国发展环境制约的第一层加压，加之特定发展阶段上"压缩型—密集式"粗放模式形成环境压力的第二层叠加，再加之"以煤为主"的环境压力形成的第三层叠加。在这"三重叠加"之重压下，如何有针对性地优化中国能源、环境战略，应对挑战消解压力，可谓意义重大。非常之局，当需非常之策，且势在必行、时不我待。考虑到中国极特殊地面临这种发展制约，在优化能源、环境战略中，应特别注意规避"发展悖论"与"发展陷阱"，基于对中国特殊现状的正确认识和相关事项的全面、深入分析，提出具有针对性的、可以切实践行的能源、环境战略。

比如，关于中国"以煤为主"的能源结构我们已经在上文中做了说明：对环境压力尤其大的煤，在能源消费总量中所占比重最大，在进口能源中攀升速

率最快，在生活能源消费量中所占比重"超高"。据美国能源署数据显示，中国煤炭 2011 年消耗总量为 34.5 亿吨，是美国的 4 倍有余，占世界煤炭消耗总量的一多半，这些都是经济发展中的现实。因此，相关问题也接踵而至：为何摆脱不了以煤为主？回应这一问题的过程正是揭示优化中国能源、环境战略中所需要把握的特殊针对性的过程。鉴于中国煤炭消费有 90% 以上集中在工业，而工业煤炭消费则主要分布于发电、炼焦和供暖。其中，由于炼焦只能用煤，所以不仅是"以煤为主"，而且是百分之百地以煤为原料，可以说是煤炭能源通过炼焦这一环节而转换为其他能源名称。所以在这里我们只需从发电和供暖两大角度、针对能源使用结构来讨论为何无法摆脱煤炭作为最主力能源的现状。

1. 发电方面为何摆脱不了以煤为主局面

从发电耗能的结构上来看（详见表 3-7 和图 3-9），中国目前水力发电在全部发电产能中占比已远不足 20%，核电占比低于 3%，并且随着前一段时间国家已经明确不在沿海之外的地方布局建设核电站的政策规定，核电的比重可能还将下降，与此同时，可再生的风能、太阳能等清洁能源虽然已经在努力开发，风能发电在近三年投入使用以来，其增长率也十分可观，但毕竟基数很低，从总体能源供应上来看都难挑大梁。太阳能发电方面，局面更是几近荒唐：各地迅猛发展的光伏产业在消耗资源、造成一定污染、终于生产出可以产生清洁能源的光伏电池产品之后，若干年间 98% 以上只能走出口渠道[1]，卖给环境比我们更清洁的外国人——直接原因是按照我国电力部门的体制机制，光伏电池无法入网（其实并不存在技术攻关方面的"硬障碍"问题，而是直接涉及配套改革里面"啃硬骨头"触及既得利益的体制问题）。

总之，未来可预见的一个时期，我国水电、核电比重可能会继续下降，太阳能电、风电难挑大梁的局面亦无法出现根本改变，电力供应的重担大部分还是要落到煤炭支撑的火力发电上。

---

[1] "由于中国光伏产业链末端光伏发电市场尚未启动，98% 的国产光伏组件出口国外。"载《小议我国光伏产业链的薄弱环节》，http://www.windchn.com/solar/wfview000401683.html。"太阳能电池 98% 出口国外，相当于间接大量出口能源。"载《六行业产能过剩发改委将进行重点调控》，http://news.10jqka.com.cn/content/614/810/077/61481077.shtml。

2. 取暖方面为何摆脱不了以煤为主局面

取暖方面摆脱不了煤炭为主，源于中国现阶段的取暖模式和替代能源两个方面。

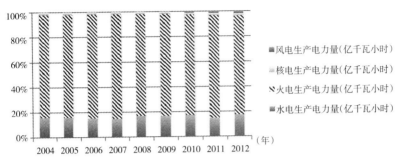

图 3-9　2004—2012 年中国电力生产耗能结构

数据来源：国家统计局官方网站（http://data.stats.gov.cn）

第一，取暖模式：北方城市以集中供暖为主，能源消耗的主要方式是"强制消费"煤炭能源；北方农村、南方城乡均以家庭自供暖方式为主，主要依靠煤、木炭和电力，其中电力主要还是间接依赖煤炭能源。虽然南方已有依靠天然气供暖的情况，但面临着价格昂贵而消费不起难以推广的局面。

第二，替代能源的困窘：以"生物柴油"为例。美国供暖采用的生物柴油（Biodiesel）是由动植物油脂（脂肪酸甘油三酯）与醇（甲醇或乙醇）经酯交换反应得到的脂肪酸单烷基酯。然而，这种十分清洁的能源尽管在法律、政策等层面已开始得到有力保障，但目前在我国推行仍存在着突出的矛盾与困难：首先，原材料很难满足需求。生物柴油的生产技术含量并不算高，[1]我国早已能自主生产，原材料一般以地沟油、餐饮垃圾油、油料作物（大豆、油菜籽等）为主，但这样的原料在生物柴油的实际产业链供应中经常断裂，主要原因有三：一是我国目前对废弃的食用油尚无统一回收政策，供给方面经常产生恶意囤积地沟油等原材料的现象；二是养猪等行业对地沟油和餐饮垃圾油的需求

---

[1]例如，"中国科学院兰州化学物理研究所的科研人员利用废弃食用油制备生物柴油的技术获得国家发明专利……该技术主要采用废餐饮食用油为原料，复合催化剂一步反应，反应温度降低到 60 摄氏度，工艺过程简单，反应周期短，反应温度低，能耗低，且生物柴油收率高达 92%。利用该项技术制备的生物柴油可直接替代柴油，也可与柴油按一定比例添加使用，具有优良的环保性能和可再生性。"（白浩然：《废弃食用油制备生物柴油新展望》，载《科学时报》，2010 年 10 月 18 日，B4 企业·合作。）

竞争；三是地沟油经非法渠道转为食用油出售比卖给生物柴油生产厂家利润更高。除原材料很难满足要求以外，还有经济可行性问题：生物柴油这种具有很高正外部性的能源产品，无论使用物理法还是化学法都面临生产成本过高的问题，若无补贴地在市场中推行，基本没有价格优势。

总之，以上分析都是为了充分论证：在中国，"半壁压强型"格局加上压缩式一密集式发展阶段，再加上以煤炭为主的能源结构对发展形成了"三重叠加"的能源—环境制约，同时，与之相随的各项排放（废气、废水、废物等）所造成的环境压力，也集中于"胡焕庸线"东南部，即"半壁压强型"发展制约正在持续不断地引发"半壁压强型"排放问题。当我们认识雾霾（大气污染）、蓝藻事件（水污染）等现象时，需要抓住这个真实背景，再做出通盘分析、深入探究，才能引出正确对策。

（二）与"供给管理"的天然联系和特定要求

在对"半壁压强型"之上的三重叠加发展制约形成清醒认识的基础上，优化中国能源、环境战略策略所必须把握的特殊针对性，及其对于"供给管理"的天然联系和特定要求，也就呼之欲出。中国经济学人在世界金融危机冲击之后的学术理论反思之中，已涌现了侧重供给侧研究的研究群体和一批聚焦"供给管理"的成果，[1]亦对于我们下面的分析认识提供了很有价值的铺垫和启示。

前述的"三重叠加"都关联特定国情之上的结构问题。在这类结构问题必然紧密关联供给问题的基础上，中国目前还存在着缺乏能源开发顶层规划、由于投资总量过度和结构不良导致的产能过剩及很大程度上由于粗放、低效造成的能源浪费，以及缓解这些问题迫切需要的制度供给明显不足等问题。

1. "问题导向"引出的供给侧挑战

突出问题一：能源开发利用缺乏顶层设计通盘规划。

以"电"为例。全国范围内社会生产生活所需的电力资源涉及火电、水电、核风、风电、太阳能电等。前已述及，可预见的将来，中国还不得不以烧煤发出的火电为最主要的电力能源供给方式。相关的战略层面的顶层规划需要

①贾康：《新供给：经济学理论的中国创新》，中国经济出版社，2013年。

包括：①火电与水电、核电、风电、太阳能电等在中长期如何协调配合地发展；②各类电力供给特定领域内的行业发展如何规划；③作为主力的火电发展中的重大关系如何处理：怎样考虑坑口电厂、非坑口电厂的布局和运煤路网、输电网的布局？因为我国铁路运输中一般情况下约有50%的运力是在运煤，国家统计局发布的2012年国家铁路主要货物运输结构数据（数据来源详见国家统计局官方网站〔http://data.stats.gov.cn〕）显示，国家铁路全年主要货物运输量为322345.58万吨，而其中煤货运量就达到168515.29万吨，占比达到52.3%，运送的煤大部分是运去发电——在发电高峰季节，运力中用于运煤的占比可升高至70%。未来如多建坑口电厂，会减少铁路运输方面的压力，节省一部分相关的投资，但会增加输电网络的投资需要。到底如何筹划布局，涉及大量复杂的专门研究和全局视野下的高水平综合规划设计。

上述这些结构处理问题的有效解决方案，是地方政府和企业集团以"试错法"提供不出来的，只能依靠中央政府组织高水平的专家群体来协力提供。在未能形成通盘解决方案之前，如何以财政资金支持相关的开发建设，也是无法形成扎实可靠的决策依据的，因为我们无法看出某个电力产能建设项目或电力供应配套项目，作为"棋子"在棋盘全局中的地位、作用及其与其他棋子的相互关系，也就无法合理掌握先后顺序、轻重缓急、资金投入力度，等等。在缺乏顶层设计通盘规划的情况下，未来发展中我国能源结构性的矛盾问题势必更加严峻。

突出问题二：产能过剩造成能源浪费后面的体制性原因。

产能过剩的实质是投资过度，我国产能过剩在相当大程度上是政府以投资拉动经济增长中过度干预市场和经济运行的必然产物，主要属于"体制性产能过剩"，即我国现阶段产能过剩主要是由于政府在GDP、税收、就业等导向下，通过运用手中的经济权力和政治权力，强力干预市场、大幅度拉低各项要素价格，对企业投资、生产经营活动产生强烈的不当刺激所致。投资过度结构不良造成的产能过剩，势必造成能源的浪费，为本就严峻的能源问题和环境问题雪上加霜。

突出问题三：雾霾等环境威胁愈演愈烈，治理所需的制度供给问题最值得

143

重视。

雾霾是以 PM2.5 为主要构成因素的大气污染状态，中国 2013 年遭受雾霾之苦的省市已达 30 个，京津冀地区尤其严重，年内仅有少数时间不是雾霾天气，"民怨沸腾"而管理部门高度焦虑，实已形成了环境危机局面。尽管目前对雾霾的成因尚无清晰细致的分析，但与工业化、城镇化推进中能源消耗的"煤炭依赖"以及汽车尾气排放，显然存在直接关联。可以洛杉矶雾霾和伦敦雾霾为鉴：美国洛杉矶于 1943 年第一次遭受雾霾的袭击，并于接下来的 50 年持续处于一边忍受雾霾、一边坚持治理的状态中，据当时加州理工学院的荷兰科学家分析空气成分得到的结论，洛杉矶雾霾的罪魁祸首是汽车尾气中的二氧化氮和碳氢化合物。英国伦敦于 1952 年开始连续数日遭受大雾侵害，治理雾霾的工作也与洛杉矶类似，持续了几十年之久，而伦敦雾霾的罪魁祸首主要源自燃煤采暖及以煤为主的火力发电站中煤炭燃烧产生的二氧化硫、二氧化碳、一氧化碳及烟（粉）尘等污染物。据中国国家统计局数据显示，2012 年中国废气中主要污染物排放构成为：二氧化硫排放量约为 2118 万吨，氮氧化物排放量约为 2338 万吨，烟（粉）尘排放量约为 1236 万吨。若把洛杉矶雾霾的成因和伦敦雾霾的成因对照到中国现状来看，雾霾不时笼罩中国也就并不奇怪了。

作为一个后发经济体，中国本来有借鉴他国经验、避免重走"先污染，后治理"老路的可能，但为什么却未能如愿，反而表现得甚至"有过之而无不及"？防治环境危机不力，后面的制度供给问题最值得重视。在国情、阶段特征等基本不可选择因素之外，可塑性高的制度机制因素方面现存的重大缺陷，对雾霾等环境问题的恶化难辞其咎，即我国目前环境问题的重大原因来自于机制性的资源粗放低效耗用问题，涉及煤、电、油，污染空气、水、环境，形成不良传导链条。比如：在我国一般商品比价关系和价格形成机制基本实现市场化之后，国民经济中基础能源这一命脉层面"从煤到电"（又会传导到千千万万产品）的产业链上，却存在着严重的比价关系和价格形成机制的扭曲、非市场化状态和由此引出的"无处不打点"的乌烟瘴气的紊乱局面，并且以表面上的"煤价、电价低廉"助长着粗放式、挥霍式、与节能降耗背道而驰的增长状态和消费习惯，在现实的比价关系和利益相关性的感受之下，社会中的主体几乎谁也没真正把节电、节水当回事！而在我国，节电、节水，实际就是节煤，就是抑制、减少雾霾。

我国现实生活中，存在两大悖反现象：一方面，官方反复强调科学发展、包容性可持续增长，但实际进展是在部门利益、垄断利益的阻碍下步履维艰，为此必须做的与煤、电相关而形成经济手段为主节能降耗长效机制的改革，一拖再拖；另一方面，公众对环境恶化、雾霾打击等的感受，日益趋向"民怨沸腾"，但一说到资源税、环境税等改革，却又会由其"加税"特征引发一片反对声浪，甚至有人会跳着脚骂娘，很不认同这种会牵动利益关系的经济调节方式；上述这种政府、民众两大方面的悖论和荒谬状态，导致"科学发展""生态文明"迟迟难以落地。我们必须依靠着眼全局、前瞻长远、逻辑清晰、设想周全的改革设计，与以更大决心、勇气、魄力和智慧构成的改革行动来破解悖反，把中国来之不易的现代化发展势头和仍然可能在相当长时期内释放的较高速发展和"升级版"发展的潜力，真正释放出来。

实话实说，节能降耗方面以政府行政手段为主的选择式"关停并转"操作空间有限，仅适合为数不多的大型企业；以法规划定"准入"技术标准的"正面清单"方式，逻辑上说可面对中小企业，但如果以此为主导操作，一定会产生为数众多、防不胜防的"人情因素"和设租寻租，发生事与愿违的种种扭曲和不公，效果亦不具备合意性。面对国内业已高达 6000 万户以上的海量市场主体，真正可靠、效应无偏的转型升级出路和可充当主力的调控长效机制，是通过改革，以经济杠杆手段为主，让本应决定性配置资源的市场力量充分发挥公平竞争中的优胜劣汰作用，"内生地"、全面地、可持续地依托社会主体的利益考量自觉践行"节能降耗"，把真正低效、落后、过剩的产能挤出去，进而引发出一个绿色、低碳、可持续的经济社会发展"升级版"。

2. 对"供给管理"的特定要求：与特定针对性相合

适应国情、优化结构、协调规划、制度建设等问题，都是有别于"需求管理"的"供给管理"问题。在世界金融危机发生前后，中国不论是存在较明显的流动性过剩和通胀压力、还是在其演变为流动性不足和通缩压力的情况下，针对某些领域的有效供给不足、投入滞后的结构性供需失衡，都十分需要运用政府理性的供给管理作用来强化经济社会的薄弱方面和"短线"领域。节能降耗、生态保护、自主创新等，恰是无法通过需求端总量调节来达成目标的，亟须运用结构性对策通过"供给管理"加大某些要素投入的力度和促进相关机制创新改进，来加强经济社会中的薄弱环节，以改进总供需的平衡状态和提升经济发展的可持续性。优化中国能源、环境战略对"供给管理"的特定要求，至少可从以下几方面来认识。

（1）资源开发和能源结构优化需要中央政府通盘规划中的顶层设计供给

比如，在全面考虑中国资源约束与进出口调节可能性等因素的前提下，对于全国电力中长期供给整体结构中有多少火电、水电、核电和风电、太阳能电等，迫切需要通过高水平的电力供应顶层规划通盘考虑、动态优化。这种顶层规划需要依靠中央政府合理有效的"供给管理"来实现，因为它注定无法依靠眼界相对狭窄的地方政府和分散的企业与企业集团在各自的自主、自发行为层面，通过"试错法"来形成一个具有长期合理性的格局，必须由中央政府牵头来形成优化布局，这正是中国政府体系转变职能中的重大问题，也是正确处理政府和市场关系核心问题的一个组成部分。这种顶层规划客观上需要多方面、多层次的战略一齐配合，发挥矩阵型功效。例如电力行业的顶层规划，需要由整体能源战略的顶层规划来覆盖，在对火电、水电、核电和可再生能源的通盘考虑中，还应当特别注重火电与煤炭行业、环保行业发展规划的协调衔接，以及与交通运输网建设、输变电网建设良性互动的设计等。

（2）消除产能过剩需要政府"深化改革"的相关制度供给

为求尽快解决我国产能过剩导致的资源、能源低效配置和浪费问题，关键在于真正让市场在总体资源配置中起决定性作用，着力通过深化改革和全面配套改革形成的"制度供给"，消除政府不当干预生产要素价格而形成种种扭曲的体制土壤，推动政府以维护公平竞争和市场"优胜劣汰"机制为其基本定位，恢复正确的价格信号，通过比价关系和价格形成机制的市场化及其"优胜劣汰"功能，消除体制性产能过剩。

（3）解决雾霾危机，倒逼供电供暖"能源清洁化"与重化工业、汽车产业等的技术供给和相关制度供给，实现创新升级为缓解雾霾压力，对煤而言，除已提及的尽量控制和减少煤炭在全部能源组合中的比重即控制、降低煤炭依赖度之外，显然还必须大力促进煤炭使用、消耗中的清洁化，以供给管理手段激励煤炭能源绿色化技术的开发与利用，以及进一步开发"生物柴油"等清洁能源。鉴于中国很长时期内无法改变"以煤为主"的能源结构格局，更应特别注重煤转电能、零碳排放技术（碳捕获技术）和清洁煤技术等为主的煤炭能源绿色化。重化工行业的节能降耗减排治污，显然也是治理雾霾的一大重点，相关的技术创新迫切需要得到制度机制创新的支撑来释放潜力与活力。以煤炭资源税"从量变从价"切入的改革及其带来的新一轮价税财联动配套改革，对此将有莫大的意义，会通过在全产业链传导的比价关系和价格形成机制调整优化，促使千千万万分散的企业出自利益动机"内生地"千方百计节能降耗和努力开发有利于节能降耗的工艺、技术与产品。另外，大力加强新能源汽车和电动汽车的研发也势在必行，雾霾问题的严峻性正在倒逼汽车行业技术升级和机制变革。中国政府早已向电动汽车的购买者提供每辆车 3.5 万元到 6 万元之间的补贴，但囿于充电条件等原因，国内在使用电动车方面的进展不大。近来随着进口电动汽车高调进入中国汽车市场的冲击，亟须我们正视和借鉴这方面以美国为代表的国际经验。美国电动汽车特斯拉集团创立于 2003 年，短短几年时间已发展为国际电动汽车的领跑者之一。回顾特斯拉的诞生，可发现三个关键要素：一是特斯拉之父马斯克和艾伯哈德对其研发的战略谋划的巨大魄力，二是两大投资人的慧眼识英，三是政府在特定阶段上的大手笔政策性融资支持。[①]分析特斯拉的特色经营：一是将产品本身定位为高端电动跑车，锁定全球市场空白；二是将英国莲花汽车作为科研技术转化为生产力的桥梁，迅速推向市场；三是营销方面采用饥饿营销、限量供应及顶级名人效应；四是针对市场关注重点明确给出未来预期：如在中国将考虑首先于京沪线配建充电系统。特斯拉的创立和发展模式无疑为正在大力推行

---

① "2009 年 3 月，特斯拉的家庭用车 Model S 原型完成。力推新能源战略的朱棣文和奥巴马参观了特斯拉工厂，马斯克拿到了能源部 4.65 亿美元低息贷款用于 Model S 的量产。2010 年 7 月，特斯拉在纳斯达克上市。2013 年第一季度实现盈利，股票一度涨到 100 美元左右，先前无数质疑的声音都改口称赞它是未来。"（蒲实：《埃隆·马斯克：无限的创想与意志的胜利》，载《三联生活周刊》，2013 年第 39 期。）

创新之路的中国带来了许多启示：美国的政府和学界在金融危机之后虽然并未在理念上如何强调供给管理，但在实践中，美国人供给管理的作为却如此可圈可点！政府在延续硅谷"无为而治"式传统的同时，实质性地添加关键点上政策性大规模优惠贷款的发力。中国在国内市场经济体制尚未建设到位、创新又尤其需要政府推动和引导的现状下，仅依靠需求端的总量调节显然很难在国际竞争中成功追赶，亟须从供给端发力，以理性的供给管理推动电动汽车等一系列环保产品、产业的创立与成长；在面对"特斯拉"们对全球市场的布局时，我国政府更需要以多种手段引领本土厂商"与狼共舞"，在开放式竞争中跟上第三次产业革命的大潮，在着力寻求合作共赢中，以机制创新的组合调动和发挥技术上"后发优势"的潜力、努力最终实现自主创新、集成创新和引进消化吸收再创新所合成的技术赶超，助力雾霾危机因素的控制和化解。

（三）供给端发力的路径探析及对策重点

基于"半壁压强型"基本国情之上、三重叠加等相关分析认识，以及优化能源通盘规划、消解产能过剩、创新体制机制供给等相关供给侧问题的勾画，引申出我们的论题对于"供给管理"的天然联系和特定要求。服务于中国能源、环境战略策略的"供给管理"，可考虑以"顶层规划—战略策略—政策倾斜"路径展开：一是尽快弥补能源开发利用缺乏高水平顶层规划而导致的横向结构战略空白，修正误区；二是在顶层规划指导下的战略和策略应充分注重协调性和可操作性，细化到切实解决纵向贯彻落实中操作层面的问题；三是以横向、纵向的供给要素到位为坐标系，有针对性的合理政策倾斜应切实跟进，起到矩阵型调节作用。其后，我们主要的具体对策建议是，政府管理当局应聚焦于环保绿色低碳取向的"现代国家治理"体系、经济调节手段为主实施节能降耗和升级换代、完善环境税收和政策性金融服务、破解过度垄断等着眼点，来优化供给管理。

1. 路径探析

（1）顶层规划

要克服多年来相因成习的弊端：在国内近年来各界已热议行政架构方面成立能源部或能源委的背景下，目前中国能源开发和使用领域却延续着计划经济色彩极其浓重、以多部门多头行政审批占据主导、管理体系权责不明、能源巨头各自为政、相关部门缺乏有效协调合理联动、监管实效乏善可陈的尴尬局面。更加深入地对这些问题进行考察，可得到如下认识：一是中国主管能源的行政管理部门脱开了"全景图"的局部、点对点调控，使管理范围极宽泛，从某规划到某项目和某项价格，从准入到行为，处处扣死，延续的计划经济强势手段，导致行政审批权大如山，绩效却差(例如："十五"初期行政规划不当导致其后全国持续 3 年缺电，基于此相关部门在一年里批出 2 亿多千瓦的巨额电力投资项目，并继续于"十一五"期间审批了 2 亿—3 亿千瓦的规模，至"十二五"才开始着手调整，供需对比大起大落，难现大致均衡状态)；二是能源不似其他许多产业部门出现决策失误慢慢回调的"痛苦度"较低，一旦能源决策出现较大失误，即使有相关主体勇于站出来认错，也需要很长的扭转和调整期，"阵痛"绝非一朝一夕，其造成的能源浪费和低效问题(包括匮乏中的"强制替代"——如企业遇停电改以小柴油机组发电等)更是不计其数——对于中国这样能源—环境约束严峻，又正处于工业化、城镇化加速转轨时期的经济体而言，正可谓能源无小事；三是在缺乏顶层设计和有效的通盘协调机制的同时，能源管理体系可谓错综复杂，石油、煤炭、天然气、电力、热力等，家家都以"老大"自居，各自为政，产业全链条上煤炭这样的主力能源，其开发、利用、消费事宜与多部门联系紧密，却往往于处理环节上权责不明、相互推诿、拖延无期、互不买账；四是显然，我国作为主力能源供给的火力发电方面的电厂电站规划、建设，与国土资源开发通盘规划和交通网、输变电网等发展战略规划，必须结合在一起，纳入顶层规划的完全体系，因为只有如此才能在体现全貌的"全景图"下真正处理好结构优化、节能降耗、升级换代和投入支持、行业监管、体系动态优化、持续运转等相关问题。

(2) 战略思维与策略要领

顶层规划下还必将涉及一系列战略权衡和策略选择。战略谋划层面有所确定后，策略考虑也带有"细节决定成败"的意义和影响力。以电力系统为例，在对电力产业格局相对清晰的顶层规划之后，接下来就涉及全套战略部署的确定，比如在火电、水电、核电、风电、太阳能电的通盘部署有了全景图的情况下，如何以火电产业升级换代、提高煤炭清洁化使用水平和能源使用效率等为重心，制定出水平合格的战略设计和相关的要领，包括如何加大可再生能源的利用空间，尽快推动太阳能电在财政补贴支持下竞价入网，如何推行煤炭的清洁化使用技术，等等。战略选择还联系到一系列更为具体的策略性、技术性考虑，例如火电中坑口电站的建设(所谓坑口电站，是指在煤的原产地建设的大型电站，优势是煤一采出就可就地发电，节省煤炭的运送成本，煤产电后可直接输出，但会相应提出对输变电网建设的新要求)，必须根据坑口电站建设所受到的自然条件和配套设施建设等条件约束，进行细致比较选择后布局，比如选择在某一主力煤矿坑口的哪个具体位置上建设主力电厂。就目前我国铁路运力至少 50%用于运煤的现状来看，更多兴建坑口电站节省的是铁路运输能力投资，同时也能够节省一些与之相关的附带投资，但与此同时，又需要增加输电网建设投资，权衡比较之中，地理、气候等条件和技术因素考量也要充分地综合在一起。类似的并非简单替代关系的考量和协调，在从战略抉择到策略选取的流程中绝不在少数，这也是从顶层规划的战略通盘布局向带有战略、策略意义的具体项目上面的落实与必不可少的协调。

（3）政策倾斜

在顶层设计、战略抉择以及随之而来的策略考量之后，势必还要求在整个矩阵型体系中配之以公共政策有针对性的倾斜支持。政策调节一旦带有"区别对待""支持重点"的特征，则与"供给管理"的天然联系便必会凸显，服务于战略权衡、落实策略选择的相关政策，将无可回避地呈现出选择式、倾斜式、区别对待式的相应特征。当然，这也是对决策主体、政策当局的考验。

2. 对策重点

在面对未来的新起点上，为把中国今后超常规发展的路径走好而一直联通至"中国梦"愿景，就要充分重视从供给端最大限度地化解矛盾、调动潜力和激发创新活力，并避免出现不能承受的风险和较大失误。非常之局须有非常之策，与其他经济体相比，中国一定要有更强有力的能源战略、环境治理与生态保护方面的政府作为，但其中应该抓住不放的是经济手段为主的机制建设，使市场决定性资源配置作用得到发挥的同时，可以更好发挥政府作用，兴利除弊。

在具体对策建议上，我们提出如下五个方面。

（1）高度注重聚焦于环保绿色低碳取向下的"现代国家治理"体系和能力的提升

党的十八届三中全会《中共中央关于全面深化改革若干重大问题的决定》中"国家治理体系和治理能力现代化"的表述，高度概括了"五位一体"全面改革新时期的治国理念，其中以现代化为取向承前启后的所谓"治理"，实质上指的是一套多主体互动中最大包容性的制度安排与机制联结，其中有管理也有自管理、有调节也有自调节、有组织也有自组织，关键内容是以制度建设释放红利支持邓小平提出的"三步走"现代化战略目标的最终实现。基于这一认识，环保绿色低碳取向，必须有针对性地作为"攻坚克难"的重点之一，贯彻于整个治理体系和治理能力现代化提升的若干年阶段性进程中，在高水平顶层设计通盘规划下，在正确合理把握战略思维和策略要领下，形成以环保绿色低碳为取向的转轨升级与现代市场体系、现代财政制度的内在联系和良性互动，包括积极运用财政分配及其政策在供给端不可替代的特殊调节作用，促成具有科学性、合理性和聚焦于环保绿色低碳取向的"现代国家治理"体系建设"换挡升级"。

（2）以经济手段为主推动节能降耗和产业升级换代

面对如前所述极为严峻的能源—环境约束与雾霾式紧迫挑战问题，中国亟须十分有效地节能降耗，淘汰落后过剩产能，实现经济社会发展中从产业到消费的升级换代。欲达此目的，非常有必要清醒认识行政手段在市场经济环境下相关作用的有限性，以及法律手段的"慢变量"特点和"基础框架"属性，实践中必须更多地考虑以经济手段为主。我国能源、环境方面的计划与行政审批早已司空见惯，"关停并转"之声多年间不绝于耳，但政府在缺乏合格的顶层设计通盘规划的情况下，通过行政审批做出的碎片化决定，效果远远不如人意，关停并转仅能适用于少数企业，面对现在全国总量已逾6000万户的海量市场主体，政府并没有本事正确地去逐一甄别哪些企业是过剩、落后产能的代表而应被关停并转排斥出局；法律的作用主要在于维护、保障企业公平竞争的规则与环境，原则性地规范必要的准入限制，但以法律形式和名义规定的准入量化标准，一旦面对千千万万分散的对象，由政府权力环节铺开去做，便会产生大量的设租寻租扭曲现象，不仅低效率，而且腐败行径会防不胜防，实际结果无法保证基本的公正性和有效性。简言之，一系列客观因素决定了行政手段为主无法保证科学合理，仅强调法律规定的准入仍难以避免扭曲而无法如愿产生实效。节能降耗上，政府能够明确给予的往往是方向性的东西，至于市场中千千万万家微观企业到底形成怎样的结构、采取怎样的技术路线才能真正节能降耗和具有可持续性，只能在通过市场机制发挥作用并实现优胜劣汰的过程中才能知晓。把经济手段落实到可操作的层面，主要是指可从供给端"区别对待"并与市场机制兼容对接的规范的税收、支出补贴政策和政策性金融手段，比如，在可再生清洁能源的开发利用以及煤的清洁使用和生物柴油等方面推行有针对性创新激励的财政补贴、税收优惠和政策性融资支持等。

（3）大力完善环境税收体系

积极通过资源税、消费税、环境税的改革，把全产业链中的比价关系和价格机制引向"内生的"节能降耗激励状态。①资源税方面：从全局资源配置来看，目前我国在一般商品价格已由市场决定的情况下，资源产品的价格，特别是基础能源仍然存在严重的比价关系与价格形成机制的扭曲问题，对经济和社会形成了不可忽视的负面影响，最典型的例子就是"从煤到电"这一基础能源命脉层面存在的体制机制严重扭曲。必须以资源税改革中将煤炭原来的从量征收转为从价征收为契机，实质性推进"从煤到电"理顺全套体制机制的配套改革，使能源比价关系和价格形成机制适应市场经济健康运行和节能降耗的客观需要，使千方百计节能降耗和在竞争中努力开发有利于节能降耗的工艺、技术和产品，成为千千万万个企业出于自身经济利益诉求的自觉行动。政府应做的是掌握好改革推进的力度，使大多数企业经过努力可以继续发展，少数企业被淘汰出局（所淘汰的也就是所谓的落后产能和过剩产能）。②消费税方面：以节能降耗为取向推进消费税改革，需对消费税的征收范围、税率、征收环节等进行适当调整，着力发挥其调节经济结构促进生产和消费低碳化的杠杆作用。③环境税方面：发挥环境税收使污染主体的外部成本"内部化"而促进绿色发展的积极作用，同时合理处置增加企业负担的问题，一方面积极推进现行税种的"绿化",另一方面研究开征针对二氧化碳、二氧化硫等特别污染物排放的增量税种。在增加环境税收入的同时，可按照追求"双重红利"的原则，在维持宏观税负大体稳定的前提下，考虑适当降低企业的所得税水平，同时免征减征污水处理、垃圾处理等污染治理企业的生产经营性住房及所占土地的房产税和城镇土地使用税等，对环保企业给予激励。

（4）积极合理提供政策性金融服务

一是加强政府和社会资本合作（以下简称 PPP）模式与政策性金融的结合。从现阶段来看，财政需从以往较简单的贴息、政策性信用担保等模式向 PPP 模式的更复杂的金融机制开拓创新。PPP 模式实际上必然带有政策金融的性质，在我国以往主要以政策性银行为核心的政策融资领域，今后应更多地借鉴 PPP 模式下国内外已有成功经验支撑的融资模式和管理运营模式，大力支持绿色低碳取向下的适宜项目发展。随着中国多级多元资本体系的建立，证券化融资之路也将进一步打开，可考虑以开设特定目的载体即特殊项目公司（Special Purpose Vehicle，即 SPV）为标杆，在法治化、规范化形式下开展特定项目投融资。二是营造良好的市场环境，包括改革深化金融体系、发展产业基金，培育创业和风险投资的引导基金或母基金，提供多样化的政策性金融产品，为结构升级提供更加有效的融资服务。三是在政策性融资机制创新中构建多层次、广覆盖、可持续的小微金融服务体系，在切实改进小微企业金融服务的机制建设中加入绿色、创新的导向。四是在市场经济环境中积极将政策性金融业务与商业性金融对接，部分政策融资业务可以招投标、贴息等方式交由商业银行等机构承办，充分发挥各自业务优势，实现双赢、多赢。

（5）在全面改革中破解过度垄断，攻坚克难

中国能源领域的特殊性，还表现在国有大型能源企业"几家独大"的局面，石油方面的中国石油和中国石化、电力方面的国家电网和南方电网等企业，一方面各自为政、极难统筹，另一方面以"大"为尊、弊端高发、国际竞争力不强。以石油行业为例，中石油、中石化已是跻身世界 500 强的能源巨头，但与国内另外两家中海油、中燃气合并在一起，营业额也才勉强可与美孚石油相当，而利润则远低于美孚。事故、腐败等问题频频出现，伴随着创新动

机不足、技术进步和服务优化乏力现象；高管超高工资，职务消费奢华，"劳务派遣工"却待遇明显偏低；运营绩效低下、发展创新滞后，伴随着的是节能降耗减排治污的潜力空间不能充分打开。究其原因，核心问题还是在于过度垄断，压抑生机与活力。因此，必须优化制度供给，致力于建立公正、公平、公开的市场环境，降低准入，在能源行业内较充分地引入企业竞争机制，攻坚克难，破解国有大型能源企业只手遮天局面，增强能源企业的创新力和国际竞争力，寻求全球化背景下以"混合所有制"与世界能源企业的合作共赢和高水平低碳化发展。

四、本章小结

总之，以"胡焕庸线"揭示的"东南半壁"人口分布格局这样的基本国情为初始线索，我们指出了中国能源消耗、环境压力的三重叠加：即人口密度、汽车空间密度、能源消耗空间密度所实际存在的"半壁压强型"特征，叠加了重化工业为主要支撑、带有明显的"压缩型—密集式"外延型粗放型特征的高耗能经济增长阶段，又叠加了能源格局很长历史时期内无法改变的"以煤为主"环境压力。基于此，我们得出中国亟须针对性地优化能源、环境全局战略的基本结论，并通过回应"为什么摆脱不了煤"这一问题，引申到控制煤炭依赖度和提高煤炭清洁化利用水平所必须解决的体制机制问题等的特殊针对性，再结合能源结构通盘规划的欠缺、产能过剩的形成、体制机制的不良与环境危机压力的关联逻辑这一线索和供给端共性特征，勾画出我们的论题与"供给管理"的天然联系，并结合优化中国能源、环境战略必须把握的特殊针对性，探讨了对于"供给管理"的特定要求，进而提出了"供给管理"应当遵循的"顶层规划→战略思维与策略要领→政策倾斜"这一贯彻路径，认为其落实于对策层面可从聚焦于环保绿色低碳取向的"现代国家治理"体系、节能降耗和升级换代、完善环境税收、优化政策性金融服务和破解过度垄断五方面着手。

以上"理论结合实际"的考察，合乎逻辑地表现出"供给管理"的特定意义和以相关理论认识的廓清与深化为解决现实重大问题提供烛照与引领作用的客观必要性。中国学者的"新供给经济学"研究近年已在这一领域有所铺垫和有所进展。

毋庸讳言，"供给管理"的理论分析往往明显地更复杂、更艰难于需求管理，并且由于需要政府通过"区别对待"的供给端发力来实施，所以在更大程度上带有政府失误的可能性与不确定性：处理得好，能够有效地帮助达成预期目标，发挥"超常规"发展的支撑效应；但处理不好，也有可能事与愿违，在改革不能够实质性推进的情况下，供给管理的最大风险就是以政策支持为名带来一系列的设租寻租和紊乱、扭曲、不公等不良后果。

尽管如此，我们也不能由于供给管理可能会带来的不良后果而放弃中国追赶—赶超式现代化追求过程中所可能依仗的这一利器，不应一味地在供给领域畏首畏尾。简单沿着需求管理的思路走，在前述中国"三重叠加"现实国情面前，注定是无望冲破重重约束实现"后来居上"的。从前面几十年间的中国实践看，即使是常常被人们所指责的地方融资平台这样地方政府以潜规则强制替代明规则而实际实施的供给管理，也是根据地方发展战略而联通到策略，以政策倾斜的方式支持超常规发展，虽然存在着不透明、不规范等带来的一些不可忽视的问题，并容易存在种种设租寻租行为，但是从中国经济发展的主流上来看，这种"跌跌撞撞"中出现的供给管理，仍然在各地确实起到了不少积极的推动作用，并在很多情况下开始倒逼着阳光化制度的产生。在党的十八届三中全会、四中全会全面改革的全局部署之下，我们理应更有信心、更为积极地在中国特色社会主义市场经济发展中，以实质性推进配套改革为核心处理好无可回避的全局性供给管理重大课题，守正出奇、稳妥有力地应对好"三重叠加"式能源、环境挑战，以非常之策，破解非常之局。

第二章 政府和社会资本合作模式：制度供给的重大创新

近年 PPP（Public-Private Partnership，旧时直译为"公私伙伴关系"，现有关管理部门意译为"政府和社会资本合作"）模式在我国实践中拉开了高速发展序幕。我们在多年关注和研究 PPP 机制创新的基础上，基于新供给经济学的理论认识，我们强调：PPP 为人类经济社会的发展带来了制度供给的伟大创新。

"政府和社会资本合作模式"——PPP 是一个合乎逻辑的日益引起各方关

注的重要概念，汉语中在原来的直译流行一个时期之后，意译的"政府和社会资本合作"已成为官方文件的标准用语，也有专家认为可更直观、简明地意译为"政府与企业合作"。

实际上，PPP 模式在欧美和世界上其他地区，也尚未达成一致的准确解释，其相关实践正在发展中（仅英文缩写的属于 PPP 的具体形式如 BOT、TOT、BT 等便不下十多种）。在汉语语境中，我们更需把其看作一个发展中的"敞口"概念，而且其中国实践，很有可能在创新中贡献更为"丰富多彩"的 PPP 具体形式。但具体而言，现在完全可以认定的是，PPP 是指政府公共部门与非政府的主体（企业、专业化机构等）合作，使非政府主体所掌握的资源参与提供公共工程等公共产品和服务，从而在实现政府公共部门职能的同时，也为民营部门带来利益（贾康、孙洁，2009 年）。PPP 这种合作和管理模式，可以实现在不排除并适当满足私人部门投资营利目标的同时，为社会更有效率地提供公共产品和服务，以及使有限资源发挥更大的效用。目前，人们对 PPP 的相关认识已经和正在继续实现多维度深化，包括 PPP 的概念、起源、理论、模式和实践等。

从开阔的视野来看，PPP 实质上是一种联通全社会内部公共部门、企业部门、专业组织和百姓公众各方的准公共品优化供给制度，其实践形态可向前至少追溯到几百年前欧洲国家授予公路养护人的"特许经营权"，其现代意义上的形成和发展，则可说源自新公共管理运动中公共服务的市场化取向改革。"交易费用理论"和"委托代理理论"等，实际成为推动这一改革实践的理论力量，并随着 PPP 的广泛应用和不断深化而在理论层面清晰地呈现出政府与市场从分工、替代走向合作的基本脉络及升级趋势。因此，回归于中国经济实践中来，我们可在考察分析中发现，关于 PPP 的认识决不应仅仅停留在一个新融资模式的层面，它还是管理模式和社会治理机制的创新，并对接于混合所有制重大改革和"全面法治化"重大制度建设。如果掌握得当，PPP 有望大有作为地形成解决我国城镇化、老龄化等重大问题的助益机制，提高公共服务绩效从而支持在"中等收入阶段"化解"矛盾凸显"压力而成功跨越"中等收入陷阱"，并通过股份制为主的形式与我国今后阶段大力推进的混合所有制改革创新，形成天然的机制性内洽与联通。当然，PPP 作为制度供给的一个伟大创新，其顺利运行和长久发展，特别需要强调现代文明演进中的法治建设和契约精神建设的相辅相成。

一、新公共管理运动中的公共服务市场化改革

从公共经济学和公共管理学角度来看，学界至今对"新公共管理"的界定仍存在分歧，但无论是侧重在新理论、新模式抑或侧重在新运动，新公共管理浪潮作为史实都无可争议。在此运动的推进浪潮中，英国、澳大利亚、新西兰、法国、美国、日本等国家进行了较为全面和颇具新意的改革，为公共经济和公共管理范畴内的制度变革带来新气象。尽管 PPP 的起源最早可追溯至历史上英国收费公路的诞生（贾康、孙洁，2009 年），但其在现代意义上的形成和发展，应主要归于新公共管理运动中以引入私人部门积极参与为核心内容的公共服务供给的市场化改革。

英国公共服务改革的主要内容可简要概括为从合同外包到"市场测试"。源自 20 世纪五六十年代"福利国家"建设和企业国有化运动所带来的财政危机，撒切尔政府为应对压力实行机制创新，在公共服务改革中采用了合同外包（Contract Out）方式，将非必须公共部门经营的服务都通过合同外包交由私人企业来提供。这一方式主要包括两方面内容：一是公共服务提供的责任并未转移，仍然属于政府，但政府只保留制定政策、管理合同和履行资金支付承诺的职能，其他事宜则通过合同转由私人部门承包提供；二是政府一方面要对外包的公共服务进行目标监督，另一方面也要为私人部门提供需匹配的政策优惠和支持。1991 年梅杰接任首相后，又发起了"公民宪章运动"和"竞争求质量运动"。作为合同外包模式的发展和深化，在"竞争求质量运动"过程中，"市场测试（Marketing Testing）"方法的应用得以兴起，实质上是一种通过引入政府与私人部门服务提供者之间的竞争，来对公共服务进行分类处理的方法，要求所有公共服务都要通过"市场测试"来决定最终应由政府部门（In-House）还是私人部门来提供，判断标准就是谁能用更少的投入提供更好的服务。英国公共服务事项的市场化改革，主要涉及公共住房、矿产、航空、电信、医疗等行业。在新公共管理运动将私人部门引入公共服务领域的基础

上，1992年，时任英国财政大臣的拉蒙特提出私人融资计划（Private Financing Initiative，PFI）模式，迈出在公共服务领域引入市场化竞争后深化推动政府与私营部门合作的重要一步，并于1997年在全社会公共基础设施领域较全面地推广。

与英国类似，澳大利亚也选用合同外包方式来引入私人部门的力量提供公共服务。新西兰亦致力于把市场竞争引入公共服务事项供给，实现公共服务的出资人、提供人和购买人的角色分离：政府负责决策和管理，公共服务事项则由私营部门、第三部门或基层政府组织的竞争来提供，通过合同外包的方式出让其经营运作舞台。

法国公共服务改革的三个层次：一是施行权力下放，一直放权到最基层；二是推进公共服务的社会化运作；三是国有企业私有化（股份制）改造。在公共服务的社会化运作方面出现的最典型案例之一，就是法国巴黎著名地标埃菲尔铁塔的建造和运营。此塔20世纪80年代是归巴黎市政府所有的，但市政府以公共服务委托的方式，将铁塔的维护和经营开发权委托于埃菲尔铁塔开发公司的合资公司，政府在该公司中占60%的股份。实际上往前追溯，埃菲尔铁塔的建造本身就是一个极好的PPP案例。1889年法国大革命100周年纪念时，法国政府决定建造一座象征法国革命和巴黎新风貌的纪念碑式建筑物，设计者亚历山大·居斯塔夫·埃菲尔（Alexander Gustave Eiffei）的方案中标，但是由于造价过高，法国政府提供的资金不足全部费用的，最终是通过与埃菲尔的工程公司合作，接受了其在160万美元总预算中高达130万美元的投入，从而实现了埃菲尔铁塔的建造，也因此同意将埃菲尔铁塔运营后开始20年的各项收入归埃菲尔个人所有，20年后铁塔的所有权才移交巴黎市政府。

美国公共服务改革的模式则更加多样化，主要有四种：一是公私合作，即我们所强调的PPP，通过政府公共部门与民营部门的合作来实现非公共部门利用所掌握资源参与提供公共产品和服务的模式。二是付费购买制度，即对垃圾处理、污水处理、公园管理、住宅区服务等类型的公共产品实行收费购买供给的制度。三是凭单（服务券）制度，即政府向公众发放公共产品或服务的消费券，公众则以手中的消费券自行选择公共物品或服务的提供者，提供者再拿着凭单到政府兑换成资金。四是与英国等类似，通过合同外包（承包）的模式来实现公共服务，不再赘述。

PPP 的具体形式之一 BOT（Build—Operate—Transfer，即建设—经营—转让），是指政府通过契约授予私营企业（包括外国企业）以一定期限的特许专营权，许可其融资建设和经营特定的公用基础设施，并准许其通过向用户收取费用或出售产品以清偿贷款，回收投资并赚取利润；特许权期限届满时，该基础设施无偿移交给政府（贾康等，2014 年）。土耳其被认为是世界上首个将BOT 这一名称确定下来并写入法律的国家。尽管对 BOT 的首例目前还存在一定争议（有观点认为是 1965 年香港政府修建海底隧道的案例，也有观点认为是土耳其修建燃煤火力发电厂的案例），但是这并不影响我们对在世界范围内新公共管理运动影响下土耳其 1984 年发起的明确称为 BOT 的创新模式的肯定与赞赏。早在 20 世纪 70 年代后期，土耳其就已经开始注意 BOT 这种创新的投资方式，并在当时扎尔总理的领导下尝试利用此模式筹建阿科伊核电厂，预设由承包商和土耳其政府所属电力管理局组成的企业筹资和建设核电厂，并拥有和运营该电厂 15 年，15 年后移交土耳其政府，但最终由于项目投标人与政府的谈判始终未能达成而流产。1984—1987 年间，土耳其政府利用与柏可德国际财团的公私合作而建成多座大型燃煤火力发电厂，终于实现了 BOT 模式在土耳其的首次成功运用。

中国当下的 PPP 机制创新方兴未艾，各方已意识到其存在巨大而广阔的前景。除了 BOT、TOT、BT 等一二十个英文缩略语表示的 PPP 具体形式之外，对中国实践中前沿状态的 PPP 创新，可观察近年风生水起的"连片开发"。中共十八届三中全会提出要让市场在资源配置过程中发挥"决定性"作用以来，PPP 模式受到国务院领导和各级政府部门的高度重视，实已成为落实国家战略的重要工具之一，并成为"全面改革"的重要组成部分。财政部部长楼继伟指出，在当前创新城镇化投融资体制、着力化解地方融资平台债务风险、积极推动企业"走出去"的背景下，推广使用 PPP 模式，不仅是一次微观层面的操作方式升级，更是一次宏观层面的体制机制变革，可谓一语中的。

二、政府和社会资本合作模式的理论基础与发展

在新公共管理改革实践的基础上，我们可观察到，公共服务事项市场化改革中 PPP 的相关理论实已经历"到实践中去"和"从实践中来"两个阶段的变迁。

（一）到实践中去：公共服务市场化改革的理论支持

20 世纪 70 年代前后，经济学理论发展中凸显了以科斯为代表的新制度经济学派，交易费用理论的产生和产权理论的深化发展对公共服务领域改革产生了重要影响。我们可以认为，新制度经济学所指向的制度改革，与技术变革相比，是试图从制度的层面解决经济效率的问题，不同点在于，技术变革所反映的，直观上是人与物之间的关系，而制度改革则直接地反映人与人之间的关系。以英国为例，在经历 20 世纪三四十年代后的福利国家和 20 世纪 70 年代的国有化改革后，整个社会运行交易费用高与运行绩效低的矛盾，直接导致英国政府债台高筑。按照新制度经济学的理念，制度实际上可以被看作是一种特殊的公共品，提供者是政府，而改善制度这种公共品的供给，必须且有效的途径就是改革。撒切尔政府一方面在以哈耶克为代表的新自由主义影响下，有非常明确的市场化改革方向，另一方面遵循新制度经济学所强调的交易成本费用分析，致力于降低整个社会制度的交易成本。开启公共服务市场化改革的 PPP，可认为是在交易费用理论的影响下，随着公共服务供给的市场化改革而得以广泛发展的。

公共服务市场化改革的另一理论支柱，是委托代理理论，即研究委托人和代理人之间所建立的契约关系等的理论。由于委托人和代理人之间存在实际上的信息不对称，委托人无法总对代理人所有行为的细节全盘掌控，而代理人在利益驱动下会更有可能采取机会主义行为来追求利益最大化，所以，即便通过签订合同条款等方式形成相对稳固的委托代理关系，其运行过程中也可能面临许多问题，因而对委托人和代理人之间关系的研究就显得更加重要。PPP 模式往往包含多重契约关系，如果说"交易费用理论"是从宏观上指导了 PPP 实践的起点切入，那么"委托代理理论"则一方面促使 PPP 这种以委托代理为核心的模式成为更广泛的现实，另一方面也为 PPP 的管理和运行提供了理论

基础。比较而言，"委托代理理论"所研究的范畴显然往往是针对较为微观的层面，但其实质上仍然是在通过研究委托人和代理人之间关系而研究制度运行过程中的问题，也完全可以扩展至中观、宏观层面，或者说，我们可以认为其是在通过研究和解决委托代理契约关系中在社会所有层面上可能产生的问题，而达到降低交易费用和制度运行费用的效果，实际上与"交易费用理论"一脉相通。

基于此，可以再来看一下我国 PPP 的产生和发展。在改革开放后的 20 世纪 80 年代，我国就已经出现 PPP 实例，其作为一种模式登上改革历史舞台可说与我国城镇化、市场化、国际化步伐加快密不可分。城镇化过程涵盖了包罗万象的基础设施、公共工程升级换代的要求，对于仍处于"转轨"过程中的我国政府，无疑产生了巨大的财政压力，这种现实生活中的财政压力如果上升到理论层面，实际上又包含制度运行成本过高的问题——而市场取向改革和对外开放，恰恰提供了运用市场机制和借助国际经验与国内外资金降低交易费用、综合成本的可能。据此展望，随着我国城镇化、市场化进程继续推进，全面开放条件下和理论创新指导下服务实践的 PPP，势必会迎来更大和更广泛的发展空间。

（二）从实践中来：从替代到合作构建新型关系的理论创新

一方面，理论给予 PPP 产生和实施的引领；另一方面，PPP 的产生和发展也为理论带来新思路和新境界。这种新思路如果归纳成一句话，就是 PPP 开启了政府与市场从替代到合作的新型关系的理性认识空间（贾康、冯俏彬，2012 年）。

传统相关理论思维的逻辑特征总体而言是板块状的、单向的，即在市场、政府、志愿者部门三者之间，呈现出一种基于"失灵"而依序继起、替代与被替代的关系。历史地看，这种重在突出某种机制失灵的理论，有利于打破对于这种机制的迷信，从而为另一种机制的导入开路（如从"看不见的手"到"国家干预"），客观上有其积极与进步的一面。但是，"替代"的另一面则是容易滑入冲突和互不兼容的绝对化，比如关于政府与市场的紧张对立关系，不仅在我国改革开放以来的多次激烈论辩中可见，而且其分量之重，仍体现在被党的十八大称为两者关系的正确处理是改革的核心问题；在发达国家，时至今日，仍然有大量讨论政府与市场冲突的文献。

这种"让政府的归政府，让市场的归市场"式的思维框架，首先需充分肯定其为中国的经济社会改革开放带来了极大的正面效应，但我们还需要进一步指出，其在新阶段上已不足以为现实生活中广泛存在的公共产品提供中的"公私合作"创新实践来提供理论支持，也无法涵盖在西方国家出现的"第三部门"和志愿者组织大量介入公共服务领域的现实。实际生活中，迫切需要对20世纪后半期以来三者之间"合作"蓬勃生长的基本事实进行解说和理论诠释。对我国而言，这种基于"失灵"而"替代"的单向思维，往往更强化了各方对于二者之间冲突的认识，以至于只要出现市场机制运行不畅的现象，下意识的对策就是政府介入、干预甚至代替；反过来，一旦政府运转出了问题，顺理成章的就是放弃政府责任导向而"交还于市场"的所谓市场化。我们如果结合前沿性事件进展对真实世界的政府、市场、志愿部门关系进行观察，其实不难发现三者的合作已成为不可回避的历史进步命题。不可否认，在某些特定的历史时期和某些特定的情境下，它们中的某一个曾居于显眼的、甚至对另两个主体曾产生过相当程度"挤出"的主导地位，但仔细考察一下"全球化"时代与"和平发展"时代的总体状况，就会发现它们始终同时存在，各自在不同的领域内发挥着功用，而愈益有必要、也有可能在更多的领域实行更多的合作。

整个人类社会正是在三者的共同参与之下，走过了历史，经历着现在，也通向未来，并随着近几十年来纯公共产品与纯私人产品之间大量的中间状态联结部分——准公共品和俱乐部产品、权益—伦理型公共品等——不断发生着多样化的升级发展而愈益呈现相互渗透融合，即汇入合作共赢的历史潮流。因此，PPP这一"前沿概念创新"，实际上呼唤出了更清晰、更现代化的理论思维框架，而这种思维框架落到运行的实处，就表现出实际生活中相关思路日益明确的制度供给创新。

三、政府和社会资本合作模式新制度供给在中国释放潜力的三大正面效应

在我国经济实践层面，PPP模式打破了过去认为只能由政府运用财政资金来供给的一些公共基础设施、公共工程、公共服务项目的传统认识框架，且在

转变为由非政府的企业主体、专业机构、民间资本、社会资金通过形成特许经营权等管理机制而提供有效供给的"升级版",即在此模式下更快、更充分、更有质量、更具绩效水平地实现对社会公共需要的满足。观察与分析表明:作为一种创新的制度供给,PPP应有可能切实有效地化解我国新型城镇化和老龄化过程中面临的巨大财政压力,缓解地方政府债务危机因素,而且在贯彻"五位一体"取向的全面改革与科学发展、全面推进依法治国的总体战略中,PPP概念下的机制创新是十分重要的组成部分,可以产生十分宝贵的正面效应。PPP正面效应首先突出表现在政府、公众、企业这三大方面。

(一) PPP 的正面效应之一:政府视角

从政府角度看 PPP 的可能贡献,首先便是降低未来长时期内的财政支出压力。政府职责如何合理定位,已在我国改革开放新时期的几十年中反复讨论,大家都同意政府要遵循"既不越位、又不缺位",做好自己应做之事这一原则。但具体考察一下,当下在充分尊重市场资源配置决定性作用的基础上,摆在政府面前的应做之事仍然千头万绪。择其要者,至少要说到未来几十年间在我国如何推进新型城镇化和如何应对人口老龄化支出压力这两件大事。

推进新型城镇化是中国走向现代化民族复兴"中国梦"的必由之路,未来几十年间,在城镇化实际水平从目前的 40% 左右(官方统计达 50% 以上的数据,是把进城居住半年以上的常住人口统统视作完成了城镇化,但其中还有两亿多人并未取得"基本公共服务均等化"的市民待遇,若要配之以此等待遇还需跟进城镇化概念下的进一步的投入即"补欠账")一路走到 70% 左右的高水平,之后才会转入相对平稳发展期。在此过程中,未来 30 余年还将约有 4 亿人要从农村区域转入城镇成为常住人口(算术平均一年 1300 万人左右)。别的不说,仅看进城人口所需的"市民化"待遇,必须得到基本公共服务均等化有效供给的支持和保障,那么静态计算所需的投入资金量,如果按照一人平均10 万元,就是 40 万亿元,若这一标准提升至一人平均 15 万元,那就是 60 万亿元。假如考虑未来数十年间的通胀因素动态计算,数量更会高得惊人。如此天文数字的投入,仅靠政府包揽来做,肯定力不从心。必须打定主意,使道路、桥梁、隧道、涵洞、上下水、供电、供热、供气、医院、学校、绿化等公共品、准公共品的供给，得到已壮大、雄厚起来的民间资本和社会资金的加入，才有望以必要投入支撑这个几十年间的发展过程可持续。客观地看，实际生活中这方面的压力已使地方政府这些年的隐性负债大增，需要积极考虑在地方债增量、存量两方面，由民间资本、社会资金来有效置换和替代。

再就是我国人口老龄化的进程，必将在未来几十年内，要求有大量的公共资源投入，以满足养老、医疗服务的客观需求。根据学者测算，人口老龄化对于中国整个养老体系形成公共支出压力的高峰，约将会出现于 2030 年—2033年间，从现在算起，已不到 20 年的时间。在高峰期出现以后，这种压力的缓慢下降还要有几十年的过程。要看到在这个很长的历史阶段之内，中国养老体系从硬件到服务所有的投入，必然发生一系列的要求，如果不适应这样一个历史阶段来考虑制度和机制方面的预先准备，那么政府履职将是不合格的。必须有这样的战略考虑，即要运用 PPP 模式创新来鼓励、引导大量民间资本与社会资金进入养老事业和产业。

总之，PPP 对于政府来说，是必须积极运用来推进现代治理中化解财政压力、债务压力和充分尽责地实施和谐社会管理、贯彻"中国梦"发展战略的机制创新。

（二）PPP 的正面效应之二：公众视角

第二个角度就是公众可能从 PPP 中获益，如从政府的存在理由是服务公众而言，这是更为本质化的正面效应。特别需考虑的是，中国现在进入了"中等收入阶段"，在此阶段，公众对于美好生活向往的空间极大地被激发出来以后，对公共服务的需求是倍增的，而政府的公共服务供给能力与质量水平总体表现是"滞后"和"吃力"程度凸显的。应该讲，自己跟自己比，中国社会中绝大多数人都是越来越好，但是"满意度"却并没随之同步上升。所谓"幸福感"没有相应提高上来，甚至不升反降，往往更带有以焦虑、纠结为特点的情绪、心理感受与社会氛围。其实拿世界上所有经济体比照下来，中等收入阶段都有这样的特点。这个挑战的应对要求，就是公众正在需要更好的公共服务，迫切要求得到能够更好地满足他们对美好生活愿望的"有效供给"。PPP 可以在政府继续发挥供给作用的同时，把其他非政府的社会力量（企业、社会组织的——还可以包括专业机构、非营利机构、志愿者组织等所有力量）结合在一起，不仅壮大了资金力量，而且可以在运营管理上、绩效提升上优势互补，各方以自身最有优势的特长，去管理最适合于由自己防控的风险，这样可以促使公共工程、公共服务在建设和以后运营过程中间的质量水平、绩效水平、管理水平得到明显提升，而风险则最小化，公众的实惠也就趋向于最大化。

这是一种"1+1+1>3"式的机制，因为PPP机制能把诸多参与方的相对优势结合在一起：一是政府相对优势是全局眼光和国土开发的整体协调，以及在规划设计方面和政策方面的组织力、保障力。这方面关于PPP项目的长期的通盘考虑和组织能力的发挥，应主要交由政府。二是企业具有在管理方面"内生的"天然优势，会特别注重自己参与进来以后怎样能够取得投资回报。企业的定位不是在简单地"学雷锋"，而是要"在商言商"地完成自己的投资回报，PPP具有给予企业这种取得长期稳定回报的可能性——适合于这种合作的可能、有这种长期投资偏好的民间资本，自然而然地就会考虑加入到这样的项目上来。他们加入后的相对优势是管理知识、专业知识，以及从其"内生的"对于绩效的关注而产生的管理精细化和效率化。三是其他各种专业机构、群体的相对优势，如律师事务所、会计师事务所、设计师事务所等。所有这些专业化方面的相对优势，具体涉及每个行业和领域，不论是桥梁、道路建设，还是养老社区等的建设，所有上述这些主体，可把他们的相对优势综合在PPP的模式中，将带给公众一个更有效的供给机制。这种多方合作的PPP形式，是把合作各方的相对优势都发挥出来去应对具体项目中各自最适宜去应对的风险因素，其结果就是"1+1+1>3"式的机制会使老百姓的愿望得到更好满足，而且是在更高的绩效水平、更优的服务状态下提供出有效供给来使他们的愿望得到满足。这对于增进社会和谐提升公众"幸福感"、顺利跨越"中等收入陷阱"阶段而迈入高收入经济体行列，实现现代化"中国梦"愿景所代表的全社会成员根本、长远利益，具有莫大的现实意义。

（三）PPP的正面效应之三：企业视角

还有第三个角度，即可从企业角度作考察。在中国已得到很大发展、资金力量越来越雄厚、日益强化发展意愿的企业中，有一大批可望在PPP的模式之下打开新的生存与发展空间。PPP 项目并不适合有风投、创投、天使投资式偏好的民间资金类型，但适合一些偏好于取得长期、虽不太高但可预期性高的稳定回报的企业，它们在现实生活中为数可观，将更好地在市场经济的舞台上通过 PPP 找到适合自己生存发展的空间。

这种共赢、多赢的机制，从决策层到财政部门，再到地方政府层面已有的一些试验中的相关各方，大家在总体上已越来越认同。从中国和外部世界的互动中，中国继续全面开放，在工业化、城镇化、市场化、全球化、信息化潮流汇合而进一步"大踏步地跟上时代"的过程中，在未来很长时间段积极稳妥推进"一带一路"（"丝绸之路经济带"与"海上丝绸之路"）战略的实施期内，以 PPP 形成中外所有一切有意愿合作的企业力量与政府间的互动与有效合作，我们亦已看到广阔前景。

四、政府和社会资本合作模式与中国混合所有制改革创新的内在联通

在考察认识前述三个角度、三种正面效应之后，我们透过 PPP 在新型城镇化和老龄化中不仅仅停留于作为新融资模式层面的作用，可继续向深处考察，不难发现，PPP 在恢宏的全局意义上，恰可呼应三中全会精神，实现与我国现阶段混合所有制改革创新的联通，从而大有作为地帮助形成现代国家治理的系统化机制，这也使之当之无愧地成为制度供给的一项伟大创新。

（一）对混合所有制的基本认识

"混合所有制"中的"所有制"，指的是生产资料所有制这个层面的含义，反映生产过程中人与人在生产资料占有方面的经济关系。"混合所有制"是"所有制"的一种，但其生产资料所有权并不单一归属于某一类特定个人或群体，其最基本的特征决非简单的"多种经济成分并存"，而是在于出现"公"的与"私"的、"国"的与"非国"的所有权在一个市场主体（企业）之内的混合（否则，这一称呼就会丧失其存在的必要性）。若"混合所有制"在某种社会形态下存在，则其在该社会形态下的所有制结构中必有不同于其他类别的一席之地。"混合"一词的字面意思就是"混在一起"，但也可从两方面进行认识：是否实现了混合？混合到怎样的程度？对是否实现混合的判断有助于认识究竟是否可定性为"混合"的所有制，而对混合程度的判断则有助于理解是否

需要将"混合所有制"继续发展、推进。

因此，"混合所有制"要求的是不同所有权主体在一个企业体内真正实现"混在一起"，绝不是在某种社会形态中互为外体、他体的简单共存，是在某种社会生产关系具体形态下实现对生产资料的混同占有，可认为是不同所有权主体实现对某一企业的生产资料既各自清晰又共同占有的所有制形式。

（二）混合所有制与股份制的联通

基于以上对混合所有制的基本认识，可知我国改革当下所强调的混合所有制，并非改革开放初期业已充分肯定的"多种经济成分"简单并存或联合，亦非只要有产权混合即可实现的改革意图，其具体到企业产权框架层面，实际上就是指过去已在中国改革进程中获得肯定、但在改革实践中却未摆脱种种纠结的"现代企业制度"的标准化形式——股份制。三中全会强调混合所有制是我国"基本经济制度的重要实现形式"，其战略高度的意图，是在法治保证的现代股份制这一制度形式下，可以使公有的、非公有的产权，融合到分散存在的市场主体——一个个企业的内部产权结构里面去，以寻求相关利益主体的共赢和进一步打开"解放生产力"的空间。

马克思敏锐地意识到股份制的特异影响和对社会发展的可能贡献，认为"资本主义的股份企业，也和合作工厂一样，应当被看作是由资本主义生产方式转化为联合的生产方式的过渡形式，只不过在前者那里，对立是消极地扬弃的，而在后者那里，对立是积极地扬弃的"。不论对于马克思的"消极扬弃"评价做出何种研究者的分析解读，基本逻辑指向至少具有"形式"和"过渡"方向上的肯定，余下的便是如何使形式与内容相合的问题（贾康、苏京春，2014年）。任何理论观点的提出都带有时代特征与客观局限，马克思对股份制的认识提出于一百多年前，但在当时社会制度和经济发展背景下，股份制所具有的哪怕是带有"消极扬弃"意味的"社会资本"特征，已为马克思带来了思维灵感。面对这其后一百余年的历史进程，结合"实事求是""与时俱进"的原则，我们完全可以沿马克思的思维逻辑深化认识。一百多年以来，股份制下的市场主体(即股份公司)已经发生了非凡变化。除了早已较普遍地存在本企业员工、产业工人持股和社会上的普遍劳动者、公共机构在股份制企业中持股以外，"国家"各特定层级的政府也可持股并酌情作增持、减持的操作，而对宏观经济运行和社会生活产生重要的正面效应。发达国家的市场主体（公司）在达到一定规范程度后可以上市，而上市这一环节在英文中叫 Go Public（走向公共），决非"私"的取向。无论是股份制中的公共机构持股，还是公司最终走向上市，开启作为"公众公司"公共地募集资金的模式，都表明着即使是称为资本主义制度下的市场主体，也已经呈现内部产权结构多元化而超越简单私有的特征——社会化大生产中的上市公司，亦称公共公司，不仅其持股人在很大程度上是"公共"的，而且其经营状况要接受全社会的公共监督，财务要有充分的透明度，公司发展和社会公众利益实现了更有效的互动与结合。例如：通用汽车公司和通用电气公司作为世界上非常有名的标杆式大公司（"跨国公司"），早在 20 世纪，股权已高度分散，很难说这类公司具体归属于哪个资本家，为数众多的持股人包括机构投资者、本企业的员工、其他企业的产业工人和大量社会上的普通劳动者。

股份制使资本的社会化特征不断提高，已在明显地缓解着生产社会化与生产资料私人占有之间的矛盾，有利于生产力的发展。如果说在"资本主义"名号下的这种混合所有制已在发生扬弃"私有"不适应社会化大生产发展的制约因素的积极作用，我们应如实地认识这种变化，那么把股份制下"以混合所有制"为取向的发展变化，与马克思主义的中国实践紧密结合，更没有丝毫道理对股份制加上"姓社姓资"的诘难，更应淡化股份制框架下"姓公姓私"的标签，更应肯定中国大地上近年来"积极扬弃"式的不断尝试和探索——而这也同时意味着在中国今后几十年联结伟大民族复兴"中国梦"的改革发展过程中，混合所有制取向的股份制深化改革空间，一定会冲破前后"三十六条"都还未能有效冲破的民营企业发展的"玻璃门""旋转门""弹簧门"，淡化争议不休、很容易走向贴"姓社姓资"标签但不可能取得共识结果的"国进民退"还是"国退民进"的纠结，打开"进一步解放生产力，发展生产力"的潜在空间，长远而深刻地影响我国现代化进程。

（三）股份制—"混合所有制—PPP"的天然贯通及其全局性贡献

党的十八届三中全会全面改革部署中，最重要的涉及几个关键概念的逻辑链接就是：首先，确立"现代国家治理"理念，即明确按照现代国家要求来治理、发展中国，提升国家治理体系和治理能力的现代化水平；第二，治理水平的"现代化"联通着"构建现代市场体系"和突破性地提出"使市场在资源配置中发挥决定性作用"；第三，市场配置的"决定性"作用的充分发挥，被落实到一个非常关键的表述上，就是关于市场经济运行的基石——产权制度上的改革，要主要推进明确表述的"混合所有制"，以股份制这种现代企业制度的标准化代表形式，其容纳力和包容性完全可以是把"国"的、非"国"的、"公"的、非"公"的所有产权充分混合在一个个企业内部，从而以一个共赢的方式，在法治框架下无阻碍地实现相互合作与潜力释放，而 PPP 模式恰恰与之贯通。

一个 PPP 项目在产权方面没有任何选择上的局限，是一个在法治环境下形成的多产权主体间的契约。最典型的即以 SPV 的形式组成特殊项目公司来运营 PPP 项目，公司内所有股权都有清晰归属，每一份标准化的股权属于其中的明确的股东，认定以后不会产生无法处置的纠纷（少数纠纷可通过法律途径解决），大家可以在这样稳定的可预期的法治化环境下，来追求在共赢中目标利益回报的实现。而且，SPV 的股权结构，在天然具有混合所有制特征的同时，又天然地倾向于不使国有股权"一股独大"，因为政府股权参与的强烈动机是发挥"四两拨千斤"的乘数效应来拉动、引致民间资本大量跟进，乘数越大，相关政府工作的业绩评价会越好，社会资本、民营企业在 PPP 中，通常会成为股权结构中的"大头"，甚至是绝大多数。

因此，PPP 这一创新的制度供给，又成为中国走向现代化的全面改革中，发展混合所有制以解放生产力的战略性选择。PPP 模式的定位，也应从一开始着眼的满足融资需要提升到制度供给创新的需要。如果仅停留在融资层面，目的上会很功利、很短期地停留在缓解政府资金压力的层面，待政府感觉压力不大的时候，就很可能又回过头来摆脱民间资本。比如，前些年一些地方政府曾特别欢迎市政建设里民间资本的加入，但听到"四万亿"投资刺激方案后，对民间资本的态度马上就"变脸"。这是视野未达全局、未能领会改革实质内容的一种具体表现。实际上，民间资本的加入不但可以缓解政府资金困难，而且可以帮助提升管理绩效水平，是从融资上升到管理模式创新的一种"升级"。这个升级再汇入以混合所有制为市场经济产权基石的全面改革，更是一种全局性的客观需要。纵观百年历史，全球有近百个经济体步入中等收入阶段，但是真正跨越此阶段而步入高收入阶段的经济体却寥寥无几。中国如要真正立足"人本主义"立场并抛开"狭隘民族主义"，和世界民族之林其他经济体共同发展，按照和平发展与崛起的愿景成功化解"中等收入陷阱"潜在威胁而联通到"中国梦"，就一定要有各种因素合在一起攻坚克难化解矛盾的全面配套改革。其中 PPP 作为制度供给的创新，就是使市场资源配置作用得到各个方面更多认同，也得到政府应该"更好发挥作用"的各种可操作机制匹配磨合的一个重要改革事项，应把其从融资视野提高到管理模式创新，再从管理模式创新提高到全面改革配套必备事项，即实现制度供给方面的重大创新这样的高度来认识。

五、政府和社会资本合作模式与党的十八届四中全会全面"法治化"主题的贯通：催化新时期相辅相成的现代文明演进——法治建设与契约精神培养

从理论密切联系实际的角度考察，PPP 概念下的新型公私合作模式客观上必然要求高度的法治化、规范化和讲求契约精神的培养与专业、敬业、诚信的商业文明。在中国推进 PPP 的进程中，应当特别注重与现代文明进程中的法治建设、契约精神培育的对接。要释放社会资本和民间企业的潜力、提升公共部门综合绩效，最关键的是政府通过努力，在反腐倡廉过程中强化法治的制度供给和契约精神的培养和成长。党的十八届四中全会已对我国全面推进"依法治国"做出了顶层规划，实质是把党的十八届三中全会关于"以经济改革为重点"的部署联通于经济、行政、司法、政治、社会的全面改革大配套的部署，这一"法治化"的时代主题，与 PPP 的机制创新正好形成十分紧密的联系，客观上也对于克服我国法治化程度低的现实问题，提出了迫切的任务。

（一）必须高度注重 PPP 运行相关的法治建设

PPP 所要求的法治化配套条件，可从泉州刺桐大桥案例考察。20 世纪 90 年代的福建泉州刺桐大桥 BOT 项目，是中国第一个本土民营资本介入的 PPP 项目，该项目形成的 SPV（特殊项目公司）的股权结构中，政府部门通过其子公司入股占 40%，剩余 60% 股份民间企业持有。以往政府工程中常见的问题如工期延长、返工、无法问责、超预算等，在该项目中都成功地予以防止，建设中提前近半年竣工通车，质量上乘，使百姓得到了实惠。

刺桐大桥案例的首创意义是非常显著的，即以少量国有资金引导民间资金兴办过去认为只有政府才能做的基础设施建设；融资方面也实行了值得肯定的创新，采用大桥经营权质押贷款、固定贷款和流动贷款结合、按揭式还本付息偿还融资贷款。但囿于当时的条件、经验，初始约定中没有涉及的一些后续变动因素，使运营期内民间资本与政府之间出现了不少问题，十分值得关注和剖析：一是在一系列主客观因素局限下，刺桐大桥项目虽有 SPV 构架，但却没有形成规范的契约文本，而是以政府红头文件形式确定下来，导致后来面对晋江上陆续新建大桥带来车辆分流因素形成的利益分割，业主无维权依据；二是业主方经营权和收益权没有得到相关法律充分保障，除收费权外，其他权益大都没能受到保护，如在大桥两侧管辖范围内设立广告牌，后被有关部门强制拆除；三是地方政府领导层换班后，提出股份转让，使业主方一度面临危机；四是地方政府领导层增加额外项目，使业主方让出相当可观的利益，所要求的两个外加项目投资高达 1.2 亿元投入额，企业角度感受的，博弈结果是"胳臂拧不过大腿"，不得不承担；五是收费标准未能形成调整机制，无法随着情况变化而改变；六是政府政策法规变动风险可能由企业承担，例如刺桐大桥项目当时确定特许经营权为期 30 年，而后国务院相关部门出台有关政策规定，经营性公路收费期限不得超过 25 年，所带来的矛盾具体如何解决，企业方面多次向政府汇报请示，未得到任何回应。这些问题使得刺桐大桥由值得肯定的案例，变成引起其他民间资本决策者望而却步的案例。民企方的感受是："榜样的力量是无穷的，修理榜样的后果是严重的。"造成这种局面的最主要原因，就是"法治化"环境的制度条件不到位，契约的形式规范和诚信遵约的商业文化因素也不到位（特别是在政府方），所以无法出现"以法治保障契约、按契约实现共赢"的满意境界。

PPP 一般涉及的都是公共工程与公共服务领域的投资项目，并与公众日常生活密切相关，依托相关项目所提供的服务的质量、价格等，均是比较敏感的话题，也特别容易引起民意的高度关注。所以，需要制定一套专门的法律法规，对 PPP 项目的立项、投标、建设、运营、管理、质量、收费标准及其调整机制、项目排他性及争端解决机制，以及移交、决算信息公示等环节做出全面、系统的规定。虽然一些 PPP 案例在我国实际上已运行了相当长的时间，但一直以来明显缺乏国家层面的法规制度，有的只是地方性的或行业性的管理办法或规定。在某些地方，PPP 项目的建设，作为凭据的甚至仅有地方政府一纸"红头文件"（如刺桐大桥 BOT 案例），其法律效力低，内容粗疏，以致合作过程中公、私双方并不是在成熟的法律框架下形成尽可能清晰有效的契约来处理利益关系，而是"走一步说一步"。由于政府部门掌握着公权力，很容易将自己的意志强加于私人部门，在相关的博弈过程中，私人部门几乎注定是弱势的一方，得不到法律和契约的有效保护，成为很多额外风险或成本的承担者。

因此，回归到一般的 PPP 创新和发展中，我国必须下定决心加快法律法规建设，争取先行完善政府制度约束。目前，我们已经看到相关部门立法和制度规定层面的一系列积极进展，应继续大力推进，按照四中全会精神，为我国 PPP 机制的长效运行奠定良好的法治基础。

（二）必须高度注重 PPP 运行相关的契约精神培养

从法律这一基本制度建设保障作用延伸，自然要过渡到对契约精神培养的关注这一层面。"契约"一词来自拉丁语 Contractus，所指的是契约交易，在西方发源很早，后伴随宗教传播逐渐形成契约意识。"契约精神"从本源上来讲与政治学中所说国家产生一脉（"社会契约"）及法学中私法一脉（"民事契约"）相关，而我们在 PPP 运行中强调的契约精神，实际上是其置身于政府与非政府主体合作的经济行为中所强调的自由、平等、互利、理性、守信原则。这是对于传统的政府单纯行政权力意识的一种冲破，要求形成政府以"平等民事主体"身份与非政府主体签订协议的新思维、新规范。

PPP 模式中，政府部门、私人部门和公众之间存在多重契约关系：一是政府部门与公众之间存在契约关系，这种契约关系以政治合法性为背景，以宪法为框架，由政府在宪法范围内的活动为公众提供公共产品与服务，针对公众的需求履行承诺；二是政府部门与私人部门之间形成契约关系，这种契约关系以双方就具体项目或事项签订的合同为基础，由政府部门与私人部门通过合作来提供公共产品与服务；三是参与 PPP 的非政府的企业和专业机构、社会组织之间形成契约关系，在 PPP 总体契约中承担公共产品与服务的提供，回应公众的诉求。

PPP 直观形式上主要关注的是后面两层契约关系，尤其重要的是第二层。如果以契约精神的诸项原则来进行考察，便不难发现其培养发育和趋向成熟对于我国 PPP 运行和社会现代化的重要性。一是自由。就推进我国国家治理现代化取向下的现代市场体系来看，自由这一原则可以合乎"合作"逻辑地推进政府部门和非政府部门行使自由选择权。二是平等。平等这一原则可以构成政府与企业等非政府主体之间进行合作的牢固基础。按照传统的调控、管理思路，无平等可言，政府天然占据强势、操纵的位置，如把此沿用于 PPP 内，私人企业便不敢、不愿与政府合作，PPP 的发展便成空谈或难以持续。政府在规划、特许权授出等环节上，固然与企业不可能是平等身份而是"主导"身份，但一旦走到其以"合作"中的一方与企业、非政府主体签约、守约，则是确切的平等身份了，并在 PPP 协议（合同约定）存续期内，要和企业一样平等地接受法律约束。三是互利。契约能够达成，最重要的基础就是契约各方都能够从中获得实实在在的利益，PPP 模式也不例外。在我国的 PPP 运行中，正在明确互利这一契约基础，特别表现为不是简单要求企业"学雷锋""尽社会责任"，而是以与政府合作的投资行为取得预期的虽不高（非暴利）但可接受、可覆盖相当长时期的回报。四是理性与守信。契约的签订，是需要各方反复磋商磨合，尽可能全面、细致地穷尽各种相关因素而天然倾向于理性态度的，包括理性的妥协以寻求"最大公约数"，理性地评估合作期中的风险，也包括最大限度地理性吸纳各方的专业性咨询建议。特别值得注意的是，在自由、平等的原则下，以互利为基础而建立的契约，实际上是综合叠加地构成有合作各方共识的一种理性预期，在契约履行的一个长期过程中，也要求契约各方风险共担，从理性原则出发在契约中落实风险共担机制，也正是抗御风险的最佳社会选择。基于理性而守信的诚信文化，是商业文明与社会文明的重要组成部分，可以成为与"法治"相辅相成的"德治"因素而最大限度地降低交易成本，增进社会和谐与经济体的"软实力"，构成"国家治理现代化"的环境和条件。从中国经济社会转轨是执政党和政府公权体系的一种"自我革命"的角度来看，PPP 这一制度机制创新，对于政府的职能转变、权力制约和行为规范化，绩效趋向优化，也正是从由法治而契约的路径和方式来有效实现的。当然，从 PPP 模式启动开始，政府应当遵循理性原则，利用市场测试等手段针对公共产品和服务的类型进行测评，得到应当采用 PPP 模式的正确结论，避免PPP 模式的滥用。

作为制度供给的创新，PPP 自有其约束条件，其更广泛的发展尤以法治化的较高水平为前提，以诚信敬业的商业文化和契约精神为铺垫。无可否认，这些前提和伴随条件都是当下中国存在不足和缺憾的。因此，我们在充分肯定PPP 这一制度供给伟大创新的同时，也必须清醒认识 PPP 所带来的挑战与风险，明确 PPP 不可以在中国当下"一哄而起"地推行，需要抓住顺序推进的要领和重点，力求把这一"顺天应人"的改革，扎实稳妥地向前推进。

第三章　城镇化及后发追赶中的制度供给

新供给经济学在中国经济实践中的应用，当然并不局限于能源、环境及PPP 等方面，在此有必要结合中国经济、社会发展中的另一个重大现实问题——城镇化发展从制度供给角度考察其创新思路。

从 19 世纪末期影响孙中山先生民生主义思想的《进步与贫困》（作者为亨利·乔治），到 20 世纪中期锁定农业国工业化问题的《农业与工业化》（作者为张培刚），以及无论斯图亚特·R.林恩口中的"富人和穷人"[1]，抑或波金斯、拉德勒和林道尔口中的"富国与穷国"[2]，经济学研究中从来不乏对"富裕和贫穷"的关注和思考。人类社会中的富裕者——发达经济体，我们或可以称之为现代化的先行者[3]；而相对的贫穷者——发展中经济体（欠发达经济体），我们或可以称之为现代化的后来者；我国锁定"伟大民族复兴"战略目

①〔美〕斯图亚特·R.林恩：《发展经济学》，格致出版社，2009 年，目录页。
②〔美〕德怀特·H.波金斯、斯蒂芬·拉德勒、戴维·L.林道尔：《发展经济学》（第六版），中国人民大学出版社，2013 年，目录页。
③〔英〕M.J.列维：《现代化的后来者与幸存者》，知识出版社，1990 年。

标而施行的一脉相承的赶超战略①，实际上就是我国作为发展中国家即现代化后来者赶超发达国家即现代化先行者的战略。城镇化是现代化的重要一环，按照发展经济学的逻辑，城镇化过程是某一经济体工业化和社会成长发展到一定阶段的必经之路，以发展中经济体"打破"和"一体化改造"现代化工业与技术落后的传统农业并存的二元经济结构为实质内容。

在我国近现代史拉开帷幕之前的缓慢发展之中，如果没有外力的作用，城镇化率提升进程也必然发生，只是过程或许会很漫长。20 世纪中叶以来推进工业化和 20 世纪 80 年代实行改革开放以来，除了我国的赶超战略，全球化的背景与进展也给予我国城镇化进程诸多影响，此即现代化的先行者为后来者的城镇化进程所带来的影响。这种影响既推动了发展，也引发了矛盾。后发优势理论②、发展的后发优势理论③、追赶假说④、"蛙跳"模型⑤、技术模仿模型⑥以及技术模仿和创新的一般均衡模型⑦等相关理论研究，已沿时间脉络论述了先行者对后来者的积极影响（参见本书第一部分第四章的相关分析）。而这已不是本章中我们思考的重点所在，在看到上述积极影响的同时，需看到现代化先行者也引发了后来者城镇化发展进程中的矛盾。这可从全球范围和一国范围两大视角对这种矛盾进行分析认识。认清矛盾之所在，并非是为否定先行者对后来者的积极影响，而恰是探寻化解矛盾之道争取更好发展的基点：力求在贯彻经济赶超战略过程中加强对自身现状和中外互动的分析认识，以更好地科学细化发展路径，在全球化中寻求合作共赢。

①贾康、刘军民：《政策性金融与中国的现代化赶超战略》，载《财政研究》，2010 年第 1 期。

②Alexander Gerschenkron：Economic Backwardness in Historical Perspective，Harvard University press，1962.

③Marion J. Levy，Modernization and Structure of Societies：a Setting for international Relations，Princeton University press，1996.

④M.Abramjoritz：Thinking about Growth，Cambrige University press，1989.

⑤Brezis，Paul Krugman，Tsidden：Leap-frogging in international Competition：a Theory of Cycles in National Technological Leadership，American Economic Review，83，1993.

⑥〔美〕罗伯特·J.巴罗、夏维尔·萨拉-伊-马丁：《经济增长》（第二版），格致出版社，2010 年。

⑦R.Van Elkan：Catching up and Slowing Down：Learning and Growth Patterns in an Open Economy. Journal of International Economics，41，1996.

一、发达国家为发展中国家城镇化进程带来的矛盾

（一）先进技术与行业发展规模

赶超战略之下的城镇化进程中，发展中国家可以利用后发优势从发达国家学习先进技术。从后发优势相关理论脉络的梳理中不难看出，后来者通过技术的模仿、学习、追赶、转移和创新等方式而获得积极影响，是具有基本学术共识的。然而，在此前提下，特别值得关注的是，多种方式引进的先进技术在与后来者经济发展阶段中各行业对接之时，与其行业发展规模之间往往是存在矛盾的。

撇开政治、军事等非经济因素不说，由于行业发展成熟度没有达到一定水平，先行者尖端的先进技术不能为后来者所用。也就是说，虽然后来者可以通过后发优势学习到尖端的先进技术，实现"蛙跳"或者是技术转移、模仿，但是行业规模却不是一蹴而就的，加之与此领域相关层面可能出现的科研断层问题以及人才储备等多方面因素的制约，可能使舶来的先进技术无用武之地。例如：我国在城镇化进程中，产业结构重心逐渐向第三产业倾斜，而未来将成为第三产业主导的现代物流业势必成为发展的核心。就目前来看，虽然近年来前后有主要运营"商对客"（以下简称 B2C）的京东和淘宝等集团公司开始转而重视物流行业，但即使将目前引以为豪的、已开始向海外拓展业务的顺丰快递纳入考虑，我国物流业仍然是以基础运输为主，与把储存、装卸、搬运、包装、流通加工、配送、信息处理等多种功能通过运筹和系统工程耦合在一起的国际先进的物流管理体系相比，还相距甚远。然而，如日本 7-11 连锁便利店这样看似是点状微型实体而实际通过一流物流系统成功实现零售业庞大网状连锁发展的零售商，其先进技术与中国目前微型零售业的行业规模发展也是很不匹配的。

这种矛盾主要会产生两个负面影响：一是由于存在巨大的差距，对创新追求的原动力往往保留在先行者一方。二是后来者若尝试探索适合自己发展阶段的、相对滞后的技术进行引进，也面临着一定的风险：①相对滞后的技术已经被先行者淘汰而无迹可寻；②即使学到手，由于受到全球化的影响，这种技术在开放的市场上也已无竞争力，后来者将始终处于弱势；③市场份额已被先进

技术支持下的新兴行业所挤占，后期逐步发展滞后也面临着在垄断（如：7-11 连锁便利店在亚洲对便利店零售行业的垄断）之中求生存的窘境。

（二）福利与增长

居民福利本是发展的出发点与归宿，但其应是随后进经济体的经济赶超阶段不断升级而逐步提高的，这就势必导致后来者在赶超先行者的城镇化进程中始终面临福利与增长之间的矛盾，对极易滋生民粹主义情愫的后来者而言，一旦不能够理智地处理不当的福利赶超，很容易落入增长陷阱。20 世纪拉美地区的代表性国家在多种因素作用下产生的"民粹主义基础上的福利赶超"，就因其不可持续性而半途夭折，并把国民经济的赶超拖入了"中等收入陷阱"。

拉美福利赶超的主要表现是民粹主义的劳工保护和社会公共支出的盲目扩大。一是随经济高速增长，拉美国家城乡收入差距逐步扩大，农民工不断由乡村涌向城市致使城市劳动力市场供过于求从而工资不断降低，进而导致收入差距问题日趋严重。在失业率高风险与发达国家福利体制"榜样效应"的双重作用下，简单照搬"选举"民主政治（且极端化地推至"一人一票"——其实"样板化"的美国恰恰不如此），民粹主义情愫愈发凸显，政治家与选民的互动多方促成拉美国家盲目设立高就业保护与高福利保障，成为宏观经济发展的沉重负担。二是拉美国家为迎合民粹主义取向，在 20 世纪 70 年代以后将财政支出主要着力于扩大社会性支出，整个拉美地区各个国家从 1990 年至 2000 年社会性支出占 GDP 的比率不断上升，有的国家社会支出占公共预算支出的比重高达 60%—70%，甚至在财力严重不足的情况下仍然继续盲目扩大赤字来满足社会性支出，从而彻底拖垮了宏观经济。

由民粹主义基础上的福利赶超导致经济赶超失败从而落入中等收入陷阱的逻辑规律可以被纳入"民粹主义宏观经济学"[1]。其逻辑路径大致为：宏观政策初战告捷—经济增长遇到瓶颈—经济发展全面短缺—民粹主义政府破产。

第一阶段的主要表现是：民粹主义社会基础所支持的政府在经济赶超中实施福利赶超，经济产出水平和实际工资水平在一开始得到普遍提高，同时由于

---

[1] Dornbusch Rudiger and Sebastian Edwards: The Macroeconomics of Populism in Latin America，NBER Working Paper No.2986，1989.

出台了劳工法，能够保持合意就业率，并迎合民众意愿提高社会保障水平，经济呈现一片欣欣向荣景象。但由于第一阶段属于纯消耗阶段，没有什么积累，所以进一步的发展就遇到了瓶颈制约。第二阶段使第一阶段存在的隐形问题显性化：一方面，以扩大财政赤字为主的财政支出规模增加造成对国内商品的巨大需求，而这种巨大需求与生产供给不足严重对立，因此，更多的商品要依赖运用外汇购买进口，与此同时，已经非常吃力的财政还要维持"高福利"，简单机械照搬欧美福利制度并要赶超欧美，更使财政雪上加霜；另一方面，由于大笔外汇用于进口，导致外汇越来越短缺，致使所需要的更多商品，没有更多外汇再去支持进口来满足需求。这种典型的供给矛盾在第三阶段上导致政府控制物价的行为无法继续，只能施行价格调整、本币贬值、外汇管制、产业保护。这一阶段，民众的工资增长很快，但是通货膨胀增长更快，导致实际购买力开始下降。经历了前三个阶段的发展后，前一任民粹主义社会基础所支持的政府在种种矛盾激化局面下必然破产倒台，新一任政府出面主持大局，不得不实施正统宏观政策下的稳定计划，或借助国际货币基金组织（以下简称 IMF）等国际机构的援助，以求维持本国经济稳定与发展。但此时，国内民众实际工资已出现大幅下降，低于民粹主义政府当政之前的水平，并将在很长时期内处于这样的低水平，经济增长停滞不前，甚至出现倒退，即落入所谓的"中等收入陷阱"。这样的民粹主义基础上实施的福利赶超所带来的严重后果，使拉美经济落入"中等收入陷阱"难以自拔。可知，福利赶超虽然是归宿，但是若没有强有力的经济赶超作为可持续的支持手段，则无法最终达成所追求的福利目标。在我国推进城镇化与公共服务均等化过程中，同样可观察到民粹主义的情愫与社会压力，如何认识和防范联通于中等收入陷阱的"福利陷阱"，已成为不可回避的问题。

（三）制度进口与制度供给

发达国家有许多相对先进的制度，但是后来者对先行者的制度进口走到制度供给的层面，实际须经历较长一段历程。在我国，且不论已经空转多年但至今仍阻力重重、仅有个别试点的物业税——房产税，就说城镇化进程中已经有较强呼吁声音的关于多发挥非政府组织、慈善机构等第三方机构作用的观点，这种看似先进、科学、有效的制度要素，如要在我国制度供给层面广泛推广，还有很多障碍。原因之一是以美国为代表的发达国家，其第三方机构（多称为"第三部门"：The Third Sector）的资金来源，大都与遗产和赠予税的"倒逼"或"引导激励"相关，大部分社会财富的高端拥有者是由于非常高额的遗产和赠予税的存在而选择直接成立公益性基金会，或将遗产捐赠给基金会，且在这种遗产和赠予税制度的影响下，发达国许多富豪都已趋于尊重该税种对国家、社会、企业与子女未来发展的多重积极因素，从而反对这种税收的减免或取消。而我国由于种种原因尚没有形成遗产与赠予税的制度机制，在此阶段即使对第三方机构相关制度机制产生青睐，落实过程中实际恰恰缺乏相关的前提性——支撑性制度对接，因而过早地强调在我国发展第三方机构的作用，将很可能是"揠苗助长"，转而或成为政府的负担，或无法生存而消亡。

（四）福利与制度供给

我国城镇化进程中，户籍制度一度饱受非议，但究其本质，终究要肃清"乱花渐欲迷人眼"之境，认清户籍制度固化的福利制度确实与城镇化息息相关。对于全国范围内的福利水平，我国目前阶段最强调的是托好"基本公共服务均等化"这个底，这种思路在发达国家是经过实践证明可行的，"现代的发达国家，在历史上，公共产品与服务的供给基本上都是首先偏向于最迫切需要得到帮助的贫困人口，然后在此基础上逐渐实现公共产品与服务提供的均等化"[1]。然而，后来者的制度供给往往受到行政区划界限的制约，导致制度供给统筹性较弱；相反，先行者的制度体系经过多年摸索、磨合和动态优化，已经相对成熟，其提供某些福利的相关制度往往超越行政区划的界限，政府间关系、财权与事权的划分也相对科学并可持续。

二、发达地区为欠发达地区城镇化进程带来的矛盾

以我国为例，全国范围内，江苏、浙江等先进省及长三角、珠三角等先进地区作为我国现代化的先行者，其在城镇化进程中拥有强劲的增长引擎，而与之同属一国范围内的欠发达地区，同样会存在国内现代化先行者为后来者带来

---

① 〔英〕迈克尔·希尔：《理解社会政策》，商务印书馆，2003年。

的城镇化矛盾。

（一）榜样效应与要素禀赋制约

不同领域的学者从不同角度观察，都注意到我国目前城市发展的相似性。无论要素禀赋怎样，城镇化似乎只有一条标准，这种"机械化"的城市发展道路恰恰在很大程度上来自于先行者带动后来者的榜样效应。尽管在一定程度上和某些方面，榜样效应为整个国家的发展带来源源不断的增长动力，激励后发地区实现迅速发展，但是也极有可能会带来忽略要素禀赋的机械模仿恶果。我国地域广袤，东南沿海的发达省份（包括：辽宁、天津、山东、江苏、上海、浙江、福建、广东）与西部的十二个省、自治区、直辖市（包括：重庆、四川、陕西、甘肃、青海、云南、贵州、广西、内蒙古、宁夏、新疆、西藏）要素禀赋迥异，或可直言不讳：东南沿海发达省份的城市类型与表征并不适合成为西部发展的天然榜样，西部的地理条件、要素禀赋、人文特征等本应为其城市发展提供"记得住的乡愁"与个性。

（二）政策同步与政策效用

在一国范围内，同时存在现代化的先行者和后来者的区域之别，那么还应当注重看似基于公平的考虑而盲目追求政策同步所导致的政策失效问题。对应于先进发达区域的政策未必适应于后进的欠发达区域和欠发达的发展阶段。我国幅员辽阔，各省、自治区、直辖市及经济发展区域的发展阶段也不尽相同，现代化程度、城镇化程度迥异，政策同步与政策效用发挥之间便往往存在矛盾。例如：我国关于加快（或调整）住房建设进度、关于淘汰某些落后产能、关于鼓励知识产权申报等政策，以同样的要求开始落实，长三角、珠三角等相对发达的地区能够很快实现政策的落实与对接，并在相对短期内取得成效，而云贵高原和西北边陲地区，政策启动战线长、政策效果反应慢。经过多方调研，同样一项政策，往往在江浙地区已经利用完毕、准备转型的时点，云贵地区才初见成效。此时，国家转向政策要求全国政策同步，势必降低政策的效用，甚至客观上引发区域差异扩大的马太效应。

三、运用"供给管理"思路应对矛盾、实现共赢

针对前述问题，运用区别对待的"供给管理"思路方略的必要性便十分明

显了。

第一，做实行业规模，拔得技术头筹。贯彻赶超战略的实质不是简单地寻求逾越发展的阶段和环节，做实行业规模便是其中的硬环节之一。规模化过程本来依靠的是行业自身发展与成长，由于受到全球化的催化而有了加快生长的可能，加之后来者对先行者先进技术的学习，客观上对后来者的行业规模提出了更高的要求，也具备了某种"超常规发展"的可能性。基于此，为了避免创新的原动力始终停留在相对发达的先行者一方，通过赶超实现真正的崛起，后来者必须一方面努力做实行业规模，另一方面在可学习的技术水平之上，调动一切潜力、付出艰辛的努力、锲而不舍地进行技术创新，最终拔得技术头筹，才能突出重围式地实现向"微笑曲线"两端专利生成、品牌打造和市场营销、售后服务移动的目标。三星和苹果之间的对战就是很好的实例，在苹果这一先行者几乎垄断全球智能手机市场的情况下，三星能够突出重围，在吸收苹果技术成果的前提下，通过独立创新的屏幕技术实现超越苹果的目标，从而与苹果平起平坐，靠实力分到市场的客观份额，可谓实现成功逆袭的典型案例之一。政府的政策引导和激励应特别注重这一领域的合理化涉及。

第二，提防民粹主义，引导良性发展。由于受到先行的发达国家普遍高福利水平的影响，后进的发展中国家在发展战略上其实不同程度地会受到民粹主义情愫的绑架，"拉美化"问题便是民粹主义绑架政策驱使宏观经济运行中盲目追逐福利赶超而落入"中等收入陷阱"的负面案例典型。在这种情况下，后来者应当力求避陷阱、求坦途，始终坚定不移地坚持以经济建设为中心，在我国已由"发展是硬道理"升华为"全面、协调、可持续的科学发展是硬道理"，在尊重客观经济规律的基础上以"保持长远发展后劲"为依托贯彻赶超战略，引导经济社会发展在良性轨道上运转和升级。

第三，优化制度进口，注重制度对接。后来者对先行者的制度进口过程中，往往容易出现"囫囵吞枣"的倾向，原因在于往往缺乏对进口的制度要素或制度形成的深入研究和细化分析，未能充分考虑和预防"南橘北枳"的后果。亟应考虑在看重彼方制度的实效的同时，特别注重其理论基础、历史脉络、法理支撑、实施细节及所关联的政策体系框架。在对进口制度进行本土制度供给转化的过程中，后来者应当全面考虑按照细化的研究成果，处理好在此方面与核心制度相关的上下游制度和法律、政策的对接体系。我国现实生活中的制度引进往往表现为开放条件下"倒逼"而成的改革，借鉴国外经验而产生的方案设计，在制度设计的过程中掌握"积极借鉴"与"适合国情"的关系（学理上可说是制度进步共性与个性的关系），实在至关重要。因地制宜地讲，在中国式"纵向民主"①的背景下，顺应改革的潮流，从我国制度供给的长期来看，这是一个具有非常重大意义的前期考验。制度进口既要有必要的"形似"，更要追求实质性的"魂似"，既要认清世界性的人类文明发展潮流继续"大踏步地跟上时代"，又要防止生吞活剥、消化不良、水土不服，这就需要把握好提供"有效制度供给"的管理方略与艺术了。

第四，打破行政界限，统筹制度供给。社会福利方面强调的"基本公共服务均等化"是托底，托底事项上，后来者应当注重清理"死角"，真正做实。从托底的水平再往上走，在制度供给层面，就必然要考虑行政区划界限对福利制度供给和公共服务升级的制约。我国一个典型案例，是地处京、津间的河北廊坊的大学城，由于与北京市地处两个行政区划，而无法顺利解决如此近距离的公共交通体系现实问题，从而导致整个大学城运营趋于失败。借鉴国际经验，可知主要担负市政功能或教育功能的美国"特别区"与"学区"政府制度，对于我国城镇化进程中打破行政界限、统筹福利制度供给而言提供了可供探寻的路径。然而，需要注意的是，美国"特别区"政府虽然通常只承担一项（极个别承担多项）职能，但是由于带有"矩阵型"管理的特质，可能会与行政区划下的州（State）政府及市（Cities）、县（Counties）政府决策产生冲突，而冲突解决的唯一途径就是形成清晰的相关立法规定，因此这也对后来者学习该制度提出了较高的司法制度要求。

第五，注重要素禀赋，推动多样发展。正如美国这样的发达国家也不可能做到全国城镇化水平趋同一样，后来者在发展的过程中应当特别注重考虑现实中要素禀赋的差异，推动多样化发展。这方面的一个关键性"供给管理"是落

① 〔美〕约翰·奈斯比特：《中国大趋势》，中华工商联合出版社，2009年。

实差别政策，调控协同发展。鉴于不同政策在不同发达程度的地区所产生的政策效果的不同，应当更加注重优化和落实必要的差别政策，"差别"的方法可以有：新政策同时颁布实施，但按照发展阶段和发达情况选择有区别、有弹性的政策执行细则；升级政策颁布实施，可考虑延长欠发达地区启动时间，保持政策的延续性、良好的过渡性及保障政策效果。

在全球经济一体化的现代化经济背景下，讨论现代化先行者与现代化后来者绝不是割裂二者的关系，而恰是为了帮助现代化的先行者与后来者在全球化进程中寻求合作共赢。所谓"合作共赢"，就是指多方共同参与同一项交易活动或共担同一项任务中实现参与方共同收益，落实到学术探讨的层面，就是指在现代化进程中，先行者与后来者实现共同收益。为了实现中华民族的伟大复兴，我国作为现代化的后来者，应当一方面遵循经济增长的比较优势和递进发展的客观规律，另一方面积极发挥后发优势，贯彻"守正出奇"的现代化赶超战略。然而，如上文所述，后来者在贯彻赶超战略的过程中，可能会遇到各种问题，而对这些问题的认识与反思恰能够帮助后来者通过借助理性的供给管理而合理地贯彻经济赶超战略，力求实现崛起过程中各项制度演进与政策设计的科学化，从而使经济社会发展的步伐更加稳健。

第四章 中国新型城镇化进程中土地制度改革的难题破解路径

土地制度改革因涉及的层多面广，历史上积累下来的矛盾纠结缠绕，利益平衡的难度很大，已成为我国新型城镇化、农业现代化、城乡一体化、农民市民化、农民权益保障等诸多问题的焦点和难题。本章从土地制度改革的理论难题和现实矛盾破解入手，深入分析农村土地私有化、维持集体土地所有制和实行集体土地国有化三种不同思路的利弊，结合深圳调研中发现的实践突破，引出实行第三种思路的基本结论与建议，即未来在土地全部国有法律框架下，可以采用渐进式改革路径优化相关制度供给，分步实质性落实土地单一国有制改革。在深圳创新初步经验基础上，可给出远景展望：在单一国有平台上，通盘规划土地开发利用，分类分步兑现谈判形成的一次性方案中的各方利益（充分利用社区作用"两层算账"），使市场充分起作用和更好地发挥政府职能，动态优化，因地制宜，鼓励各地（大城市可以先行）积极探索创新我国的土地制度体系。

土地制度属于一国最基本的不动产制度。中国改革开放以来，始于农村的土地制度相关改革（农村土地上的"双层经营联产承包责任制"）不仅为我国经济社会发展提供了农业基础层面的活力与动力，而且构成了其他诸多领域改革的前提和保障，引领了我国改革开放的大潮。随之而起的城镇化快速发展与"经济起飞"过程，对于从农村到城市的土地制度改革提出了更多的要求与挑战性问题。时至今日，土地制度改革已成为我国新型城镇化、农业现代化、城乡一体化、农民市民化、农民权益保障等诸多问题的焦点。顺应时代要求，启动符合全面改革总体、长远要求和未来社会经济发展客观需要的新一轮土地制度改革，亟须在探索、创新中形成可行思路并引出可操作方案设计，这事关中国改革发展全局和现代化事业的成败。

一、中国城镇化和现代化进程中土地制度改革的难题

我国土地制度改革推进的难度之所以很大，主要在于这一改革涉及的层多面广，历史上积累下来的矛盾纠结缠绕，利益平衡的难度很大。当前与土地制度相关而存在的诸多矛盾，其深层次原因都与土地产权制度密切相关。土地产权制度走向何处，是我国弥合"二元经济"而实现城乡一体化发展的现代化进程中必须解决的重大问题。

（一）土地制度改革的核心难题在于土地产权制度改革

从所有权属性上来看，我国土地分为国有土地和集体土地两种性质。城市市区的土地属于国家所有；农村和城市郊区的土地，除无主荒地等由法律规定属于国家所有的以外，属于农民集体所有（深圳已有改变）。农村集体土地在实现承包经营制度框架之下，近年来中央已先后提出允许农民以转包、出租、互换、转让、股份合作等形式流转土地承包经营权，允许农村集体经营性建设用地出让、租赁、入股。但"农字号"的土地始终是与城镇建成区分开的，一旦需要"农转非"，原则上就必须征用为国有土地，完成审批及征用、补偿的全套程序。总体看，现行土地制度框架是"公有二元"特征的把国有土地所有权和集体土地所有权并列的两种产权结构体系。名义上同属公有土地，一为大公，一为小公，大公大到"全民"（国有为其具体形式），小公小到人口变动不居的某一村民小组，具体的权、责、利情况千差万别，十分复杂。从现实来看，这一产权制度结构体系，产生了诸多矛盾或问题，主要体现在以下五个方面。

一是国有土地与集体土地权利、责任"双重不对等"所产生的矛盾。一方面，国有土地与集体土地权利不平等。这不仅表现在集体土地由于实行乡、村和村民小组"三级所有"所带来的所有权虚置与紊乱问题，而且更为突出地表现在使用、收益和处分权上的不平等。长期以来，我国严格限制农村集体土地转为建设用地，除特殊规定外，集体土地使用权不得出让、转让或者出租用于非农业建设。这也就意味着农村集体不能面向市场供地，只有经国家征用转为国有土地后，才能由国家出面出让、转让和用于非农建设。因此，与国有土地权利相比，集体土地的使用权、收益权和处分权都是不完整的。虽然近些年来我国做出了解决这一问题的一些探索和制度调整，但由于受诸多现实制约因素的影响，尚未真正实现国有土地与集体土地权利平等。集体土地与国有土地权利的不平等，又表现为制约农村发展和引发紊乱状态等诸多问题的原因。例如，导致"小产权房"问题大量出现的主要动因，就在于两种土地权利和收益的显著不平等。另一方面，国有土地与集体土地又存在责任不对等情况。在很多地方，政府无法在集体建设用地使用权转让时分享土地增值收益，而政府（代表全民）在公共基础设施等方面进行了大量的投入，是引起土地增值的一个重要原因。如果政府不参与集体土地收益分配，只强调集体土地权利，而不使集体承担责任，显然也是不公平的。这种责任不对等的现象，是近年来现实生活中集体土地产权转让中愈益频繁出现的显化问题。

二是"二元"产权结构体系使土地利益协调和农民权益保护的难度大大增加。在土地利益协调和农民权益保护中涉及的一个根本问题，就是土地增值收益的公平分配。土地"涨价归公"是颇具学理渊源的一个重要思路①，来源于孙中山著名的《民生主义》演讲，其针对中国历史及 20 世纪初严重的土地问题提出了"平均地权、照价抽税、照价收买、涨价归公"的政策。该政策的理论基础，是认为土地可以私有，但土地，特别是城市土地的级差地租和市场涨价，不是土地私有者带来的，而是社会改善基础设施及其环境，以及人口聚集所带来的。因而，土地的级差地租和市场涨价应当归公，"以酬众人改良那块地皮周围的社会和发达那块地皮周围的工商业之功劳"。这便是孙中山所谓"平均地权"的政策思路。其政策操作过程是，先由土地的所有者按照市场行情去定价（"地价是单指素地来讲，不算人工之改良及地面之建筑"），然后报告政府。政府按照其报价，按率征税（"照价抽税"）。为了避免地主低报地价偷税，他主张政府有"照价收买"的权利。其含义相当于我们今天的政府征收土地的政策。因为有"照价收买"的可能性，地主低报地价可能在土地被政府征收时对自己不利，高报地价则可能在政府抽税时对自己不利，所以，这个机制可以保证土地所有者诚实报价。当地价确定后，如果这块土地发生产权变动，而此时它在市场中的地价高出原有价格，那么，涨价的部分，就应当由政府收走归公。

但现实中的土地增值收益分配，不可能是简单绝对的"涨价归公"或其反面的一律"涨价归私"，而应按照"公私兼顾、增值共享"的原则，处理好国家、集体和农民之间以及近郊区直接受益农民与远郊区未受益农民之间、农民

①孙中山在著名的《民生主义》演讲中指出："解决土地问题的办法，各国不同，而且各国有很多繁难的地方。现在我们所用的办法是很简单很容易的，这个办法就是平均地权。……依我的主张，地价应该由地主自己去定。……政府如果定了两种条例，一方面照价抽税，一方面又可以照价收买。那么地主把十万元的地皮，只报一万元，他骗了政府九百元的税，自然是占便宜；如果政府照一万元的价钱去收买那块地皮，他便要失去九万元的地，这就是大大的吃亏。……从定价那年以后，那块地皮的价格再行涨高，各国都是要另外加税，但是我们的办法，就要以后所加之价完全归为公有。因为地价涨高，是由于社会改良和工商业进步。……推到这种进步和改良的功劳，还是由众人的力量经营而来的；所以由这种改良和进步之后所涨高的地价，应该归之大众，不应该归之私人所有。比方有一个地主，现在报一块地价是一万元，到几十年之后那块地价涨到一百万元，这个所涨高的九十九万元，照我们的办法都收归众人公有，以酬众人改良那块地皮周围的社会和发达那块地皮周围的工商业之功劳。这种把以后涨高的地价收归众人公有的办法，才是国民党所主张的平均地权，才是民生主义。……地主真是明白了我们平均地权办法的道理，便不至害怕。因为照我们的办法，把现在所定的地价还是归地主私有。土地问题能够解决，民生问题便可以解决一半了"。

的土地权益和社会公共利益之间等多重利益关系，建立合理分配机制。两种产权结构体系并存，特别是集体土地产权主体由于多种原因最易虚置，增加了利益协调和保护农民权益的难度。无论是作为一级政府的乡镇，还是作为农村基层群众自治组织的"村民委员会"，都很难成为真正意义上的民事权利主体。在农村社会成员必然变化（如生老病死）和必然流动（如异地嫁娶）以及近些年随外出长年打工等形成的流动性增强的情况下，集体土地产权如何在"集体"中的每个人那里得以体现和受到保护，成为一个十分突出的问题。

三是集体土地产权主体虚置与土地流转相关的扭曲、作弊问题。集体所有权的虚置，成为土地流转的严重制约因素和不规范因子。土地流转能够提高土地资源配置效率，促进农村剩余劳动力的转移，是现代农业发展的内在要求和城镇化发展的必然趋势。虽然近些年来国家逐步放宽并允许农民的土地承包经营权可以采取转包、出租、互换、转让、股份合作等形式流转，但在集体所有权虚置情况下，农民并未拥有完全的土地使用权，并且受乡镇规划、承包经营期限、具体操作程序等影响，往往限制性扭曲了符合规模化和专业化经营要求的土地流转，而且名义上"一人一票"式所有权的极易落空和虚置，又为侵犯集体土地权益的作弊与腐败大开便利之门。土地征收补偿不合理、强制征收、村委会成员利用土地谋私利等，都严重侵犯了农民的土地权益（当然也包括其背后的全民公共权益）。虽然近年来，我国一些地方在农村采取股份公司、合作社等组织形式，将股份量化到村民，提升了"集体"内部的规范性，但利益分配中的一些问题和矛盾（特别是对外部而言）仍远未得到根本解决。

四是"公有二元"产权结构，加大了政府管控与市场自主调节土地资源间的矛盾。在市场经济下，市场机制是资源配置的基本方式。土地作为一种生产要素，需要发挥市场的配置和调节作用，以提高其配置效率。由于人多地少，土地在我国现实生活中成为一种特殊的"自然垄断"资源，又事关国家粮食安全、十三亿人吃饭问题，如果完全依靠市场自发调节，有可能导致农地使用不当、农地和建设用地比例失调，引发粮食安全问题，更何况城镇化带来的中心建成区的扩大，必然引发市场式"试错"无法有效解决的"通盘规划合理化"问题，因此，需要政府发挥积极的管控作用。然而，在土地资源配置权力上，政府与市场之间往往处于一种此消彼长的矛盾之中。解决这一矛盾的关键是如何找到合理的边界和分工、互补机制，使政府与市场都能发挥积极作用，共同提高土地资源配置效率。一般而言，政府应该在保护耕地、保护各类土地产权、实施土地利用规划等方面发挥主导作用，市场应在土地资源配置上发挥主导作用。市场经济的一般经验是土地可分为私有和公有（国有），商业活动对私有土地的需求只能通过市场交易满足，公益项目对私有土地的需求可通过国家征用（有补偿）来满足，政府有规划权，但在依法管控事项之外，应全部交给市场。然而，在我国"公有二元"产权结构和现行体制下，政府在国有、集体均为"公"字号的土地使用、管理与交易中，明显存在管控过度与管控不到位并存的现象，市场的积极作用被抑制，消极作用又往往未得抑制。一方面，政府在土地征用、开发、拍卖等方面承担了过多的职能，担当了土地供给者和使用决定者的角色。审批程序的复杂以及其他过度管制措施，不仅导致了交易成本过高、阻碍土地的合理流动与优化配置，而且产生诸多腐败问题。另一方面，又存在土地管控不到位的情况，造成规划紊乱低质、土地配置不合理、使用效率不高、私自改变土地用途等问题，特别是一些集体土地，更是出现了乱占乱建、私自交易等问题。

五是"二元"产权结构与城镇化发展之间的成本上升与风险压力日趋明显。截至目前，我国城镇化的推进主要是由政府主导的征地，以现行的一套土地征收制度为支持。随着城镇化发展，两种土地产权结构下的征地成本上升，"棘轮效应"加"攀比竞抬"式压力日益显现。其一，政府主导城镇化的现实资金约束和风险日益增强。政府主导城镇化，是以大量的建设资金为前提的。没有资金保障，地方政府就难以为城镇发展提供必要的基础设施建设，政府主导的方式也就难以运行了。我国现有征地制度的一大优势，就是初始开发环节通过低价征收、高价拍卖的方式，为政府推进城镇化提供了大量的资金支持。然而，随着农民土地维权意识的增强和各方"讨价还价"式博弈的变化，政府主导城镇化与现实资金约束增强的矛盾日益显现，因为城镇化很难再以初始阶段的低成本方式继续推进，征地、拆迁费用攀比式的水涨船高不断增长，使政府主导城市化的成本急速上升。农民、市民补偿诉求得不到满足而引发的冲突，成为影响社会稳定的重要因素。这表明"二元"结构下政府主导城镇化的经济风险、社会风险和政治风险都在增加。其二，在一些城市发展中出现"自主城镇化"模式，即在集体土地上建设城市和"农转非"项目（如"小产权房"），突破了城市土地国有的限制，与现行诸多制度产生冲突，也为后续管理、产权登记、交易等诸多方面增加了极大难度和十分棘手的问题。其三，基本农田农地保护与城镇化用地之间的矛盾日益突出。一方面，由于人多地少，实行农地保护制度，是生存与发展的必然要求；另一方面，城镇化发展，必然造成城镇扩张和建设用地的增加，二者构成一对矛盾，而在农地非农化带来的巨大价差诱导下，进一步刺激了"征地"和"变地"冲动，一些地方千方百计将农田转为农村的或非农的"建设用地"，造成乱征收、乱占地现象，对粮食安全和社会稳定等构成了威胁。

（二）土地产权制度改革大思路的理论逻辑：利弊分析及可能选择

由上述考察可知，探讨如何改革我国国有土地与集体土地并存的"公有二元结构"势在必行。纯粹理论分析的大思路可以有三种。

思路一：实行农村土地私有化，取消集体土地所有制。

实行农村土地私有，是不少学者的主张，虽然能够解决集体土地产权虚置、保护农民土地权益、防止村组织以权谋私等问题，但也会带来诸多不可忽视的负面影响，产生极大的经济、社会和政治风险。具体而言：

一是产生经济风险。从理论上说，土地私有化所带来的产权明晰，便于提高土地利用效率，可能会产生良好的经济效益。然而，土地作为特殊资源，在我国实践中却很可能产生一些经济风险。主要在于：其一，在不同地区，受利益博弈等影响，可能会出现相互矛盾的两种发展趋势，一些地区可能出现大规模的土地兼并（重演中国历史上的失地农民矛盾积累过程），而另一些地区的农民则可能拒不流转，从而使农业集约化生产难以有效推进。其二，私有化之后的土地流转，受经济利益驱使，可能会危及粮食安全问题。

二是带来社会风险。主要表现在：其一，不利于解决劳动力转移和就业问题。在原有土地的劳动力无法得到有效吸收、转移的情况下，如果以土地私有为产权基础放任资本大肆兼并土地，可能会产生城市盲流，影响社会稳定。其二，农村土地私有化将会导致我国城镇化过程中未来的"钉子户"式产权纠纷难题更为明显和加剧，影响社会稳定。

三是引发政治风险。其一，农村土地私有化而城镇土地已完全无私有化的可能，在国民公众权利意识日益兴起的社会背景下，农村土地私有化产生的城乡居民利益反差、心理失衡的社会效应，将会直接影响改革环境的稳定性。其二，由于我国明确地实行社会主义制度，土地公有的观念根深蒂固，土地私有化必将饱受社会和部分体制内人士质疑，遇到的政治阻力将使其在现实中无法起步而徒增政治斗争的复杂性。

因此，在我国推行农村土地私有化思路的社会成本极高，不可控因素太多，经济、社会，尤其是政治风险十分巨大，可能产生种种难以预期的后果，这一思路难以形成方案，不具备现实可行性。

思路二：维持"公有二元产权"结构体系，坚持并完善农村集体土地所有制。

由于这一思路是不对两种产权结构体系做大的调整，因此，优点是带来的直接负面影响较少，短期社会风险较小，改革较易推动（这些年来实际上官方态度一直如此）。然而，在这种产权结构体系下，虽然出台的一些政策如土地确权、两权分离、三权分置、允许农村集体经营性建设用地出让等，能够缓和一些冲突，但仍属于治标不治本，无法解决前述分析中的一些深层面矛盾，"同地同权"的表述虽得人心，但难以落到实操层面，进退维谷，因而所谓坚持和完善农村集体土地所有制，实际上很可能是陷入矛盾积累过程、路子越走越窄，不利于长期稳定发展，不可成为未来的长期选择目标。

从理论上分析，土地的"集体所有制"，在最讲"产权清晰"的市场经济和必然要与之匹配的要素流动以市场交易为机制的现实世界中，是无法长期有效运行贯彻到底的。因为一个"集体"，遇人员死亡、新生、婚嫁等，"一人一票"的总票数必然变动，而土地权益所依托的土地实体，却不可能随之有任何变动，增人无法增地，减人也难减地，内部、外部人与人之间的权益自然是模糊难定的，无法真正规范。种种的不规范、扭曲与"作弊"的空间，就往往反而成了常态，以及利益博弈的"灰箱"，难言有长效的公正。

如我们有了这一"捅破窗户纸"的基本认识，还需要再加上另一重要判断性认识：现阶段我国具有一定积极意义的集体土地与国有土地"同地同权"，与整体、长远考虑必须顾及的"平均地权、涨价归公（以从亨利·乔治到孙中山的主张为代表）"两大原则之间，存在不可调和的矛盾。"同地同权"是有利于保护直接相关农村原住居民权益的原则，"涨价归公"是可能有利于全体国民、特别是大量远离城乡接合部、在一桩桩一件件征地或土地交易事件中不可能直接受益的他地居民的原则（当然有效"归公"的前提是政府职能必须正常行使），换之，前者是在"小圈子"内分权益的原则，后者是在"全社会"中分权益的原则，两者自然有冲突，而且无法按照"二者必选其一"来求解。把以上的两个认识与判断合在一起，引出的结论必然是：长远考虑，我国正确处理"土地权益"问题的出路，应在于当下以社会可接受的机制处理一桩桩具体事件中"同地同权"与"平均地权、涨价归公"间的折中权衡方案（现实生活中我们一直在"讨价还价"式地做这种事情，但显然已越来越吃力），同时面对今后还要经历的几十年快速城镇化过程，长久之计是争取创造条件把"土地集体所有制"转为产权清晰、无纠结状态的另一种可接受且有利于可持续处理"涨价归公"问题的所有制形态，以求避免未来矛盾的更加积重难返。如土地私有制无可接受性，剩下的选择便不言自明了。

思路三：实行集体土地国有化，先有法律框架后加实际内容地逐步取消集体土地所有制。

土地国有化思路，从长远看既能够解决集体土地所有权虚置、土地权利不平等、小产权房等问题，又能以"一次锁定、分步兑现利益"方式避免城市化的巨大资金支出压力，减少因土地产权矛盾积累而引发的社会和政治风险，并且还有利于顺利实施统一市场上的土地流转，便于国家统一规划、管理，发挥中国特色社会主义市场经济的优越性。

贾康等学者曾提出这一思路中的基本考虑如下：土地是城镇化的重要载体，与之相关的重大现实问题，是农村基本农田土地使用权的流转制度，和城镇化必然征用土地的"农转非"全套制度如何合理化。已可看清：在我国农村土地的"集体所有制"无法与市场、法制完整匹配、路子越走越窄的制约条件下，所谓使土地"私有"的方向政治上又至少在中国不可行，如何处理土地制度这一重大而棘手的难题，是中国统筹城乡和实现民族复兴愿景面临的巨大历史考验之一。未来的改革大方向，可以按照"排除法"，选择"集体所有"、"私有"之外的唯一余项——国有制，把必保的基本农田和其他所有土地，都纳入"国有"法律框架，其中对基本农田确立永佃制，在非基本农田用地上则一揽子、一次性、一劳永逸地处理好宅基地、"小产权房"等历史遗留问题（物质利益补偿可以分步按合约实现），进而给予全体社会成员"国民待遇"，其后即有可能进入一个统一市场中土地产权的规范化、一元化状态：就是我国全部土地都是国有土地，其使用权可透明、规范地流转，凡是土地使用权流转环节上的租金，都进入国有资本预算（基本农田另行处理，实际上可不要求或象征性低标准要求务农者上交农地的地租）；凡是其流转和持有环节上应征缴的税收，都进入一般公共收支预算。生产要素包括土地要素的流转、配置，均可以进入无壁垒状态。政府应专注于做好国土开发、土地利用的顶层规划，同时非农田建设用地由一套市场规则和特许权规则来调节其交易或特定用途配置。除基本农田用地"封闭"式流转和发展规模化经营之外，真正把所有土地资源放上统一市场的一个大平台。这个前景，是配套于城乡统筹发展和市民化为核心的城镇化历史过程的一个值得探讨的可选改革方向，如果一旦形成决策思路，公共财政理应支持其方案化实践和推进优化过程。

综合以上理论化的、逻辑式的利弊分析，我们认为，实行集体土地的国有化，即将全部土地纳入国有平台，应是中国土地制度改革长远发展战略的大思路。但把集体土地国有化，实践难度很大，当然只能徐图进展。

（三）土地国有化改革需解决的几个重要问题

实现土地国有化改革的预期目标和效果，需要处理好几个重要问题：

一是土地国有化的路径选择。集体土地国有化，是赎买还是直接收归国有？国家显然不具备一步赎买的实力。如果直接收归国有，会引起社会质疑、反对，不利于社会稳定，并且在土地征收等相关制度不完善的情况下，很容易造成对农民权利的侵犯和剥夺。此外，村委会职责的转变、乡村债务等问题都对国有化形成制约。因此，必须妥善选择土地国有化的渐进实施路径。

二是构建以基本农田永久土地使用权（永佃制）为核心的农用地产权体

系。在法律上确定国家作为土地终极所有者的地位之后，基本农田土地使用人可行使永久使用权（其实"分田到户"的土地承包制从"30年不变"到"永久不变"的表述，已基本上解决了这个问题），它又可具体分解为占有、使用、收益、处分等权能，形成二级产权束。土地使用人享有的土地使用权可以以抵押、租赁、入股、买卖等形式，通过市场优化组合，也可以合法继承、赠予等。这样不仅保证了国家在土地管理和最终决策上的权利，而且又具有很大的灵活性，给实际土地使用者较大的使用、流转权利，防止国家管得过多过死，从而有利于解决当前土地制度中存在的诸多问题和矛盾。

三是探索农民市民化的新路径。城镇化的核心在于实现人的城镇化中进城定居农民的市民化。农民市民化，不仅是身份的变化，更为重要的是农民能够主动参与城镇化，分享现代化发展所带来的公共服务，实现农民与现代化、城镇化的有机融合。这一问题的着力点又在于如何处理农民进城与土地的关系上。政府应打造包括就业、养老、医疗、住房和教育在内的社会保障体系，为农民的市民化消除障碍。对于农民进城的成本，原则上应由政府、企业和农民三方承担。

四是政府在土地规划、管理中的合理权限问题。全部土地国有化之后，应强化优化国家通盘的土地规划权，把原农村集体建设用地的规划和管理纳入其内，提高土地使用效率，防止重复建设和各种违法建造等行为。同时，还必须以"正面权力清单"方式约束政府公权，使之不越界、不诿责，有效防止扭曲和设租寻租。

五是探索公平合理、社会共享的土地增值收益分配模式，包括探索对"小产权房"等棘手问题的分类解决方案。只有遵循共享理念，处理好各种相关利益关系，实现土地增值收益的合理分配，才能化解因征地、拆迁补偿发生的矛盾，为农民市民化和城镇化建设提供必要的财力，使全体城乡居民共享发展成果。

二、难题破解的重要实践启示：深圳的突破路径

前述中国城镇化、现代化进程中间的土地改革难题，突出表现为农村土地集体所有制的道路越走越窄，粗放的土地开发模式已难以为继，必须另寻大思路。新近在深圳调研中我们发现，关于难题破解的路径，深圳市作为经济特区，已有十分值得重视的开创性探索和弥足珍贵的初步经验，其方向和逻辑完全符合前文分析排列出的第三种思路。

深圳作为特区，城镇化进程起步后，发展极为迅猛。通过两次城市化土地统征（转），深圳整个市域的土地已实现全部国有：其中第一次是 1992 年的统征实现了原特区内土地的国有化，第二次是 2004 年的统转实现了原特区外土地的国有化，因此深圳法律框架下已不存在农村集体用地，也不存在农民。但还存在少量农业地块，而且由于城市化过程中形成了一系列有关土地的历史遗留问题，仍存在土地的二元管理现象，即存在"原农村土地问题"和"原农民土地权益保障问题"。目前原农村集体经济组织实际占用土地中，仍有约 300平方千米存在历史问题，被称为"合法外用地"，产权复杂、补偿不清、违法建设等问题交织在一起，也存在当地不称为"小产权房"的小产权房问题。针对这些问题，深圳市探索形成了"依现状明晰产权"及"以利益共享推动产权明晰"并行的改革思路，出台了一系列政策措施，深化城镇化进程中原农民土地权益的保障改革工作。（详见表 3-8）

表 3-8　深圳市已出台涉及土地整备相关政策梳理

时间	政策名称	核心内容	主要作用	主要缺口
2011 年	深圳市人民政府《关于推进土地整备工作的若干意见》（深府令〔2011〕102 号）	总体要求、组织保障、实施方式及范围、规划计划管理、资金保障、实施机制、激励机制	对土地整备提出总体、全面要求	缺少对土地整备专项规划相关内容的指导规定
2012 年	《深圳市土地整备资金管理暂行办法》	土地整备资金的管理、计划编制与审批、来源、支出、监督检查与绩效评估	规范全市土地整备资金管理	对土地整备资金安排没有提出具体的规则
2012 年	《深圳市土地整备专项规划(2011—2015)》（初稿）	识别工作重点难点、构建土地整备空间结构、确定整备规模时序、制定土地整备片区规划实施指引、探索土地整备实施机制	全面系统讨论了研究对象、研究方法、工作内容和工作深度，其技术路线及研究方法已成为相关规划的工作基础和范例	由于城市更新改造区域的存在，对土地整备工作会有一定影响，城市更新区和土地整备区的规定如何统筹协调没有明确规划

时间	政策名称	核心内容	主要作用	主要缺口
2013 年	《深圳市房屋征收与补偿实施办法（试行）》（深府令〔2013〕248 号）	对因公共利益需要实施房屋征收的提供全面政策支撑，其中对因土地整备需征收房屋的情形，也进行了明确的规定	规范了土地整备涉及房屋征收补偿的具体办法和相应标准	在土地整备工作的适用性方面存在一定问题（并不是所有土地整备都基于公共利益需要），在补偿标准方面没有使用的详细规则或解释说明，怎么用这个办法存在问题

（一）全市土地国有化框架下处理对原农民土地权益的保障

深圳市早在 1996 年的城市总体规划就已将规划范围拓展至全市域，在一个完全国有的平台上，不区分城市和农村，统筹安排全市域土地，配套公共市政基础设施，并在其后《深圳市规划标准与准则》中采用统一标准，为特区一体化奠定了坚实的基础。该举措有别于国家在城乡规划层面的做法，中心城区部分按城市标准规划，其余部分按农村标准规划，从规划层面保障了农民土地权益（配套设施和土地价值一体化）。

在土地政策方面，深圳市不仅按照政策标准支付补偿款，对城市化后城市管理、户籍和计划生育、社会保障和劳动就业、学校教育等进行妥善安排，同时划定了非农建设用地、征地返还用地、支持发展用地（同富裕工程、扶贫奔康、固本强基）等多种原农村"留用土地"，进一步保障和扩展了原农村集体经济组织和农村的权益，有效地使深圳原农村集体经济组织和原农民分享改革开放的红利。在留用土地权益设计上，从保障原农民和原农村集体经济组织平稳过渡为市民和现代企业出发，明确非农建设用地和征地返还用地土地使用权权益以及入市流转途径。

深圳市的土地完全国有化，可望一次性解决制度框架上的权益不公平矛盾问题，具有重大的全局性启示意义。完全可以理解，由于具体的历史条件局限，宣布了土地的统征统转，只是给出了"单一土地国有制"的法律框架，必然遗留下许多问题。在此基础上，深圳市探索在改革创新中逐步完善对原住农民的土地权益保障。

（二）新形势下有关农民土地权益的改革创新举措

为解决深圳市土地资源紧缺问题，有效盘活原农村集体经济组织土地资源，合理保障原农村集体经济组织土地权益，深圳市于2009年启动土地管理制度改革，形成了区政府试点实践、各职能部门政策支撑、社会力量积极参与的改革工作格局和"产权明晰、市场配置、利益共享"协同推进的改革核心思路。

——"依现状明晰产权。"2013年年底深圳市在《深圳市人民代表大会常务委员会关于农村城市化历史遗留违法建筑的处理决定》基础上，进一步细化规则，出台了试点实施办法，探索按照全面摸底、区别情况、尊重历史、实事求是、甄别主体、宽严相济、依法处理、逐步解决的原则，推进农村城市化中历史遗留违法建筑的处理工作。

——"以利益共享推动产权明晰。"土地利益分配中，统筹考虑城市、集体、村民等多方发展诉求，充分运用规划、土地、金融、财税等多元手段，与市场形成合力，共享土地增值收益，从城市更新、土地整备和入市流转三个方面破解历史难题。城市更新方面，深圳市根据本地实际，创新产权处置办法，建立了"20-15"（即20%的土地由政府收回纳入储备，15%的土地优先用于建设公共基础设施）的利益共享机制，即允许经批准纳入城市更新计划的城市更新区域内未签订征（转）地协议或已签订征（转）地协议但土地或者建筑物未作补偿，用地行为发生在2007年6月30日之前，用地手续不完善的建成区，原农村集体经济组织在自行理顺经济关系、完善处置土地征（转）手续的协议、将处置土地20%作为确权成本纳入政府储备后，可将处置土地剩余的80%视为合法土地进行城市更新，同时还需缴交公告基准地价10%的费用，用作历史用地行为的处理。

——"两层算账整村统筹。"深圳市在土地整备中创新性地提出了"两层算账整村统筹"土地整备新模式，即政府与社区算"大账"，社区与内部成员算"细账"的谈判合作模式。这样一来，政府相对超脱，充分调动了社区的积极性。对于"整村"土地，政府综合利用规划、土地及相关政策，与原农村集体经济组织（社区）直接协商谈判，明确政府与集体的利益分成。其中，社区自行厘清土地历史遗留问题，清拆地面违法建筑，自行协商补偿分配方案，从而整村解决历史遗留问题，以实现各方利益平衡和城市发展利益的最大化。整村统筹实行了以后，政府就从整个体系中的主角变成了一个配合组成的部分，原村民的社区则成了与开发商谈判的主体。社区作为主体来承办拆迁，与开发商谈判，直接对接，避免了政府和社区的利益摩擦，也避免了政府和开发商的复杂协调，从根本上调动了原村民的积极性，让他们"自己做主"改变城市面貌。社区主体对每一个原农民负责，比如说规划不公、非农建设用地不公的问题，要把它在一个村的范围内解决掉，在社区整体中将收益按不同情况实施分配。同时，"整村统筹"模式的运作也避免了村干部私下卖地、暗中抽取土地收益等违法行为，加强了村务透明化管理，实质上也是一个显化资产和加强内部管理的过程。目前，该项工作正在坪山南布、沙湖等社区试点，未来将认真细致总结试点经验，逐步向全市推广。

入市流转方面，深圳市政府出台了拓展产业发展空间的"1+6"文件，明确提出允许原农村集体经济组织继受单位尚未进行开发建设的、符合规划的工业用地进入市场交易，对于合法工业用地，所得收益全部归原农村集体经济组织，对于尚未完善征（转）地补偿手续的，继受单位需先行理清土地经济利益关系，完成青苗、建筑物及附着物的清理、补偿和拆除，对入市所得收益，政府与继受单位"五五分成"或者"七三分成"，继受单位持有不超过20%的物业。2013年12月20日，深圳市首例原农村集体工业用地成功入市，充分发挥了市场配置作用，实现了有需求的企业与原农村集体建设用地的对接，既拓宽产业发展空间，又通过土地出让利益分成解决了原农村土地历史遗留问题，支撑了原农村集体转型发展，为实现不同权利主体土地的同价同权开辟了新路。下面重点就深圳市"整村统筹"土地整备模式，以及"土地精细化管理"来更为具体地介绍深圳市破解难题的路径。

（三）"整村统筹"土地整备模式

随着城镇化的快速推进，粗放的土地开发模式早已难以为继。为了改变"土地城镇化"局面，深圳市"整村统筹"土地整备模式的创新力求"一揽子"解决土地问题。

"整村统筹"是在农村城市化进程中，针对已完全城市化后的特定阶段，形成的一种综合发展理念。即按一定的行政管辖区，整体考虑该地区的发展，将长期利益与短期利益相结合，通过对制约发展的各类限制性因素进行统筹，综合考虑该类区域自然、人文、社会、经济发展的纽带和联系，积极调动行政、法律、社会、政策等多种手段，实现整个地区的完全城市化。"整村统筹"作为一种发展理念，实践的不仅是一个村落的建设重建，还包含了历史传承、经济发展、权力完善、社会治理、环境提升等更为丰富的内容。

"土地整备"是深圳土地改革进程中的又一创新。其既区别于土地储备，也区别于土地整理或整治。由于针对的主要是城市土地的综合利用和开发，土地整备将土地资产运营的理念贯穿全程，将实现储备、整理、重组、再开发、运营等土地问题统筹综合管理。对于深圳市来说，土地整备是积极储备土地、主动调整供地途径、改善城市环境、加强基层管理的一项工作需求。面向全国来讲，土地整备是整合多方资源，加大社会公共服务职能，做好城镇化布局的重要举措；是从现状到未来的一种城市化路径，实现产业的城市化、人的城市化和环境的再城市化同步推进。

1. "整村统筹"土地整备的总体思路

"整村统筹"土地整备以原农村实际掌握的土地为主要对象，以整体确定原农村土地权益为平台，以制度创新为支点，撬动城市建设、社区经济转型和基层社会建设的联动，探索一条新型城镇化道路，实现土地"一元化"管理。"整村统筹"土地整备打破了传统土地整备以政府为主导的模式，形成由政府提供政策支持、资金统筹，以社区股份合作公司为实施主体的新模式。新模式通过社区与政府算"土地 + 规划 + 资金"的"大账"，社区与居民算"小账"的方式，由政府来统筹解决公共基础设施建设的落地实施、产业用地的划拨、违法建筑处理和确权等问题；由社区来统筹解决辖区内建筑物拆迁、居民安置、物业管理等问题。以"整村统筹"土地整备为平台，承接社区的"基层党建、城市建设、经济发展、社区转型"等多个目标（见图3-10）。

2. "整村统筹"土地整备的主要内容与流程管理

"整村统筹"土地整备主要内容包括：基础工作、专项规划编制、实施方案编制、专项规划方案与项目实施方案的协调配合。这四大主要内容：一是基

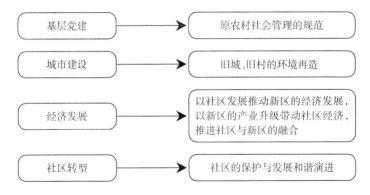

图 3–10　深圳市"整村统筹"土地整备的主要目标

础工作，主要包括土地和房屋权属清理、项目测绘、基础数据核查、产权及相关利益主体意愿调查与分析、土地整备空间的需求状况等工作；二是专项规划编制，主要明确社区的规划定位、社区内产业发展、生态建设、基础设施等内容，制定规划空间的分级导引和管制机制；三是实施方案编制，主要明确整备的"土地＋规划＋资金"三大核心要素、社区分期实践方案等内容；四是专项规划方案与项目实施方案的协调配合，主要是将整备过程中的"土地＋规划＋资金"联动起来，规划编制、权属管理、资金运作三条主线相互支撑，实现专项规划方案和实施方案的协调统一。"整村统筹"土地整备主要从九个方面分阶段推进，具体流程见图 3–11。

3. 科学的"社区留用地"核定办法

为了解决"社区留用地"核定的问题，统筹考虑土地、规划、资金等核心因素，按照"分类确权"为主线，"以房确地"为核心的思路，深圳市以土地确权为基础，以"利益共享，尊重客观历史，保障社区发展"为原则，同时参照城市更新旧屋村的概念，打破旧屋村认定的政策限制，创新性地提出了原农村集中居住区的概念及认定办法，解决了政府与社区在认定旧屋村过程中的争议。"社区留用地"核定办法规范了原农村集体经济组织留用建设用地核定工作，从而确保"整村统筹"土地整备工作的顺利进行，为深圳市推动原农村土地确权、规划实施、优化空间布局、特区一体化转型发展奠定了基础。

深圳市在"社区留用地"核定办法中的重要创新是"分类确权""以房确地"。

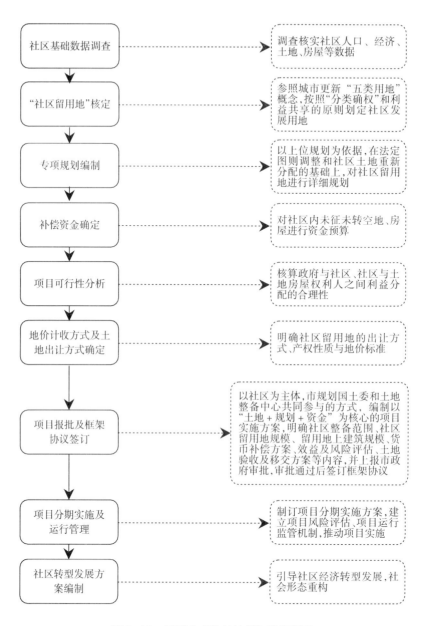

图 3-11 深圳市"整村统筹"流程管理

——"分类确权"就是在对继受单位国有已出让用地（出让给继受单位的国有土地）、非农建设用地（含征地返还地）、原农村集中居住区、农村城市化历史遗留违法建筑已处理用地等历史已批准用地认定的基础上，构建重叠的指标或评级，核算继受单位留用建设用地的总规模。社区留用地上的规划以项目专

新供给经济学

项规划批准为准，对于无法落地的规划指标按照市场评估的价值给予货币补偿。

——"以房确地"就是在"分类确权"认定与核算的基础之上，对社区留用地的规模进一步验证和校核。一是对原农村集体经济组织历史上已批准用地进行确认，结合批复的开发强度或合同约定的开发规模，确定各类建筑的功能与总量；二是设定拆建比及各新区建筑量指标体系，借助规划手段在空间上予以重新安排。整个过程是按照"历史已批准用地→留用建筑量→留用建设用地"的思路进行，同时还结合了规划、资金等要素，开创性地实现了规划、土地、资金互动的新局面。

4. "整村统筹"土地整备的借鉴意义

首先，深圳市"整村统筹"土地整备探索了一条在国有平台上整合处理、综合解决社区问题的思路，在"一揽子"形式下分类解决了社区土地开发利用、历史遗留问题处理、土地房屋确权、社区经济、社会建设等一系列问题，为深圳市新型城镇化建设奠定了基础。同时其先试先行的大胆创新可以为全国提供宝贵的经验。

其次，深圳市"整村统筹"土地整备可在一定程度上实现土地确权和二次开发，明晰政府、社区的土地产权，维护土地权利人合法合理的正当诉求，一揽子解决社区的未征未转地的开发利用、违法建筑处理等问题，实质性地完成原农村土地到国有土地的改变，实现原农村土地与国有土地之间的腾挪置换以及原农村土地规划功能的调整等问题。

再次，深圳市通过"整村统筹"土地整备试点，社区集体股份有限公司从单一、低端的厂房租赁经济模式向多元化经营转变，经济收入主要来源将拓展至物业开发与经营、事业投资等领域，推动社区集体经济转型发展。

最后，深圳市"整村统筹"土地整备打破了传统社区封闭的发展模式，将社区发展与新区城市发展有机结合起来，使社区真正融入城市当中。社区发展可以为新区或开发区提供完善的公共配套设施、公共服务、综合管理和社区保障体系等优质服务，推动整个区域的城市、产业、社会结构再造，为新区城市的可持续发展注入新活力，实现以"整村统筹"土地整备带动社区发展、以社区发展促进新区城市发展的目标，实现社区与城市"双赢发展"的局面。

基于整村统筹试点，土地精细化管理成为深圳新区土地管理重点工作，以政策法规为依据，制定全覆盖、多层级、高标准的土地管理体系。以此为基础，细化各项制度、规范和程序，严格执行、监督、考核、奖惩，提升土地资源管理工作效率。其主要包括土地批前预控和批后监管、土地资源集约节约利用、土地历史遗留问题处理三个方面的内容。

三、远景展望：在单一国有平台上，通盘规划土地开发利用，使市场充分起作用和更好地发挥政府职能，动态优化，因地制宜，积极探索创新我国的土地制度体系

前已论及，我国城镇化推进中，在农村土地的"集体所有制"无法与市场完整、长久地匹配，同时土地"私有"在政治上又不可行的情况下，土地制度改革的大方向，是把所有土地都纳入"国有"法律框架后，对基本农田确立永佃制即赋予永久使用权；在非基本农田用地上则一揽子、一劳永逸地处理好宅基地和"小产权房"等历史遗留问题（具体利益兑现可分步完成），进而给予全体社会成员"国民待遇"，其后即有可能进入一个统一市场中土地产权的规范化、一元化状态：全部土地都是国有土地，其使用权可透明、规范、无壁垒地流转。政府可专注于做好国土开发、土地利用的顶层规划，同时非农田建设用地由一套市场规则和特许权规则来调节其交易或特定用途配置。除基本农田用地封闭式流转和发展规模化经营之外，真正把所有土地资源放到统一市场的一个大平台上。这个思路，过去我们还仅是从理论分析推导出来，作为一种逻辑内洽的可能前景，而在调研中了解到的深圳实践，则使我们知道，现实生活已开始把这种理论推演变为实践行动。这足以使研究者感慨和兴奋。虽然深圳的实践还只是在一个局部的先行先试，但已使我们得出以下初步认识。

（一）在土地全部国有法律框架下，可以采用渐进式改革路径，分步实质性落实土地单一国有制改革

党的十八届三中全会提出，"赋予农民更多财产权利，推进城乡要素平等交换和公共资源均衡配置"，而农民的财产其实主要就是归为集体所有制的土地。我们已指出，从大的方向上来看，实现全部土地国有化是长期视野中唯一可选择的改革思路，但显然一步到位式的改革完全不具备可行性，无法承担

"摆平农民权益"方面可能发生的风险和成本。为此，只能采取渐进式改革路径，分步实行土地国有化改革。大多数地区的第一步，可以"平权"（集体土地与国有土地同样享有参与城镇化、工业化的权利和机会）和"赋权"（赋予农田地永久使用权）为重点，减少土地权利的不平等，特别是在土地使用权的流转方面，允许集体土地的使用权（包括农地和农村建设用地）在符合国家法规的前提下市场化流转。第二步，不同区域中分先后在法律框架上如同深圳那样取消土地集体所有权，建立统一的土地国有制。同时承认原集体所有制下的原住民有获得权益补偿的资格，需要在摆平利益关系的前提下，以分步兑现到位而完成所有社会成员真正的"国民待遇"，同时也就是在分步渐进中实质性地落实了土地完全国有化的改革。深圳凭借其特区的有利条件，已不失时机地走到了第二步。

（二）亟须明确和整合政府全面的国土规划权，建立规范有序的土地流转机制

城乡统筹发展战略已提出多年，但国内不少地方仍存在"城市总体规划""乡镇总体规划"与"村庄规划"三规不接轨、不交合、甚至相互矛盾的情况。市、区、县在做村庄规划的时候，把农村应得的土地指标拿出来用作城市建设，真正到了新农村建设和小城镇建设时，却没有用地指标了。一些应当作为建设用地规划的地块，并没有纳入规划范围，影响土地资源价值的发挥。即使是规划为建设用地的地块，往往由于难以获得相应的建设用地指标，"走正门"开发不了，利益驱动"倒逼"式形成为数可观、实际法律上无法给出产权证书的"小产权房"。深圳的可取之处，就在于其是在单一国有平台上，有了政府的通盘规划之后，有效发挥政府应有职能，在终极产权统一化、清晰化大前提下，面对历史遗留问题，承认利益差异，分类整合，动态优化，因地制宜，循序渐进地消除矛盾，最终可望归于全面国有的规范化局面，而达到长治久安。当然，深圳作为经济特区，地理位置和制度政策都比较特殊，得改革开放风气之先，城镇化进程起步早、发展快，相对于现 1000 多万实际常住人员，"原住民"的规模仅 27 万余人，占比甚低。当其土地早在 20 世纪 90 年代初就已实现市域内全部国有之后，逐步兑现原住民土地权益再归于彻底的实质性国有化，相对容易。其他地方有不同情况，需要因地制宜地进行探索和动态优化。但最终目标是一致的，深圳的思路可望最终变成各地（首先是大城市）迟早的选择。现阶段，即可以把明确和整合政府部门的土地规划权作为切入点，进而发展规范有序的土地流转机制，在政府通盘规划下，让市场充分起作用来实施土地利用优化。

（三）以发展的办法在"做大蛋糕"中实现产权明晰，权益兑现，建立利益共享机制而最终归入一体化

与土地相关的利益能否合理分配，摆平各相关方，是解决土地问题的核心。进入第二步，无论怎样让原农民和原集体兑现利益，都需要在国有大平台上进行，并不是简单的概念上的"同地同权"实现过程，而是一个各方利益寻求可接受的平衡，虽不可避免地具有"讨价还价"机制特征但从长远看利益分配较公平且更加兼顾全局的过程。深圳市在统筹考虑城市、集体、村民等多方发展诉求的基础上，充分运用规划、土地、金融、财税等多元手段，实事求是地形成了"依现状明晰产权"及"以利益共享推动产权明晰"相辅相成的改革思路，采取结合城市更新、土地整备、入市流转、生态保护与发展等，设计渐进改革措施，以发展的办法在城镇化推进中"做大蛋糕"，即在不断扩大总利益规模（这会得到城镇化过程的支撑——做大可分的蛋糕，当然是得力于城镇化带来的土地溢价等）之中，实现利益共享，消化相关矛盾，化解历史遗留问题。具体处理中，以"政府与社区算大账"，再由"社区与利益相关人算细账"的双层谈判机制，巧妙地调动了社区的积极性和管理潜能，使政府相对超脱，新局面、新境界的形成相对平顺。这些做法对其他地区具有启发意义。我国在推动城镇化和工业化发展的过程中，其所蕴含的人口高密度聚集、人力资本培养、收入提高、消费提升，进城农民生活方式和社会地位的"市民化"改变，以及基础设施和公共服务的不断升级换代等因素，将成为我国经济增长和社会发展的持久内生动力，因此，我国具备在这方面"做大蛋糕"的底气和本钱，一旦有了国有大平台，应积极探索建立合理的土地利益分配和共享机制、结合历史遗留问题的消化方案，最终可落实到一个规范的土地单一国有制上。这是一个可前瞻的"一体化"远景，有利于在中国特色社会主义市场经济的发展中，破解土地制度难题，减少社会矛盾，促进社会和谐，达到总体的土地"涨价归公""长治久安"局面。

（四）深化户籍制度、社保制度等改革，推动实现农民市民化，最终实现城乡居民一视同仁的"国民待遇"

城镇化既是我国现代化建设顺应历史潮流的发展任务，又是扩大内需、形成发展动力源的最大潜力所在。城镇化进程中，关键要解决城乡所有居民的"国民待遇"问题，即推进基本公共服务均等化。2013年我国城镇化率已达53.7%，但是城镇户籍人口占总人口的比例却只有38%。大量的农民工实现了地域转移和职业转换，但还没有实现身份和地位的转变。近2亿生活在城镇里的人没有城镇户口和无法享有城镇居民待遇，很多农民工出现"就业在城市，户籍在农村；劳力在城市，家属在农村；收入在城市，积累在农村；生活在城市，根基在农村"的"半城镇化"现象。如果农民失去土地后相应的社会保障没有及时跟进，会导致失地农民既丧失了原来拥有土地所具有的社会保障因素，又无法享受与城市居民同等的社会保障权利。这对促进城乡要素流动、引导农业人口转移和激发经济活力都会产生较大制约并最终会妨害长治久安。

党的十八届三中全会明确提出："坚持走中国特色新型城镇化道路，推进以人为核心的城镇化。"为此，政府应着力打造包括就业、养老、医疗、住房和教育在内的社会保障体系，为农民市民化消除障碍，逐步实现城乡居民"国民待遇"，最终达到"一视同仁"。深圳市对城市化后城市管理、户籍和计划生育、社会保障和劳动就业、学校教育等进行了积极妥善安排，同时划定了非农建设用地、征地返还用地、支持发展用地等多种农村区域的原住民"留用土地"，进一步保障和扩展了原农村集体经济组织和原农民的权益，有效地使深圳原农村集体经济组织和原农民分享改革开放红利。这些做法也十分值得其他地方借鉴。首先，在户籍制度改革上，不把获得城市户口与放弃原农村土地权利直接挂钩，逐步消除户籍人口与非户籍人口之间的不平等待遇和差距，还原户籍的人口登记功能，将户籍与福利脱钩。其次，促进"农民工"在城镇稳定就业，合理稳定提高其工资水平；逐步实现教育医疗等基本公共服务由户籍人口向常住人口全覆盖；建立覆盖农民工的城镇住房保障体系，促进农民工在城镇落户定居；建立覆盖农民工的社会保障体系，提高覆盖面和保障水平。三是完善城镇公共服务能力的提升和公用事业的扩容。政府是城镇化的规划主体，财政是政府处理城镇化问题的公共资源配置的主要手段。因此，在新型城镇化进程中，结合土地制度应按照财政的内在逻辑和职能，消除我国财政分配的二元特征遗存、构建"一元化"公共财政，以有效化解城乡二元结构，形成走向"市民化"为核心的城乡一体化财力支持后盾。当然，深圳现阶段在单一国有土地所有权平台上的突破，首先是最明显地惠及了"原住民"，更多外来打工者的基本公共服务均等化，则允许有更长的时间来逐步做到位。

（五）以实质性推进的公权体系配套改革来保障"土地单一国有制"状态下的公平正义：公权入笼、民主法治

政府辖区土地如按单一国有制大平台确立其所有制，固然有前文所分析论述的必选缘由、与市场经济的统一规范要素流动客观需要及中国特色社会主义市场经济内在追求的"共同富裕"机制的内洽性等值得肯定之处，但也无可回避地要面临确有理由的怀疑、否定视角的诘难：实际生活中以"国有"名义引出的公权扭曲、过度干预、设租寻租等种种弊病，是否会由此更加严重、变本加厉？

这是一个人类社会中一直在探究、在中国改革深水区尤显沉重的话题：怎样有效地实现合理、规范的公权约束，"把权力关进制度的笼子"？

土地国有制，各国都有，只是多少不同。远景上把我国集体土地所有制取消而"大一统"式归入深圳的"单一国有"平台，并不改变原土地制度中"国有"部分的制度安排，但灭失了我国原土地制度中"集体所有"部分的"自治""自由裁量"空间，也就等于在达成一次性利益分配方案（可分期兑现）之后，取消了基层的种种原来实际可用的"分权""分益"空间，土地利用和管理的规范性在未来固然可望大大提升，但是否"国有"平台上的规范性所掩盖的种种弊病，也会一并扩大其"势力范围"？

我们认为，回答这种诘难的关键点，就在于我们能否按照党的十八届三中全会、四中全会的规划部署，实质性地推进经济、行政、政治、社会的全面改革和全面的法治化、民主化进步过程，有效提高"国有制"的健康度。

集体"小圈子"里的权，似有别于严格的私权而属某种"公权"，但属于非政府的集体经济组织的民事权；一旦到了"国有全民、全社会"概念下的权，则可以是严格意义上的公权，并有种种可能在国有大平台上把其经济权能与政治权能结合，使政府之手越界、政府之弊膨胀，负面表现就会是行政上官僚主义、经济上过度干预、司法上枉法不公等，这些社会中早已有之的弊病，在我国土地制度改革的视角之下，如理性地评说，并不能成为拒不考虑集体土地所有制未来改革的理由，毋宁说应成为在认识"排除法"引出的归于国有这个未来唯一选项之后，使我们义无反顾地推进中国实质性改革的激励。土地制度改革是全面配套改革和渐进改革的重要组成部分，改革如愿取得其应有的正面效应的寄托和保障，在于进入深水区后真正的攻坚克难，引出有效的民主法治、政治文明的公平正义社会环境，使"公权入笼"、公众事务决策通过合理的制度机制落实于"主权在民""走向共和"。如能入此境界，政府牵头的国土开发的规划与管理、执行，就能够在制度依托上长效优化，即实现土地开发利用中"涨价归公"取向下的公共利益最大化可持续机制，相关的权益纠纷，能够在良法体系中得到合理的化解，社会成员能够在预期上消除对"政府不讲理""司法不公""选择性执法"等的恐惧，如此等等。因此，需要强调，我们本文讨论中形成的关于"国有平台，整合分类，权益求平，渐进归一"的思路性基本认识，必须归结到、融合于全面、实质推进改革的联动诉求之中。

第五章　"理性预期失灵"原理的应用：
对我国科技金融服务体系的思考

科技作为创新的"第一生产力"，在我国经济发展中占据举足轻重的地位。为促进科技发展，科技金融服务体系建设已在学界与实践中探索多年，颇具成效，亦挑战多多。随着我国市场化进程不断深入，多级多元资本市场的建立，科技金融服务体系所处的环境也发生变化，加之我国幅员辽阔，区域之间经济发展差异显著，科技金融先驱所形成的经验若想提炼成为具有现实意义的可推广模式，亟须抓住我国科技金融服务实践中所面临的共性问题。我们认为，现阶段我国科技金融发展中存在的问题，很大程度上可以由经济发展中存在的理性预期失灵现象所解释，而基于此，对已有的科技金融成功经验总结提炼其可推范式的过程中，应抓住克服这一失灵的成功精髓，从而达到有效总结成功模式与正确形成推广范式的合意结果。

一、"理性预期失灵"原理及市场中典型现象的思考

(一) "理性预期失灵"原理的提出及典型现象

正如本书第二部分第二章所述，理性预期失灵作为新供给经济学所提出的重要原理之一，是指市场主体在对未来事件进行预测时，由于受到不完全竞争、不完全信息与不完全理性的影响，不能给出准确的预期并据此调整自己的行动。在此简要概括交代有关概念。

1. 柠檬市场

所谓"柠檬"市场（Lemon Market），实际上就是次品市场。"柠檬"一词在美国俚语中意为"次品"或不中用的东西。依托于通俗易懂的二手车市场，关于"柠檬"市场的认知阐述了这样的逻辑：由于市场中总是存在"柠檬"（次品、劣质品），商品的质量并不总是一定的，往往在很大程度上存在不确定性；而买家和卖家针对这种质量的不确定在信息掌握上并不是对称的，卖家往往能够掌握更多的信息；这些导致原来应由需求方选择商品的逻辑出现逆转，转而由供给方选择是否将商品售于需求方，即所谓"逆向选择"的出现；最终的后果，是导致"柠檬"市场出现类似于格雷欣定律（Gresham's Law）中"劣币驱逐良币"的现象，导致市场中商品质量趋于下降，市场规模缩小。由于商品质量情况的不确定且买家和卖家掌握信息的不对称从而势必导致的逆向选择，可作为"理性预期失灵"逻辑的第一个观察面。

2. 不完备信息市场

在"柠檬"市场基础上，对不完备信息市场的研究主要经历了两个阶段，这两个阶段共同构成"理性预期失灵"逻辑的观察面。

首先，斯蒂格利茨等研究了在不完备信息下竞争性市场的均衡问题，对此的经典结论有三："不完备信息市场中，具有完备信息的竞争者可能限制消费者可以购买的数量，这不是出于建立垄断的意图，而仅仅是为了改善他们的信息状况；均衡有可能不存在；竞争性均衡不是帕累托最优。"由此可见，在不完备信息市场中，即使在理性预期假设下，理性人首先不能获得完备的信息从

而做出理性选择，其次要受到信息完备理性人所做选择的影响，也即不完备信息下的静态或动态博弈，从而产生距离完全信息和理性预期假设下理性选择更大的偏差。

其次，通过引入价格分析研究不完备信息市场中信息的流动情况。这项研究的结论认为价格并不能够完全反映所有的可利用信息，尤其是信息拥有者的信息，并基于此提出了"格罗斯曼—斯蒂格利茨悖论"，如果均衡价格完全揭示私人信息，那么由于存在"搭便车"的动机，每个无信息的人都不愿意付成本来成为有信息的人，更不必谈信息的价格机制。

3. 动物精神

"动物精神"实质上是经济行为中与理性的经济动机相对应的概念，指非沉稳的动机、情绪化本能式的非理性的行为。从创始者凯恩斯到继承者阿克洛夫和希勒，无论采用形象描述，还是采用逻辑提炼，动物精神的实质其实就是非沉稳的动机、本能式情绪化决策和非理性的行为。几年前当世界金融危机的冲击波席卷全球之际，由美国学者乔治·阿克洛夫和罗伯特·希勒撰写的《动物精神》一书译成中文（2009 年中信出版社出版），在国内产生了一定的影响。而后，罗伯特·希勒也曾在其金融分析研究中应用对"动物精神"的相关理论，认为"最终，人类所能做出的决定都是受个人情绪驱动的，决定的源头很大程度上都是人的潜意识"。关于动物精神的内涵，创始者凯恩斯并未系统地给出定义式解说，而继承者阿克洛夫和希勒则对此颇具见解，认为内涵主要包括五大维度：信心及其乘数、公平、腐败和欺诈、货币幻觉、故事。然而，这五大维度若落实到发展中国家的视角，则可以包括信心、公平、未理顺的机制和"钻空子"式欺诈、货币幻觉、示范效应编写的故事等五大因子。动物精神的五大因子对经济生活都会产生影响，易引发经济"非理性繁荣"。

4. 羊群效应

所谓"羊群效应"，最早是隶属于动物行为和心理的研究范畴，而后纳入心理学或管理心理学的研究范畴，后又为微观经济学所用，分析微观主体的行为特点，亦称为"从众效应"，是指微观主体经常受到多数人的影响而跟从大众的思想或者行动，这直接影响消费者偏好，并影响供求理论中所使用的价格偏好产生的行为选择结果，与微观主体"理性"的假设偏离。现实生活中，羊群效应的现象非常广泛地存在。

5. 反身理论与王庆悖论

所谓"反身理论"，是指投资者根据所掌握的市场信息来预期走势并据此行动，而与此同时，投资者的行动也反过来影响、改变市场原来可能出现的走势，并且这种相互影响会一直持续，永远不可能有人掌握完备的信息，从而做出偏离理性的选择。与索罗斯提出的"反身理论"逻辑类似，王庆基于更为宏观的视角提出了"王庆悖论"，认为：由于人们对未来经济发展预期越是乐观并形成高度共识，纷纷把远期收益折现于现时的资本市场引出泡沫，反而越有可能导致该预期无法实现。结合我们的分析视角，可以看出，这正是由于存在不完全信息（即使是资本市场精英也不可能掌握完全的信息与充分有效的经济模型）与"动物精神"（可迅速传递、互相激励的过于乐观、"羊群效应"式的从众等），某些个体认为自己基于理性的行动，经过市场发酵（由传递与交互作用产生的乘数效应）后，却产生出与起始预期完全相悖的后果。

（二）"理性预期失灵"的矫正路径

矫正"理性预期失灵"，可从以下几个角度考虑：一是动态优化经济结构。以我国宏观经济理性的"供给管理"矫正和化解"理性预期失灵"的实质，就是要以市场充分起作用与政府良好起作用的结合，更为全面、积极、有前瞻性地促进我国经济实现结构优化，打造中国经济"升级版"，在注重经济发展规模、数量的同时更加关注提升经济发展质量，尤其注重科技对经济发展的带动作用，服务于"后来居上"的现代化赶超和人民美好生活"中国梦"的实现。二是加强制度供给。面对"柠檬市场"等问题，应当切实加强相关制度供给，一方面注重品牌的建立，另一方面充分利用网络平台，在真实有效的基础上加强信息交流和信号传递的渠道，缓解信息不对称的问题。三是疏通信息机制。在不完备信息市场下，竞争的逻辑路径会更显复杂，微观主体的行为选择也较理性预期理论假设下更为多样化，而价格体系这一习惯上被视为传递信息从而使资源配置达到帕累托最优的有效手段，在实际上的非完全竞争市场中，会有诸多细节尚未理顺，更不论价格体系不能够完全反映信息的情况了。基于此，我们仍必须首先注重理顺价格机制，让信息能够顺利传递。第四，坚持合理的经济发展赶超战略。矫正和化解非理性行为，应当特别注重把握国民经济的发展战略，充分认识作为现代化阶段的"相对后来者"对"相对先行者"赶超的必要性、重要性与可行性的基本实现前提。

二、基于理性预期失灵对我国科技金融现状的再认识

（一）供给方与需求方：对科技金融市场的认识

学界以赵昌文为代表的专家提出科技金融的发展实际上经历了以下不同的发展阶段，包括：科技与金融的合作、科技与金融的结合、科技金融的产生和发展，是以发展的眼光来看待科技金融市场的认识框架。从这个思路来讲，科技与金融的关系在不同的发展阶段中并不相同，而我国现阶段所强调的科技金融，应是科技与金融相结合之后相生发展的业态。

1.科技金融市场的产生

科技与金融相结合，落到经济现象上讲，是原来相对独立的科技市场和金融市场的融合形态，形成科技金融市场模式。推动科技金融的发展，需要对科技金融市场进行一个相对明确的界定。

科技与金融未结合之前，科技市场的主要类型有科技研发市场、科技转化市场、科技产品市场、技术转让市场等。在科技研发市场中，需求方一般是需要相关科学技术的机构，而供给方是有能力承担科技研发任务的学术机构；在科技转化市场中，需求方一般是已经掌握科技研发成果的机构，而供给方则是有能力、有兴趣、有资金将这种科技成果推向市场的机构；在科技产品市场中，需求方一般是科技产品的消费方，供给方则是科技产品的生产方或经销方；在技术转让市场中，需求方一般是寻求产业技术升级或科学技术换代的机构，而供给方则是手中持有最新或已经经历过市场化过程而未成功的科技成果的机构。

未结合之前的科技市场，很不利于科技创新带动生产力发展。市场失灵原理表明，若仅以市场作为导向，没有直接转化为生产能力确定前景的科学研究将缺少其空间来开展，而这些作为基础支撑的科学研究往往在很大程度上扮演桥梁角色，直接影响到联通或阻隔科学技术的发展。虽然在各国经济实践中，

科技未与金融结合之前，财政资金对科技研发可以给予大力支持，但在不以市场为导向的前提下，出现了大量科技成果石沉大海，难以实现转化，没有以科技研发拉动生产力升级的案例和预期。加之在科技研发、转化、转让的各个环节，所需要的资金量非常大，远非财政独揽能够解决问题。此外，在原来的科技市场中，资金这一稀缺资源还存在大量错配问题，政府的财政资金走向哪，是由政府部门在做决定，而在信息严重不对称的情况下，政府部门并没有能力和精力确保每一笔投资都是有效的，又无"试错"中风险约束的机制，所以其他的人情、关系等因素往往成为主导。从而造成非常好的项目得不到资金，而得到资金的项目又往往做不出成果或者难以转化为生产力的现象。

科技市场中存在的这些问题，客观上促成科技金融产生——鉴于把这种资金严重不足以及资金错配的问题引入金融，实际上一方面意味着引入了金融市场中的资本，另一方面也引入了随资金而来的金融市场规则和风险分担、防控机制。但是由于我国金融市场正处于发育进程中，在多级多元资本市场尚未健全之前，金融市场中的资本投资去向相当单一，普遍方向往往是首选流入房地产市场或资本证券市场，导致大量游资聚积，成为我国金融体系中的隐患。因此，促进金融与科技的结合，实际上也有关于如何引导资本和资本市场向健康方向发展的问题。

2. 科技金融市场的界定：需求方与供给方

尽管科技与金融的结合，既有利于科技的发展，也有利于金融的发展，但从科技金融的主要目的来看，仍然是以金融市场的资金来解决科技发展中的制约因素。科技金融市场上，当然科技一方应当界定为资金的需求方，而金融一方则应当界定为资金的供给方。在需求方中，融资特别困难的一个群体，是通常所说的科技型中小企业群体，而沿着科技研发、科技成果转化、科技成果转让构成的横轴以及中小企业成长过程中的十个不同发展时期构成的纵轴（图3-12），交汇而成的不同的坐标点上，也呈现对金融服务不同的需求强度和需求种类，这些不同强度、不同种类的需求需要供给方通过不同机构、不同手段来提供。

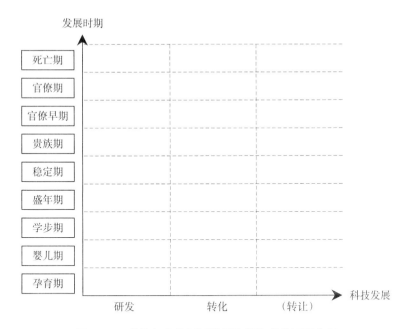

图 3-12 科技与企业不同发展阶段构成的不同市场

（二）我国科技金融市场中存在的"理性预期失灵"及表现

在认识科技金融市场的产生以及科技金融市场中需求方与供给方关系的基础上，我们可以清晰地看到我国科技金融市场中存在的"理性预期失灵"现象。

第一，中小企业融资市场普遍带有"柠檬"市场特性。由于中小企业融资市场中信誉度低的"柠檬"太多，从而成为导致银行等大型金融机构不愿意为中小企业提供贷款等融资服务的原因之一。在信贷市场中，金融机构与中小企业间的信息不对称问题相当严重，导致资金供给方会对服务对象进行非常苛刻的选择。在"柠檬"原理的作用下，即便在对金融机构实施多种压力或是扩大资金池等措施配合下，上述情况也并不会从根本上改善。大银行起主导作用的正规金融市场对中小企业的排挤还会体现逆向选择：所挤出的中小企业为继续生存，会流入非正规金融市场，从一定程度上助长了"黑色金融""灰色金融"势头，并实质上进入到真正的"柠檬"（次品）市场。在非正规金融市场，中小企业在继续逆向选择的基础上，还要承担放贷人规定的高利率，大量短期拆借、地下钱庄等非正规金融，会导致许多中小企业被"黑色金融"吃掉。这种现象较普遍地存在于我国中小企业融资过程中，科技型中小企业作为中小企业的重要组成部分也难于幸免，发展受到严重制约。

第二，不完善的科技金融市场实际上也就是一个"不完备信息市场"。沿学理逻辑不难发现，在现阶段的科技金融市场中存在着几个典型的问题：究竟哪些企业可以界定为科技型企业，而这些科技型企业中又有哪些企业真正能够产生可转化为生产力的科技成果，虽然科技研发投入中的风险难以避免，但至少应有一定风险程度防控方面的保证；究竟哪些金融机构是科技型企业尤其是小微企业值得信赖的机构，这些机构的资金从何而来，这些资金要投向何处，怎样来判断等。这些相关问题实际上都很难得到有效解决，因此造成供给方的扭曲和望而却步，比较典型的就是我国现阶段极少有无担保、无抵押情况下纯利用科技成果或知识产权质押就能够成功融资的案例。

第三，动物精神、羊群效应等影响因素在我国尚不健全的市场机制模式中，将会对科技金融市场产生相对更大的影响，可能走向两个极端：一个极端是造成科技型中小企业融资难，另一个极端是造成资金和资源的浪费。金融机构提供金融服务，往往存在"要开展都开展、要不开展都不开展"的典型羊群效应。从目前我国银行业为科技型中小企业提供金融服务来看，开展的业务种类、基本要求大同小异。在科技金融服务的实践中，这种简单化趋同是可以得到纠正的，比如我们调研中了解到的杭州银行科技支行等案例，就与众不同地以金融创新和财政简单规则支持的政策融资机制的结合，有效回应了科技型中小企业的融资需求，比较有效地摆脱了羊群效应轨道。当然，不可否认，目前如杭州科技支行这样的典型案例虽不断增加，我国科技金融服务产品已有多元化发展的动势，但与科技金融的需求相比，仍有很大的发展空间。

三、缓解理性预期失灵：成都市高新区科技金融模式

针对我国科技金融市场中存在的"理性预期失灵"现象，亟须寻求对策。调研中我们发现，在我国科技金融实践中，成都市高新区科技金融模式在现阶段我国科技金融探索创新中已表现出一定成功，有利于解决科技金融市场中的"理性预期失灵"。在此，我们试对成都模式进行初步概括总结，指出其有效性之所在，提炼其可推广的核心内容。

（一）简述：成都市高新区"四个一"科技金融服务模式

四川省成都市高新区采用的科技金融服务模式可用"四个一"来概括：一"库"、一"池"、一"办"、一"会"。

1. 一"库"：企业数据库

一"库"是指企业数据库，由政府管理部门牵头积累统计数据而成，形成政府对于企业各方面情况做了解掌握的依据。操作者认为，企业数据库会使金融机构有的放矢，降低金融机构的成本和风险。政府管理部门牵头来形成企业数据库是具有得天独厚优势的：首先，政府部门对企业的信息了解结合了公共权力运作系统的覆盖面与执行力，同时从政府角度能够看到企业所得到的上级部门或政府部门的支持情况；其次，企业数据库的统计和筹建一方面需要耗费大量的精力与财力、物力投入，另一方面还需要在很大程度上保障和维护信息的中立性，而此类工作并不容易直接形成商业利益，在科技金融市场中带有公共品性质，由政府来提供最为合适。

2. 一"池"：资金池

与一"库"紧密联系的是一"池"，即指资金池。成都市高新区管理部门采用的构建资金池的方式，与以往动用公共资金对企业的投资方式很不相同。以往的方式是首先选定项目，接着对项目进行专家评审，评审通过后直接投入资金，而有了资金池后，在专家评审之后会先把资金放入资金池中。这意味着，财政资金与融资机制对接有了更加宽阔的用武之地，不像原来那样只能受制于自身有限的资金规模，而是能够实现三"化"：一是金融化，二是杠杆化，三是市场化。所谓杠杆化和市场化，实际上是描述资金池对资金的放大作用，而金融化则指向更为具体的操作方式，涵盖了"三步走"程序：第一步是信贷化，主要是指信贷活动中的贷款风险资金池，这个资金池是通过成都市高新区与金融机构共同注资组建而成的，一般比例为1:1，即成都市高新区投资1000万元，那么银行、担保机构投资总和也应达1000万元，共同形成2000万元信贷贷款风险资金池，再利用这个资金池中的资金为中小企业贷款；第二步是资本化或称股权化，这一步是在给中小企业贷款之后进行的，吸取了市场上投资公司向企业投资时的普遍做法，即通过股权的形式向企业注资，成为公司的股东，但并不参与公司的日常管理，这样做，一方面缓解了中小企业融资难问题，另一方面使资金池中的资金通过以股权形式对企业加注资金来发挥引导基金的作用，实现定向投资的开展；第三步是证券化，成都市高新区对这一步骤目前仍在探索，但初步设计定位为"先发低收益债，再买高收益债"的运作模式。总之，一"池"的设计，目的就在于一方面解决财政资金如何有效投入的问题，另一方面解决财政资金规模有限的问题。

3. 一"办"：产品办公室

在一"库"和一"池"基础上的一"办"，指的是金融机构和金融办联合起来形成的服务企业的金融产品对接。具体而言，从主体上来看，一"库"的主体是政府部门，一"池"的主体是金融机构，而财政资金其实是金融机构注资形成资金池的引导基金；从提供的服务来看，一"库"提供的是高质量的科技型中小企业数据库，一"池"提供的是高质量的科技型中小企业融资产品。因此，两方需要实现最终的对接，整个体系的最终目标才能够达成。产品办公室正是这样一个机构，即一方面将高质量的科技型中小企业推到金融服务的面前，让它们如愿以偿地实现融资，另一方面将金融服务产品推到高质量的科技型中小企业面前，让它们在较低成本与风险和较为有力的融资保障下实现投资。

4. 一"会"：专家评议会

一"库"、一"池"和一"办"能够让融资方和投资方实现对接，但是在对接之后，企业贷款到账之前，成都市高新区还设置了专家评议会环节，进行"审贷"。如果待审企业是软件企业，那么专家评议会的组成应当包括同行业内的资深专家共同对其进行技术评估和市场评估，为金融机构最终的决定提供建设性意见，防止在投资时，尤其是投资轻资产企业时，出现对核心技术等的缺乏了解而可能造成的风险和损失。

在这种模式下，成都市高新区管理会成功地以科技创新驱动经济规模扩大及质量效益的提高。据高新区资料显示，2013 年：戴尔（成都）全球运营基地、西门子一期、飞利浦、中航国际广场等 96 个项目竣工投产；长虹高科技研发基地、日立电梯等 68 个省、市级重点项目完成投资 196.38 亿元；新引进亿元以上项目 46 个，总投资额 469 亿元。成都市高新区单位经济产出在中西部同类型高新技术区中名列第一，通过科技创新驱动在 130 平方千米的土地上创造出千亿元 GDP。由此可见，这种模式已经体现了其特点和初步的成功。值得注意的是，对其所形成的范式进行推广和发展，不能仅仅流于形式，而须对其作用机理进行剖析，提炼精髓，从而真正抓住有效核心内容。

（二）剖析：成都市高新区科技金融服务市场的构造及特征

抽象看来，成都市高新区科技金融服务的模式实际上是在充分尊重市场配置资源机制而又认识其缺陷与失灵问题的前提下，引入有效、有为政府的作用，重新构建一个科技金融服务市场。这个市场存在着需求方、供给方、协调方和监督方，且各方职责分明，共同保障市场的运转。

1. 需求方：一"库"

企业数据库实际上支持了有效的需求方选择：一是在信息相对通畅、透明、真实、中立的基础上，政府通过多维数据的搜集对企业进行评估，选择相对优质的企业形成企业数据库，从这一点来讲，企业数据库针对资金供给方而言，就是一个有效的需求方集合。二是进入到企业数据库中的企业主体，因为初选中是自身财务、技术、组织架构、发展等多方面都态势良好且对融资有强烈需要的，从这一点来讲，企业数据库中再选生成的资金需求方是优质企业成为大概率。

2. 供给方：一"池"

财政资金引导下，通过与金融机构共同注资形成资金池，形成其作为资金供给方的地位。同时，这一供给方的特殊性是值得我们思考的，主要表现在：一是这种新型的供给方实际上是对财政资金独自作为供给方的一种创新型替代；二是通过吸引金融机构的资金，资金池实质上实现了财政资金规模的拓展，从而使同样规模的财政资金能够发挥更大的作用；三是无论资金池中财政资金规模与金融机构相比更大还是更小，其都能够发挥引导作用，且这种引导作用的实现是注入资金池资金的政府部门与市场部门合作中以"双赢"预期促成的，因为一方面政府显然拥有更透明的信息和更多的资源，另一方面政府能够与金融机构共担风险从而明显提高了金融机构的积极性。

3. 协调方：一"办"

产品办公室是协调需求方和供给方的矩阵型机构，或者更加直白地说，是协调、撮合的主体。这一构造出的科技金融市场中同样存在着市场失灵的一些问题，比如一旦资金池中提供的融资产品信息并没有顺利地传达至正好需要相应融资服务的科技型中小企业那里，那么就会造成互动过程的中断和企业发展机会的流失。产品办公室就像"婚姻介绍所"那样，一方面将最新的金融产品推销给企业，一方面将高质量的企业推销给金融机构，从而帮助提高需求方和供给方的对接效率。

4. 监督方：一"会"

许多结合能够实现"百年好合"，当然也不能避免"看上去很美"而后又"失意独惆怅"这样的情况出现，而这种情况一旦出现势必至少产生三个影响：一是在对轻资产企业的技术等不了解的情况下进行盲目投资，将可能直接造成融资风险；二是一旦造成融资风险，就意味着一方面企业得不到发展，另一方面该笔资金在其他企业那里的机会效用也会同时丧失；三是需求方与供给方之间形成合作契约过程中彼此的信用度会降低，久而久之将产生全局破坏性影响。基于此，十分有必要对此种现象进行最大限度的避免，而专家评议会作为政府牵头成立的、中立中肯的、能够提供切实建议且不会直接介入企业最终决定的监督方，有利于为这种科技金融模式的运转把好技术性关口。

（三）精髓：矫正"理性预期失灵"的"三步走"

就目前我国科技金融服务的发展状况看来，成都市高新区的四个"一"模式可以成为一种供借鉴的范式。然而，是不是好的模式到哪里都能够成功呢？我们认为并非如此。我国幅员辽阔，不同地区大都存在着结构性、区域性、政策性等方面的差异，对模式的"生搬硬套"显然并不适用，而是应当抓住模式中的精髓，方能够因地制宜地启迪创新行为"开花结果"。基于前文所述"理性预期失灵"原理，我们认识到这一在经济生活中普遍存在的现象同样存在于科技金融市场中，影响着我国科技金融服务的开展。回过头来看，成都市高新区的四个"一"模式之所以成功，主要精髓恰在于其做了矫正"理性预期失灵"的"三步走"，并在很大程度上取得了成效。

1. 第一步：尊重市场又重构市场

对于科技金融市场中存在的"柠檬市场"现象，四个"一"模式首先选择了基于市场的重新构建：一方面，将科技金融市场中需求方的"柠檬"即评估较差的科技型中小企业剔除出去，仅选择高质量的企业组成企业数据库，其实是为这些较优质企业建立了"企业数据库"这样一个品牌，让供给方能够较安心地做选择；另一方面，将科技金融市场中供给方的"柠檬"即对企业发展有害的"灰色金融""黑色金融"等不规范供给方剔除出去，以财政资金引导并参与建立的资金池为供给方，让需求方能够安心地做选择。这种重新构建的市场之所以能够成功，核心要素就是分别为以企业组成的需求方和以金融机构组成的供给方"增信"，减少了磨合过程中的成本，降低了由于互不信任而错过的较低风险项目"漏选度"。

2. 第二步：应对市场失灵的机制

除了重新构建市场以外，针对由于不完备信息而产生的负面影响，四个"一"模式增设了应对市场失灵的机制。通过设立产品办公室这样的矩阵型机构，弥补了可能会出现的信息不对称缺憾，推动、撮合需求方与供给方的无缝对接，促进了市场的良性运转。

3. 第三步：针对"理性预期失灵"的机制运转

无论是动物精神、羊群效应还是王庆悖论，实际上都是在经济运转中不可避免的理性预期失灵现象，这些现象表现在和微观层面的博弈中，在科技金融市场中，需求方与供给方的对接势必要通过博弈，博弈中受到理性预期失灵因素的影响，会影响整个机制的正常运转。因此，四个"一"中设置了专家评议会，以求解决"只缘身在此山中"的一些困惑，能够在很大程度上帮助供求双方维持理性选择。

四、财政支持科技金融的杭州经验及启示——杭州银行科技支行调研报告

财政支持科技金融发展，改善科技型中小企业金融服务环境需要选择适宜的路径和方式，以更好地服务国家创新战略。杭州市财政部门采取财政间接投入方式，融合政府信息和信用优势，以杭州银行科技支行为支持载体，建立了一套简便易行、行之有效的扶持机制，使财政资金在科技型中小企业信贷融资领域发挥了画龙点睛，激活银行资金的关键作用。从经济学理论分析，杭州财政部门有效运用了政策性金融的基本原理，通过引导和通道再塑，整合政府与市场各自的优势与资源，化解了银行现有融资通道与科技型中小企业融资需求之间存在的结构性矛盾。从国家层面考虑，各级政府如何构建有利的政策环境和管理机制，运用政策性金融原理，创新财政投入方式，提高政府与市场合作的效率，是我国科技金融发展和科技进步事业亟须规划、实施的重要任务。

进入中等收入阶段的中国要应对潜在增长率的下行和新时期的一系列矛盾凸显，必须走创新型国家道路，实施创新驱动，把科技创新作为提高全要素生产率、社会生产力和综合国力的战略支撑。在科技创新活动中，科技型中小企业是数量最多、潜力巨大的市场主体，又最易面临融资瓶颈制约，为化解它们在发展过程中普遍的融资难题，各级政府已在采取多样化的举措支持科技与金融相结合，改善科技型中小企业的金融服务环境。在信贷融资方面，自 2008 年以来科技支行蓬勃兴起，让科技型中小企业拥有了专业化的信贷融资通道，据统计目前全国已有科技支行 100 多家。

为鼓励科技支行提供更多、更优质的金融服务，我国财政部门也在采取支持措施，其中，杭州市财政部门采取简便易行的支持方式，取得了良好的政策效果，受到当地科技中小企业的好评。我们通过实地调研，认为杭州财政对科技支行的支持体现了政府与市场主体之间优势合作、风险共担的正确思路和政策理念，核心要点是以财政资金的介入，融合政府信息优势和信用优势，发挥财政资金对社会资金的催化引导效应，适应市场需求，实现政策性金融的区域性目标。这种财政在科技领域投入方式的创新，具有启示和借鉴推广价值。

（一）杭州银行科技支行的业务概况

2009 年 7 月 8 日，杭州银行科技支行成立，是浙江省第一家、全国第三家科技支行。杭州科技支行创立之初，就坚持专业专注的理念而确立以"三不搞、一专注"为业务指引的基本立行准则，即："不搞政府融资平台、不做房地产业务、不经营传统行业贷款，专注服务于科技型中小企业"，重点向高新技术企业、创投企业和大学生创业企业等提供金融服务，客户涉及电子信息、新能源、节能环保、医药、文化创意、传统行业技术改造等六大行业近 20 个子行业。

截止到 2012 年年末，全行科技金融企业贷款余额 80.31 亿元，服务科技型中小企业 549 户，其中 180 余家首次获得银行贷款支持，户均贷款 500 万元左右。同时，通过科技支行的穿针引线，40 余家投资机构为科技企业引入投资 30 多亿元；目前已有 2 家企业成功上市，近 20 家客户成长为国内细分行业的龙头企业，有力扶持了一批处于创业期和成长期的科技型中小企业。

调研中发现，杭州银行科技支行的业务经营活动表现出三大突出亮点：

第一，资产业务方面，成立四年以来，无论按照贷款数量衡量，还是按照客户数衡量，贷款业务的 93% 以上投向科技型中小企业，超过总行设定的标准（80% 以上），实现了为科技型中小企业服务的经营宗旨。

第二，科技支行探索按照硅谷银行模式为科技型中小企业提供金融服务。作为总行直属专营机构，科技支行具有准法人机构的相对独立性，权限比一般的一级支行更大，为了匹配科技企业轻资产、技术含量高等特征，科技支行制定设计了一系列适合科技型中小企业的制度和产品。具体是根据科技型中小企业生命周期的不同发展特点和核心需求，设计了名为"生命周期服务法"的一系列金融解决方案。针对种子期企业，主要对其进行创业指导和服务，如积极提供管理、营销、财务、金融、政策等方面的知识和经验；针对初创期企业，不仅对其提供包括市场定位、管理团队整合、商业计划精细化在内的创业指导，同时也提供一定的融资服务；针对成长期企业，主要加大信贷支持，开发订单贷款、应收账款质押贷款、知识产权质押贷款、合同能源管理贷款、银投联合贷款等金融产品，满足企业日常经营资金需求；针对成熟期企业，主要对其提供投资银行和资本市场的服务。

第三，负债业务方面，50% 以上的存款来自于私募股权投资基金或创业投资基金所托管的资金，包括摩根士丹利、经纬中国等 30 多家基金。作为一家位于省会城市的地方银行的分支机构，之所以受到众多国际知名机构的青睐，主要在于科技支行的客户定位和专业经营。科技支行与创投机构拥有共同的客户群，它们在为科技型中小企业服务的过程中，自然而然地建立了合作关系。科技支行集中的客户资源对创投机构具有非常大的吸引力，而创投机构可以更直接面对和覆盖杭州地区科技型中小企业客户，科技支行与创投机构合作，既可以获得存款来源，又共同为科技型中小企业提供综合性金融服务。

（二）杭州银行科技支行集成政府资源与市场资源的主要方式

1. 构建"五方联动"的独特运营模式

杭州银行科技支行的运营模式体现为"五方联动"，即加强自身与政府部门（包括科技主管部门、金融监管部门和经济管理部门）、创业风险投资机构、担保公司和工业园区的联动，构建银政合作平台、银投合作平台、银保合作平台和银园合作平台，形成科技企业金融一体化服务战略联盟。通过强化对政府、创投机构、园区和担保公司的合作，使科技金融服务平台在短时间内聚集了杭州市、区（县）两级科技部门、40 余家国内外知名创投机构、近 20 家创业园区、10 余家担保公司、数十家各类证券公司，以及会计事务所、律师事务所、行业协会、行业研究机构等中介服务机构，打造出独具特色的科技金融综合服务平台。合作伙伴的加入，迅速有效地提升了杭州市以科技支行为核心的科技金融服务平台的综合服务能力，使科技支行在人力资源和网点资源有限的情况下，快速准确地对接杭州地区的科技金融潜在客户。目前科技支行 80% 的信贷客户都是通过以上合作平台获得的。

2. 财政简易介入科技融资，风险共担机制实现"四两拨千斤"的支持效果

杭州市政府通过资源整合，建立区域内的科技型中小企业融资扶持机制，化解现有银行融资通道的结构性矛盾。政府支持科技支行扶持科技中小企业融资的简易机制主要有两种。

一是无偿提供贷款贴息。为鼓励科技支行按照基准利率给科技型中小企业放贷，杭州市财政从科技投入中给予银行基准利率 20% 的贴息补贴。通过年度 1000 多万元的贴息规模，可以带动年度新增科技贷款 1 亿多元，有力支持了杭州科技型中小企业的信贷融资。贴息资金可以通过财政现有科技投入资金予以解决，不会对杭州财政形成压力，有利于形成扶持科技型中小企业的长期稳定机制。

二是设立信贷风险补偿基金。杭州市各级政府整合现有的科技投入资金，将原本拨付用于企业技改、项目研发的财政扶持资金，存入科技支行，地方政

府、担保公司与科技支行按照 4 : 4 : 2 的池内风险损失补偿比例设立信贷风险补偿基金。三方确定一定的客户范围和准入条件，科技支行按风险补偿基金的一定倍数发放贷款，用于定向扶持一批科技型企业。贷款发生损失后风险补偿基金承担偿付责任。目前风险池基金已顺利运营 4 个月以上，累计受惠企业21 家，基金债权规模 7670 万元，风险池内实际贷款规模 15800 万元，带动风险池外贷款 16750 万元。

这一模式的优势在于：一是在风险分担机制下，由于政府的介入，担保公司和银行的风险容忍度得以明显提升，对科技型小微企业的信贷准入门槛则显著降低，很多受制于担保条件无法获取贷款的科技型小微企业进入了银行贷款扶持范围；二是科技企业的融资成本显著降低。与同期杭州银行担保类贷款年利率平均 8% 相比，风险池基金的贷款成本直接下降至人民银行基准利率，担保费用由年 2%—3% 统一下降至年 1%，且不收取保证金。三是政府财政扶持资金相对有限，通过风险池基金模式，扶持资金规模效果扩大至少 10 倍，同时将常规一次性补助转变为可连续数年的持续性扶持资金，形成了"滚雪球"的累积扩大效应，达到财政科技投入"四两拨千斤"的支持效果；四是有利于加快金融创新步伐。风险池基金的存在推动了科技支行的金融创新。科技支行针对科技企业可抵押有形资产不足、技术专利商业价值较高的特点，发放知识产权质押贷款。同时，根据部分科技企业缺乏现金流的特点，推出了订单贷款、股权质押贷款等。此外，科技支行目前正在积极寻求监管部门的许可，实行"贷款基准利率 + 收益后分成"的定价机制，通过"基准利率贷款 + 股权投资"，或者"基准利率贷款 + 股权投资期权"的业务模式创新，实现科技银行业务风险与收益的匹配，提升科技支行的风险经营能力。

3. 创新风险管理模式，实现资源优势互补

杭州科技支行科技金融风险文化的核心，是给予具备成长潜力的科技型中小企业"区别对待"的风险政策：通过建立重大项目的联合遴选评审机制，充分利用政府、担保机构、银行和股权投资机构的不同专业优势和信息优势，实现资源优势互补，风险管理前移，有效降低了事后风险管理成本和损失。

一是客户评估的"两头兼顾"。在进行信用评估时，科技支行实行财务信息与非财务信息、硬信息与软信息的两头兼顾。既考虑传统银行调查所考虑的因素（主要是财务信息和硬信息），也考虑企业技术、产品、营销模式和竞争对手等因素（主要是非财务信息和软信息），以便在评估其潜在风险的同时，发掘其潜在价值。

二是重大项目的联合遴选审批机制。科技支行建立有技术专家、政策专家、信贷专家和投资专家等组成的联合信贷评审委员会，参与重大信贷项目和业务的联合遴选和审批，弥补科技支行在科技领域专业知识方面的局限性。

三是专职审批。由杭州银行总行派出独立审批人常驻科技支行，对贷款进行专职审批，达到"在一个机构内完成系列风险政策决策"的效果，授信3000万元，授信项下贷款6000万元，可以在支行一站式完成审批，简化审批流程，提高审贷效率。

四是团队模式。科技支行采用团队模式，将客户经理分成三个团队，实行团队考核，在业务拓展中坚持团队责任制，团队间适度展开竞争。

五是坚持"专注与专业"。在专注方面，科技支行将业务目标锁定为拥有自主知识产权或商业模式创新的科技型中小企业。在专业方面，科技支行引入专家联合评审机制、组织业务培训、加强与创投机构的合作、开展对专注行业的行业研究。

4. 细分客户群，推动风险池基金模式再创新

联合各级政府、担保公司和科技银行三方力量共同建立"风险池基金"，引导社会资本（股权投资机构）共同支持科技中小企业融资，是杭州科技支行推动科技金融服务的重要模式。这种模式具有典型的"公私合作"模式下产业引导基金的特征，通过合法规避现有国有资产管理制度约束以及我国金融业"分业经营、分业监管"的现有体制约束，以建立"风险池基金"的创新模式，实现了政府资金撬动商业银行资本对科技企业提供金融支持。在这一模式的基础上，杭州市各级政府、科技支行以杭州市"雏鹰计划"数据库为基础，联合杭州高科技担保有限公司以及各区（县）科技系统，进一步细分客户群，深化风险池基金的适用范围和合作模式，实现了风险池基金模式的再创新：根据区域需求、行业特征，将市级政府层面的"风险池基金"向区（县）、街道政府

拓展，向细分行业领域扩展。目前已建立 12 个区（县）"区域风险池基金"；同时，取得经信委支持，成立了以杭州市合同能源管理基金为代表的"行业型风险池基金"，规模 2 亿元；在此基础上，科技支行又与浙江中新力合科技金融服务有限责任公司、杭州高科技担保有限责任公司多次洽谈后签署了"知识产权贷款风险池基金"合作协议。通过多方位合作的深化，使风险池基金模式不断完善，成为适合多领域营销和培育小型科技型企业的常规化科技金融工具，有利于科技支行安全有效地做大基础客户群，进一步提升科技支行服务科技型小微企业的能力。

（三）杭州财政通过支持科技支行业务发展而支持科技型中小企业成长的启示

科技型中小企业融资难的现象虽较为普遍，但科技型中小企业独具的"蓝海特征"，又使其不同于一般的中小企业。实际上，科技型中小企业良好的成长前景往往对银行信贷等金融资源颇具吸引力，只是银行现有的融资通道与科技型中小企业的融资需求之间存在着结构性矛盾，两者不能有效对接。杭州市财政部门抓住科技型中小企业金融服务领域的薄弱环节，创新财政投入方式，整合各方资源，建立了一套简便易行、行之有效的扶持机制，将原本无序的科技型企业融资通过制度和机制建设加以梳理，发挥了引导和通道再塑的关键作用。

概括地说，杭州市财政部门之所以能够在科技型中小企业信贷融资领域起到画龙点睛、激活银行资金的作用，关键在于他们有效运用了政策性金融的基本原理，对政府与市场各自的优势和资源进行合理整合配置。杭州市财政部门支持科技支行业务发展的实践，优化了支持科技型中小企业金融服务的财政政策，我们对其可做出如下评价，并试总结其启示意义。

1. **政府部门要积极营造鼓励科技创新、支持科技型中小企业发展的政策环境与预算依据**

政府的政策导向具有显著示范效应，可以吸引各方关注、支持科技型中小企业发展。杭州市政府注重营造有利于科技型中小企业的政策环境，扎实做好基础工作和政策规划，推出"雏鹰计划""青蓝计划"等专门面向科技型中小企业的支持计划。例如，"雏鹰计划"目标是 5 年内培养 1000 家拥有自主知识产权、科技含量高的科技型新企业。"青蓝计划"的目标是吸引高校教师、科研院所专家在杭州创业发展。这些政府支持计划的推出，为市场参与者提供了稳定的政策预期，有利于激发他们创办和发展科技型中小企业的热情，并促使相关金融机构提供中长期资金投入，同时，也为财政部门安排相关支出提供了预算依据，使各方的努力目标聚焦，为各方开展协调与合作创造了良好的条件。

2. 财政投入方式应积极转变，以间接支持方式提高财政投入管理效率

考虑政府财力的有限性和金融机构在网点零售服务和信息搜寻方面比政府更具优势，因此财政借助金融中介力量，以间接投入方式支持科技型中小企业，更有利于发挥政策效力、扩大政策惠及范围。对于支持科技型中小企业的财政投入方式，杭州市财政部门的指导思想是逐步提高间接支持比重。2012年，杭州市科技三项经费7亿元投入中有42%用于间接支持，2013年目标是50%用于间接支持，借助于科技支行政策性担保机构、创业投资引导基金等金融中介，杭州市运用有限的财政资金支持了更多科技型中小企业的发展，而且也拓宽了这些金融中介的发展空间，形成了财政引导，科技与金融良性互动的局面。

杭州市建立了科技型中小企业信息服务平台，政府部门运用网络化平台受理、审核、批准科技型中小企业的支持申请，并与科技支行等金融中介保持信息通畅，对相关财政支持资金的使用信息保持公开透明，这不仅促进了政府部门之间相互配合、相互监督地高效运用财政资金，而且为科技型中小企业和科技支行等金融中介提供了便利，有利于提高财政管理和融资服务的效率。

3. 财政支持金融机构的方式宜简便易行，重点发挥引导作用和"定心丸"效果

财政对杭州银行科技支行的资金支持主要采取贴息和风险池的模式，尤其是风险池模式，目前受到政府、银行、企业、担保机构等各方的普遍欢迎和广泛认可。无论是前者还是后者，财政资金的投入管理都较为简便，而且都有止损线，不会带来或有负债等财政风险，因此，这些模式更容易推广，便于财政部门接受。财政资金对科技型中小企业的金融服务支持并不是全方位的，主要

是针对市场失灵或缺口部分从边际上进行支持，侧重发挥"定心丸"作用，并实现"四两拨千斤"的政策效力。

例如，在风险池模式中，西湖区财政局、杭州高科技担保公司分别出资1000万元，杭州银行科技支行匹配500万元，安排总规模1亿元信贷资金，按照4：4：2比例分担损失。2500万元以内损失，西湖区财政的损失上限为1000万元；超过风险池基金部分，西湖区财政不承担责任，由杭州银行科技支行和高科技担保公司按照2：8比例来分担。从财政的角度来看，一方面财政资金1000万元的投入效果实际扩大到1亿元，另一方面常规一次性财政补贴转变为可连续数年的持续性扶持，财政资金效果非常明显。从企业和银行的角度来看，政府参与风险分担，承担40%风险，提高了银行和担保公司的风险容忍度，显著降低了企业的融资门槛。

4. 良好的部门合作是财政支持获得成功的基础条件

杭州银行科技支行核心业务的运作机制为五方联动，联合各级政府、创投机构、担保公司和科技园区展开合作，快速准确对接科技型中小企业，这种联动的基础在于杭州市拥有规范运作的政策性担保机构和商业担保机构、数目众多的创投机构、高效协同运作的财政部门、科技部门等政府机构。具备这些部门合作条件是形成良好金融生态、提升政策合力来开创财政支持科技金融服务新局面、新业态的必要条件。

5. 政府的公信力和拥有的信息是宝贵资源，财政应以资金流带动信息流，充分发挥政府信息的优势与价值

在调研过程中，我们了解到科技支行非常重视政府的公信力和拥有的科技型中小企业相关信息。例如，在西湖区风险池模式中，纳入风险池的企业均经过区财政局、科局、发改局联合评审以及高科技担保公司和杭州银行科技支行的专业评估。从银行角度来看，认为区财政局、科技局、发改局对于小企业的评价比单纯的银行和担保公司角度更加完备，出风险的概率就更低。除了有形成本降低，银行也比较注重政府所提供的协调和服务的价值。从企业的角度来看，在风险池模式中，政府不参与盈利分配，而且提供信息便利条件，银行寻找客户成本降低，利率也会下降，企业从中受益，形成了三方平衡的合作模式。

另外，我们在调研过程中发现，无论是科技型中小企业，还是金融服务中介，对科技园区管委会提供的对方信息都非常信任，管委会在化解银行与科技型中小企业之间信息不对称问题上发挥重要的桥梁作用。因此，财政资金在支持科技型中小企业的过程中，应以财政资金投入为先导，黏合政府的信息资源，促进资金供需的双方即银行等金融服务中介与科技型中小企业之间有效对接。

五、"珍珠项链"模式、科技金融生态创新与新供给管理——基于浙江中新力合公司调研

在科技型中小企业金融服务领域，中新力合公司从供给端入手，采用整合集成的理念开展创新，依托于丰富的市场资源与浙江省内各地政府支持，通过寻求各方利益的最大公约数打通合作的路径，集中多方资金、信用、信息优势开发出新型金融服务产品，形成类似于珍珠项链的新型商业模式，并以信息积累、数据处理、信用评价为根基，把互联网金融作为发展方向，在更大范围内以更快速度促进科技资源与金融资源相结合。

我们认为，这种微观案例与结合"新供给经济学"理论创新取向和供给管理的思想不谋而合，应提倡我国科技金融政策的新供给机制创新：强调科技金融政策必须针对供给缺口，基于市场机制，面向未来整合既有资源，注重发挥打通、桥接和引导作用，适应互联网金融等新环境，促进形成系统化可持续的科技金融服务网络，优化科技金融生态。运用财政政策和管理，促进"混合经济（混合所有制）型"的市场主体改善我国科技型中小企业金融服务供给短缺境遇，有利于支持和落实国家创新驱动型发展战略。

2013 年，在关于杭州市支持科技型中小企业金融服务的政策实践与经验调研中，我们与杭州市本级及西湖区的相关政府部门、多家金融机构等座谈交流，并实地走访了多家科技型中小企业。调研中了解到中新力合公司的金融创新业务受到科技型中小企业普遍欢迎，共同的评价是"雪中送炭"的金融服务，同时这也得到政府部门的认可。通过考察，我们认为这家服务于成长型中小企业的综合化金融服务公司的作为，颇具案例价值。该公司以解读科技型中小企业的未来价值为基础，运用现代金融技术融会贯通国内分散的金融业务，为科技型中小企业提供创新型的多种金融服务，对国内科技金融供给的一些缺

口和断层有所填补。

见微知著，市场主体的成功实践可为改善宏观管理与调控提供参考，这类业务创新及其发展方向蕴含着改善科技金融生态的重要思路，对有关管理部门优化科技金融政策富有启迪意义。中新力合从供给端入手创新科技型中小企业金融服务的微观实践，与宏观层面"新供给经济学"供给管理的思想不谋而合。目前，我国经济总量已相当庞大，今后必须着力深化改革和创新供给，来引领结构优化和效率提升的资源配置新格局，实现经济可持续发展。

（一）中新力合概况：一家有理想和创新特色的科技金融服务公司

中新力合股份有限公司[①]（简称"中新力合"）成立于2004年，注册资本4.5亿元，是一家集金融、信息与网络为一体的综合金融服务机构。目前，该公司具有明显的"混合经济（混合所有制）"特征，股权结构为：10家中资股东占比77%，两家外资股东占比23%，其中，硅谷银行占比6%，恩颐投资（美国规模最大最活跃的创投基金）占比17%。该公司的定位是"服务成长型中小微企业的综合化金融服务公司"。

1. 中新力合的发展历程与目标：从"蝌蚪"到"王子"

中新力合形容自己的发展过程："最初是担保公司这只小蝌蚪，别人看着挺另类，觉得是青蛙，其实我们自己是想当王子。"具体而言，该公司的发展经历了三种角色的变化：创新型担保机构的探路者、产业经济服务的资源整合者、综合化金融服务平台的构建者。起步是以担保为切入点进入中小企业金融领域，但与一般担保公司不同之处在于，它始终坚持"没有不能贷款的企业，关键是什么样的额度和方案"的解决思路，通过产品设计实现政府组织、信托、银行机构、风险投资商以及担保机构在中小企业金融服务上的资源整合配置，形成信贷市场与资本市场的合力效应。该公司一直致力为中小企业打造高效综合金融服务平台，2013年提出发展成为服务中小微企业的中国"高盛"。

目前，中新力合为中小微企业提供的产品及服务已不局限于单一的融资担保形式，而是从原本的传统信贷融资"风险分担方"，转而走向融资服务市场

---

①公司名称来源于其企业文化和经营理念："持正不偏谓之中，勤学不老谓之新，敏行不懈谓之力，乐业不独谓之合"，即"中新力合"，核心是强调"新"与"合"。

的"前端"，向中小微企业提供整体金融服务，主营业务包括融资方案设计、信用担保、债权基金、股权投资、融资租赁及其他金融咨询服务等。该公司未来发展重点是互联网金融，建设社会信用评价体系，改善信息不对称，降低小企业融资成本，成为值得信赖且最具合作价值的综合金融服务公司。

2. 基于科技型中小企业融资特性，推进科技要素持续金融化

中新力合的服务对象主要是浙江省广大中小微企业，尤其是科技型中小微企业，成立以来，逐渐探索适合浙江金融和经济发展的中小微企业综合金融服务模式，实现了业务发展中社会效益和经济效益双丰收。截至 2011 年年末，公司累计为 2226 家中小微企业提供了 99.4 亿元融资资金；近 3 年企业户均融资额分别为 326 万元、292 万元、330 万元，其中纯信用贷款融资率分别为 85%、89%、82%；公司所服务的企业客户中，净资产 1000 万元以下占 84%，获得风险投资跟进的企业近 40 家，并有 2 家已成功在国内上市。

我们感受到，中新力合管理层对中小企业融资市场供给与需求的格局具有非常清晰的认识，它的经营战略简要概括为两个方面：一是找准目标，从服务中小企业融资的实践经验出发，运用象限分析法描述不同类型中小企业的融资状况，锁定目标客户群，即成长型中小微企业，这些企业是信贷市场和资本市场都在观望、关注的部分；二是有效布局，明确市场供给的缺口，根据行业、生命周期细分研发产品，通过创新金融服务方式弥补缺口，由卖产品转变为针对中小微企业需要什么，就提供什么服务，满足客户的融资需求（这也符合"金融工程"这一前沿概念内含的基本逻辑），实现企业利益、客户利益和社会利益的统一。具体如下：

（1）运用象限分析法准确定位

中新力合基于企业融资状况的两大评判维度——信贷市场标准和资本市场标准，将企业划分为几种情形（图 3-13）：在"安全性"高的区域往往属于银行机构青睐的优质信贷企业，而"成长性"好的区域则多为投资机构看中的高价值、高潜力企业，这两类企业鉴于在各自维度上的独特优势，都不存在融资上的问题，相比之下，处于剩余象限的企业或多或少存在融资难的问题。其中，科技型中小企业往往具备高成长性、高科技含量，但同时面临缺乏有效担保抵押手段、缺少信用记录、轻资产、无形资产估值难等问题。对应图 3-13，科技型中小企业往往处于类型 I 和类型 IV 两个区域，这两大区域企业的融资问题在传统的信贷市场以及资本市场都无法充分覆盖。

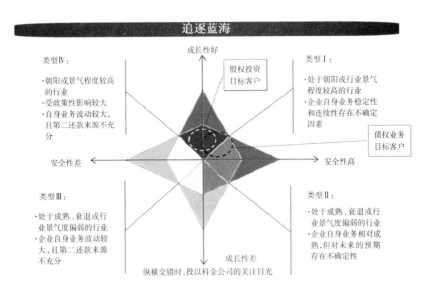

图 3-13 基于科技型企业融资特性的目标锁定

基于上述市场分析，中新力合根据科技型中小企业金融服务的实践经验以及对"三型六新"（微小型、初创型、轻资产型；新经济、新服务、新模式、新农业、新能源、新材料）产业发展的信心，将其目标对象锁定为科技型中小企业，致力于为最需要"被输血"企业提供专业化金融服务。

(2) 有效布局弥补供给缺口

为了向科技型中小微企业提供综合化的金融服务，中新力合采取纵横交织的组织运营布局，横向布局包括三大板块，一是互联网金融，包括构建社会信用体系等基础工作；二是公司金融，主要围绕企业融资的公司客户，三是微型金融，例如零售代理业务；纵向体系是针对不同的目标客户群有 10 多个事业线，不同事业线下有各种产品。组织结构方面，下设浙江中新力合担保服务公司（浙江省规模最大的融资性担保公司）、浙江中新力合科技金融服务有限公司以及浙江中新力合资产管理有限公司等十多家专业子公司；同时，以县市级为单位进行扁平化的分公司设置，目前已在浙江省设立 26 家分公司，并在上海、江苏设立分公司，通过网络化的组织推行融资服务属地化、风险控制集中化、资源整合集成化的综合金融服务机制。

凭借为科技型中小企业广泛提供金融服务的业务优势，中新力合与浙江省科技厅、浙江省地市级科技局联合组建浙江中新力合科技金融服务有限责任公司（以下简称"科金公司"），各级科技局出资 1.2 亿元，中新力合出资 1.8 亿元（属于标准的"混合所有制"股份企业）。科金公司作为致力于为浙江省科技型中小企业提供全方位金融服务的专业化公司，是政府支持平台和市场化的商业运作平台的结合，各股东所在地都设分支机构。

科金公司充分利用省级科技型中小企业综合金融服务平台，紧紧围绕科技型中小企业的投融资链进行有效创新：既在"安全性"维度上充分利用和进一步开发来自以银行信贷为代表的间接融资渠道拓展和资金供给；又在"成长性"维度上作考量，设立和引进不同投资偏好、针对科技企业发展不同阶段特征的股权基金资源，整合多方力量，保障科技投入、促进成果转化；还在为营造"科技型企业融资积聚效应"，设计、开发和应用具有市场培育和扶持性的融资支持与保障手段，如专利资产化等；最终形成投贷联动，债权先行、股权跟进，科技创新要素持续金融化的科技金融服务平台。

（二）从供给端以"珍珠项链"模式开展科技型中小企业金融服务的本土创新

科技型中小企业的融资需求迫切，但因普遍具有轻资产的特征，往往达不到传统的银行信贷和股权融资等金融服务方式的供给标准，科技型中小企业时常会陷入融资困境和发展瓶颈。针对这种供需失衡，中新力合围绕科技型中小企业不同的融资需求和特征，结合我国金融发展水平，专注于解决科技型中小企业融资问题的创新思路，持续推出若干创新型金融产品，丰富了科技型中小企业金融服务供给方式。

1. 中新力合提供的创新型金融产品与服务

（1）科技金融服务产品设计

在中小企业、特别针对科技型企业的综合化金融服务平台上，中新力合近年来陆续推出创新型金融产品，主要包括天使债、小企业集合债、基于科技型企业不同成长阶段融资匹配的股权投资组合基金产品、知识产权风险基金等，同时与政府合作机构良好互动，拓展知识产权产品合作创新，受托为各地科技局评审科技型中小企业项目，发展增值服务，形成具有系统化特点的科技型中小企业融资产品链条，实现科技创新链条与金融资本链条的有机结合。下面以天使债和小企业集合债为例作简要说明。

第一，天使债系列产品。

考虑到科技型企业普遍具有较强的"成长性"特征，中新力合根据其整体行业趋势和前景判定，对其"未来价值"加以专业解读，结合适度风险理念作概率控制，通过创新股债结合的融资方法，为大量政府扶持或经营现金流控制良好的科技型企业提供融资支持。天使债是基于中新力合"桥隧模式"的运作机理，引入风险第四方的角色（包括风险投资者和上下游企业），以债权先行、以股权跟进，为大量具有价值型融资特征的科技型中小企业设计出债权融资产品，包括雏鹰融、专利融、投贷通、税贷通等。

雏鹰融产品以入选杭州市"雏鹰计划"和"青蓝计划"的科技型中小企业为目标客户，为企业提供纯信用债权融资，企业则通过释放一定比例的未来投资权而获得较为优惠的贷款条件。

专利融产品以浙江省内拥有至少一项以上发明专利或者实用新型专利企业为目标客户，通过中新力合的资源渠道平台，为该类型客户提供纯信用债权融资，企业可通过释放一定比例的未来投资权而获得更为优惠的贷款条件。

投贷通产品是以获得公司认可的投资机构股权投资的价值型企业为目标客户，通过公司的资源渠道平台，为该类型客户按投资机构股权投资的额度配比一定比例的纯信用债权融资。

税贷通产品是以财务和纳税较为规范、但已有融资规模相对较小、仍有一定负债空间的科技型中小企业为目标客户，通过中新力合的资源渠道平台，为该类型客户提供纯信用的债权融资。

第二，小企业集合债系列产品。

中新力合运作的"小企业集合债系列产品"，则是基于中新力合"路衢模式"解决中小企业融资难的又一类创新债权融资产品。依据"路衢模式"所设计的产品，进一步拓宽资金来源，利用结构化的产品设计，整合政府引导资金（财政扶持资金）、银行、担保机构、风险投资机构等多方资源，实现多方共赢，风险与收益匹配。目前，该系列产品已经发行 15 支，整体融资规模超 8 亿元，有超过 400 家的小企业直接受益，受益的科技型中小企业绝大部分曾长期面临融资困境，其中，更有超过 35% 的企业是首次获得贷款。

具体运作思路为：中新力合通过设计信托产品或成立有限合伙制基金，政府以引导基金认购一部分份额（一般在 25% 左右），风险投资机构认购风险劣后部分（一般在 5% 左右），剩余的份额则由银行或社会资金参与认购（一般在 70% 左右）。在资金的收益、风险匹配方面，风险投资机构享受高收益，同时承担高风险；政府引导基金只要求本金安全，不索取收益，担保公司对除去风险劣后部分的资金提供全额担保（图 3-14）。

对作为资金需求方的企业而言，在政府无息引导资金的支持下，小企业集合债权基金的融资成本很低。在挑选企业时，企业能否获得资金支持的因素是企业的内在价值而不是抵押物，这样就使大部分轻资产的科技型中小企业能够在纯信用的条件下享受到价格低廉的贷款。

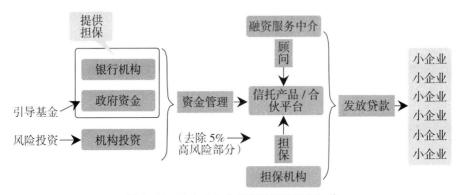

图 3-14　小企业集合债产品运作机制示意

（2）利用地方"四板"市场，提供增值金融服务

2012 年 10 月，浙江股权交易中心暨区域性股权交易市场成立，中新力合成为首家会员公司。浙江股权交易中心旨在为浙江省内企业，特别是中小企业提供股权债券的转让和融资服务，逐步把区域性股权交易市场建设成沪深交易所和"新三板"的"预科班"，鼓励拟上市公司先在区域性市场挂牌培育。中

新力合以浙江股权交易中心为切入点，围绕科技型企业的需求，积极协同各专业机构开发创新性的金融产品，开展推荐挂牌、报价、私募债承销、代理买卖、股权债权融资、金融衍生产品等业务。以私募债承销为例，2013 年 7 月 31 日，由中新力合设计并承销的国内首只纯信用小微企业私募债"中科赛思私募债"在浙江股权交易中心成功发行。为平衡安全与收益，该产品通过结构化设计增信，不同资金类型共同参与认购，风险分层，其中，优先级占比80%，次优先级（劣后）为 20%，优先级认购人可跨过制度门槛直接投资低风险、中等收益的私募债券产品，而劣后的购买者为民间投资机构，瞄准浙江高达万亿元的民间资本。

目前，中新力合依托浙江省"四板"市场为科技型中小企业提供包括挂牌、股权债权融资、资产管理、价值分析报告、顾问服务、交易服务、上市辅导为一体的全方位综合金融服务，助力实现科技型企业自身价值。

(3) 科技金融信用体系建设

虽然中新力合的信用贷款业务已相对成熟，但解决客户需求均需要投入大量人力和物力进行实地调研和考察，究其原因是没有一个可信赖的信用体系，无法判断间接信息的真实性。同时，各金融中介以及决策机构也需要一个可信赖的信用体系去服务广大的科技型中小企业。为解决科技金融结合过程中存在的信息不对称问题，中新力合着手建立全方位立体式的风险和价值信息展示平台。

2007 年，中新力合提出"网络信用"平台式构想，开始建设信用体系。2010 年，出台"云融资服务平台"建设方案，标志着信用体系建设正式成为中新力合的核心项目。2011 年，公司引入普华永道共同搭建中小企业评价体系模型，建设评价体系。2012 年，公司在浙江全省铺设分支机构，全面开展信用体系建设。

对于作为资金需求方的科技型中小企业，信用体系可以帮助信用良好的企业获得监管机构、金融中介以及合作单位认可，进而获得更多的服务和适用优惠政策，降低融资成本。对于第三方机构和政府监管机构，信用体系帮助它们及时获得可信的企业信用数据，有利于做出正确投资决策和政策调整。对于中新力合，作为综合金融服务商，信用体系可以提升其科技型中小企业价值表达体系的可信度和权威性，更好地为客户服务，而且信息服务业务将有可能成为中新力合未来的主要盈利来源之一。

2. 以"合"字为创新理念，运用"珍珠项链"模式打通跨界合作

中新力合的上述金融服务反映了其企业文化中的核心理念，运用整合与集成理念进行创新，即"新"与"合"。中新力合依托于浙江省内各地政府的大力支持与丰富的市场资源，通过寻求各方利益的最大公约数消解合作的障碍，形成跨界资源共同作业的服务平台，实现科技型中小企业金融服务相关者的资源整合，集中各方的资金、信用、信息优势开发新型金融服务产品，使科技型中小企业的未来价值得以体现，摆脱传统融资方式以抵押品或历史业绩为基础的束缚，实现科技型中小企业融资方式供给链的升级，使科技型中小企业融资选择范围扩大、便利度提升、成本降低，在整个生命周期都可以获得相应的融资服务。这种整合是广泛而多层面的，可简要归纳如下：

（1）不同类型金融服务机构之间的业务整合机制

从早期的"桥隧模式""路衢模式"到"天使债""小企业集合债"等升级版产品，中新力合的产品设计普遍具有复合性特点，以风险共担、利益共享、优势互补、高水平专业化为前提，包含整合多方资源的交易机制。根据担保机构、银行机构、信托机构、风险投资商等各种金融机构差异化的风险收益偏好，或是采取跨期安排，或是运用结构化技术加以整合，使它们在自己的业界之内协同发挥作用，整体而言，则形成了跨界的创新产品，发挥了信贷市场与资本市场的合力效应。

（2）金融机构资金和民间资金的汇集机制

在中小微企业金融服务领域，中新力合从最薄弱的担保环节入手，逐渐发展壮大。它提供的服务产品，在客户端看到的是债权和股权，在资金端，则是运用担保的工具，从主流银行那里拿到钱，运用资产管理工具，吸引民间的活钱。例如，在"小企业集合债"产品中，对银行等金融机构而言，其角色主要是以对外发售理财产品形式吸纳社会资金并参与部分产品认购。这一方面解决了银行和企业的信息不对称，把难以满足银行准入条件的"潜在客户"培育成银行的"准客户"，帮助企业平稳度过"成长期"——该项目资金并不占用银

行额度，而且同样被担保机构全额担保，有效控制了风险；另一方面"小企业集合债"作为回报率比较高的理财产品，也为民间资金提供投资渠道和工具。对中新力合等金融服务中介而言，其主要承担资金管理、企业筛选主体、资金担保的角色，并从中收取相应费用，最终筹集的资金根据企业不同资金需求流向"企业包"。这样，使"天上的水"（主流银行金融机构的钱）、"地下的水"（民间的活钱）对接起来，中新力合通过产品服务链打造了主流金融与民间金融的对接机制，拓宽了科技型中小企业的融资渠道。

（3）按照政府和社会资本合作模式（PPP）的理念开展政府与市场的合作

在科技型中小企业金融服务领域，中新力合得到政府的支持，与当地政府部门形成密切的合作。公司根据政府政策导向，结合自身业务优势，通过产品和组织创新，与政府开展资金、信息、组织管理等多方面的合作，不仅共同出资成立科金公司，而且所推出的各种金融产品中通常都有政府的支持以及资金投入（实为地方政策性金融的具体形式），通过这种合作，既达到了政府政策目标，又拓展了公司业务，实现了经济效益与社会效益的统一，在理论和概念上，可对应于广义的政府和社会资本合作模式（PPP）。

仍以"小企业集合债"为例，对资金提供方政府来说，政府考虑的是怎样有效地、定向地找到特定企业，并运用财政资金对其给予支持。小企业集合债的产品设计，首先通过风险与收益对等的原则将政府筛选企业的职能大部分让渡给机构投资者和担保公司，在引导资金使用的过程中，政府更多地充当信息提供者的角色，不仅有利于解决政府和企业的信息不对称问题，而且回避了政府管理环节在筛选企业过程中可能存在的设租寻租行为。其次，该产品为政府引导资金的使用提供了一个全新模式，以往消耗性的资金投放模式，变成了资金的循环利用。最后，通过引入担保、社会资本及风险投资，利用金融杠杆，政府财政资金在使用过程中得到放大，而且由于获得全额担保，这部分资金在无风险的条件下得以不断积累投放，为目标企业群进行有效的持续支持（图3-15）。

近年中新力合与当地政府的合作已深入到组织层面，成立科金公司即为例证，中新力合和各地科技局都成为科金公司的股东，通过股份制这种风险共担、利益共享的"混合所有制"互动合作机制，形成了一个政府与市场贡献各自优势的科技金融服务平台。科金公司的不断发展（包括纳入更多的地方科技局入股以扩大资本金，合作深化、产品创新、服务拓展等方面）将使中新力合与当地政府的合作关系长期化。

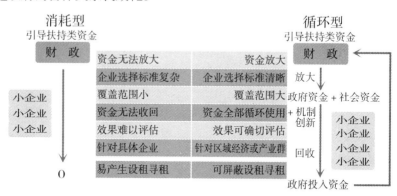

图 3-15　政府引导资金运用模式

上述实践正是公私合作伙伴关系在我国科技金融服务领域的应用，是"我国正在成长的 PPP 的一种方式"[1]，可认为是我国在软性经济基础设施领域中应用 PPP 的创新之举，对于提升财政管理水平具有重要意义，也对于进一步打开这一重要潜力空间具有试验、示范意义。

（4）通过产品设计和信用体系建设化解信息不对称，撮合促成融资交易

信息不对称是制约科技型中小企业融资的基础障碍，中新力合从担保业起步，而担保本身就具有化解信息不对称的功能。目前，中新力合的产品设计中都包含化解信息不对称的理念，为各方的合作创造条件。"小企业集合债"中通过全额担保化解了政府与科技型中小企业、银行与科技型中小企业之间的信息不对称；对定位为风险投资的机构投资者不提供担保，但是，它们享受20%-30%收益，通过该产品设计，机构投资者能够以债权这种风险相对较小的形式进入企业，了解企业情况，也解决了其直接投资过程中与企业的信息不对称问题，一旦遇到理想企业，即可股权跟进，对企业作进一步的投资。

除了担保，中新力合还利用既有的信息资源，提供纯信用贷款，化解抵押

①孔村光：科技金融创新的"西湖模式".http://chinasourcing.mofcom.gov.cn/hz/c/2010-03-30/67543.shtml.

等传统信贷方式对科技型中小企业的制约，探索科技资源与金融资源结合的新方式，例如所开发的"雏鹰融"这种标准化产品，只要进入政府"雏鹰计划"名单的企业，就可以获得50万元的纯信用信贷。

针对许多企业是第一次贷款、缺乏信用记录，以及贷后跟踪评价的信息需求，中新力合紧紧抓住信息不对称这种基础障碍，实时动态地采集企业基本信息，建立信息体系和信用评价体系。

信用体系的数据平台是集企业的运营数据、管理制度、政府监管数据、市场交易数据、行业信息数据以及第三方数据为一体的数据平台，用以及时、动态地揭示企业的风险和价值。数据再加工是中新力合运用自主研发的中小企业价值表达体系（针对特定信息运用一定的数学模型以及指标模型），对企业数据进行分析归类，从而揭示企业的价值和风险（图3-16）。

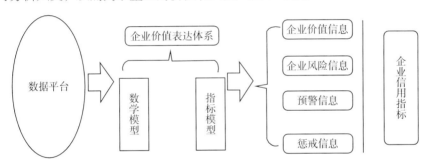

图3-16　数据表达过程

通过做实基础工作，不仅服务于现实的业务需求，而且为公司未来的重点业务——互联网金融创造条件。未来这个体系还可以向社会开放，不同的风险偏好者可以根据需要选取企业信息。

目前，我国互联网金融业务蓬勃兴起，2013年被称为互联网金融元年，互联网的大数据模式可以减少信息不对称，对风险便可以更准确地定价，这为改善科技型中小企业的融资状况开辟了新路径。毋庸置疑，互联网金融需要以企业信息和信用评价做为基础，中新力合在建设科技型中小企业信息体系的基础上，通过互联网平台传播信息，吸引各类投资者，从而有望在更大范围内以更快的速度促进科技资源与金融资源结合，促进科技型中小企业成长和发展；在此过程中，中新力合也可以实现从担保中介到信息中介的商业服务模式转型。

(5) 积极响应科技金融政策，促进宏观政策向微观主体有效传导

为建设创新型国家，我国一直致力于培育有利于科技型中小企业发展的金融环境，出台诸多支持政策，并投入大量财政资金，但是，仅靠政府直接投入能够支持的范围有限，更多的情况是需要借助于中介组织的力量，发挥支持政策的辐射作用和财政资金的杠杆作用。

中新力合注重与政府部门有效互动，契合政策时机开展新业务，例如，配合杭州市科技型企业培育工程，针对列入"雏鹰计划"和"青蓝计划"的科技型中小企业，提供专门化的金融产品和服务；作为浙江股权交易中心暨区域性股权交易市场的首家会员公司，围绕科技型中小企业需求，积极协同各专业机构开发创新性的金融产品，开展推荐挂牌、报价、私募债承销、代理买卖、股权债权融资、金融衍生产品等业务；与政府合作机构良好互动，在产品合作创新上，与杭州高科技担保公司、杭州银行科技支行合作开发智汇宝产品，并推进知识产权金融化创新，在增值服务方面，公司受托嘉兴市、舟山市、湖州市、金华市等地科技局做各类项目专项评审工作，等等。

通过契合政策导向和科技型中小企业的需求，中新力合发挥了重要的联结作用，把宏观政策传导至数目众多的微观主体，助力地方政府科技金融结合政策有效落地，促进企业科技成果转化，同时也有力促进了企业自身做大做强、取得投资回报和实现创业抱负。

（三）优化宏观供给管理，改善科技金融生态的思考

1. 中新力合的"珍珠项链"商业模式属于新供给因素

作为微观层面的中介组织，中新力合在经营战略上运用象限定位寻锁客户群体，以满足科技型中小企业融资需求为基本导向，针对科技型中小企业的融资特性和市场供给的缺口，创新金融服务的供给，尽管其起点仅仅是一家担保公司，但通过前相关、后相关、结构化金融技术等，充分运用担保这种金融工具，为科技型中小企业提供了多样化的新型融资方式。这些创新型的供给方式既是科技型中小企业所需要的，又是科技型中小企业所没有使用过的，属于供给端将产品与机制相结合的创新。

打个比喻，中新力合从供给端提供的新型金融服务，对科技型中小企业而言，类似于苹果手机对手机使用者一样，都近乎为一种从无到有的全新体验。在科技型中小企业金融服务方面，中新力合的贡献可以用其企业文化中的"新"与"合"两个字概括，"新"是指提供了新的金融服务方式，"合"是指采取了整合的方法（风险共担、利益共享、优势互补、专业化整合）开展创新，发挥润滑剂、黏合剂、催化剂的作用促成升级，集合银行、信托、创投基金、担保公司企业、财政等各方的优势资源，在符合市场化运作规律的基础上，形成立体的金融服务体系，系统化、有层次地为科技型中小企业提供全方位金融服务。这种新型的服务模式恰似一条珍珠项链，把不同主体联结在基于利益和追求共赢的链接上，改造了科技金融服务领域中原有的分散、断层、供给短缺局面，优化了当地的科技金融生态——其中决定性的因素，就是金融供给的创新。

2. 以新供给理论为支持，探索我国科技金融政策的"珍珠项链"模式

见微而知著，如果在更广泛层面上思考中新力合的"珍珠项链"供给模式，可以从它作为科技型中小企业金融服务领域的新供给因素，而引出对于优化我国宏观层面科技金融政策富有启迪意义的思考。

2011年，我国正式启动了科技和金融结合试点工作，加快实施自主创新战略，为科技成果转化、科技型中小企业发展和培育新兴产业提供支持。科技金融是涉及创新财政科技投入方式，引导和促进银行业、证券业、保险业金融机构及创业投资等各类资本来创新金融产品，改进服务模式，搭建服务平台，实现科技创新链条与金融资本链条的有机结合，为初创期到成熟期各发展阶段的科技企业提供融资支持和金融服务的一系列政策和制度的系统安排。

科技型中小企业作为经济体系中最具活力的细胞，亦是科技金融政策的重点支持和服务对象，但它们为数众多，从概率上说成功者（做大做强者）只会是其中很有限的一小部分，但庞大的基数又是少数成功案例最终得以脱颖而出的前置条件，政府对它们不能不支持，也不可能都支持，政府的支持政策从何种角度、以何种力度介入需要采取适宜的机制和方式。在充分尊重市场规律的基础上，应针对市场发育水平，运用有限的财政资金弥补市场运行的薄弱领域和支持其科技成果转化的关键环节，通过政府与市场主体、中介机构等的互动，优化科技金融生态——这种政策理念与中新力合的"珍珠项链"模式具有相通性，宏微观之间以伙伴关系机制联通而一脉相承，共同的现实背景和相关理论基础可初步讨论如下。

（1）现实背景：经济系统化运行的基本特征需要以系统化考量切入的创新思维

科技型中小企业在起步期、初创期、成长期、成熟期等不同发展阶段，有着不同类型的融资需求，我国金融业发展壮大和经济升级换代的内在要求，为科技型中小企业融资提供了氛围和机遇，但是我国银行、信托、投资机构等由于多种原因总体上处于"各自在做自己的事"的状态，科技金融服务成为散在的珠子，资本市场、信贷市场、创投市场、科技资源市场并未实现"无缝联结"，未能适应经济系统化运行在"走创新型国家道路"新阶段上的客观需要，大量科技型中小企业的融资通道依旧梗阻，各种潜力和相对优势未得组合、释放的机缘。中新力合积极参与融资模式创新的作用就是以润滑剂、黏合剂、催化剂的功效，把相关的各方整合起来，形成一个科技金融服务的完整链条。

随着我国市场经济发展水平和开放度的提高，经济运行系统的复杂程度日益增强，财政对科技型中小企业金融服务的支持早已不再适宜传统的"点对点"简单模式，而是需要合理的顶层设计与畅通的基层信息衔接，形成一个系统发挥合力作用的可持续机制，在各地与经济运行系统和科技型中小企业的发展布局相对接，避免政府资金投入的过度分散或者低效投入，避免重复支持资金的"消耗型"状态。同时，从知识转化为商业技术的全过程来看，在基础研究、以应用为导向的基础研究、应用研究和商业开发阶段这四大不同阶段，应采取不同的财政支持方式。科技型中小企业承载着科技成果转化的重要功能，财政对应用型技术及其商业化的支持更适合采取间接方式和"四两拨千斤"的放大方式，以最大限度地调动市场积极性和激发企业家精神。

无论是市场经济运行的规律，还是科技发展的规律，都需要政府科技金融政策具有整体视角和注重跨部门、多主体合作的连接机制，借助于专业化的中介和企业组织体系，以政府与市场的互动，促成一种类似于"珍珠项链"的支持链条，促进科技资源、财政资源和市场资源、金融资源的良性整合、优化配置。

（2）理论基础：新供给经济学为突破发展瓶颈提供创新路径的理念支持与逻辑引导

如前所述，中新力合为科技型中小企业提供的金融服务属于创新型供给，它通过基本金融服务业务的重组和设计结构化新产品，使各方承担可接受的风险并获得具有针对性激励效应的相应收益，突破传统银行信贷注重抵押的经营与风险防控理念，根据科技型中小企业轻资产等特征设计多种创新型金融产品并配套呼应地发展多方合作、公私伙伴式的融资机制，为科技型中小企业提供融资支持和促成可持续的相关制度供给，同时，又以信息积累、数据处理、信用评价为根基把互联网金融这种新兴金融业态作为发展方向（与传统金融相比，互联网金融具有低成本、快捷便利、海量供求对接端口等优势，有望为科技型中小企业提供全新的融资通道）。

上升到理论层面，中新力合上述业务活动实质是在与政府互动合作中以在供给端发力的创新为鲜明特征的，在科技型中小企业金融服务领域，它所供给的新产品和伴生的新机制是对既有金融产品和传统机制的冲击、补充与升级，也成为对市场缺口的填补和市场范围的新拓展，改善了区域性科技金融生态，在总体效应上，使政府的发展战略和政策意图、企业的发展潜力和专业化优势、社会的绩效与进步诉求，一道实现"共赢"。

新供给经济学以关注、强调、深入认识供给和供给端的作用这样一种更具对称性的理论框架，支持实践方面的优化资源操作调控与改革、发展的攻坚克难，强调正视现实强化优化结构、升级换代、可持续发展的针对性、可行性、有效性。我国科技金融政策的优化与操作，需要针对科技金融服务领域的瓶颈与缺口，抓住科技型中小企业亟须同时又是市场供给薄弱或不足的环节进行机制创新引领的合理有效的重点支持。例如，初创期科技型中小企业的融资需求、成长期科技型中小企业的中长期融资需求、不同类型中小科技企业的债权、股权等直接融资需求、信用贷款需求、信息体系建设等，都应纳入政策支持的着眼点和选择性的发力点。

在中小企业金融服务领域有一个值得注意之处：虽然从世界范围内来看，

中小企业融资难是一个普遍的问题，但对科技型中小企业而言，融资难却不是一个世界性的普遍问题，越是经济发达的国家，越是创新能力强的国家，科技型中小企业越容易便捷地获得所需的金融服务！这一方面与这些国家金融业的发达特别是风险投资等前沿业态的发达有关，另一方面与这些国家政府对科技型中小企业的"区别对待"式的供给管理、政策倾斜支持有关。例如，美国、德国、日本等，它们通常在国家创新战略导向下要建立发达的科技金融服务供给系统，各具特色地借助多样化财政投入方式、政策性金融机构、多层次资本市场、创业引导基金、技术成果转化中心等建立网络化的支持体系，而这种发达的科技金融服务供给系统正为我国现阶段所短缺。自 20 世纪 90 年代，我国总体告别"短缺经济" 20 余年以来，发达金融服务体系和高绩效资金配置机制的短缺问题，一直是制约我国经济升级转型的主要因素之一。当然，这与我国体制改革、机制转换进程中的"攻坚克难"具有内在联系。在党的十八届三中全会《决定》的精神和"政策性金融"概念的重申等重要方针指引下，中国生机勃勃、潜力无限的市场经济发展实践正呼唤着新一轮在"全面改革"进程中的金融、包括科技金融的创新。

与此相关联，我们可以在新供给经济学理论框架下，以新供给的理念支持和逻辑引导创新科技金融政策，借鉴"珍珠项链"新供给模式的启示，加强管理部门统筹规划设计，激发千千万万个市场主体、中介组织、非政府机构的潜力与活力，更多地在公私合作领域发挥打通、桥接和引导的综合作用，面向未来，形成系统化的科技金融服务网络，优化科技金融生态，缩小科技型中小企业金融服务方面与发达国家的差距，以增强我国经济增长与升级的内生动力，实现在市场决定作用和政府更好作用结合基础上由要素驱动向创新驱动的历史性转变。

六、供给侧视角下政策性金融与民间资本、中小企业的对接

我们在浙江的调研中主要涉及的是中小微企业和民营企业。在认识民营经济、中小企业重要性和中小企业融资难题的基础上，我们在基本思路上十分强调需要发展政策性金融来优化供给破解难题，特别应把相关的体制、机制建设摆在战略高度，从中央到地方推动"政策性资金、市场化运作、专业化管理、

信贷式放大"创新机制的探索和开拓，抓住风险共担和支持对象合理遴选两大要领，也要结合发展中国现代化崛起中的 PPP（政府和社会资本合作）模式。

（一）三个层面的认识概括

邓小平同志曾有一个相当简洁的表述：金融是现代经济的核心。对此作展开一些理解，可认为金融的重要性在于它是现代经济运行中以货币媒介与信用媒介构成的整个血液循环系统，就好像一个生命体，心血管系统是核心系统。我们现在经济的发展处在中国走向现代化过程中，这种金融的作用，首先要从金融的理念、其次要从体系的构建等方面，适应现实的需要，适应小平同志勾画的"三步走"后来居上的现代化赶超战略的需要。在这方面，在考虑金融和财政相关的事项上——比如财政政策与金融的配合上，需要思考"守正出奇"。所谓"守正"，就是承认经济、金融以及财政与金融的配合，都有规律性，不能为出新创新，而可以忽视对于规律性这种"人间正道"的认识和把握；但简单地按照教科书已有的认识、按照发达市场经济体总结的经验，是否就能够把握规律、解决中国现代化过程中金融发展的问题呢？显然还不够，因为中国有非常明显的特点，浙江也有浙江的特点，在面对每一个具体需要考虑的金融支持对象时，就还必须考虑，由于对象的个性，需要我们采取什么样针对性的对策来"出奇"制胜。从国情、省情到具体融资支持对象的针对性的政策如处理得好，一定会有助于支持后来居上的赶超。实际上，从中国发达的沿海地区，到中部地区、西部地区，在指导方针上，无一不在谈超常规发展。中央要求沿海地区率先实现现代化，是要继续延续超常规发展的势头；西部要大开发，中部要崛起，每一个地区现在都在争取把自己的发展战略上升为国家战略，而且我们看到，近一年，已有几十个区域发展战略上升为国家战略，那么在这个过程中间，就需要我们在守正的基础上，设计出支持超常规跨越式发展的奇谋，这种能够对特定的后来居上发展过程给予有效支持的财政政策和金融的结合，是非常重要的，可理解为，在常规金融发展过程中，即在中国市场经济必须要发展的商业性金融的发展过程中，我们还必须正面地讨论政策性融资和政策性金融体系构建的重要性。在这个思维方向上，在政策性融资与政策性金融体系构建的研究方面，需要结合供给管理，合理搭成一个认识和理解的框架。这一框架可包含几个层面：

这些年中国经济总体说是处于黄金发展期，其中，浙江是最耀眼的亮点之一，浙江民营企业的活跃程度在全国首屈一指，在世界上也是非常有影响的，对我们整个社会的贡献巨大。有如下一套指标大概能说明民营企业的重要性：中小企业在浙江接近99%，在全国来看，也是这样，甚至我们可以这样说，达到99.9%以上，因为中央级在国资委管理之下的大企业就剩100多家，以后要收缩到几十家，各个地方的，为数也不会太多。全国数以千万来计量的市场主体，这里面最主要的都是中小企业。它们为我们整个国民经济提供50%—60%的税收，60%—70%的GDP，70%—80%的专利申请，80%—90%的就业。很显然，把这样一些数据摆出，我们就会充分认识中小企业所具有的不可忽视的重要意义。特别是就业的问题——中国社会的发展稳定，其中首先要考虑的就是怎么样提供就业机会，怎么样有一定的增长同时保持稳定。保稳定，首先就要就业方面的保障，而中小企业在这里面的贡献是最大的。这些中小企业绝大多数是民营企业，支持中小企业的发展，不仅惠民生，也紧密联系着转机制、增活力、建设市场经济。我们现在实际上还需要进一步地使市场发育，促进市场全套机制的健全。在中小企业发展过程中，它们内生地需要创新机制和具备与市场经济的高融合度。它们在一开始，就自然而然以市场定位，把自己义无反顾地与市场结合在一起，所以在创新机制方面，我们需要承认，很多大企业的深化改革是相对滞后的，而民营企业和中小企业在进一步发育市场过程中间，其贡献在前面，在今后进一步转换机制过程中，不可忽视这种重要作用。

这么多年发展下来，虽然不断强调提高对中小企业融资的支持力度，但进展不大，在世界金融危机的冲击下，最近一些年我们更多听到大量中小微企业融资难这种议论。背后的原因，显然与市场经济中的"市场缺陷"有直接的关系。市场在常规发展中间，形成了商业性金融体系，而它自然而然是一个锦上添花的运行机制，这种锦上添花运行机制无可厚非，作为商业性定位的银行和金融机构，选择贷款支持对象的时候，当然首先要考虑怎么做起来成本最低、风险最可控。支持大企业大项目和支持中小企业的小项目，每一个具体支持项目办理时的固定成本可能差不多，但是大企业大项目做成一个，融资的规模几亿甚至十几亿，小企业呢，几十万几百万就很可观了。这样十几个、几十个小企业做成的业务量才能顶一个大企业的业务量，那么银行实际项目成本的付出就要高出十几倍甚至几十倍，同时这些中小企业融资构成的总体的风险又明显高于大企业融资中的风险，这是一个基本事实。所以，商业性金融在它的运行轨迹上面，按照锦上添花的这种取向自然而然更多地首先考虑支持大企业大项目，无可厚非。这种运行机制，其运行结果也是一种资源配置在市场基础层面上的优化。显然，社会上可以用来支持经济发展的商业性融资渠道，首先是使大企业大项目这些增长点，可以得到比较充分的支持。但同时，中小微企业的支持怎么样也能够得到配套，这个事情需要得到更多的重视。我们观察，中国这些年发展中的这个问题十分突出，而从国际经验来看，其他的经济体，也无一不受到这个问题的困扰，当然各国也在想方设法找到一些对策。英、美、日、法等国早已积累了值得关注的经验。

　　勾画一下上述这个难题的破解：我们需要发展政策性金融来发挥雪中送炭的作用。商业性金融锦上添花的机制让它进一步充分发展，但同时，我们还要发展一套带有雪中送炭功能特点的融资机制。对于中小企业的融资支持，需要有政策性融资这样的力量，而且应该正面提出：在中国的总体发展中，完全应该提到战略高度来通盘协调地考虑，是不是需要构建一个政策性金融体系。在中国改革开放的实践中，20世纪80年代末90年代初，已经明确提出了政策性金融与商业性金融分道扬镳的思路，各行其道，双轨运行，那么在具体的机构设置上，组建了国家级的三家政策性银行；在信用担保方面，曾建立了国家级的中国经济技术投资担保公司，虽然没有明确的政策性信用担保的表述，但实际上包含此意。以后地方政府层面各级，先后出现了至少几千家政府背景的信用担保机构，在后面，其他商业性的担保机构也像雨后春笋一样顺应经济社会发展出现了。但是分道扬镳之后，怎么形成合力，碰到了挑战与困惑，现在还存在没有理清的不少模糊之处和困难问题。我国近年的探索中，在两次国家金融工作会议上，具有带头大哥地位的国家开发银行被要求商业化，另外的两家，农业发展银行，它作用的范围已比较有限，面对"三农"的许多问题实际上已经无能为力；进出口银行有作用发挥，但它毕竟是一个相对窄地在进出口环节上发挥作用的政策性银行。地方层面有政策性担保明确功能要求的机构，存在普遍的"两难"：虽一开始决策层的态度很鲜明，财政的支持也能跟上，再往后财政由于种种原因不肯跟进，那么机构自己的运行明显碰到了两方面为难的情况——如果按照一开始的政策初衷，继续支持中小企业的融资担保等，在代偿损失接连发生之后，不用多长时间，随着资本金萎缩，它对各方无法交代，对领导无法交代，对社会无法交代，特别是对自己的员工、自己要做的事业都无法交代，那么，如果想要维护账上资产能够保值增值，就不得已要追求短平快，追求一般商业化运作的业务，放弃政策性的初衷。这种两难已经普遍发生。多年来，大家在各地做了很多积极的努力去化解两难局面，但是并没有很成型的经验。从国家级来看，就是政策性金融体系的战略框架仍然是很不清晰的。在地方融资平台这个形式上，实际上是在现实生活的强烈需求之下，各地普遍以"潜规则"强制替代"明规则"，这些融资平台就是发挥地方不同层级上的政策性融资的功能。举一个小例子，在金融危机冲击背景下，我们看到《中国证券报》上有一整版，是浙江长兴县路桥公司发行 15 亿元公司债的发债说明书，它看起来是一个法律框架下非常清晰的企业法人融资事项，但是实际上，一望而知这是地方政府按照自己的意图来操纵运行的地方融资平台，它所筹集的这些资金对于当地贯彻其发展战略显然具有非常重要的作用。但是这种地方融资平台运行得来的融资，也很少能够照顾中小企业融资需要，首先是满足地方层面上整个发展战略中那些作为重点的增长点，一般也都是准公共产品的基础设施以及主打的地方大项目。国家开发银行虽然被要求商业化，但它也遇到了随着金融危机压力使它不得不做的——同时也拥有内在的动机和愿望去做的，贯彻国家意志，走出去，抓战略重点等。国家开发银行其实继续不声不响做了很多具有非常鲜明的政策性融资色彩的事情。这套机制怎么理顺，应该更加注重实事求是地在理性的、前瞻的视野下来作探讨。在地方层面，从省级到下面的市县级，需要进一步正视现在民营企业、中小企业发展面临的融资难题，而找到守正出奇的全套思路和要领。

在这方面，需要简单地说一说可以观察到的国际经验。老牌的资本主义国家——曾经的"日不落国"英国，后来崛起的现在仍然是世界头号强国的美国，他们在政府体系中都有专门的中小企业局或者中小企业署，这种政府机构得到预算里透明规范安排的资金，支持中小企业融资。美国人似乎从来不宣传这个事情，但了解这些事之后，如作询问，他们一般也会客观如实地介绍是怎么运作的。所以，要看到美国始终在坚持可控、可以预期地对中小企业做出融资支持。世界金融危机冲击之下，其管理调控中还特别使中小企业署发挥作用的乘数增大，就是提高政府方面承担风险的比重。支持的方式，根据位于上海的美国领事馆总领事介绍的经验，主要有两条，一是贴息的方式，二是信用担保的方式。他认为这两套方式的机理是相同的，就是财政运用一块资金愿意去承担风险，而降低整个融资环境（可以称为金融生态）中融资门槛的高度，把这个门槛高度降低以后，更多的中小企业可以得到融资支持。这里面发生的风险，在贴息方面就是项目失败，在信用担保方面就是发生代偿。只要控制在相对低的比重上，财政部门把它源源不断地承担起来，把这个风险以一个足够高的比重消化掉，原来形成不了的中小企业融资局面就可形成、可持续了。但同时，也要求财政之外其他的主体如企业、商业银行和其他可能参与的商业性的信用担保机构等，大家形成一种风险共担的关系。在原来规定的不同档次上，比如对最低规模的小企业，政府方面承担的风险份额可以达到85%，到了世界金融危机冲击到来的时候，为了支持中小企业，把政府承担的份额提高到90%，特殊情况下甚至提高到95%。美国这种支持框架相对而言是清晰的。英国也是如此。

第二次世界大战后迅速崛起、被称为创造经济奇迹的日本，一个重要的发展经验就是有一个更放得开的财政投融资体系，实际上就是政策性投融资体系。这个体系中，由国家组建的一系列政策性银行、机构一起配合，提供不同行业、不同方向上的优惠贷款。日本所实施的这些投融资政策性支持，对于其战后产业结构的升级换代、主打的经济增长点速成气候，产生了非常重要的作用。简单地说，日本人总结的经验是：战后首先支持钢铁、煤炭这些重化工业增长点的恢复。到了20世纪50年代初，将重点转移到造船业，那时候世界上的造船业市场出现一个重组机遇，日本抓住了，使其造船业得到迅速的提升。50年代后期，支持发展自动化机械，随后日本人自豪地声称机器人保有量世

第三部分

249

界第一，明显超过了美国。到了 60 年代，其支持的重点转为半导体——一直延续下来是现在的信息技术。但再往后，80 年代其重点转移到支持住宅建设等方面的政策性融资。日本的发展轨迹对我们有明显的借鉴意义，当然也有其教训。到了 90 年代泡沫破灭以后，其金融系统里面、也包括投融资体系，暴露了比较明显和严重的问题。但从国际经验这个角度说，我们不应该"把小孩子和洗澡水一起泼掉"。日本的经验，投融资比较放得开，其利弊也比较明显。其实严格来讲，美国后来发生次贷危机和"两房"的政策性融资也是有直接关系的。政策性融资是把双刃剑，一方面可以支持某些产业超常规发展，另外一方面可能积累一些矛盾。在这个方面中国人应该通盘考虑，我们是志在后来居上、实现赶超的一个发展中经济体，我们应该对政策性金融的利和弊作客观的把握，应该力争抑弊扬利。

（二）三点基本主张

在上述简要考察之后，可以提出下面几点基本主张。

第一，应该在战略的高度上充分重视政策性金融体系建设和从中央到地方各个层级的政策性融资的机制建设。这是和中国基本的"三步走"发展战略配套的现代经济核心部分的组成因素。这样的货币媒介、信用媒介构成了整个经济的血液循环系统，它应进而配合形成一个从商业性金融到中间地带色彩很明显的各种各样政策性融资事项、一直到最后褪掉融资色彩完全以政府财政资金支出去支持的最需要雪中送炭的事项这样一个无缝连接的资金支持体系。其中比如从低保开始，一直发展到由政策支持的各种各样经营性的事项，所有的经济活动领域。这样的筹资和投入支持，从简单的财政支出到带有融资色彩的政策性融资、再到商业性融资，覆盖我们整个经济生活。从这个角度来说，政策性金融需要通过克服"市场缺陷"、助推超常规发展，应把其纳入在战略高度支持后来居上现代化赶超的通盘考虑。

第二，中央和地方政府应积极推动"政策性资金、市场化运作、专业化管理、信贷式放大"的创新机制的探索开拓。这里所谓政策性资金，是指现在已经在政策性银行和金融机构（包括担保机构）定位的这些经济实体，应该得到可持续的财政资金的介入和支持。财政资金应跨越直接的成本—效益分析概念下的直接效益追求，上升为追求综合效益、长远效益、社会效益、发展后劲、雪中送炭这些政策目标和社会目标，同时又要在这些资金的运用上形成一个尽可能好的机制。所以"政策性资金"后面跟着的，是政策性融资中的"市场化运作"。至少在形式上这是和市场对接的、一种有偿的资金周转运用形式。再后面就是"专业化管理"，相关机构中运用这些资金的人员，既要通晓金融方面的各种管理知识、专业知识，又应该能够较好地把握政策性的要领，并操作管理系统把专业化的管理覆盖到商业性金融和政策性资金联结而后有机融合。政策性资金、市场化运作、专业化管理，追求的是一种信贷式放大的效应，就是要体现经常所说的"乘数"。以财政资金拉动信贷资金的这个乘数效应出来以后，显然可以应对和化解现在现实生活中的矛盾。比如财政资金总是感觉非常紧张，那么就希望财政资金可以发挥乘数效应，能够"四两拨千斤"。浙江有同志曾总结：2000 年之前的几年间，财政方面放出了 3 亿多元的资金作贴息。这些贴息不认企业的经济性质，不管是国有企业还是民营企业，只要该企业所做的项目是符合国家产业政策和技术经济政策的，是在财政政策角度上认为应该支持的，通过一套程序以后，就可以用贴息方式支持。贴息拉动的是商业性的贷款。这 3 亿多元的财政资金引致了 100 亿元以上的社会资金进入政府想给予支持的项目，那么算下来其放大倍数是在 30 倍左右。从 1998 年应对亚洲金融危机，到近年应对全球金融危机，贴息的做法在中央层面也都有明确的安排，即运用中央财政资金以贴息的方式支持企业技术改造和升级换代。放大倍数在中央这个层面总结起来是 10 倍以上。显然这是少花钱多办事、带上了一个很好的运作机制。我们可以总结出：财政出钱贴息的那个比例的倒数，就是资金放大的倍数。假定一个项目有产生投资收益和回报的现金流，但是不能承受商业性银行贷款的较高利率（比方说 10%），自己计算只能承受 5%。那么剩下的这块，财政以公共资金用贴息的方式填上去。如此一来，原先转不动的融资资金就转起来了，100% 规模的资金转起来，进入需要得到支持的项目。这等于财政用相当于总规模 5% 的资金发力（5% 的倒数是 20），即引致了 20 倍的社会资金进入了想给予支持的领域。这是一个明显的四两拨千斤的机制。信用担保是在总体上由各种各样的项目合在一起以后，实际上也只是承担这么一块比较低的百分比的代偿损失，公共资金的这种运用完全可以理直气壮的、以透明的方式对公众说清楚，这就是政府追求社会目标、追求政策效应，在公众资金里可以做出政策融资支持，并且要透明地在预算里安排。这样，财政资金支出的可持续机制，在它的运作方面，就完全可以得到一个与公共财政的对接。

第三，形成这样一个机制，其中关键有两条。

一是前面已经提到的、国际经验里的风险共担机制。我们观察，现在地方层面上很多的信用担保机构，它运作起来碰到的问题，是一旦表明自己是政府背景，那么相关的主体都认为，你是有财政后盾的，而有财政后盾你就应该把风险都担起来。在某个地方参加研讨论坛的时候，曾听到有的同志非常理直气壮地说：财政部门你该做这个事，你把风险承担以后，我们这事情就做顺了。但无法回避的是，现在公共财政的一个基本概念叫作讲求绩效，这部分资金可以贴息，可以去做代偿损失，但是要对公众说清楚，它的绩效如何，这个绩效的提升与保证需要机制的搭配，如果只是百分之百由财政承担风险，那就带出了一个新的风险：即是经济学上所说的"道德风险"——其他的主体对防范风险都觉得无所谓，财政像面对一个无底洞。财政部门感觉这种运行的机制不好，绩效无法交代，它一定会离开，可持续性就没有了。很多地方的"两难"就是这样造成的：既然你们认为这个事情就是财政要百分之百承担风险，那么财政部门认为这个事情我干脆自己做算了，我用支出直接去支持，干吗还要经过这么复杂的程序？但是，从机制上来说，风险共担是保证大家都产生一个在管理上精益求精的动力，这是一个激励—约束对称的必要的机制。国际经验如美国，非常强调，危机压力之下，可以把政府承担的风险在小企业项目上，一直提高到95%，但绝对不做百分之百的承诺，一定要让企业在这里面承担一部分风险，然后企业整个的行为就会特别注意防范风险，因为这里面有企业自己的利益在内，企业会千方百计在管理方面做得好一些。这是在中国需要进一步探讨解决的问题。财政、银行、政策性金融机构、商业性信用担保机构、企业等，各种相关主体，怎样能够可持续地按照风险共担的机制往前走，从而来实现对中小企业的可持续融资支持？

二是支持对象怎么选？全国至少有几百万家中小企业，按照最新的数据，可能已超过千万家中小企业，那么这些企业不可能都得到支持，你必须在里面挑选一部分，而且是占比不可能很高的一部分。这一部分到底怎么挑选出来？过去财政部门很多是要面对年度考核的，要看这一年里资金有多少用来支持了中小企业发展，那么财政资金是怎么用出去的？往往规范性就很低了。说到具体怎么确定项目，中国是个"人情社会"，很多的关系就在里面起作用了。谁能争取到贴息支持，谁能争取到财政特定的信用担保，往往缺乏透明度、规范性。总体来说，这是过去较普遍的情况。但现在中小企业发展毕竟是你要支持的事项，支持对象的遴选机制必须能够经得住社会方方面面的审视，认为你是有道理的，你是能够形成公信力的。这个问题也很值得进一步继续讨论。金融"双轨运行"的情况下，就必然产生一种设租、寻租的可能，我们必须采取种种方式，抑制这种设租、寻租行为的扩张，要尽可能减少设租、寻租在这里面发酵的空间。日本人过去特别强调两条经验，一个叫作项目决策上的专家集体决策制度——在中国可能还不叫专家集体决策，但至少专家要有比较充分的可行性论证，然后再进入决策程序。另外一条叫作内部外部的多重审计监督，包括常规的和随机的多种形式。财政部门自己有说法，就是财政预算的编制、执行和监督在部门内部要相对独立、各行其道、形成制衡；外部则有审计、有人大、有政协，有公众的质询等，在中国也要发展这套机制。

具体回到怎么样形成有效的风险共担机制与合理的遴选机制，还可举一个浙江的例子：杭州西湖区有小企业发展基金的案例，西湖区财政部门有一个"问题导向"的迫切愿望，就是过去财政资金年年都要支持小企业、支持民营企业，但是这个钱是"撒胡椒面"，撒出去以后无从问责，它的绩效如何是说不清楚的，实际上绩效评价起来是很低的。能不能找到一个把财政"消耗型"的资金投入转为"循环型"的新机制，来追求绩效水平的提高。后来它们实际搞了一个支持科技型小企业发展的产业基金。西湖区财政自己拿出两千万元，作为基金里面的股权形式投入，但是同时说清楚，这个钱进去以后，一开始就明确，可以同股不同权，财政不要求分红。其后当地一个很有自信心的、专业水平较高、高管包括"海归"的商业性信用担保机构，也拿出自己的资金作股本，投入在里面，又凭借自己的关系拉到硅谷银行——这算是国际资本背景的，也进来入股，还有其他的民营企业，也在这个基金里面入股。大家合成这个基金以后，以风险共担的方式来进一步运作对小企业、重点是科技型小企业的融资支持。具体运作中推出了一些金融产品，代号叫"宝石流霞""平湖秋月"等，很多在技术上他们已有比较细致的考虑。这个运行案例中：它有一个风险共担的框架，包括财政介入也是一种风险共担，所以有利于可持续和寻求共赢。其中，财政的"赢"是解决了原来的消耗型资金投入转为循环型的问题，这是很清晰的：2000万元可以在这里面年复一年转着。那么其他的主体本来在这方面没有财政介入时，是不会加入来共同组成这样一个产业基金的。而财政介入后情况变化了，它认为财政资金进入使基金投资回报的风险降低，前景变得更乐观，它们愿意进来了。不能认为这些民营资本在这里面的投入是要"学雷锋"，只要强调社会责任它就跟进了，那样不可能持续，它们还是要追求投资回报。这里是按照它们的商业模式，认为在这里面出现了商业模式下能够认可的投资机会，所以它跟进了。而且它们认为这可以提供一个平台，充分发挥它们的专业知识，这是一个很好的走向共赢的风险共担的例子。如果出现以后的损失，那么按现在产权规范怎么处理这个事情，也是很清晰的。这样一个机制十分值得肯定。另外，西湖区怎么处理支持对象的遴选机制，是这样的：各个出资方，加上当地的科技局，加上它们认为可以聘请的专家，共同形成一个项目遴选委员会，在提出申请的项目里，挑选他们认为最比较靠谱的这样一批给予支持，这样一来，得到的结果就是原来注定无望得到融资支持的小企业（定位为科技型小企业）的一批融资项目，就可以通过这个产业基金的运作，加上贴息、信用担保等一些机制，通过金融创新（可以说是最前沿的"金融工程"概念之下设计出来的"宝石流霞""平湖秋月"等）得到了融资支持。这其中的机制效应，是拉动了商业性的信贷资金、拉动了社会资金，一起形成的融资结果，非常值得我们重视。

在地方层面上，这种探索还可以再举一个"新农村建设"层面上的案例，虽不是注定成功，但是很有启发性：广西桂林附近有个恭城县，它那里有些经济生活的结点连接在一起，形成一个类似产业链的"循环经济"发展。最早是当地政府要支持农户建沼气池，因为过去农户自己家庭生火做饭烧水要砍树、割草、破坏植被，显然是不符合现代生活理念的形式，那么政府支持他们转变，当地农民较快就适应了农民家家户户要养猪这么一个条件，养猪就有猪粪，按政府派去的专家指导，放入沼气池，产生沼气入户，得到清洁能源。农民自己生活质量提高了（新农村建设里使用沼气的实际情况：入户看沼气灶台、仪表，是非常规范的，与城里人用的液化气、天然气设备一模一样），这在新农村建设里首先就是一个亮点。接下来，这个沼气池里边的沼液和沼渣，每隔一段时间是要清出的，而它是非常高质量的有机肥，那么这些沼液和沼渣出到哪呢？就出到农户自己的果园里去，入了果园以后，果树可结出品质非常好的果子，比如橙子、柑橘。果子品质上乘，到市场上可以卖个好价钱，这又成了农民增收的因素。农民增收以后，而且他的商品经济观念培养出来以后，就考虑能不能按耳濡目染的桂林旅游的概念，搞"农家乐"，在自己院子里腾出一部分居住空间，备上些干净的床上用品、生活用品，让城里人度假、周末时到这儿来吃农家饭、呼吸新鲜空气、到果园里采摘——这样一些要素连在一起以后，就有企业行为诞生了。熟悉当地情况的企业打的主意是，有办法以一个更好的"顶层规划"，在这样一个自然村或者社区里面，怎样把沼气池连通起来，前端就是建成一定规模的养猪场，后面是把整个沼气系统改造，更有效率，更加符合大家使用的需要。那么，再往后呢，果园里面的采摘和当地发展黄金旅游路线连在一起，成为一个旅游点。这样一个通盘的设计，看起来就像把原先农户的那些分散的节点，连成一个升级换代的、更具规模效益特点的产业链。那么政府在这里可做的事情是什么呢？如果认为企业这个规划可行，那么需要给它一定的支持，企业需要一笔资金，获得融资条件，使它把这个事情由理想变成现实。那么这个事对于财政部门来说，如果感觉确实是好的支持对象，这个决心还是好下的，因为每年财政部门都必须经某种考核，看你怎么支持新农村建设的，怎么支持清洁能源的，怎么支持农户致富的，怎么支持当地的第三产业旅游业发展的。所有这些正面效应，都是财政部门的政绩，只要说清楚可行性，它为什么不做这个事呢？它可能还会很高兴：那好，我们来讨论怎么样来贴息、怎么样来做信用担保。

这样一来，就形成了一个看来合理的运行机制，这个合理性体现在我们看起来很草根层面上的对发展有益的种种要素连在一起，由财政介入而支持了企业的发展循环经济设想，也支持了农户生活质量、收入水平等进一步的提高，而这样的例子，在理论概念中，完全可以看成中国实际生活里边的 PPP 的一个雏形案例。不要把国际上现在非常看重的 PPP 看得多么高远、多么遥不可及，在中国的现实生活中，有大量的现实因素要求各种各样的要素合在一起，形成 PPP，而在这里面，政策性融资的媒介作用，在商业性资金方面显然是要拉动商业性贷款，对政府管理方面，它促成实施政府应做好的雪中送炭工作，对低收入阶层和欠发达农村，予以特别关注，合在一起，就形成了一种重要的、在中国国情前提下对 PPP 的探索和发展。在这里面，以政策性金融支持中小型民营企业，完全可以形成一个重要的机制创新而使各种各样的要素潜力形成合力。概括一下，这最后一点，就是政策性金融机制也就是在中国现代化崛起过程当中 PPP 机制的一种重要形态，我们完全有理由使它登堂入室，放在理论框架里面来给予必要的肯定，支持其在实践中的探索与创新。

参考文献

［1］ Alexander Gerschenkron. Economic Backwardness in Historical Perspective ［M］. Masschusetts：Harvard University press，1962.

［2］ Marion J Levy. A Setting for International Relations ［M］. New Jersey：Princeton University press，1996.

［3］ M. Abramjoritz.Thinking about Growth ［M］. Cambridge：Cambrige University press，1989.

［4］ Brezis，Paul Krugman，Tsidden.Leap-frogging in international Compe-etition.a Theory of Cycles in National Technological Leadership ［J］. American Economic Review，83，1993.

［5］ R. Van Elkan.Catching up and Slowing Down.Learning and Growth Patterns in an Open Economy ［J］. Netherdands：Journal of International Economics，41，1996.

［6］ Dornbusch Rudiger and Sebastian Edwards.The Macroeconomics of Populism in Latin America ［M］.Chicago：University of Chicaogo Bess. 1991.

［7］ NBER Working Paper. No.2986 ［J］，1989.

［8］ 胡焕庸.中国人口之分布 ［J］.地理学报，1935（2）.

［9］ 约翰·梅纳德·凯恩斯.精英的聚会 ［M］.南京：江苏人民出版社，1998.

［10］ 林伯强，牟敦果.高级能源经济学 ［M］.北京：清华大学出版社，2009.

［11］ 魏一鸣，焦建玲，廖华.能源经济学 ［M］.北京：清华大学出版社，2011.

［12］ 贾康主编.新供给·经济学理论的中国创新 ［M］.北京：中国经济出版社，2013.

［13］ 欧文·E.休斯.公共管理导论 ［M］.北京：中国人民大学出版社，2007.

［14］ 王义.西方新公共管理概论 ［M］.青岛：中国海洋大学出版社，2006.

［15］ 彭未名.新公共管理 ［M］.广州：华南理工大学出版社，2007.

［16］ 王定云，王世雄.西方国家新公共管理理论综述与实务分析 ［M］.上海：上海三联书店，2008.

［17］ 卢梭.社会契约论 ［M］.北京：北京出版社，2012.

［18］ 斯图亚特·R.林恩.发展经济学 ［M］.上海：格致出版社，2009.

［19］ 德怀特·H.波金斯，斯蒂芬·拉德勒，戴维·L.林道尔.发展经济学 ［M］.北京：中国人民大学出版社，2013.

［20］ M J.列维.现代化的后来者与幸存者 ［M］.北京：知识出版社，1990.

［21］ 罗伯特·J.巴罗，夏维尔·萨拉－伊－马丁.经济增长 ［M］.上海：格致出版社，2010.

［22］ 迈克尔·希尔.理解社会政策 ［M］.北京：商务印书馆，2003.

［23］ 约翰·奈斯比特.中国大趋势 ［M］.北京：中华工商联合出版社，2009.

［24］ 赵昌文.科技金融 ［M］.北京：科学出版社，2009.

［25］ 贾康.中国特色的宏观调控必须注重理性的"供给管理" ［J］.当代财经，2010（1）.

［26］ 贾康.关于资源税价联动改革的几个重要问题 ［J］.经济纵横，2011-2.

［27］ 贾康.国有经济、国有资产及相关问题的认识与改革探讨 ［J］.财政研

第三部分

究，2013（10）.

［28］贾康.现代化国家治理必须匹配现代市场体系［R］.第九届中国证券市场年会上的发言.2013

［29］冯俏彬，贾康.我国体制性产能过剩的形成机理及其化解之道［J］.财政部财政科学研究所研究报告，2013.

［30］贾康，孙洁.公私合作伙伴关系理论与实践［M］.北京：经济科学出版社，2014.

［31］贾康，孙洁.公私伙伴关系（PPP）的概念、起源、特征与功能［J］.财政研究，2009-10.

［32］贾康，刘军民.政策性金融与中国的现代化赶超战略［J］.财政研究，2010（1）.

［33］贾康，冯俏彬.从替代走向合作：论公共产品提供中政府、市场、志愿部门之间的新型关系［J］.财贸经济，2012（8）.

［34］贾康，冯俏彬，苏京春."理性预期失灵"：立论、逻辑梳理及其"供给管理"矫正路径［J］.财政研究，2014（11）.

［35］贾康，孙洁，陈新平等.PPP机制创新：呼唤法制化契约制度建设——泉州刺桐大桥BOT项目调研报告［J］.经济研究参考，2014（13）.

［36］贾康，苏京春."混合所有制"辨析［J］.财政部财政科学研究所研究报告，2014-8-27.

［37］贾康.发挥PPP模式在改革创新中的正面效应［N］.中国证券报，2014-5-5.

［38］贾康.公私合作伙伴关系与混合所有制创新［N］.上海证券报，2014-7-16.

［39］吴传钧，巴尔扎克.苏联经济地理［J］.地理学报，1951（1）.

［40］祝卓.关于经济地理学研究对象的探讨［J］.教学与研究，1954（6）.

［41］钱学森.关于地学的发展问题［J］.地理学报，1989（3）.

［42］陆大道.西方"主流经济地理学"发展基本议题演变的评述——为"牛津经济地理学手册"中译本所作序言［J］.地理科学进展，2005（3）.

[43] 段学军，虞孝感，Josef Nipper 等.克鲁格曼的新经济地理研究及其意义 [J].地理学报，2010（2）.

[44] 白浩然.废弃食用油制备生物柴油新展望 [N].科学时报，2010-10-18.

[45] 杜祥琬.中国能源可持续发展的一些战略思考 [N].科学时报，2010-11-22.

[46] 张林.不可逾越的"胡焕庸线" [N].科学时报，2010-1-20.

[47] 温桂芳，张群群.能源资源性产品价格改革战略 [J].经济研究参考，2014（4）.

[48] 李靖.我国光伏产业的发展路径与政策空间——基于产业竞争优势的分析 [J].财政部财政科学研究所研究报告，2014-12.

[49] 蒲实，埃隆·马斯克.无限的创想与意志的胜利 [J].三联生活周刊，2013（9）.

[50] 谢煊，孙洁，刘英志.英国开展公私合作项目建设的经验及借鉴 [J].中国财政，2014（1）.

[51] 贾康.新供给·经济学理论的中国创新 [M].北京：中国经济出版社，2013.

[52] 金雪军，陈杭生.从桥隧模式到路衢模式——解决中小企业融资难问题的新探索 [M].杭州：浙江大学出版社，2009.

[53] 赵昌文.2011 年中国科技金融案例研究报告 [M].北京：清华大学出版社，2012.

[54] 促进科技和金融结合试点工作部际协调指导小组秘书处.中国科技金融发展报告（2012） [M].北京：经济管理出版社，2013.

[55] 中新力合公司.促进科技金融结合经验交流材料——基于中新力合股份有限公司的创新实践 [R].内部交流资料，2013.

第四部分
新供给经济学的时代诉求与政策主张

第一章　时代为什么需要新供给经济学

中国在应对世界金融危机中的表现和经济率先回升的成绩，引起全世界注目，而关于中国特色的经济社会发展道路的思考，以及深入研究全面深化体制改革的顶层设计与总体规划的现实要求，也成为思想界的热点。20世纪至今波澜壮阔的中国发展实践，带给我们丰富的启示和一系列亟应正视的经济学研究课题。我们认为，从宏观经济"需求管理"的局限性与"供给管理"的必要性引发的相关认识，具有不可忽视的理论内涵和重大现实意义。在本部分中，我们聚焦于这一需深入研讨的学科建设和"供给管理"思路，是怎样联结于人类社会文明的发展潮流和如何体现经济体转轨变革与经济学创新集成的时代诉求的。

一、新供给经济学的背景

过去30多年，中国经济实现了年均近10%的高速增长，经济规模在世界各国当中的排名由第10位上升到第2位，占全球经济总量的比重由1.7%上升至10.5%，2011年人均GDP达到5416美元（按购买力平价PPP计算达8386.7国际元），列世界第90位，约为世界均值的一半。[①]此种巨大规模经济体的长期高速增长，在人类经济史上罕见，堪称中国奇迹。这一成就的取得，主要是在以经济建设为中心的基本路线指导下，中国在总供给管理角度（制度供给和结构调整）开创性地实现了从计划经济向市场经济转轨的变革，极大地释放了供给潜力，同时也较有效地对总需求进行了管理。但是我国未来10至30年的

---

① 根据IMF"世界经济展望"数据库（WEO Database 2012年10月版本）数据计算而得。

发展将面临来自内部和外部两方面的减速压力，经济可持续快速发展的难度显著加大。2012 年以来的经济下行已引出"新常态"的概念和相关讨论。从内部因素看，高速增长是后发经济体在特定追赶时期的一种增长形态，随着与前沿国家技术差距和其他相关要素、机制差别的缩小，中国经济增长速度将规律性地向成熟经济体的水平逐步收敛。这种意义上的收敛虽然将横跨较长时期，但增长速度由峰值水平转折性地回落，很可能已经开始。[1]从 2015 年初的宏观经济运行表现观察，增速转为"中高速"的"新"已成共识，但经济完成探底企稳而同时有效实现结构优化调整、增长容量提升的"常"，还未实现。从外部因素看，自 2008 年全球经济危机爆发以来，尽管美国、欧洲、日本等经济体采取了以宽松货币政策为核心的宏观经济政策，历经 5 年虽然在局部及个别时段有一些积极信号，但总体形势依然复杂严峻，一方面表明欧美近几十年的主流经济学派专注于从需求端入手调控经济的思路已面临步入穷途的窘境，需要深入反思，另一方面也表明我国以欧、美、日的需求带动出口，进而带动经济顺利增长的模式，在可预见的未来将不可持续。

增长速度回落时期既有严峻挑战和风险，也蕴藏着重大的机遇。一方面，倘若不能正确认识潜在增长率的应有水平而一味通过政策刺激追求经济高速增长，则很可能重蹈日本泡沫经济的覆辙，导致经济大起大落，特别是这一过程还可能与矛盾凸显期的"中等收入陷阱"式风险叠加。另一方面，更要看到这个时期，尤其是未来 10 年，中国所面临的重大历史机遇仍与供给方面的特殊国情、特定转轨、特色化结构变迁有关，即以生产关系的自我调整继续解放生产力，以体制改革促进结构优化和经济发展方式转变中，充分释放制度供给潜力的空间依然巨大，可进一步激发全体社会成员参与发展进程的活力，在中等收入阶段培育起以创新为主的接续增长动力，继续促进全要素生产率稳步而持续提升。以改革为核心带动中国经济总供给的质量上升，同时促进总供需平衡，建设一个较完善的社会主义市场经济体制，这将为中国经济持续、长期的繁荣和发展及现代化战略目标的实现，奠定基础。

---

①刘世锦：《陷阱还是高墙：中国经济面临的真实挑战与战略选择》，中信出版社，2011 年。

面对未来的挑战，党的十八大报告提出："深化改革是加快转变经济发展方式的关键。经济体制改革的核心问题是处理好政府和市场的关系，必须更加尊重市场规律，更好发挥政府作用。"中国应按照党的十八大在凝聚社会共识基础上做出的部署，以改革统领全局。2012年中央经济工作会议指出，全面深化经济体制改革，坚定不移扩大开放。要深入研究全面深化体制改革的顶层设计和总体规划，明确提出改革总体方案、路线图、时间表。其后，从2013年党的十八届三中全会到2014年党的十八届四中全会，我们已经看到了在经济、社会、政治、文化、生态"五位一体总体布局"之下全面改革相当清晰的框架部署。

没有洞悉规律、"对症下药"的经济理论做指导，就不能保证正确的改革路径。改革是大势所趋、人心所向，但怎样改革成功，在很大程度上缘于较充分的理论准备。为此，我们认为中国应该继续坚持邓小平"发展是硬道理"的核心思想，在"科学发展"中以改革统领全局，构建促进"解放和发展生产力"、促进总供需平衡和结构优化、促进增长方式转变的新供给经济学，并作为贯彻落实党的十八大提出的战略部署、指导中国未来可持续发展的核心经济理论框架。

在当前全球应对经济危机后的复苏对策依然乏善可陈（欧日主要形式上仿效学习美国依靠宽松货币政策促进经济发展，但成效不明显）的情况下，新供给经济学着重从供给侧发展实体经济、促进就业的核心理念和政策取向，不仅对中国有重要意义，对促进亚非拉发展和欧日走出危机及美国理性总结危机经验也有积极意义。欧日等经济体可以考虑适应全球经济一体化以后形成的新的国际经济格局，通过加快经济体制改革构建有效提升国际竞争力的新型经济体制机制，进而发展实体经济来扩大就业、增加需求，而不能再寄希望于回避实施必要的改革而仅依赖于无限期的量化宽松货币政策。

二、西方经济学和传统供给学派的核心观点及运用成效

（一）经济学和传统供给学派的核心观点与点评

简言之，西方古典经济学和新古典经济学认为，在既定技术条件和价格具有充分弹性的情形下，长期总供给曲线是垂直的，政府不要试图干预经济，因为那除了会带来通货膨胀之外，于经济产出毫无益处；凯恩斯主义经济学则认为长期总供给曲线是倾斜的，价格调整是黏性的，即客观存在经济运行状态"可塑性"的政策空间，当经济衰退时政府应该干预经济。古典经济学、新古典经济学和凯恩斯主义经济学最根本的共同失误是"假设"了供给环境，强调需求而忽视供给，没有足够地意识到生产力革命带来的人类社会总供给方面的根本性变化。事实上，人类从茹毛饮血时代发展到今天，随着科技革命产生巨大的生产力飞跃，创造了上一时代难以想象的供给能力，然而这些原来让人难以想象的供给，并没有充分满足人类的需求，原因是在于人类作为一个适应环境进化的物种来说，其需求是无限的。正因为如此，现实地推动人类社会不断发展的过程，虽然离不开消费需求的动力源，但更为主要的支撑因素从长期考察却不是需求，而是有效供给对于需求的回应与引导。在更综合、更本质的层面上讲，经济发展的停滞其实不是需求不足，而是供给（包括生产要素供给和制度供给）不足引起的。在其中一般而言，要素供给（如生产资料、劳动力、技术供给等）是经济层面的，与千千万万的微观主体相关联；而制度是政治社会文化层面的，直接与社会管理的主体相关联。马克思曾指出："一个新的历史时期将从这种社会生产组织开始，在这个新的历史时期中，人们自身以及他们的活动的一切方面，包括自然科学在内，都将突飞猛进，使以往的一切都大大地相形见绌。"[1]人类的长期发展过程正是因为不确定性的科技创新产生一次次科技革命，带来一次又一次生产力的提升，也进而推动制度安排的一轮又一轮改革和优化，使总供给能力一次次大幅度提升，促进并保持了经济的长期发展和趋于繁荣。人类的供给能力现实地决定着人类的发展水平，也正是因为这种原因，我们可划分人类社会的不同发展时代：狩猎时代、农业时代、工业时代、信息技术时代，以后随着生物技术的不断飞跃，我们可能会迎来生物技术时代。与之相呼应，人类社会经济形态与制度框架上经历了自然经济、半自然经济、自由市场经济、垄断市场经济和"混合经济"的各种形态，包括我国这个世界上最大发展中经济体正在开拓与建设的"中国特色的社会主义市场经济"。

---

[1]《马克思恩格斯列宁斯大林论科学技术》，人民出版社，1979年，第62页。

二战后传统凯恩斯主义曾占据经济学的统治地位，西方国家普遍依据这一理论框架制定政策，对经济进行需求管理，并取得了显著效果。但是在追求经济增长等导向下，凯恩斯主义在实施中一味侧重扩大需求，却终于导致了20世纪70年代西方国家出现失业与物价持续上涨并存的"滞胀"局面。较为典型的情况是美国经济持续出现通胀和失业率同步逐年递增，1980年，即里根上台前，美国通胀率达到13.5%，GDP实际增速则为 −0.3%。一些经济学者在这种背景下纷纷向凯恩斯主义提出挑战，研究替代的理论和政策。供给学派就是在这样的背景下兴起，并在里根总统任期内得以付诸实践。

供给学派强调的所谓"供给管理"，与经济学理论框架中的"需求管理"合乎逻辑地形成一对概念，后者强调的是从需求角度实施扩张或收缩的宏观调控，已为一般人们所熟知，而前者则不然。在凯恩斯主义的"需求管理"概念大行其道几十年之后，在20世纪80年代，"里根经济学"时期有过一段"供给学派"引人注目的实践经历，其所依托的是并不太成体系的供给经济学（Supply-Side Economics），也并非是强调政府在有效供给形成和结构优化方面的能动作用，而是强调税收中性和减税等"减少干预"、使经济自身增加供给的原则。

供给学派针对传统凯恩斯主义需求管理，复活了古典的萨伊定律，即"生产自创需求"——谁也不为生产而生产，目的是消费，生产、分配、交换只是手段。正如李嘉图所言，"任何人从事生产都是为了消费或销售；销售则是为了购买对他直接有用或是有益于未来生产的某种其他商品。所以一个人从事生产时，他要不是成为自己商品的消费者，就必然会成为他人商品的购买者和消费者"[①]。因此，从这一角度审视经济运行机制，问题并不在于需求方面，而是在于政策错误等导致供给出现了问题。供给学派力主加强市场经济作用，反对政府干预。在我国市场发育的实际情况制约和经济追赶（即实施"三步走"现代化赶超战略）的客观需要之下，解读和借鉴供给学派的主张，还应该进一步强调一点，即有必要再加上政府以经济手段为主在合理的政策选择空间内有

---

① 〔英〕大卫·李嘉图：《政治经济学及赋税原理》，商务印书馆，1962年。

意优化供给引导政策、结构优化政策而避免行政干预失误。政府的经济政策体现为对经济主体经营活动的刺激或抑制因素，其中财政政策在结构导向上最为重要，同时操作工具、操作方式的合理性亦成为关键，因此应该通过减税刺激投资，增加供给，重视人力资本投资，并以支出的重点安排来引导经济结构优化，并掌握好社会福利提升的"度"，以及必要的再分配优化机制。

（二）供给学派的影响与点评

虽然供给学派具有强烈的政策含义，但并未形成一个完整的理论体系。就其政策主张背后的理论而言，实际上是秉承了源自"看不见的手"为资源配置核心与决定性机制的自由主义传统。尽管 1776 年《国富论》发表后亚当·斯密的智慧已深植于经济学人理念中，但随着 19 世纪后期意识形态方面社会主义思潮的涌现、德国历史学派的出现，特别是"大萧条"后"凯恩斯革命"与凯恩斯主义政策流派的兴起，在 20 世纪 50 年代至 20 世纪 70 年代，无论在发达国家、计划经济国家还是广大发展中国家，政府参与经济活动的程度达到了空前程度。随着 20 世纪 70 年代后期美国为代表的发达国家陷入"滞胀"、发展中国家"结构主义"和进口替代战略的失败以及计划经济国家的发展长期僵化停滞，包括供给学派、货币主义、理性预期学派在内的新自由主义才再次使"看不见的手"较充分地成为思想和政策的主流。在 20 世纪 80 年代初期前后，除受供给学派影响的里根经济学外，以货币主义为指导的英国撒切尔政府和奉行新自由主义的德国科尔政府，共同创造了 20 世纪 80 年代以来发达国家经济发展的又一个较辉煌时期。然而，螺旋式"否定之否定"的轨迹在"百年一遇"的世界金融危机后再现：危机局面下"国家干预"具有无可辩驳的必要性，使凯恩斯主义的国家干预和马克思主义的制度批判思路再次成为思想界的热点或侧重点。

西方不论是凯恩斯主义独领风骚，还是货币主义大行其道争论如何"激烈"，在注重总量调控而忽略以政府为主体的供给侧结构调控上，都是一致的。尤其是曾经盛行的"华盛顿共识"，体现的是只注重需求管理的思路，因为其大逻辑是市场平衡与结构问题可全由市场自发解决，所以政府调控近乎无必要，"区别对待"更是可以完全忽略不提。但此次金融危机一来，美国调控当局却实实在在地运用起区别对待的"供给管理"手段，如对若干大型金融机构与企业的"救"与"不救"的区别性选择（对雷曼兄弟公司这个 150 余年的老店，就是不救，但对于"两房""花旗"，却一定要救，以及对"通用"为代表的汽车行业的直接注资与救助）。在外贸上，更是"区别对待"得在结构上锱铢必较、毫不含糊了。应当说，西方主流经济学的框架与其实践仍是缺乏对称性的，在基本逻辑贯通方面的"不周延"缺陷，其实是显而易见的，中国经济学的发展创新中，对此当然不可不察。20 世纪 80 年代以后，已先后有一些中国学者在扩展的意义上讨论"供给管理"，侧重于讨论因政府而使总供给发生变化的机制中更多样化的政府作为，并特别注重与政府产业政策等相关联的结构优化，强调在供给角度实施结构优化、增加有效供给的宏观调控与制度建设（贾康，2011 年）。可以说，这开始体现的已是理论层面的一种"中国特色"。

至于西方研究者对于"华盛顿共识"的理论支撑——新自由主义，也有积极的反思。如伦敦市前副市长约翰·罗斯义指出："新自由主义是错误的经济政策，因为它从根本上拒绝遵循从实际出发的科学规则，用中国话来说就是——它拒绝'实事求是'。新自由主义创建了一种根本不存在的经济模式。它设想了所谓的'完全竞争'的企业组成的经济体，在这个经济体中，价格可以自由上下浮动、投资只占经济总量的很小比例。而现实的经济却根本不是这样。银行业'大而不倒'，汽车、航空、计算机、金融以及医药——都不是依照'完全竞争'模式运行的，而是垄断或者寡头。"[1]中国学者固然可以从新自由主义的思想与学术成果中获得营养和启示，但上述直率与尖锐的批评所针对的新自由主义陷入"完全竞争"理论假设而不能在"理论联系实际"时有效矫正还原的弊端，却更值得我们在讨论经济发展问题尤其是中国问题时充分重视。本文所持的新供给分析视角，一个重要的理论前提就是把"非完全竞争"及其应引入的政府行为作为始发命题。

（三）美国供给学派得失

可认为供给学派的政策主张较有效地解决了美国的滞胀问题。在里根上台

---

[1]《国际金融报》，2012 年 12 月 24 日，第 2 版。

之前的美联储主席保罗·沃尔克曾用铁腕顶住压力把名义利率提高到 20% 以上，力求把通胀打下来。这是典型的需求管理手段。对于滞胀中的"胀"来说，这一招当然还是发挥了一些作用的，但对"滞"的解决却毫无贡献，故在历史上难获高度评价。1981 年，新上台的里根总统提出的"经济复兴计划"开头就声明，他的计划与过去美国政府以需求学派为指导思想的政策相决裂，改以供给学派理论为依据，采取了大幅度减税和削减社会福利等措施以刺激经济增长和减少政府干预及赤字压力。里根执政期间，主导了两次重要的减税措施的制定和实施（1981 年和 1986 年）。在美国处于高通胀、高利率的不利形势下，里根经济政策有效地平抑了通胀，并且保持赤字处于可控制的水平。即使在里根卸任总统之后，人们依然看到里根经济政策对美国经济和国民活力的恢复与提升的影响。从 1982 年 12 月起，美国经济逐渐走出衰退，经济复苏势头比战后历次经济复苏都强劲有力。至 1988 年 5 月，美国经济持续增长 65 个月，成为战后和平时期经济增长持续时间最长的一次。通胀率也由最初上任时的 13.5% 下降为不到 5%。美国 GDP 占世界的比重也由 1980 年的 23% 上升到 1986 年的 25.2%。并且，这一时期亦成为 20 世纪 90 年代以硅谷为代表的"新经济"技术革命的孕育期。

但里根的经济政策也带来了一些明显的负面影响。与苏联的军备竞赛和大力推行的减税计划，使得里根执政时期累计财政赤字高达 13382 亿美元，比此前的历届美国总统所累积的财政赤字总额还要多。这严重影响了美国政府财政的可持续性，在一定程度上终归拖累美国经济的持续发展，也给后任者留下了包袱。直至克林顿总统，还在指责里根的政策是"不计后果"。2000 年前后，美国供给学派一度表现得近乎"销声匿迹"。

另外，由于 20 世纪 80 年代以来世界经济出现长期的"大缓和"，金融市场的发展和货币政策有效性的提高，发达国家财政政策作为宏观经济调节工具的重要性大大降低。特别是很多国家由于社会福利开支过大，进一步挤压了逆周期的财政政策的操作空间。"华盛顿共识"及其所鼓励的新自由主义取向在若干年内顺风顺水，然而，新自由主义减少监管干预的主张也过了头，并最终出现全球金融危机。目前，很多政府都意识到应适当调低其目标债务水平，以便经济出现大的波动时，政府能够有充足的"财政空间"，以提高具有"自动平衡器"功能和"主动稳定器"效应的财政政策作用。

三、以需求管理为核心的凯恩斯主义与货币刺激实践在欧洲和日本教训多于经验；德国有亮点

把当前的欧洲债务危机和长期低迷的日本经济前置的"长期引致期"放在一起全面来看，也说明我们在分析新自由主义的偏颇的同时，亦十分需要认真吸取传统凯恩斯主义的教训。格林斯潘在1966年写的《黄金与经济自由》中对"大萧条"有过这样的解释：当商业活动发生轻度震荡时，美联储印制更多的票据储备，以防任何可能出现的银行储备短缺问题。美联储虽然获得了胜利，但在此过程中，它几乎摧毁了整个世界经济，美联储在经济体制中所创造的过量信用被股票市场吸收，从而刺激了投资行为，并产生了一次荒谬的繁荣。美联储曾试图吸收那些多余的储备，希望最终成功地压制投资所带来的繁荣，但太迟了，投机所带来的不平衡极大地抑制了美联储的紧缩尝试，并最终导致商业信心的丧失。结果，美国经济崩溃了！——其实，格林斯潘对"大萧条"的解释，就是奥地利学派的观点。虽然没有指出准确的时间，但米塞斯和哈耶克确实预测到了"大萧条"的到来。政府失灵要比市场失灵更可怕。在此意义上，我们应该永远铭记朱格拉医生的名言："萧条的唯一原因是繁荣！"

但也必须遗憾地指出，无论是格林斯潘本人，还是欧洲、日本的决策者，在另一方面即在单一需求侧视野之内放任市场力量上，其实也犯有不容忽视的错误。美国基于市场环境超宽松考虑而引出的畸高金融杠杆率，导致了世界金融危机，自不必赘言。在欧洲，当人们庆祝欧元及其货币联盟诞生之后，过于沉浸在欧洲一体化的梦想之中，更多的是要享受统一货币带来的好处，而对于需匹配的财政联盟、即维持欧元稳定性与可持续性必不可少的控制财政赤字的有效制度安排，则漫不经心。作为欧元区支柱的德国和法国两个"带头大哥"在2002—2005年财政赤字占GDP比重已均突破了3%。虽然经过调整两国财政情况有些好转，但对于突破限制的行为却没有任何惩罚性的措施，其他小国情况更甚。更为恶劣的是，很多南欧国家只是一心要享受统一的欧元所带来的低利率的好处，任意扩大政府福利开支和放任市场调节来寻求执政者任期内的

"得分"。作为经济发展相对落后的希腊，为了尽快达到加入欧元区的标准，甚至通过投资银行的帮助利用金融手段对国家的资产负债表进行"作假"的包装，使得希腊得以在 2001 年顺利加入欧元区，这一伎俩直至新政府上台发现并在全球金融危机的冲击到来再也无法隐瞒的情况下，才被公之于众。而且，希腊长期以来消费过多，社会福利负担过重，财政赤字长期无法实现"马约"的要求，终于出现了当下四面楚歌的危险境况。

日本的教训更是深刻。在面对 20 世纪六七十年代大规模顺差和升值压力时，日本本应主动进行政策调整。但是，按照日本中央银行前副行长绪方四十郎的话说，当时日本"社会心态膨胀，对日本经济过于自信，尤其是国家领导人的心理膨胀，政策决策者们开始变得傲慢，听不进外面的意见，本该主动从自己的角度早做政策调整，但调整的严重延迟，最终导致日本当时无力应付国内市场运行和国际政治的双重压力，最终做出了被动性调整。而那之后，我们其他的经济政策调整（如紧缩货币政策），实际上仍然是一个个地被耽误"。这里，需要澄清的一个误解是，国内对日本"失去二十年"的解读，往往归咎于广场协议的日元被迫升值，但这在国际和日本国内并非主流认识。日元升值至多只是其中因素之一，并不是最重要的因素，极度宽松的货币政策和资产泡沫才是症结所在。长期在日本财务省任职的现任亚洲开发银行行长黑田东彦就是这一观点的代表。特别是，日本社会特有的终身雇佣制度及政策救助企业的强烈倾向，再加上日本自 1999 年以来长达十多年的几乎零利率政策，最终只是造成了占据大量资源的僵尸企业，严重缺乏"创造性破坏"，而这正是熊彼特企业家理论和经济周期理论的基础。

与日本相比较，德国经验值得借鉴。同样是广场协议后，德国马克大幅升值 36%，但德国并没有开展大规模刺激政策。时任联邦德国经济发展专家委员会主席的施奈德教授在解释当时政策的出发点时指出，对于解决失业问题，凯恩斯的需求管理政策可以在短期内奏效，但是无法在长期中根本性地解决问题。增加就业要靠投资，但利率下降只是暂时性、一次性减少了企业的投资成本，而企业投资是一种长期行为，最终将取决于利润率情况。因此，政府应该采取措施，改善企业盈利的环境，而不是一味地对经济直接进行刺激。1982

年至 1987 年，德国财政赤字占 GDP 比重，由 3.3% 递减到了 0.4% 的水平。在税收政策方面，对企业和个人大幅减税；在财政支出方面也通过减少补贴等手段削减开支。这些是在约束政府作用方面的理性的、机制性的调整。但是政府又确实有所作为：在削减财政收支的同时，注重对经济结构的调整，用财政补贴资助投资周期长、风险大的一些生产行业；积极支持企业的研发，并向劳动者提供各种培训及其他形式的帮助，从而提高劳动者的素质。如果不考虑两德统一的影响，广场协议后的德国经济一直保持了 2% 左右的温和增长。至今，德国成为表现稳定且有可持续性的经济体，在金融危机冲击下仍无大患，也因而成了维系欧元区不解体的决定性力量。

四、立足中国实践看"理性供给管理"

（一）总量调控不足以"包打天下"，在新兴市场经济中更是如此

讲总量调控，一般首先要讨论货币政策。"通货膨胀不管何时何地都是一种货币现象"的弗里德曼式"经典表述"，实践证明往往产生明显的片面性，易使人们简单地在观察认知时把物价上涨完全等同于货币过多、通货膨胀，进而又唯一地在对策方略上，把抽紧银根作为解决问题的不二法门、完全手段（与之相应，在经济面临通缩压力的阶段，则只顾及考虑放松银根）。如果具体考察一下中国近些年的物价上涨，可以发现确实带有较明显的"结构性物价上涨"特征（虽然有主张完全依靠需求管理的学者质疑这种表述）。比如根据国家统计局的分析，从 2007 年下半年到 2009 年上半年连续多个季度幅度为 8% 左右的居民消费价格指数（以下简称 CPI）上涨中，食品价格占 6.8% 左右，房价占 1% 左右，其余仅占 0.2%。对于这种情况，必然引出的理论分析解释是，那一阶段中国除可能存在银根偏松带来的涨价因素外，应存在着食品类少数龙头产品"供不应求"、"成本推动"式的涨价因素，调控当局如能够有针对性地着力于较快增加这些产品的有效供给，便有可能相应产生缓解物价上涨势头的调控效果，而无须全面实行"一刀切"的银根紧缩来求得对物价的控制（当时也确实针对粮、肉的生产采取了针对性的支持措施，其后政策效果可以看得比较清楚）。

需要指出的是，上述这种实证情况和相应的"区别对待"调控模式，在十

分发达成熟的市场经济国家，虽不能说完全没有其适用性，但应当说具有适应性的现实局面的出现概率较低，因为那里较充分的竞争机制和要素自由流动，往往已自然而然地、自发地消化了较大的结构性不均衡，于是对于调控当局而言，便主要留下了总量调控"需求管理"的任务和"简单的抽紧银根方式"（当然，世界性金融危机"百年一遇"式的出现，也使"供给管理"的任务在美国等经济体中突然浮出水面）。但在现阶段的中国，作为新兴的市场经济体，在市场发达、健全程度尚远远不能与发达国家同日而语的情况下，上述实证情况和"区别对待"供给侧发力调控模式的适用性局面的出现概率便极高，甚至可以说往往会成为调控实践中应偏重的主导形态。

（二）中国经济存在着十分突出的基本国情制约问题和结构问题，客观上需要特别注重结构性对策

由于有上面第一层分析认识，已合乎逻辑地可以得知以优化结构为核心的"供给管理"，应成为中国特色经济学理论完整框架中的重要组成部分，进而应成为经济调控中重要的可选择方式之一，其在现阶段中国具有不可忽视的地位。进而我们对现实经济生活加以具体分析，还可清楚地看到，不论在世界金融危机发生之前还是之后，在中国不论是存在较明显的流动性过剩压力和通胀压力，还是其迅速演变为流动性不足和通缩压力的情况下，都存在某些领域明显的有效供给不足、投入滞后，即结构性的供需失衡。运用政府财力和其他可用财力着重强化经济社会的薄弱方面和"短线"领域，具有在"反周期"操作的不同阶段、在经济社会转轨的"矛盾凸显期"改进民生、消解矛盾并在"黄金发展期"维持良好发展势头的重大意义。

第一，中国的基本国情首先是世界上最大的发展中国家和最大的"二元经济"体，为解决好"三农"问题，需要在广阔的农村积极稳妥地推进农业产业化、新型工业化和新型城镇化，以及基本公共服务的均等化，加快实施社会主义新农村建设。这需要在一个历史时期中投入天文数字的财力。面对新农村建设、新型城镇化和基本公共服务均等化，我们的钱不是多了，而是仍然投入不足。大量事情还只能循序渐进、逐步去办。经济下行、低迷时"反周期"的政策扩张，还可以尽力在这方面多办一些事。

第二，中国的区域间差异在这些年的发展过程中有所扩大，亟须通过合理的统筹协调来有效地贯彻中央确定的西部大开发战略、振兴东北等老工业基地战略和中部崛起战略以及近年陆续明确概念的数十项不同区域的发展战略，加大中央政府转移支付的力度，控制区域差距、促进区域协调发展。这也需要为数可观的财力，可用的钱绝不是多了，而是还很不足。

第三，中国在争取 2020 年实现全面小康和努力构建和谐社会的过程中，有与民生密切相关的一系列公共产品和公益服务，亟待增加供给。如实行义务教育全面免费、建立城镇基本医疗保障体系和农村合作医疗体系，健全养老个人账户，健全已有的城市居民低收入保障制度和在全国农村普遍实施"低保"制度；发展城镇住房基本保障制度；保护生态、治理雾霾为代表的环境污染，以及改进城乡人居环境（如解决上亿人尚未得到安全饮水保证条件的问题），等等，莫不需要定向运用大量的资金，可用的钱只嫌其少，不嫌其多。

第四，中国为有效促进经济增长方式转变，实现可持续发展，必须按照国家中长期科技发展规划的要求走创新型国家之路。为支持从发展基础科研、实施国家科技重大项目到促进科技成果产业化各个方面的自主创新，必须在实行科技体制和管理体系改革、提升绩效的同时，下决心增加科技投入，而近年这方面的资金投入节节上升之后，某些重要的需求仍未得到很好满足，我们仍然是处于资金制约之下的科技投入相对不足状态。

第五，中国的社会保障体系还在逐步构建、健全的过程之中，还应继续瞻前顾后适当充实战略性的社保基金以应对人口老龄化带来的支付高峰、填补转轨成本。又如，几年前已启动的覆盖全民的医疗卫生服务体系建设（"新医改"），在已投入超过万亿元的资金支持之后，仍需巨量的新增财力"结构化"地投入其关键领域和环节。

第六，中国国防和必要的重点建设，仍需可观的"重点倾斜"的资金支持。

总之，如果我们在适当宽松的货币政策与扩张性积极财政政策的搭配，转为积极财政政策与稳健货币政策的搭配之后，继续坚持有所区别对待地在中国"三农"、社会保障、区域协调发展、自主创新、节能降耗、生态保护等领域运用结构性对策加大要素投入的力度和促进相关机制创新改进，便是通过"供给管理"加强了这些经济社会中的薄弱环节，即增加了宏观经济中的有效供给。这只会改进而不会恶化总供需的平衡状态，只会有利于维护"又好又快"的发展局面而不会助长下一期的通货膨胀和经济过热，而且将会增强中国在国际竞争环境中的综合竞争力和发展后劲，即提升可持续性。在中国的调控实践中，这应该成为一大特色。

毋庸讳言，这种"有保有压""有支持有节制"的结构性方略，也有可能给政府体系带来一种"政府万能"的幻觉和轻易滑向过度调控的危险性（乃至带上"旧体制复归"色彩），所以极有必要使承担调控之责的各政府部门务必保持清醒头脑，始终把结构对策、供给管理，掌握在符合市场经济资源配置决定性机制的"政策理性"范围之内，避免做出那些过多、过细碎的行政干预和"越界"调控，特别应强调尽量运用经济手段(经济杠杆)来贯彻结构优化的追求。但是，我们对于供给管理的重大意义并不能由此轻看。

（三）"供给管理"的地位，应当摆在中国与世界经济社会发展的长期视野中

作为一个转轨中的发展中大国，追求后来居上的现代化，大思路定位必然是实施赶超战略，并在政府职能方面有自觉意识地把需求管理与供给管理相互紧密结合。如我们在经济周期中的每一个高速增长期，通过积极主动的结构性"填平补齐"，尽量平稳地、有保有压地拉长其时间段，而当每一个相对低迷期来临，则在"反周期操作中"尽量以扩张和结构升级缩短其时间段，在逆周期的同时，尽力打造中国经济的"升级"版，那么就是在力求尽量贴近"又好又快"状态的长期持续增长，正是实施现代化"三步走"战略所追求的中华民族最大利益之所在，正是宏观调控的基本要领。

在近几年的相关讨论中，已有一些研究者敏锐地涉及了在中国资源、环境约束的新时期如何防止"滞胀"这一问题。如果从 20 世纪 70 年代后美国典型的"滞胀"情况看，那么有必要提及的一点，是其带有由政府政策的福利主义倾向引致发展活力削弱的特征，这一点经验教训，对于正要加速起飞的中国来说，也极有必要深长思之。中国新阶段的总纲是在全面改革中构建和谐社会实现协调发展，特别需要关注基本民生、改进福利状况，但也需注重在统筹协调

的科学发展观指导下，在福利增进过程中对"度"做出合理把握，积极稳妥地掌控好渐进过程。以为民生问题政府可以包揽，以为政府增收的财力可以不加区别地按平均主义方式分光，于是过早地提出不切实际的高要求、过急推行吊高胃口而不可持续的"均等化"，都有可能给我们带来活力减退与滞胀风险，结果将有损于国家现代化事业和人民群众的长远利益。

所以，以供给管理中的清醒设计和理性方案，做出"托底"保重点、渐次展开的民生改进，追求统筹协调、瞻前顾后的和谐增长，也是中国宏观调控中供给管理所不可或缺的内容，要明确地摆在中长期的视野之中。放眼世界，金融危机冲击之后，不论是新兴市场经济的发展中国家，还是市场相对成熟的发达国家，中长期视野中的供给管理，也都有极具新意的必要性。

（四）中国等转轨经济体的"供给管理"尤需注重以经济手段为主，与深化改革优化制度供给紧密结合

进行结构优化调整，需要做的事情很多，其中很重要的一点是，要十分强调和注重通过经济手段来调节，如果只用行政手段、法律手段的话，在市场经济环境下作用会十分有限，副作用也是比较明显的。很多事情政府不一定能看得很准，往往只知道一个方向，比如说要节能降耗，到底什么样的企业能在节能降耗中有竞争力，能够站住脚，这要通过竞争才能知道。实际上，推进大量的结构优化事项，往往政府只需要给一个导向，再加上经济手段（经济杠杆）的规范化设计，比如有一系列有针对性、体现产业政策和技术经济政策的税收或者支持补助的优惠措施，而后让企业自己在竞争中形成优化配置，通过市场来优胜劣汰，就可以起到很好的效果。比如，在税制方面，要达到淘汰落后产能，优化结构的目的，需要充分利用资源税、消费税、环境税的区别对待措施。为推动中国经济发展方式转变，无论是生产领域，还是消费领域，资源要素的相对价格都应该上调，从而使各方面更加珍惜资源，节约使用初级产品，刺激各种主体千方百计地开发节能减耗的工艺、产品和技术。从长远来看，这种经济杠杆不但要用，而且要用好、用充分。

抵御外部金融危机冲击而使国民经济在 2009 年从"前低"转入"后高"之后，2012 年至今，潜在增长率"下台阶"的表现已十分明显，在 7%—8%增长速度的"次高"增长区间运行状态下，存在更为充分利用这些经济杠杆的好时机。从宏观环境来看，经济企稳向好后，通货紧缩压力已经不存在，通货膨胀压力又还没有现实形成，这种时候我们应该不失时机地推出资源税税负向上调整的改革。资源税负的合理调整，最终应该达到把一些过剩产能和落后企业淘汰出去的效果。

还需要强调，在整合、统筹运用可用财力实施供给管理优化结构的同时，还应积极运用部分财力支持深化改革和"花钱买机制、建机制"。比如，为降低行政成本，转变政府职能提高办事效能，积极稳妥筹备、在时机成熟时更有力度地推进"大部制"的机构改革，需要安排一次性人员分流、安置的经费。为有效维护社会公平正义，在深化司法改革方面，应坚决落实"收支两条线"原则，充实公检法系统公用经费矫治公权扭曲，同时加强法官、检察官、警官培训和加强"廉政公署""中纪委"式权力制衡、监察机构所需经费。"乡财县管""省直管县"的扁平化改革推进到综合改革、减少地方行政层级时，也要安排所需的一次性经费支出。这些应当纳入中国特色"转轨经济学"和宏观调控"供给管理"的框架之中，深化改革与优化结构的互动，将以制度供给形成进一步解放生产力、支持"又好又快"发展的持续动力源。

五、中国"供给管理"的切入点与侧重点

其实中国特色的新供给管理在过去30多年已在客观的孕育过程之中，主要内源于从计划经济向市场经济转轨而寻求现代化的历史命题。回顾历史不难发现，我国改革不断深化的进程正是"摸着石头过河"与阶段性推进的"顶层设计"相结合的过程。自20世纪80年代以来，我国经济体制改革进程中召开过三次意义重大的"三中全会"：1984年10月召开的十二届三中全会做出《关于经济体制改革的决定》，阐明了经济体制改革的大方向、性质、任务和各项基本方针政策，富有远见地断言，"改革是为了建立充满生机的社会主义经济体制"，并指出，"为了从根本上改变束缚生产力发展的经济体制，必须认真总结我国的历史经验，认真研究我国经济的实际状况和发展要求，同时必须吸收和借鉴当今世界各国包括资本主义发达国家的一切反映现代社会化生产规律的先进经营管理方法。中央认为，按照党历来要求的把马克思主义基本原理

同中国实际相结合的原则，按照正确对待外国经验的原则，进一步解放思想，走自己的路，建立起具有中国特色的、充满生机和活力的社会主义经济体制，促进社会生产力的发展，这就是我们这次改革的基本任务"；1993 年 11 月召开的党的十四届三中全会做出《建立社会主义市场经济体制的决定》，提出了建立社会主义市场经济体制的总体思路，利用有利的国际环境来加快国内的改革发展，是当时强调"战略机遇"的主要着眼点。20 世纪 90 年代以来中国在加快内部经济改革的同时，努力融入国际社会和世界经济，逐步建立一整套基本市场经济制度，也为此后 10 多年的经济高速增长提供了良好的制度条件，其间 2003 年 10 月召开的党的十六届三中全会做出《完善社会主义市场经济体制若干问题的决定》，是进一步深化经济体制改革的纲领性文件，为全面建设小康社会奠定了坚实基础。但也需要强调指出，近些年中国经济、社会伴随着"黄金发展"而来的"矛盾凸显"，已使渐进改革路径依赖下制度供给的所谓"后发劣势"有所暴露，改革进入深水期和既得利益阻碍明显的胶着期，亦成为难度明显加大而又时不我待的改革攻坚期。

在以转轨为主题的中国式供给经济学中，必然需要有精细化的思考。前已述及，在中国改革开放的经济实践中，20 世纪 80 年代以后，就先后有一些学者在扩展的意义上讨论"供给管理"，这一视角下所讨论的重点，是强调在供给角度实施结构优化、增加有效供给以及以制度供给创新衔接中长期目标的宏观调控创新。所体现的从理论层面到实践层面的"中国特色"其来有自。

应当看到，在我国经济体制转轨已有长足进步的同时，渐进改革的难度也已明显上升，尚有不少深层次问题有待通过经济理论上的明晰而达成共识，以进一步深化改革来解决。在目前阶段，一系列的"两难"和"多难"式问题，以及结构优化、方式转变已被多年重视而又迟迟没有取得突破性进展等问题，固然有客观原因，但在缺乏理论指导方面的因素不容回避。没有一个以改革为核心的充分注重于供给方面的经济理论来指导改革，就难以达成清晰、理性的配套推进思路，并凝聚社会共识。攻坚克难的实质性改革能否得到真正推进，将决定中国现代化事业的命运。

第二章　中国制度供给变革的总纲：国家治理现代化和全面法治化

一、以"国家治理现代化"为取向推进全面改革优化制度供给

中国全面推进改革过程中，党的十八届三中全会通过的带有顶层规划意义的《中共中央关于全面深化改革若干重大问题的决定》（以下简称《决定》）公布之后，各方都感受到这一"60条"文件新意扑面，国内外好评如潮。其中，改革的操作举措更是多达几百条。大家都在学习理解整个决定的精神实质，但对于最浓缩、不可忽视的精神实质，我们认为，应可抽象为三个概念合在一起的重要逻辑联结，即现代国家治理、现代市场体系、现代财政制度。

（一）现代国家治理：国家治理体系和治理能力的现代化

《决定》中将"现代国家治理"表述为"国家治理体系和治理能力的现代化"。所谓"现代化"，是基于比较取向的概念，具体而言，是基于世界民族之林横向比较才能得出的判断和结论。作为四大文明古国，中国在鸦片战争之后落入距离"现代"特征越来越远的境地，一路积贫积弱、被动挨打、内忧外患。至20世纪的百年间，中国历经三件大事。第一件大事是辛亥革命推翻千年帝制。当时的政治领袖孙中山先生表达了非常清晰的取向，即"振兴中华"。这一明显带有"现代化"取向的愿景表述还落实到具体的一套建国大纲，即经过三个阶段"走向共和"：一是军政，即扫平各路军阀以奠定统一基础；二是训政，即开发民智，提升国民素质，让百姓知道民主法治为何物；三是宪政，即革命党功成身退、最后还权于民实现共和。然而，非常遗憾的是中国随后很快陷入军阀混战和外族入侵，甚至曾走到亡国灭种的边缘。第二件大事是1949年中华人民共和国成立。沿着孙中山先生"三民主义"重要认识的逻辑，这一件大事实际上解决了孙先生所说的三民主义的第一条——"民族"，即中国最主要的国土上终于摆脱了内战内乱和外国干涉欺凌局面，成为一个统一的民族国家站立起来。在此基础上，以"一五计划"为标志，中国迅速开展大规模经济建设。逻辑上是要解决"民族"之后的第二条——"民生"。第三件大事是1978年改革开放。与此同时，中国清楚地确立了"三步走"现代化战略，这

意味着真正进入解决"民生"的实质性阶段。截至 2000 年，"两步走"战略目标已提前实现，下一个阶段性目标是 2020 年在民生上实现"全面小康"，社会生活中也合乎逻辑地包含着三民主义的另一条——"民权"。这一目标的实现要靠"依法治国"、"依宪行政"体系的建立来实现。对此，三中全会后的四中全会以"全面依法治国"的部署做出清楚明白的对接。

共产党人执政阶段，对于"实现现代化"的历史性、战略性取向，始终是坚定不移的。启动"一五计划"之后，毛泽东主席曾经在 1956 年前后反复讨论怎么样发展更快更好些，并在讨论过程中形成了《论十大关系》。他说搞社会主义必须发展起来，如果中国搞了多年社会主义，还是没能发展起来，是要被开除"球籍"的（即丧失在地球上自立的资格）。中国在 20 世纪 60 年代告别"三年困难时期"后，在人民代表大会上，周恩来总理明确宣布了总体奋斗目标，即 20 世纪末我们要实现工业、农业、国防和科学技术的现代化，简称"四个现代化"。这样的目标引领确实对全体社会成员产生了极大的激励鼓舞，形成了莫大的影响。1979 年，邓小平设计勾画了现代化伟大民族复兴"三步走"战略，提出到 2050 年前后中国要实现现代化。后来的种种技术性修正，都是服从这个基本思路表述的，无伤于这个伟大战略构想的总体水准。可以说经济学相关的模型或测算并没有为邓小平这一宏伟战略提供多少量化的决策参考，但改革开放的总设计师邓小平看准了中国的潜力所在，并通过实践证明了这一决策的高水准。当 2000 年第二步（"翻两番"）提前实现之后，中国经济发展又在近年跃至世界经济"第二位"，那么 2050 年实现第三步目标就成为党的十八届三中全会提出"现代国家治理"面对的最实质性问题。为解决好这个问题，中国要在原来的治国理念上有一个重要提升，即强调"治理"。"治理"与"管理"虽一字之差，但内在逻辑与导向却有明显不同，调控管理是表述了政府居高临下、自上而下掌控的架构，而治理则是要求有多元主体充分互动而形成最大包容性的制度安排和机制联结。"治理"体系包括管理和自管理，调控和自调控，组织和自组织，更为注重的是横向展开的良性、包容性"多赢"发展。

习近平总书记已把中国现代化"三步走"战略目标凝结为"中国梦"的生

动概念，这与百多年志士仁人的主流追求和孙中山、毛泽东、邓小平的战略思维一脉相承。在多年的探索和奋斗之后，我们"伟大民族复兴"的内涵已有了充分提升和明确的理性原点：一是"中国梦"是从人本主义立场出发的，总书记讲"人民群众对美好生活的向往就是我们的奋斗目标"。实现"中国梦"是为人民群众谋幸福，且这种幸福是要正确处理眼前与长远、局部与全局利益关系的实质、可持续的幸福。二是"中国梦"不带有狭隘民族主义局限，而是寻求世界各民族的多赢，共赢，是在全面开放中以经济手段为主走"和平崛起"之路。邓小平当年有一个全局性的基本判断，即我们现在所处的时代是"和平与发展的时代"，也就是说，我们的时代主题已不是要解决原来"战争与革命的时代"战略判断之下"谁战胜谁"的问题，而是要解决如何共赢发展的问题。"核威慑"现实已清楚表明，虽局部摩擦，战乱仍然不断出现，但第三次世界大战可以避免成为极大概率事件，正因为如此，邓小平特别强调一定要抓住战略机遇期，"扭住"经济建设为中心一百年不动摇，再不可丧失机遇！在这个大背景下，邓小平提出 2050 年前后我国经济发展的主要人均指标要达到当时的中等发达国家水平。当邓小平十分艺术、含蓄地做出这种谋划时，这一目标听来并无多大震撼力，毫不咄咄逼人。但几十年过去，中国经济总量已上升至世界排名第 2 位之时，人均 GDP 却仍排在世界第 100 位左右。由此可见，如果中国再经过三十几年的奋斗，能够以世界第一人口大国的身份达成人均指标排名进入前 20 位左右（即中等发达国家水平），综合国力在世界民族之林中将势必名列前茅。再配之以其他现代化要素，这一"后来居上""后发先至"的现代化赶超战略，是中国"伟大民族复兴"不可否定的实质内涵。中国的现代化过程，十分明显，一不能走历史上某些经济体大量海外殖民之路，二不能走另一些国家"剑走偏锋"的军国主义之路，只能在全面开放框架下走与全世界"做生意"的经济社会和平发展之路，"三步走"联通"中国梦"的战略设计，实质上是从"韬光养晦""不争霸"连接追赶过程，最后实现伟大民族复兴。

然而，当前中国现在站在历史发展的新起点上，却有"矛盾凸显"无可回避，外部面对国际竞争的同时，内部从"物"的角度遭遇的资源环境制约（如雾霾式的环境危机因素）和"人"的角度面临的人际关系矛盾制约（如收入分配、财产配置方面普遍感受到并引起了强烈不满的不公与紊乱）日趋明显，要想如愿跨越"中等收入陷阱"阶段，就必须依靠"60条"《决定》所规定的实质性全面改革来化解矛盾，在 2020 年实现全面小康的同时，使全面改革"取得决定性成果"，即攻坚克难推进全面改革化解一切矛盾制约和阻碍继续"大踏步地跟上时代"。

总之，"现代国家治理"这个核心理念，是在中国人过去所有的追求和逐步形成的现代化认识基础之上，承前启后、聚焦到全面改革取得决定性成果与"中国梦"目标追求之上的。

（二）现代市场体系：使市场在资源配置中发挥决定性作用

与全面改革取得决定性成果相关联，必然要讨论总体资源配置的机制问题，以及经济基础影响上层建筑，文化、政治也必须在资源配置机制层面之上一并解决好的制度建设基本取向问题，这也就是党的十八大《报告》所强调的政府与市场关系这一"改革的核心问题"。这就自然联通到党的十八届三中全会《决定》中第二个核心概念，即"现代市场体系"。在相关表述上，《决定》第一次于中央最高层级文件上明确要求"使市场在资源配置中发挥决定性作用"，这是极其来之不易的。邓小平在改革开放之初 1979 年接见英国外宾时，就明确提到：社会主义为什么不能搞市场经济，我们也要搞市场经济。但此话当时对内不作传达，秘而不宣。为什么呢？当是邓小平意识到如果那时传达下去，会吵作一团，于事无补。在百废待兴、亟须发展之际，他作为高超政治家的要领是少争论、最好不争论（他曾说"不争论是我的一大发明"，不想争来争去，把时间都消耗掉、机遇丧失掉），要力求把"实事"做起来。此后，中国渐进落实了一系列"实事"：一是以容忍、鼓励农村的"分田到户"走向联产承包责任制，几年之内使农村面貌改观；二是以"杀出一条血路"的决心和魄力在深圳等地建立特区；三是"摸着石头过河"，微观层面试行国有企业基金与利润留成，宏观层面上设计渐进改革，1980 年从财政实行分灶式吃饭开始放权，并在向地方放权的同时，明确要求权力要继续下放到企业，让企业活起来。打开财政分权这个空间以后，后续的计划体制改革、投资体制改革、劳动人事制度改革、金融制度改革等再逐步推出；四是 1984 年终于通过中央全会的形式正式做出关于经济体制改革的决定，总体上定位为"有计划商品经济"；五是 1986 年开始考虑经济改革必须配上政治体制改革，否则经济改革就走不远，并把"有计划商品经济"进一步表述为"国家调节市场，市场引导企业"，即政府不再是一竿子插到底管控企业，而是使用法治化环境中规范的经济参数手段（如利率、税率、折旧率）影响生产要素的价格信号，给出微观主体自主做出生产经营决策的空间，以解放生产力，使千千万万分散的市场主体的聪明才智可以得到最大的自在选择空间真正地释放出来；六是邓小平曾说：那两句话（指"国家调节市场，市场引导企业"）如果认为不合适，可以先不提，但他又给出十分强硬的态度："十三大的政治报告一个字都不能改"，要把人民群众公认是改革的人放到领导岗位上；七是在 1992 年年初有决定性意义的南方谈话后，中国得以在几个月内由最高决策层确立了社会主义市场经济目标模式，继之，1994 年财税配套改革就是打造社会主义市场经济中的间接调控体系的重头戏。然而，即使是在确立市场经济目标模式之时，文件中的表述也只是说到使市场在资源配置中"发挥基础性作用"。现在，又经过二十余年的发展，终于有了《决定》所说发挥市场在资源配置中的"决定性作用"，这就把汉语语境中的市场经济应有的资源配置机制合乎逻辑地说到位了。当然，这个"决定性作用"是对于资源配置总体而言，并不是市场决定一切，不是在每一个场合、每一个具体领域、特别是非经济领域都决定，还有"政府更好地发挥作用"的要求。习近平总书记曾以很长一段话对"决定性作用"做出专门解说，其核心意思在于这一表述有利于实质性地解决好党的十八大所提出的政府和市场关系是改革核心的问题，有助于实质性地推动攻坚克难的配套改革。

"决定性作用"的表述，对于今后中国长远发展的影响一定是不可忽视的、巨大的，特别是在"决定性作用"概念后，还强调地提出了市场经济基石——产权制度层面值得大书一笔、具有突破性意义的表述——要大力发展"混合所有制"。对于混合所有制的理解虽然还有分歧（如有的专家学者说，多种经济成分并存就是混合所有制。我们并不认同，"并存"问题在改革开放初期就早已解决)，但我们认为应有的认识之关键点，是"混合所有制"的内涵，现在所强调的，实际上是在一个个企业体内，以股份制这种现代企业制度形式，联结于企业治理结构，以最大的包容性，把所有的产权包括"公"的股、"非公"的股，"国"的股、"非国"的股都混合、涵盖在里面，寻求多赢共赢（更实际的问题是有效解决国有股"一股独大"、民营企业如何突破"玻璃门""旋转门""弹簧门"等问题）。

萨缪尔森《经济学》中提炼的"混合经济"概念，刻画到股份制这个产权基石形式上，实际上与此是相通的：如以通用等跨国公司为代表来做观察，其股权结构已高度分散，通用公司最大股东的股权份额只有区区几个百分点，不少普通劳动者和产业工人都有股份，就是我们早早就听说的所谓"人民资本主义"。这种混合所有制的运行形式是在高度法治化情况下，使所有纠纷都能够低交易成本地依法解决的标准化股份制。股份制的现代企业制度，对于市场经济中产权制度基石的处理，提供了顺应社会化大生产的发展、工业革命后人类文明提升过程的良好制度载体。实际上，混合所有制在我们观念上所要求的突破，就是要淡化和摒弃过去面对企业股权层面"国进民退"还是"国退民进"，穷追不舍地问到底是姓"公"还是姓"私"、到底是姓"社"还是姓"资"的"贴标签"思维，以微观层面的现代治理呼应宏观全局的现代治理。

在本书关于PPP与混合所有制的天然对接的章节里，我们对混合所有制调控机制的包容性与适应性（响应机制）方面，已有提及。近年来影响全球经济运行的调控大事件，一是亚洲金融危机，二是美国次贷危机引发的全球"金融海啸"与金融危机。亚洲金融危机在我们身边最有冲击力的事件之一，是媒体所称的"港元保卫战"，索罗斯在香港市场布局后启动其"狙击"时，特别行政区政府的应对措施是把隔夜拆借利率一下提高百分之三百，使游资的运作成本一下高得难以想象——当然这也就加剧了股市的急跌，但是特别行政区政府又动用政府外汇基金和土地基金入市托住股市，结果没有发生索罗斯预测那么深度的跌落情况，这就是混合所有制框架下特有的调节调配空间。"港元保卫战"的结果是索罗斯在香港没有如在泰国等地那般得手。当香港的金融市场恢复稳定后，港府又以盈富基金模式，逐步有序地出售手中"官股"，尽量减小对市场的影响，而且还可以卖个好价钱，溢价部分成为公共收益。这是混合所有制框架下的调控产生了很好正面效果的案例。美国爆发金融危机后，政府实际上跳出主流教科书和"华盛顿共识"的套路，在供给侧区别对待地出手调控：在一开始没有救雷曼公司导致局面迅速恶化后，美国当局总结经验，分别出手为"两房"、花旗、通用注资。美国并没有争议过这个操作中姓"社"还是姓"资"的意识形态问题，也就是认为，在这个特殊的调控阶段，需要有这样的操作，从而使混合所有制的包容力对于以后整个经济全局产生了明显的正面效应，不仅美国的经济社会走向稳定，而且使世界性的危机恐慌得到收敛。目前，中国一个迫切需要解决的认识问题，其实就是不要再陷入前边几年实际讨论水平不高、谁也说服不了谁的"国退民进"还是"国进民退"的简单化争议，特别是不要再简单地贴姓"社"姓"资"的标签，把握好实事求是导向下的企业改革"真问题"。

混合所有制是社会主义市场经济基本经济制度的重要实现形式，这是中央在过去已有关于"股份制是公有制的重要实现形式"认识基础上的新的提升，并一定会助推民企发展中真正冲破"玻璃门""旋转门""弹簧门"，使公的、非公的股份共赢发展。马克思在《资本论》中说过，如果没有股份制，铁路的兴建还将是不可想象的。马克思有生之年已敏锐意识到股份制的包容性对于经济和公众的影响，指出它是原来私有制的一种"扬弃"，但是它还没有体现如何总体冲破资本私有制的外壳，所以马克思称为"消极扬弃"。100多年又过去了，随着人类社会发展、文明提升，我们的认识应与时俱进，应可考虑这一认识从"消极扬弃"走向"积极扬弃"。比如，上市公司作为标准化的股份制公司模板，在上市环节其英文表述为 Go Public（走向公共）绝非"私"的导向与逻辑了。这种产权非常清晰、充分披露信息、体现社会责任、接受全社会监督、对公众产生正面效应的公众公司，其实已不能再以严格的私有制一言以蔽之，它既带有混合所有制的框架形式，也具有不同成色的"混合实质"。未来中国要在"社会主义市场经济"中继续"大踏步地跟上时代"，混合所有制一定会打开空间。这对中国今后几十年完成"中国梦"愿景、其影响一定是非常深刻和长远的。

（三）现代财政制度：财政是"国家治理的基础和重要支柱"

《决定》中第三个重要的逻辑链接点，是把"现代国家治理""现代市场体系"以及"使市场在资源配置中起决定性作用""积极发展混合所有制经济"结合在一起，又引出了作为基础支撑的"建设现代财政制度"的要求。文件中明确指出，财政是"国家治理的基础和重要支柱"，这在如此高规格的文件中是第一次，但完全符合学理，是严谨的表述。财政可称为政权体系"以政控财""以财行政"的分配体系，处理的是公共资源配置问题，而公共资源配置的优化一定会拉动和影响整体资源配置的优化。财政预算体现国家政权活动的范围、方向、重点和政策要领，以"钱从哪里来，用到哪里去"的财力安排规范政府该做什么、不做什么，既不越位、也不缺位，使政府能"更好地发挥作用"——这种公共资源配置中政府职能的合理化，当然要成为现代国家治理的基础，这完全符合所有的经济学知识和逻辑演绎分析，没有任何夸大。因此，推进现代财政制度的构建，也是要对应"60条"的主旋律，为全面改革做支撑。这是对财政服务全局的重大考验，也是对整个中国完成现代化转轨的历史性考验。

面对2020年，我们要使全面改革取得决定性的成果，否则全面小康有可能变得没有其节点意义，因为虽然从人均收入指标的动态趋势看，2020年达到原已设定的要求几无悬念，但只讲全面小康并不足以解决跨越中等收入陷阱、转型陷阱的现实挑战性问题。我们应该更多地注意把握住问题的实质——目前改革已经推进到"攻坚克难"阶段，所有容易做的事已经做完了，好吃、容易吃的肉吃光了，剩下的都是硬骨头。总书记反复说的"要冲破利益固化的藩篱"，就是学者常说的要冲破既得利益的阻碍。在此背景下，任何一项改革都可能称得上千难万难。中央已经成立了深化改革领导小组，对所有改革的事情做出一元化的统筹指导和协调。在讨论对于现在改革阶段特征的基本判断时，贾康（2013年）提出三个基本概念，第一是矛盾凸显期（前文已提及矛盾最主要凸显为两点：一是资源环境的制约，比如大家都能感受到雾霾的打击；另一个是人际关系的紧张，比如中国现在谈到收入分配，几乎人人都认为不公平、有问题——这些矛盾如果不能有效化解的话，"中国梦"前景中的阴云会越来越重）；第二是深水区，换句话说就是总书记所说的"好吃的肉吃光了"，现在于深水区牵一发动全身，要动真格的，特别需要配套、统筹规划；第三是关键时期，中国的转轨虽已到了"新权威主义"的尾巴阶段，仍不可能设想不强调执政党"壮士断腕"般的自我革命，以全社会完全分散、布朗运动式地实现社会制度安排的全套更新，所以在中国共产党作为执政党可以有效组织各种资源的情况下，未来一段时间这种所谓新权威主义的组织能力，有可能使我们相对便捷地去自我革命和贯彻后来居上的发展战略，但是新权威主义是递减曲线，并且不能天然地保证我们如愿走到伟大复兴现代化目标实现的境界，也有可能走岔道。今后十年是决定中国能不能在度过 1840 年后的低落时期并终于走到面对 2020 年目标的新起点之际，继续大踏步跟上时代完成"中国梦"轨迹的关键时期。

在这种情况下，接下来的思索一定需要居安思危，要有紧迫性。这种紧迫性可以用祁斌先生所说"两只老虎的赛跑"来比喻，中国现阶段整体的形势就像有两只老虎在赛跑，一只叫"改革"，另一只叫"社会问题"。这两只老虎各自要素齐全，似乎也看不太清楚对方，都在往前跑，但哪只老虎跑得更快一点，将决定中国的命运。周其仁教授后来意味深长地补充指出：改革还要和新生代的主流诉求赛跑。试观察社会上的"80后""90后"以及"00后"们，他们可能已没有耐心来听前辈们"忆苦思甜"和讲解"主旋律"，他们也可能大多不会有兴趣去深究 1949 年新中国成立后各个发展阶段（"十七年""三年""后三十年"等）的得失，但他们是会有主流的诉求和人心向背的。

辛亥革命后，孙中山先生在海宁观潮后曾题写："世界潮流浩浩荡荡，顺之则昌逆之则亡。"这种只能顺应的世界潮流现在可以归纳为这样几条：第一是工业化。这别无选择，中华民族作为世界上唯一的几千年古老文明没有中断的民族，落伍就是从工业革命开始的。第二是城市化。工业化必然伴随城市化，过去我们曾经荒唐地让几千万人上山下乡，逆势操作，最后得到的是客观规律严酷的惩罚。第三是市场化，即市场取向改革，直到邓小平南方讲话之后锁定社会主义市场经济目标模式。第四是国际化或全球化，已表现为以"入世"来锁定全面开放格局。邓小平同志的判断非常清楚：不改革开放是死路一条。正是有了这样巨大的扭转，我们的路才越走越宽。第五是信息化，或者说高科技化，也即所谓第三次产业革命浪潮。除此之外，显然还有另外一个重要的不可逆转的要素，即依法治国、法治化、民主化。新生代的主流诉求一定会是在上述这些轨道上综合体现的。

二、从《中共中央关于全面深化改革若干重大问题的决定》精神联结《中共中央关于全面推进依法治国若干重大问题的决定》要领的试解读

2014年12月举行的党的十八届四中全会，以"法治"为主题，鲜明强调了"依宪治国""以宪行政"的总原则，并给出了法治建设的"全面依法治国"指导方针和推进制度建设的部署。

我们知道，要想实现全社会可预期的稳定环境与健康发展，就要有现代文明范畴里的法治。比如，紧密结合经济生活与社会经济行为，从法律的角度分析财产权问题，将有一系列的逻辑节点可以展开。首先要说到根本大法——宪法。经济社会转轨中，其实中国宪法还必须酌情修订。对于1982年在彭真同志主持之下修订的宪法，现在很多人是给予高度评价的，但其后仍不可避免多轮修订，最近一轮修订，在原来宪法条文里表述的"公有财产神圣不可侵犯"的旁边，增加了"合法的私人财产不受侵犯"。"公有财产神圣不可侵犯"，在表述上"神圣"两个字只是渲染意义的，关键在"不可"两个字，这意味着公有财产受侵犯的情况下，一定要有惩戒措施跟上；而到了私有财产，现在只是说合法的私有财产不受侵犯，并没有交代受侵犯怎么办。这就体现了酌情改进的必要。如果这个表述是在平时文章或者口头言说里出现，无伤大雅，但是写入庄严的宪法，我们认为还是不够格的，它没有解决在"私有财产权入宪"这一重要问题上，"受侵犯了以后怎么办"的问题。但是从另一个角度来说，这句话写进去总比没有好，所以要承认上一轮修宪有进步，但是水平有待提高。现实生活中合法的私有财产受侵犯的情况还是不少，如对于"重庆打黑"已揭露出来的各种各样侵犯合法私人产权的案例，没有很好追究这些对私人财产侵犯的违法行为。

习近平总书记所说"把权力关进笼子"，是非常有建设性的。共产党是执政党，执政党是有权力的，这个权力就是公共权力。公权由一个一个具体的私人执行，实际生活中肯定会发生扭曲，立法的关键是把权力关进笼子，力求最大限度减少扭曲。如果笼子是法律，那么就还要说到一个我们的治国理念——法治（不是"法制"，翻译成英文不是 Rule By The Law，而是 Rule By The Law）。现代文明要实现健康的民主化，一定要用"法治"的治理概念，真正"走向共和"。在义理上讲，"法制"（Rule By Law）以法律为统治工具，"法治"（Rule Of Law）则是"法律的统治"，表达"法律最大"的思想。"法制"强调法律的工具价值，"法治"强调法律的权威。"法制"是静态的法律制度体系，制度体系有好有坏。"法治"则是一个好的法律制度体系得到有效实施的动态描述。逻辑取向上说，"法治"只有好的法治，没有坏的法治。法治的首要任务是剔除现有制度体系中的"恶法"，法治的目标是"良法善治"，也就是"好的"法运行在现实秩序中，达到了"好的"效果。

在严重缺乏法治传统的中国，法治体系的建立，当然首先要优化宪法。宪法是根本大法，如前所述，在经济社会转轨中，看来中国的宪法还需要一轮一轮地修改。宪法下面要有完整的法律体系。这段时间，中国法律体系建设理念上最值得称道的一个进步，是从"法律"和"法规"的发展中形成两个方向，即负面清单和正面清单。负面清单列上去的是不能做的事，这是对企业、对市场主体最适合的"高标准法治化营商环境"的打造，以上海自贸区为代表，首先明确提出，其后三中全会《决定》提出要全面实施负面清单，因而对于企业和市场主体来说，"法无禁止即可为"——只要是负面清单上没有的，什么事情都可以做。"海阔凭鱼跃，天高任鸟飞"，充分发挥自主权和创造性。正面清单则适用于公共权力，即"法无规定不可为"，政府作为公共权力的主体在没有法律规定予以授权的情况下是没有权力做任何事的——"权为民所赋"。而且"有权必有责"，呼应于权力清单要有责任清单，落实问责制。这一套逻辑隐含的实际内容，是抑制官员动机中内在的"权力最大化、责任最小化"不良匹配，权责约束清楚到位，把对市场主体的负面清单和对调控主体的正面清单合在一起，显然是比现在状况更理想的法治环境。

如此笼罩着、覆盖着的法规体系，第一重要的事项是"有法可依"，无论是负面清单还是正面清单，力求能够一步一步推到全覆盖。当然这只是一种向理想目标的"无限逼近"，比较成熟发达的经济体，比如美国、英国，也不敢说自己浩如烟海的法律条文或案例把所有的事情都穷尽了，也需要不断动态地优化，中国作为一个转轨国家更是如此。在有法可依的起点上再往下走，还有人们已说惯了的"执法必严""违法必究"，这和现实生活的差距也还很大。其实，在"有法可依"后面、在"执法必严"前面，中国现在特别需要强调的是有"良法"可依。目前尚有很多"法"的水平是相当低下的，甚至可说合法不合理的情况比比皆是，另一方面合理不合法的事情也相当多。改造恶法、不良法，是全民族无可回避的任务。白纸黑字未必代表着公平正义，对于一些有争议的问题，如果简单"依法执行"，并不一定能很好地得到解决。中国要走向现代国家，走向"国家治理现代化"的境界，不建设法治社会是注定没有出路的，总书记强调"司法腐败是最大的腐败"，是直指这一问题对我们现在执政党"自然法"式合法性意义的严重销蚀和挑战。总书记在司法工作会上提出要清除我们司法队伍中的"害群之马"，取向是"让人民群众从每一个案件中看到公平正义"，这个方向完全正确。但是实际生活中，不可能让中国天文数字的每个案件都真正符合公平正义，我们是要尽一切努力使不公平正义案件判决的比重下降到最低限度。

邓小平在改革开放初期提出，要把党和国家的制度建设问题放到非常高的地位上，制度设计好了，坏人就不可能任意横行，制度设计不好，好人也会被动犯错误。只有制度才有稳定性、长期性和有效性，才能摆脱依靠以领导人的个人精力、注意力、偏好决定党和国家整体运行轨迹的风险。习总书记提出的"依宪行政"下的全套规范制度建设，与之是一脉相承的。但这些在现实中还是会遇到一些很有挑战性的问题，举两个具体的例子：一是上海自贸区。自贸区所需的众多新规则和现行法规都有所冲突，但现实中所有和自贸区所需新规划发生的矛盾，明确了在处理上都要给自贸区让路；二是当年中国加入世界贸易组织（以下简称 WTO），所有和 WTO 规则相抵触的法规都要以"清理文件柜"而被清理掉，这与严格执行法规的理念看上去有所冲突，但如果要使法治能够达到一个合格的境界，是必须要考虑鼓励先行先试因素和"变法"革新的，必须给出弹性空间。先行先试的意义是积累经验，不能说试验无懈可击、非常完美，就是成功了，而以后出现调整就失败了——可以此视角看待房产税的"两地试点"。习近平总书记已非常明确地表示，今后的改革要继续鼓励先行先试，要继续鼓励摸着石头过河。

在把握潮流、创造历史的关键时期，我们要掌握的就是如何化解矛盾以及跨越种种陷阱，在这个过程中，除"中等收入陷阱""转型陷阱""福利陷阱"外，具体的陷阱形式中，还有已经被很多人意识到的"塔西佗陷阱"。2000 多年前的历史学、政治学家塔西佗指出，在社会生活中存在着一个政府公信力的临界点，过了这个临界点，政府的所有决策，即使是正确的，也会无济于事，局面将变得不可收拾。我们在某些局部场合（如瓮安事件），已经看到这样的威胁。政治局会议讨论住房问题时，已提出"福利陷阱"问题，虽然我们应该从人民群众最关心、最涉及直接利益的事情做起，但作为调控主体，还必须考虑在眼前利益与长远利益、局部利益与全局利益、根本利益之间，怎么样权衡，否则福利陷阱会把我们拖入中等收入陷阱，最典型的前车之鉴，就是一些拉美国家。一百多年前，阿根廷跟美国的经济指标不相上下，但现在美国已经成为头号强国这么长时间，阿根廷则进入中等收入陷阱后一蹶不振。智利等国曾大同小异，"民粹主义"基础上的福利赶超，结果不仅是福利不可持续，发展的后劲也全没有了，引出多少社会动荡，多少血泪辛酸。中国经过前面三十几年的发展，有了历史性的新起点，已进入中等收入阶段，但绝不是以后自然而然地就能实现"中国梦"，如何真正避免这些陷阱，是有重大实际意义的真问题。

西方主流意识中的"现代化"是和中世纪切割，在告别"黑暗的中世纪"后进入一个新的境界，转折点是文艺复兴。文艺复兴有很强烈的人本主义色彩，引导形成的主流意识是法国大革命和美国《独立宣言》追求确立的自由、平等、博爱、民主、法治。党的十八大提炼的三个层次二十四个字的核心价值观里面，实际上包容了所有自文艺复兴以来人类文明不断提升的主流要素。必须承认无论是西方还是东方，某些属于人性的东西是相通的，比如孔孟之道里的"己所不欲，勿施于人"就完全立得住，是普世的，只要明确这个立场，就一定会引到博爱，一定会引到按照人类社会文明发展的取向来处理人际关系。所以从另外一个角度来说，虽然"现代化"这种主流意识带有一定的西方色彩，但却不能简单地认为是西方中心论，不能在文明比较的情况下认为西方的都立得住，东方的都立不住，这是需要具体分析的。东方的一些东西，在我们合理地发掘它的积极因素之后，要使之更好地跟外部世界互动，形成"美美与共，天下大同"的境界，虽然道路很漫长，但是趋势越来越清楚：在全球化时代、互联网时代，如果不寻求多赢共赢，可能会处处碰壁，甚至头破血流。相反，如果更多地强调"己所不欲，勿施于人"，讲民主法治和相互尊重，那可能就是增加朋友、减少敌人。人们说到的"现代化"横向比较的概念，是不断动态推进的组合，这个动态推进也需要依靠一些基本原理去实现，比如"自由"应是法治限制之下的，否则无法处理个体自由间的冲突；"民主"要走向共和，否则可能引出"多数人的暴政"。共和是承认所有参与主体的诉求都应该得到尊重和表达，然后做理性的讨论，寻求最大公约数。辛亥革命以后，我们中国人苦苦探索，但一直没有走到真正的共和境界。所以"现代化"是一个可以贴东、西方标签的问题，应该在全球化新阶段东、西方互动的过程中不断提升综合境界。公共资源、公共权利的配置即公共事务是在哪个阶段都躲不开的，比较初级的解决形式叫作"宫廷解决"，氏族公社后期开始私有制因素影响公共权利使用之后，带来了冲突，宫廷解决就是宫廷政变式的你死我活，比如中国历史上大大小小几十次的改朝换代，很多的皇帝就是在你死我活之中把对手包括亲兄弟统统杀光，自己才能坐稳江山，这种残酷的宫廷解决显然不符合人类文明发展趋向。第二个阶段的解决方式叫作"广场解决"，更多的人知情，在广场上大家一起来做"群体事件"式的解决，但是广场解决的实际结果往往达不到一个平衡点，无法解决后，就会由广场解决转变为"战场解决"，当下最典型的就是前些时候在中东和埃及发生的一系列事件演变，广场的派别对抗演变成夺人性命的流血事件。现代人类文明最值得推崇的解决方式是"会场解决"，最典型的是美国酝酿宪法，在费城会场里讨论一百多天，从议事规则一点一点抠起，最后抠出美国宪法。"会场解决"后没有简单的谁输谁赢，或者说输方不注定永远是输方，下一轮可以按规则继续再来，这有点类似于奥林匹克，大家遵从一个中立的公正裁判。中国要真正走向现代社会，不是贴东西方标签的问题，是在看到前边的探索之后，把各种各样人类文明提升的要素，真正综合在一个现代国家治理的制度联结里，形成一个可持续的制度安排，这其中有很多重要的探索，也有种种细节的问题。一句话概括：简单的单线文明论、西方中心论都是带有片面性的，但要承认文艺复兴直接引导了带有偶然性、但实际上决定了其后世界全貌的工业革命，以及和一些特定的因素汇集支撑美国形成一个世界头号强国的全套要素组合。中国的伟大民族复兴，要认同"顺之则昌，逆之则亡"的世界潮流，争取达到把中西方所有的文明要素组合在一起、融合在一起的可持续发展状态。

第三章　从供给端着手改革：化解潜在风险，实现经济可持续发展

一、中国宏观调控和可持续发展面临新环境、新局面及新挑战

虽然我国已经成为"世界工厂"，但自我创新能力仍然不足，技术进步很大程度上仍是对国外技术的模仿，而如今作为技术创新领头羊的美国通过信息、生物、新能源等技术进步继续引领高科技发展潮流，其他经济体在此方面也争先恐后。伴随着严酷的国际竞争，未来中国技术进步的空间仍会受到压抑。在明确"走创新型国家道路"为国策之后，战略性新兴产业政策亟须达到预期效果，但前景未必十分乐观——近年来光伏产业面临的阶段性困局已包含了多种启示与警示。人力资本方面，经过高校扩招的"教育大跃进"，虽然人均受教育年限有所增加，但如今高等教育的功能似乎更多地在于缓解社会就业压力，教育质量和人力资本质量提高的空间受到多种因素制约；职业教育的发展虽有积极努力，但仍任重道远。劳动力供给和社会保障方面，我们更面临着企业用工成本迅速上升和老龄化社会到来的转折式问题和长期问题。因此，如何化解中国面临的经济社会矛盾凸显与冲击，已非常迫切。

当前及今后一个很长时期，中国经济必须适应弥合"二元经济"所必经的中长期经济模式的转变和社会转型，并在国际金融危机之后学会在一个更具广泛性、与国内消费联系更大、对出口和投资依赖程度较小的增长模式中操作宏观调控事宜。当跨过刘易斯拐点和"巴拉萨—萨缪尔森效应"起点后，由于劳动力供应趋于紧张，劳动者工资率趋于上升，从而有望提高劳动者收入在国民收入中的比重，同时实际有效汇率也将表现为升值。新的背景下，虽然通常的

反周期性质的总需求管理不乏其用武之地，但寻求结构优化、促进生产率长期持续增长的供给政策，将具有越来越重要的意义。

二、传统意义上的货币和财政政策已难以适应中国经济步入新的发展阶段后的总体要求

（一）货币政策的局限性

货币政策作为总量管理政策，难以有效解决经济中的结构性问题。我国最近两轮通货膨胀具有明显的结构性特征，主要以食品价格推动为主因（在 CPI 的上涨因子中占 75%—85% 的份额），交通通讯及服务和娱乐教育文化用品及服务类商品价格几乎没有上涨，甚至小幅下降。对于猪肉等食品价格上涨，除考虑货币因素外，如果能够有效增加产品供给，将可以缓解物价上涨并实现价格调控目标，而无须全面实行"一刀切"的银根紧缩货币政策调控，减少对本应大力发展的其他部门的不利影响。[①]

在劳动力成本上升和潜在增长率下降的情况下，总需求管理如果操作不当，不仅可能会和其他因素综合而使经济运行陷入"滞胀"风险——美国等已有前车之鉴，还可能引发资产泡沫——日本就是很明显"泡沫化"的前车之鉴。日本经济在 20 世纪 80 年代中期达到顶峰后，不可能再像 20 世纪六七十年代那样高速增长，但是日本决策当局过分自信和迷信宏观政策的刺激作用，实行了低利率的宽松货币政策。最终结果是放任了资产泡沫的发展，并导致泡沫崩溃和陷入痛苦停滞状态的"失去的二十年"。

（二）财政政策的局限性

财政政策所受的"三元悖论"式的制约，是一个永恒的命题，即减税、增支和控制负债三项要求不可能同时满足[②]。经历上一次 4 万亿元政府投资为代表的扩张性财政政策后，我国以财政政策刺激经济的安全空间已明显收窄。而且，更为主要的是，虽然我国宏观税负总体水平尚属合理，但考虑各种制约因素和居民实际社会保障情况，进一步提升税负总水平并不可行，在完善税制基

① 贾康：《中国特色的宏观调控必须注重理性的"供给管理"》，载《热点与对策——财政研究报告 2009-2010》，中国财政经济出版社，2011 年。
② 贾康、苏京春：《财政分配"三元悖论"制约及其缓解思路分析》，载《收入分配与政策优化、制度变革》，经济科学出版社，2012 年。

础上通过结构性减税刺激经济增长是必要的也是可行的，而且这并不一定会产生长期视野内限制政府财政能力的影响，但短中期内伴随经济下行财政的"过紧日子"的压力影响却无可回避。与此同时，未来我国财政支出将迅速增加，包括用于健全养老金体系、医疗保障、教育、住房等方面的支出，以及建设"创新型国家"的必要投入。另外，多年积累的大规模地方政府融资平台贷款已形成了不容忽视的隐性财政负担。因此，中国公共财政负担总体而言会逐渐加重，不突破预留财政空间和保持财政可持续性是重要的目标，需要有关部门未雨绸缪，及早做出安排。当然，这并不意味着短期财政政策不重要和无所作为，在总需求明显下降时，积极的财政政策对刺激需求起着重要的作用，并且短期措施与中长期结构优化、改革深化的衔接与协调，也需要财政政策在加大扩张力度的同时发挥"区别对待"的特定调节功能。但由于刺激政策、区别对待政策功能与作用空间毕竟具有局限性，容易与政府的不适当强势干预及改革难题形成交织与纠结。

尽管我国社会福利体系健全完善需要大量的资金投入与财政支持，但其保障水平应符合我国财政可承受力等方面的实际情况。拉美国家的经验足以为我们提供重要启示。很多拉美国家的政治家为了取悦选民，只是一味追求高水平的"福利赶超"而跌入"中等收入陷阱"，痛失大好发展机会而一蹶不振。前些年的欧债危机的演变轨迹也与此有相似之处。建立一个正确的社会保障模式和社会福利模式是构建可持续和谐社会的前提条件和基础，我国现阶段特别需要关注基本民生、改进福利状况，但也需注重在统筹协调的科学发展观指导下，在福利增进过程中合理把握"度"，积极稳妥地掌控好可持续的渐进过程，财政政策的客观局限性在此是不可忽视的。

三、成本推动是中国通货膨胀的重要特征

虽然以弗里德曼为代表的货币主义将通胀原因仅归结于货币因素，这在竞争机制较完善和要素充分自由流动的成熟市场经济国家一般是无大问题的，因为在较为健全完善的市场机制作用下，经济会很快形成新的均衡，结构性问题与非货币供应量因素并不突出。但显然这一条件在我国并不适用，相伴货币主义解说框架而来的可能误导，是易使人们简单地在观察认知时，把物价上涨完全等同于货币过多、通货膨胀，进而又唯一地在对策方略上，把货币政策从紧作为解决问题的不二法门、完全手段（与之相应，在经济面临通缩压力的阶段，则只顾及考虑放松货币政策）。靠货币政策"单打一"地调节有效需求，在中国是尤显不够的。

最近两轮通胀经验表明，通胀预期在通货膨胀中起的作用越来越大，并伴随明显的结构特征（如前所述，我国 CPI 上涨中的主要影响因子多年内就是"贡献率"高达 75%—85%的食品类）。由于市场机制的逐步发育等原因，社会通胀预期的形成既基于以往经验，也根据对政策及未来经济变化的判断，属于"前瞻后顾"型预期，是具有较强惯性的"适应性预期"与"理性预期"及"理性预期失灵"的混合体。

与此同时，长期以来投资驱动兼出口导向型的经济增长动力开始弱化。中国的高速经济增长曾很大程度上得益于劳动人口占总人口的比例不断上升的"人口红利"。但是，中国已经接近或达到刘易斯拐点和"巴拉萨—萨缪尔森效应"起点。[1]近年，我国人口已经开始迅速老龄化，并从 2014 年总劳动人口开始减少，中国正明显地经历着劳动力市场从过剩转向不足。随着劳动力供给逐步趋紧，劳动力成本上升，"巴拉萨—萨缪尔森效应"，也即要素跨部门流动导致的要素价格均等化效应，将导致非贸易品价格即"劳动密集型"服务业价格加快上涨，推动成本的上升和整体物价水平的上涨。因此，货币政策对这种趋势性的成本推动的通货膨胀，需要做出有效反应，引导通胀预期，在经济下行中认真关注和应对通货紧缩压力时，也必须对通货膨胀因素向"滞涨"组合的演变保持高度警惕。

四、我国将继续面临潜在增长率下降

与"巴拉萨—萨缪尔森效应"和"刘易斯拐点"相伴随的是，我国经济的潜在增长率也将下降。因此我们应容忍一定程度的结构性通货膨胀，但控制其在没有加速上升的幅度之内，也就是保持非加速通货膨胀经济增长率，简称

---

①沈建光、姚余栋：《消费率反转契机》，载《财经》，2011 年第 30 期。

NAIRG（Non-Accelerating Inflationary Rate Of Growth）[1]，这是指既定的技术和资源条件下，不引发显著和加速的通货膨胀的情况下，我国所能达到的可持续的经济增长率。同时，也要注意保持非加速通货紧缩经济增长率，简称NADRG（Non-Accelerating Deflationary Rate Of Growth）[2]。

但是，由于潜在增长率下降，我国面临一种重大可能性：中国经济潜在增长率下降时，NAIRG可能随之下降。2011年，国务院发展研究中心课题组（刘世锦等，2011年）对中期之内的中国经济增速作了预测。其主要依据是其他成功追赶型经济体的历史经验，并假定中国的发展路径与这些成功追赶型经济体较为接近。由此得到的预测结果是，中国经济潜在增长率有很大可能性在2015年前后下一个台阶，时间窗口的分布是2013年—2017年。目前国内的共识是潜在经济增速将会下降到7%左右。按照这一假设，根据姚余栋、谭海鸣（2011年）测算，未来要将中长期通胀预期稳定在2%左右，通货膨胀稳定在4%左右，初步估计，我国非加速通货膨胀经济增长率（NAIRG）在8%左右，而非加速通货紧缩经济增长率（NADRG）在6%左右。

五、宏观调控的弹性空间收窄，加大调结构力度，加快发展方式转变，才能化解潜在"滞胀式"威胁，实现可持续快速发展

上述从中长期可预见的通胀因素与增长速度下降的因素合在一起，已使中国经济运行面临某种"滞胀式"的潜在威胁，调控当局的操作空间正明显收窄，"经济问题政治化"的临界点压低。从近年我国的调控实践作一经验观察，我国年度经济增速波动区间的下沿大体需维持在不低于7.5%的量值（非加速通货紧缩经济增长率，NADRG，测值为6%），而上沿则需控制在9%左右（非加速通货膨胀经济增长率，NAIRG，测值为8%），其中也就有1.5%—2%的弹性空间（从中长期估测，则有可能演变为6.5%—8%之间的弹性空间）；与之相应的经济景气水平反映到物价（以CPI为代表）表现上，其波动区间的下沿以不低于1%为好（如低于1%，此指标的灵敏波动中很容易击穿0而引

---

[1] 姚余栋，谭海鸣：《中国金融市场通胀预期——基于利率期限结构的量度》，载《金融研究》，2011年第6期。

[2] 姚余栋，谭海鸣：《中国金融市场通胀预期——基于利率期限结构的量度》，载《金融研究》，2011年第6期。

出通缩恐慌），而上沿则需在 4%—6%，其中仅有 3%—5% 的空间。2011—2015 年的实际生活表明，我国宏观经济运行状况如要脱出上述速度与物价变动区间，一系列随之而来的"矛盾凸显"问题便极易带上"经济问题政治化"的色彩和社会生活中的"火药味"，政治决策就必然倾向于"稳定压倒一切"而不惜代价，也宁肯不顾经济学的"戒律天条"。这种区间制约的严苛特点，是改革开放前面三十余年从未出现的情况，应足以使具有"远见卓识"意识的观察者和管理当局警醒。

分析表明，由于我国非贸易产品大多是低生产率且人工密集型产品，这也是这些部门的劳动力分享经济高增长收益的重要途径。因而，宏观决策者应当适度降低经济中长期增长目标并适当提高通胀容忍度。但这却碰到了上述"经济问题政治化"的天花板。

劳动力成本的变化和潜在增长率的下降，使我国经济越来越不可能维持以往的高速增长。特别是，与大宗商品成本的周期性冲击不同，劳动力成本冲击属于持久性冲击。李斌（2011 年）、伍戈（2011 年）的分析表明，在这种情况下，如果决策者仍想实现过去较高的经济增速，最终只能带来物价更高水平的持续上涨，而对产出拉动的作用不大。因此，总需求刺激政策并不明智，很可能仅是出现比以往更高的物价上涨，但经济增长仍未见起色，甚至还要低于已经下降的潜在经济增长率（如落至 6%）。

一旦在某个临界点或狭窄区间上（如 7%—8%），我国经济增长率居于下方，而通胀水平居于上方，中国的运行和调控将变得极其"两难"和棘手。此即中国不可忽视、无法回避的"滞胀式"威胁，并且极易引发和加入以综合性社会问题为背景的"中等收入陷阱"（增长过程突然失速）与"塔西佗陷阱"（政府公信力急剧丧失）因素的恶性叠加。所以，只有以实质性的结构优化和增长质量的提升，形成全要素生产率的支撑作用，在以可持续的上行因素对冲各种下行因素之后，保持增长率居于上方而通胀水平居于下方的基本格局相对稳固，才能化解这种"滞胀式"威胁等的"两难""多难"困局；而优化结构和提高增长质量，势必要求以实质性的改革克服种种既得利益的阻碍，化解深层矛盾制约。

六、以改革为依托，从供给端机制创新入手

三十余年的"中国奇迹"是依靠全面开放、利用人口红利参与全球分工和竞争的，但更主要的是依靠改革调动了相关经济资源的积极潜力。但市场经济在逐步替代计划经济、降低交易成本、提高经济效益的同时，其制度优化进程还存在不对称的地方。目前，我国一般产品市场已基本完全放开，但要素市场和大宗基础能源、资源市场仍然存在严重扭曲，人为压低要素价格，从而粗放地（高能耗高污染地）促进经济增长。但也正是如此，对生产者和投资者的补贴，使得经济严重依赖投资和出口，经济结构失衡的矛盾在前些年间迟迟不能有效化解，甚至越来越突出。因此，我们必须在实质性推进"顶层规划"下的全面配套改革中，更多依靠市场力量对经济结构进行调整，从而合理地运用市场和政府力量的结合，顺利实现向较高水平的常规经济增长路径和可持续增长路径转变。

根据未来一个时期我国面临的内外部形势，我国宏观调控政策一方面要在总需求管理上稳健审慎且能预调微调，避免在稳增长努力下通胀轻易抬头；另一方面，需在货币政策的"稳健"和财政政策的"积极"搭配下，坚持有所区别对待地在我国"三农"、社会保障、区域协调发展、自主创新、节能降耗、生态保护等领域运用结构性对策加大要素投入的力度和促进相关机制创新改进，通过"供给管理"加强这些经济社会中的薄弱环节，即增加宏观经济中的有效供给。这只会改进而不会恶化总供需的平衡状态，只会有利于维护"又好又快"的发展局面而不会助长下一期的通货膨胀和经济过热，而且将会增强我国在国际竞争环境中的综合竞争力和发展后劲。这里最为重大的要领是，应考虑从根本上通过一系列的改革衔接短期诉求与中长期目标，化解制约我国长期发展和全要素生产率进一步提升的深层制度因素。

虽然在中长期内，我国面临外部经济环境恶化和老龄化等问题，势必告别高增长奇迹，但这也并不意味着中国经济没有继续保持10—20年较快增长的可能。当前，我国还有很多深层次改革有待全面开展，如资源型产品价格形成机制改革、新一轮价税财联动改革、中小企业融资机制改革、有效减少行政审批、打破垄断的改革以及势必持续进行的户籍制度改革等，这些改革大都能够

帮助企业对冲综合成本上升的压力，在优胜劣汰的竞争中基于结构优化增加总供给，从而提高经济活力，既有利于控制住物价，又有利于保住增长的可持续性。"制度红利"是中国未来十年、二十年最需要着力争取的因素，也是超越西方的凯恩斯主义、供给学派两端的偏颇而正确发挥出"供给管理"优化结构、促进转轨的合理政府作用而成功地使我国实现现代化的关键条件。

毋庸讳言，在供给端"有保有压""有支持有节制"的结构性方略，也有可能给政府体系带来一种"政府万能"的幻觉和轻易滑向过度调控的危险性（甚至带上"旧体制复归"色彩），所以极有理由使承担调控之责的各政府部门务必保持清醒头脑，始终把结构对策、供给管理，掌握在符合市场经济配置资源基础机制的"政策理性"范围之内，避免做出那些过多、过细碎的行政干预和"越界"调控，特别应强调尽量运用经济手段（经济杠杆）来贯彻结构优化的追求，避免出现新的产能过剩而生成高质量、有效益、能适应市场需求且可以引领市场潮流的供给。这方面"制度保证条件"的形成，就主要将依靠改革"攻坚克难"之功效了。

在研究者"理论密切联系实际"的分析考察中，有必要把供给端的重要主体——公权体系和供给形式中的重要内容——制度供给，更充分地纳入"新供给经济学"的理论框架。以政府和立法、司法机构一并构成的公权体系，其所必然实施的制度供给，是客观存在、有弹性空间（即有可塑性）和有高下之分的。在中国追求现代化的历史过程中的供给管理，除经济部门、产业、产能、产品、技术等结构方面的供给内容之外，最关键的还须着眼于打开"制度红利"这一转轨中最大红利源的释放空间，形成激发经济社会活力、潜力的有效制度供给，及实现相关改革决策的较高水准。制度安排层面深刻变革的取向是坚定不移的市场化，但又不能简单限于、止步于市场化概念下的作为。其实，中国的市场发育和经济赶超正是改革中最难处理的一项基本矛盾：国际竞争的基本现实已不允许我们再常规地、跟随式地经历和等待以平均利润率机制主导的漫长的市场发育及经济结构优化的自然过程，需要从供给端得到一种比自然、自发的市场配置在某些领域、有限目标下更强有力的机制——政府"理性主导"机制，并使之与市场机制"1+1＞2"式地叠加，才能逐渐接近并最终实现赶超目标。把后发优势与理性的政府主动作为结合在一起，摆脱经济学发展到凯恩斯主义、新古典学派和货币学派的"百家争鸣"仍未摆脱的需求—供给不对称框架。在现实生活中就要着眼于此，形成凌驾于"政府与市场绝对冲突"或"要么政府、要么市场——二者必居之一"旧式思维之上的新思想方法来指导改革与发展的实践。在尊重市场、培育市场的旁边，供给端的特定作为必须包括政府积极有效地建设市场、组织市场和"合作式"地超越市场平均利润率机制自然过程。

因此，未来中国的经济发展迫切需要凝聚改革共识，也强烈呼唤能促进改革的新供给经济学，并在这个理论框架下探讨"顶层设计"和"系统改革"。30多年来我国经济社会发展取得了举世瞩目的成就，同时也遗留诸多问题（绝大多数属于棘手问题、难啃的"硬骨头"问题），种种问题很难通过制定若干条政策来解决，必须进行全面、系统的改革"顶层设计"。改革的全面、协调推进将是今后决定中国现代化命运的重心与关键。为提升全面改革的可操作性，从财税改革、价格改革、企业改革、投融资改革及土地制度、人口流动、公共资源配置、改善民生、优化收入分配等重大现实问题入手，也需要理论的烛照与指导，呼唤着把政治经济学、制度经济学、转轨经济学等熔于一炉的中国特色的新供给经济学。

总之，我们认为，中国宏观调控中无论根据阶段性变化作何种"相机抉择"的具体政策组合的选择，客观上都需要以改革为基本依托，中国的改革攻坚和配套推进，需要以改革为核心的新供给经济学的理性认知思路来引领。

第四章　新供给经济学的政策主张

基于相关理论研究及其经济实践应用，新供给经济学将基本政策主张定位为：中国未来的发展思路和宏观政策取向，核心是深入贯彻"发展是硬道理"的战略方针并升华为"科学发展是硬道理"层面，锁定从"现代国家治理"到"现代市场体系""现代财税制度"和"现代政治文明——以法治、民主走向共和"的全套逻辑链接，通过改革开放不断解放和发展生产力来提升农业、工业、基础设施和服务业、文化产业、生态环境产业等的供给能力，通过发展实体经济、促进就业、改善生态达致建设"幸福中国""美丽中国""和谐中国"发展目标，最终实现以中华民族伟大复兴为标志的"中国梦"，并为全球经济发展做出应有贡献，使人类的共同家园"地球村"成为"和谐世界"。我们已有的一种框架性分析认识是强调：仅靠推进"比较优势"战略尚不足以支撑实现"中国梦"的宏伟目标，作为中国之必然选择的"三步走"赶超战略，需要更为全面、丰富、科学的理论和政策设计支撑决策。[1]

新供给经济学对中国现阶段的具体经济政策主张，可概述为：建议着重从供给端入手推进我国经济实现"双创、双化、双减、双扩、双转、双进、双到位、双配套"；而对备受各方关注的"通胀、通缩问题"，则不宜简单直接套用主流经济学教科书及"华盛顿共识"或主要从需求端入手加以调控的模式，而应当确立"物价上涨"不等于"通胀"的基本理念，并积极构建与我国经济发展阶段、发展水平及市场供求结构相适应的物价调控模型和机制。

一、"新供给"的"八双"

（一）双创：创新创业

1. 走创新型国家之路

面对新一轮生产力革命（"第三次产业革命"）的挑战，我国为实现可持续发展和国际竞争中"和平发展"的向好，必须走创新型国家之路。从 1840 年起，中国从农业经济转向工业经济的阶段，时间之长，代价之大，是谁都没有想到的。农业技术的高水平，并不是工业革命发生的充分条件，中国在 18 世纪、19 世纪相对欧洲具有高水平的农业技术，却错过了工业革命机遇，就是明证。现时"中国制造"的成功并不能保证"中国创造"式新经济的出现。从长期来看，中国经济需要在高端"买不来的技术"领域靠原始、自主创新艰难前行，在中高端依靠全面开放和"拿来主义"再创新与"集成创新""引进、消化吸收"结合最终建成"创新型国家"，才能完成从工业经济向与"第三次产业革命"接轨的"中国新经济"的艰难转轨。可以预计，信息产业、新能源产

---

[1]贾康、刘军民：《政策性金融与中国的现代化赶超战略——兼与林毅夫教授商榷》，载《财政研究》，2010 年第 1 期。

业、高铁式重大装备制造业、生物产业和纳米产业等战略性新兴产业，可能成为中国经济的新引擎。在此过程中，科技创新客观需要以制度创新和运行机制的改造作为关键性的支撑，从这种中国特色转轨道路上的创新特色而言，我们可以强调地说："制度高于技术。"

必须深化科技体制改革，完善支持自主创新和成果转化的政策体系，引导各类创新主体加大研发投入，调动社会各方面参与和推动自主创新的积极性。完善以企业为主体、市场为导向、产学研结合的技术创新体系。加强创新型人才队伍建设，重视培养引进高科技领军人才。培育创新文化，保护创新热情，宽容创新挫折，形成有利于创新的全社会氛围。为支持从发展基础科研、实施国家科技重大项目到促进科技成果产业化各个方面的自主创新，必须在实行科技体制和管理体系改革、提升绩效的同时，下决心调动、引导相关各方增加科技投入，而当前这方面的资金需求尚未得到很好满足，仍然是处于资金制约之下的科技投入相对不足状态。近年中国财政对研发的投入已有明显提升，今后还需要政府对研发的长期投入，并带动市场主体共同形成并于 2020 年后保持占 GDP3%左右的研发投入，同时要遵从科研规律，以鼓励充分、制约到位、分配合理、管理科学的制度规范，调动全体科研人员的积极性与创造力，使科研投入的绩效水平得到提高。

2. 大力鼓励创业

必须充分激发全社会的创造活力，鼓励全民创业、万众创新，特别在中小微企业和现代服务业层面。以我国人口规模，企业数量还可能比 2010 年内前后的 3000 万户多几倍。民营经济是经济发展的生力军。民营经济的发展质量和水平，以及升级换代的进展如何，在很大程度上决定了国民经济的整体素质。要以多种制度变革和政策优化举措，支持实现民营经济新飞跃，完善和落实促进民营经济有效对接混合所有制改革发展的政策举措，鼓励民营企业加强技术创新、管理创新、制度创新和企业文化创新，大力实施品牌战略，着力提高市场竞争能力。国有企业需要进一步深化战略性改组，在健全国有资产管理体系和深化改革中消除过度垄断因素和优化治理结构，发挥其应有的特定功能与辐射力，与民营经济相辅相成共同、共赢发展。

（二）双化：新型城镇化与产业优化

1. 推进新型城镇化建设

2013 年，我国以常住人口为统计基础的城镇化率为 53.3%（考虑城镇常住人口中至少 2 亿多人未取得户口所代表的基本公共服务"欠账"因素，真实城镇化率则还在 40% 左右），鉴于我国城乡人均收入差距，以及农业与非农产业比较劳动生产率的差距还相当大，我国农村劳动力向非农产业和城市地区转移的动力依然强劲，这也是中国城市化的动力所在。由于城镇化意味着收入的提高、消费的提升，人口的高密度聚集，以及进城农民生活和居住方式的改变，城镇化毫无疑问是中国经济增长持久的内生动力。城镇化也意味着强烈需要供给结构的变化，城市人口的聚集和规模扩大形成的规模经济，将大大促进产业分工的细化和就业结构的细化，同时可以促进农村土地集约使用和农业集约化经营。

在推进城镇化过程中，应根据人多地少的国情，走"大都市圈"战略，避免"四处点火"的城市布局规模不经济现象。2011 年，中国人口超过 1000 万的城市已经有 13 个。2011 年，京津冀、长三角和珠三角三大都市圈（带）承载了中国 28% 的人口，却产生了 41% 的 GDP。应根据国际城市发展演化的规律，综合考虑水资源和环境的承载能力，提早规划若干个人口在 3000 万以上的"大都市圈"，最大限度地利用规模经济和劳动分工的好处，节约城市基础设施建设成本，促进服务业发展，也最大限度地节约耕地和保障粮食自给自足。

为引导好中国城市化的进程，发挥城市化红利，需要对阻碍城市化进程的现行户口制度以及户口附属的福利制度、农村土地制度、城市社会管理、社会保障制度、城市规划体制、跨行政区的协调机制等一系列制度，进行相应的变革。必须在弥合"二元经济"的历史过程中，以制度建设、经济手段和其他各种调控手段、政策措施的优化组合，走出一条伴随新型工业化、新型服务业化，同时推进新型城镇化、农业现代化而最终达到城乡一体化一元经济和谐境界的"中国道路"。但在城镇化过程中，要预防和阻止房地产泡沫的产生与发展，对资产泡沫危险绝不可掉以轻心。由于很难事前判断资产泡沫的积累，一个简单实用的法则是有价值的。每年平均房价上涨幅度不应超过全国或某地区经济增长率、通货膨胀预期和城市化人口增长率三项之和，即"清华规则"①。极端假设下，以全国经济增长幅度为7%，通货膨胀预期为2%，城市化率1%计算，全国每年平均房价增长速度不能超过10%。

城镇化如果是实现了进城农民工的市民化，毫无疑问有利于扩大内需。但城镇化更大的意义在于供给侧效率的提高，特别是"大都市圈"在规模经济上的明显优势。城市规模的扩大使得规模经济不断产生并推动专业化分工进一步细化，集聚效率进一步提高，于是形成大量的创业机会和就业机会。要使城镇化的这一效应得到发挥，需要政府在制度上减少创业障碍，在政策上扶持创业行为，形成有利于创业的制度和政策环境，从而真正形成城市经济的活力和创新能力。因此市场化改革，是城镇化能够顺利推进的根本保障。同时，政府牵头动员专家力量，结合民意与和社会多方互动形成的各政府辖区国土开发、功能区设计的"顶层规划"，至关重要，并且总体上并不能依靠微观主体"试错"解决好，必须抓紧进行新时期"京津冀一体化"式的顶层规划工作，形成能经受历史考验的高水平的各区域规划。

2. 促进产业优化

在扶持战略性新兴产业的同时，中国也不能放弃一般制造业的升级换代，不能简单将现有传统产业淘汰到国外，而应结合主体功能区规划和通过政策引导促使其渐次向中西部转移，同时鼓励现有产业改造升级，并大力促进第三产业、特别是现代服务业的充分发展。要在成为创新大国的过程中，通过技术创新、商业模式创新、产业创新，和以股权投资母基金引导社会资本投入方向，形成合力来加快战略新兴产业的成长步伐，争取弯道超车后来居上。要加快在资源能源、广电、文化、医疗、教育等垄断行业或过度垄断领域的改革、开放步伐，引入民间资本和资本市场力量，加快形成健康产业、老年护理产业、文化产业、创意产业等新的产业链、价值链和新兴产业群，释放出巨大的产业能量和活力。要通过第四代移动通信技术（简称4G）建设、高铁主干网建设、

①姚余栋、付竞卉：《确定可持续性资产价格：清华规则》，载《比较》，2012年第62期。

城镇化建设和航天军工民用化，带动移动互联网、绿色建筑、高端装备产业和新材料的发展。应推出有利并购重组的政策，以及通过资本市场功能的发挥促使产业、行业间资源重新有效配置，改善经济整体质量。

同时必须看到，政府扶植产业的效果已经在逐渐递减。中国产业结构优化升级的动力和压力分别来自收入提高后的需求结构多样化与需求结构升级及其供给端相应机制、人口红利逐渐消失后因劳动力成本上升导致的传统比较优势的丧失、全球化环境下开放带来的国际竞争压力，等等。开放条件下国际贸易和投资规则的限制，使我们以往通过政府扶持和优惠为主的产业政策手段，越来越多地受到贸易对手的关注和制约。因此，新时期推动结构优化和升级的措施，应该更加注重发挥市场机制的作用，让企业真正成为围绕需求结构变动展开创新和产业、行业结构升级的主体。政府的作用应该更为突出重点地转向营造良好的市场环境，包括改革深化金融体系、培育创业和风险投资、提供必要的政策性金融系统和产品，为结构升级提供更加高效的融资服务；加强基础研究和技术研发的政府投入，引导并激励企业加强研究开发投入和产品与品牌创新，赋予学校更大的办学自主权并引导教育结构更好地满足结构升级的需要；营造更加公平的竞争环境，减少对不同产业领域的行政管制和垄断，推动产业投资准入的进一步开放和全过程的公平竞争。

（三）双减：结构性减税与减少行政审批

1. 加快实施结构性减税

应以结构性减税作为现阶段宏观调控和财税政策的重点和亮点之一。结构性减税是激发市场主体"两创"活力并以经济杠杆引导结构优化、方式转变的代表性机制之一。特别需结合中国国情注意使税外负担的减轻与减税相互结合与协调。税制的总体优化需在远景上按现代社会、现代国家发展目标模式，近景上适应各发展具体阶段上的要求与制约，纳入财政、经济、行政和政治体制配套改革，积极有序推进。

"营业税改增值税"的改革，以往在进口、中小微企业、创新活动、养老产业化、绿色发展等环节和领域的减税与税收优惠举措，应成为现阶段结构性减税的重点，并与资源税、环境税、房地产税改革等一并纳入财税改革的通盘设计，寻求宏观税负基本稳定之下的"双重（多重）红利"。

2. 大幅度减少行政审批

减少行政审批应成为进一步转变政府职能、推进市场化改革、促进国家治理现代化的重要切入点和基本取向，进而以实质性减少政府行政干预特别是行政许可的制度改进，营造良好的企业经营环境，降低交易成本，达到鼓励创业、创新，提高效率推进升级的综合效应。

我国各级政府大大小小的行政审批不仅导致各类寻租腐败行为，而且同时增加了企业经营的不确定性和交易成本。未来中国产业结构的调整和升级，不可能再主要指望产业政策对几个支柱产业或战略性新兴产业和国有企业的扶持来实现，更多的是需要通过广泛的创业和创新活动来实现，而这类创业和创新活动的主体，必然是遍布各地和各个产业的中小企业。为了促进中小企业的创新和创业，必须大大减少不合理的政府行政审批项目，加强对私人产权的依法保护，花大力气改进企业的营商环境。国务院近年多轮推进的减少行政许可事项的改革，以及广东省减少行政审批事项、开展以"三打两建"（打击欺行霸市、制假售假、商业贿赂和建设社会信用体系、市场监管体系）为主要内容的建立具有国际水准的营商环境的努力，是有远见的开端，需要进一步深入。

（四）双扩：扩大向亚非拉的开放和基于质量、效益的投资规模

1. 着力扩大中国对亚非拉地区的开放融合

经济全球化、一体化已成为不可逆转的发展趋势，但由于美国次贷危机、欧债危机等因素，2008 年以后欧、美、日等发达国家经济陷入危机状态，其进口需求增速显著放缓，贸易保护主义抬头，且呈中长期化态势。而我国东盟双边贸易额从 1991 年的 79.6 亿美元上升至 2011 年的 3629 亿美元，年均增长 20% 以上；中非贸易额从 1992 年的 105 亿美元攀升至 2011 年的 1600 亿美元，年均增长 22%；中国与拉美贸易额自 2001 年以来年均增长 30%，至 2011 年达到 2415 亿美元。

面对这一变化中的国际经济格局，我们认为需"乘势"而"有为"，我国必须坚持和实施更加积极主动、更加能够体现比较优势的新型开放战略。以主动在海外设立投资基金方式投资欧美高技术密集地区的高技术企业，用股权整

合国际高技术资源，以国际产业整合方式支持国内产业升级，推动新兴产业的成长。在努力巩固与欧美国家经贸关系的同时，将更多的关注点和可用资源投入到亚非拉新兴经济体国家，通过拓展外汇储备运用渠道、推动人民币国际化两大动力，围绕"两个市场，两种资源"，运用"基础设施换资源"原理，积极探索将中国的资金优势、基础设施建设能力优势、经济开发区建设经验与亚非拉国家的资源优势、基础设施需求、农业发展需求、工业化进程需求实施有效对接，并以其相关需求带动我国资金、人才、产品和技术"走出去"。"一带一路（丝绸之路经济带和海上丝绸之路）"战略的实施、亚投行（"亚洲基础设施投资银行"的简称）与铁路基金等投融资机制的创立，可以成为新时期支撑"走出去"战略的重点和重要手段。

2. 适度扩大在稳增长方面基于质量和效益的投资规模

在中国当前所处的发展阶段，不能简单批评"高储蓄、高投资"，也不能照搬套用欧美国家以高消费促增长的发展模式（既以高收入为前提，又已被实践证明是导致危机的根源之一），更不能认为消费产生的 GDP 才是高质量的 GDP 而投资产生的 GDP 是低质量的 GDP。扩大投资并不必然导致产能过剩、重复建设。实际上，没有投资就没有供给，也就没有消费(除非像部分欧美国家一样靠借债、靠印刷货币、靠进口消费)；投资是消费的前提和基础，也是国家经济硬实力的依托和就业的源泉，对中国和广大发展中国家，在超常规的"追赶"阶段，投资对经济发展的重要性尤为重要。从改革开放 30 多年的实际进程和成效看，由高储蓄支撑的高投资，不仅不是中国经济的主要问题，相反这是中国得以实现快速发展的重要经验。我国投资与消费的比例和结构，应当随着中国经济发展水平的提升、居民收入水平的增加而逐步合理演进而不宜人为强力调整，更不宜直接套用早已实现工业化、信息化并进入高收入、高消费时代的美国的投资消费结构指标，作为中国目前所处发展阶段的参照指标，否则容易导致错误的宏观政策导向，人为错失当前对中国较为有利的发展机遇。

中国投资领域的核心问题，不是总量和增速，而是结构、质量和效益。从结构看，未来宜重点围绕新型工业化、信息化、城镇化、农业现代化、服务业现代化、国防现代化及住房、医疗、教育等领域，优化投资结构，提升投资强度；从提升质量效益看，要大力深化投融资体制改革和金融改革，以创新投融资模式，引入多元投资主体，以 PPP 模式和政策融资机制，扩大融资渠道，降低融资成本。此外，对电力、公路、铁路、地铁、公交、医院、学校等具有正外部性且实行或部分实行政府定价的公共性（公益性）领域和准公共性（准公益性）领域，应树立"大效益——国民经济效益"的理念，运用综合绩效评估方式，决不应简单仅以财务效益上是否亏损作为衡量其投资必要性、可行性的依据。

（五）双转：人口政策转变与国有资产转置

1. 尽快实施人口政策中"放开二胎"的转变

为应对我国已确定无疑面临的人口老龄化压力，"人口红利"的迅速消退、迫近的"刘易斯"拐点与不断上涨的劳动力成本，我国现行人口政策中对体制内人群的"一胎管制政策"和"单独两孩政策"及相关管制状态，亟须尽快转变为"放开二胎"。

实际生活中"一胎化"政策还有实际控制效力的覆盖面，早已收缩到我国城镇"体制内"人群中的几千万适龄人口而已，在党的十八届三中全会做出"单独两孩政策"的必要调整之后，一年多时间实际情况表明，实际上多出生的人口远远达不到原估计的每年 200 万，当下及时地转向"放开二胎"政策，不会带来我国人口压力的激增，却会在未来对冲老龄化给经济增长、社会养老带来的压力，近中期缓解"一胎"引致的社会问题（如"失独"家庭痛楚、贯彻"一胎"政策带来的政民矛盾、独生子女带来的养育焦虑、"中国小皇帝"式身心负面效应以及强化收入分配差距等）、适当提振消费和使城镇生活"幸福感"提升等方面，产生一系列正面效应。人口政策的完善，需要妥善处理好"放开二胎"政策实施的路径和各级计生部门的职能转变与人员分流安置问题，这方面并不存在任何硬障碍，关键在于"冲破利益固化藩篱"的决心与在方案操作层面设计好协调配套，切不可再久拖不决。

2. 积极促进国有资产收益和存量形态的转置

国有经济部门（主要以大型国有企业为主）在改革开放中继续发挥重要作用的一个重要方面，是顺应社会诉求以更大比重的资产收益上交国库，转而支持社会保障体系的运行和公共服务的优化。中国国有经济既有相同于其他国家、又有区别于其他国家的定位：一是应发挥弥补市场缺陷的特定功能，二是在实现中国"伟大民族复兴""现代化赶超"的"三步走"战略目标过程中，遵循经济规律的同时具有中国特色地、守正出奇地在贯彻国家意志方面发挥其不可替代作用，包括超常规地支持不同阶段上的战略重点事项——如现阶段有待尽快充实的社会保障基金，与强化基本公共服务均等化可用财力的筹集机制，以及贯彻"走出去"战略，等等。

在这种定位之上，健全国有资产管理体系应结合各级政府分别行使出资人职责的原则，将国有资产实施经营型、公益型和自然资源型三类资产的分类管理，坚持"资产全民所有，收益全民所用"的原理下，完善国有资本经营预算（资本预算）管理体制，提高利润（资产收益）上缴比例进而对社会保障和其他公共服务的支出加大支持力度，合理纳入全口径预算体系统筹协调。此外，公益型资产处置（如文化企业转制过程中国有资产的处置）也应纳入国有资本经营预算体系中来。

今后随着国有经济"战略性改组"逐步到位，中央政府在国资委管理范围内的100多家企业收缩至100家以内后，应积极探索通过立法方式，确定各类企业的设立依据、政策目标、国有资产收益的合理转置等相关规则，形成规范法案，并在动态优化中全面形成以国有资产收益和存量形态的合理转置服务于全社会公共目标的法治化制度体系。

（六）双进：国企民企双进步

即国有企业（国有资本）与民营企业（民间资本）应发挥各自优势，协调发展，共同进步。

我们不主张"贴标签"式地讨论"国进民退""国退民进"问题，且"进""退"也不是仅体现在"领域"的进出、"市场份额"的高低方面。我们主张，要按照马克思"生产力决定生产关系"的原理作为观察问题的着眼点，并按照小平同志"三个有利于"的核心思想作为衡量标准，在经济发展的一定阶段，既不是"越公、越国有越好"（20世纪50年代末的大跃进、人民公社，搞"一大二公"，有过惨痛教训），也不是"越私、越民营越好"（印度等亚非拉发展中国家的产权模式，以及 20 世纪东欧巨变后私有化形成寡头垄断，严重破坏国民经济发展，亦归于失败覆辙）。此外，从历史上看，中国明清时期、民国时期，没有什么像样的国有企业而几乎全是民营企业、民间资本，也没有实现"强国富民"、社会公平公正的目标。

我们认为，国有企业、国有经济与民营企业、民间资本各有其特点和优势，在当前中国进入工业化中后期、进入资本社会化时代且面临全球化竞争格局的条件下，观察国有企业的存在必要性、作用方式和空间，探索其有效管控模式，必须引入新的理念，采取新的视角，运用新的思维。

国有经济、国有企业具有依托或隐含国家信用、较能够整合各方资源、较有规模经济特色、资本实力强、管理相对规范、社会责任感较强等优势，是政府调控经济、维护国家经济安全，保障社会公平公正的重要调控、辐射力量和政策工具，特别是在某些从国家中长期战略看很需要但暂时面临市场缺损或发育不足的领域，其作用更显重要，但其也存在由政企关系界定不清或内部管理人员道德风险所引发的盈利动机不强、不注重管控成本反而易持续抬高管理成本和福利、工资，运营效率偏低、服务质量较低等问题；民营企业具有市场嗅觉敏锐、机制灵活、客户观念强等优点，但其与生俱来的最大化逐利本性容易导致主要关注企业自身利益或局部利益、粗放开发利用资源、压低劳工安全条件和薪酬、短期行为、易破坏环境、社会责任感不强等问题。我们主张，要通过扩大市场准入、加强市场监管、完善法律法规，发挥其各自长处，抑制其各自不足，构建国企国资、民企民资平等竞争、互为补充、双向良性互动的市场格局。独资形式的国企国资在一般性竞争领域可逐步完全退出，在涉及国家经济安全、经济命脉的特定领域其以股权衡量的控制力大致可初步掌握在 30%-60%区间。

股份制是公有制的重要实现形式和融合"国有企业""民营企业"分野而发展"混合经济"式现代企业的制度形式。原来"国"与"民"在一般概念上的截然不同，从历史大趋势上观察，将越来越多地转化为依阶段、领域等的不同而生成的股份制企业股权结构的变动问题，即归为国有与非国有股权在"混合所有制——混合经济"框架下的一体化生存与"共赢"问题。

（七）双到位：政府、市场作用均到位并多合作

即政府和市场都是现代经济健康运行的重要组成部分，但两者都不应越位、缺位，而应发挥其各自应有作用，实现"双到位"和"多合作"。

我们既不主张经济完全由政府主导，也不同意单一维度的所谓"小政府，大社会"或"政府退出经济领域，完全由市场自身配置资源"的观点。经济完全由政府主导，即实行计划经济，企业全部国有，则形不成市场，价格、资源必然扭曲，供给必然不足，效率必然低下，苏联东欧国家及中国改革开放前已有深刻的历史教训；经济完全由市场自发运行，企业全部是非国有企业，也会出现经济学理论中亦早已承认客观存在的"市场失灵"，其对国民经济造成的伤害也会十分巨大——1929年大萧条的出现是其典型案例；2008年以来出现的由美国次贷、欧债引发的最新一轮全球经济金融危机又一次充分证明，并非政府不参与经济运行，经济就可以很健康地发展。

我们主张，政府和市场应发挥其各自应有作用，并实现良性互动互补与合作。在中国特色的市场经济条件下，政府既是提供公共服务、监管市场运行的主体，也是部分特定领域的供给（生产）主体。中国政府应在承认和尊重在总体资源配置"有效市场"的决定性作用的前提下，更好发挥其"有为政府"的作用，未来一方面要运用财政政策、货币政策、收入政策等宏观政策，并通过制定和贯彻国家中长期发展战略、区域和行业发展规划引导市场这只"看不见的手"，调控经济运行；另一方面，还应颁布相关法律法规、设立监管机构来监督市场运行，并在涉及国计民生的关键领域通过构建一定数量的强大的国有控股企业这只"看得见的手"，来保障国家经济安全和弥补"市场失灵"，贯彻现代化赶超战略。

上述主张决不意味着看轻国有经济、国有企业深化改革的艰巨任务，也并不意味着主张政府"既当裁判员，又当运动员"，而是主张将政府三个职能分离由三个不同的主体来承担，以确保政府调控、引导经济发展职能与市场配置资源总体决定和职能"双到位"，具体模式：一是由政府设立的"行政部门"承担制定发展规划、审核市场准入等行政职能；二是要由政府组建"监管机构"来履行监管市场职能；三是对于涉及国家经济安全、国民经济命脉的重点

领域或存在"市场失灵"的领域，还应由政府出资在同一领域成立若干"企业实体"参与有外资、民资等主体加入的市场竞争。政府和社会资本合作（PPP）模式下的发展取向与机制创新，应成为政府、市场主体与非政府"第三部门"（民间志愿者组织）公益机构更充分地合作而寻求"共赢"的主题，[①]亦是政府、市场作用"双到位"前景广阔的创新形式。

经过不断的改革开放，我国的冶金、有色、航空、金融、电信等领域已基本上或框架形式上实现了政府行政、监督、股东三项职能的分离，初步形成了政府与市场互动格局，而电力、铁道、公路、卫生、教育等领域仍维持了或大体未打破原有格局，政府三项职能集中于一个机构，或仍实际维持了过度垄断与过度管制，需要通过大力深化改革，实现三者的履职主体有效分离。

（八）双配套：价税财与金融创新配套改革

1. 尽快实施新一轮价、税、财配套改革

各项改革进入深水区和攻坚阶段，非常有必要多项改革协调并进，其中应充分看重的是价、税、财等通盘协调的配套改革。财政问题，实质上是公共资源配置体系与机制问题，是"以政控财、以财行政"的配套体系，因而与公共权力主体的系统化改革息息相关，也与整体资源配置机制改革息息相关。正因为如此，我国改革开放宏观层面以财政体制改革为突破口，社会主义市场经济体系建设又以1994年财税体制改革为突破口，实践证明是十分成功的选择。财政处于经济社会基本关系的中心点，相应地在当前面临的资源环境以及人际关系等方面的问题，或多或少均与财税价有关，所以新一轮价、税、财联动的配套改革是"牵一发而动全身"的改革，也可以起到"事半功倍"的效果。

总体而言，价、税、财配套改革的近中期要点包括：通过营改增改革，在减轻税负落实结构性减税政策的同时，消除服务业发展的重复征税因素、推动企业发挥潜力做专业化细分并推动产业机构优化，提振消费提升经济增长质量；分步全面推进资源税改革，一方面将其作为我国基础品价改和电力体制改

[①]贾康、孙洁：《公私伙伴关系（PPP）的概念、起源、特征与功能》，载《财政研究》，2009年第10期；贾康、苏京春：《PPP：制度供给的伟大创新》，载《企业家时报：经济学家专刊》，2014年12月28日。

革的重要切入点，理顺基础能源、资源产品比价关系和价格形成机制，另一方面从源头上对节能降耗、低碳绿色发展形成长效杠杆机制；以房产税改革试点经验的总结和借鉴，支持加快房地产税立法并适时推进改革，呼应党的十八大要求的"构建地方税体系"，促进地方政府职能转变；允许发行以财产税等地方税收为支撑的地方债券，为新型城镇化融资，淡化区域间税源竞争导致的"经济壁垒"，进而对全国统一大市场的形成产生积极作用，同时可在房地产调控、收入再分配优化等方面产生积极效应；个人所得税分步走向"综合加分项扣除"模式的改革，可以缓解因收入分配差距过大带来的中国社会人际关系紧张的矛盾，同时在培养国民纳税意识、促进预算民主化方面有所作为。而上述各项税制改革的共同推进，自然而然地将我国税制结构向提高直接税占比的方向推进，逐步形成与市场经济纵深发展相适应的现代税制，而这也恰是实现社会经济转型、社会公平的必然要求；积极推进省以下分税制财政体制，一方面可以解决现实中基层财政困难、"土地财政"等问题，也能促进行政框架扁平化以及政府职能转变，从而降低行政成本，优化财政支出结构和更好地释放市场主体活力，为其他改革打开空间，释放经济发展潜力。

2. 积极推进金融改革和创新的配套改革

把握住全球化中的战略机遇，在已有成绩基础上继续推进金融改革和创新，扩大金融对实体经济的服务覆盖面和融资渠道、融资方式，提高银行业、证券业、保险等行业的全球竞争力，需要进一步深化金融机构的改革，特别是深化国有控股商业银行改革。一是进一步降低国家持股比例；二是提升社会资本持股比例，大力发展证券、保险等非银行金融机构；三是在政策性融资机制创新中构建多层次、广覆盖、可持续的农村金融服务体系，并健全小型、微型企业融资体制，引导小贷公司按"资本金融资、自负盈亏、自担风险"原则发展，改进小微企业的金融服务。四是通过建立存款保险制度（2015年已讨论实施），加快发展民营金融机构（包括一大批小规模的社区银行、村镇银行等），并通过降低准入门槛，引入民间资本或将现行的民间放贷机构合法化，增加金融供给主体和金融产品，更好地满足中小微企业融资需求；五是以显著提升直接融资比重为目标，大力发展债券市场；六是发展企业年金、职业年金等，为老龄化社会的养老和医疗保障提供充分的投融资机会并助力资本市场发展；七是继续完善主板、中小企业板和创业板市场，积极探索覆盖全国的股权交易市场（三板），并推动"大资产管理公司"建设；八是提高金融业稳健性标准，积极稳妥地推进银行业实现第三版巴塞尔协议，防范银行表外业务风险，牢牢守住发生系统性风险、区域性风险的底线；九是在利率市场化的最后"临门一脚"——放开存款利率上取得突破；十是做好准备适时实行人民币在资本项目下的可兑换，支持人民币国际化。

二、"新供给"的"五并重"

（一）"五年规划"与"四十年规划"并重，研究制定基于全球视野的国家中长期发展战略

新中国成立 60 多年来，包括改革开放以来，我国研究制定了十二个"五年计划""五年规划"，而美国、欧盟、日本、俄罗斯等国近年围绕国家发展都制定了中长期发展战略（如美国制定《创新战略》，欧盟公布《欧洲 2020 战略》，日本出台《新增长战略》，俄罗斯提出《2020 年前社会经济长期发展构想》，巴西提出"壮大巴西计划"等）。国际金融危机后，中国经济地位可以说已呈现"跳升"，在"第一个一百年"（中国共产党成立一百周年）的目标实现后，中国经济总量很可能较快成为全球第一。如何在全球视野内寻求中国长期最大经济利益，不光靠实力，还要靠高水平战略思维。建议国家组织跨部门、跨领域的专家团队研究制定中国长期发展战略，为推动技术、产业、人才、机制、制度的全面升级，以 2049 年（新中国成立 100 周年）实现"中国梦"为目标，站在全球经济社会发展的高度上，研究制定长期性、战略性规划，并针对性地组织制定关键领域和重要产业的具体战略，确定重大方针政策，并设计大致路线图及时间表。

（二）"法治经济"与"文化经济"并重，注重积极逐步打造国家"软实力"

1. "法治经济"建设

在党的十八届四中全会确立的"全面依法治国"指导方针之下，全面的法治化建设应成为对接"中国梦"的制度建设保证。虽然法律环境对每个行业的

发展都很重要，但服务业发展特别需要健全的法律环境，可以其为例作展开分析认识：首先其原因在于现代服务业中的交易比较复杂。制造业中的消费者和生产者对产品的认识较为清楚，产品的特性较容易描述，因此，交易合同较容易执行，对法律环境的要求相对而言就不那么高，甚至可能以种种非正式手段来替代法律的作用。但金融服务等服务业不一样，例如银行对企业的风险程度往往不是很了解，把执行贷款合同看成是重中之重。此外，服务业中有更多与服务对象特性相关的定制产品，交易时需要对产品进行非常详细的描述，交易还往往存在时滞性，因此也导致了合同的复杂与执行的困难。这些方面都需要有更好的法律环境来加以支持。如果法律环境不尽如人意，人们就可能会选择不去交易，不到市场上获得产品，导致服务业社会化程度降低。可以说，中国服务业占 GDP 比重较低的主要原因之一在于法治水平较低。在政府对市场失灵补充作用的缺失方面，需要强调的是法律环境对服务业发展的重要性。"中国服务"的崛起，"法治经济"是前提。社会主义市场经济是"法治经济"。从建设社会主义法治国家出发，参考曾在春秋战国时期及汉朝中前期发挥过重要作用的"法家思想"和西方在法制化领域的经验与教训，以及我国现实经济生活中的迫切要求，我们十分需要抓紧建设"法治经济"。

2. "文化经济"建设

在供给端积极引入中国"梅花与牡丹"为代表的文化基因和要素。中国在民族国家形成的漫长的历史沧桑演进中，于经济发展中充分体现了"梅花与牡丹"精神二重性：以"艰苦奋斗"中的"大汉"对应傲雪凌霜的梅花，以包容繁盛的"大唐"对应雍容大气的牡丹，从而拥有强大的文化资本。比如，中华民族吃苦耐劳，长期保持高储蓄率，这是支撑当前中国经济高速增长的重要因素。从这个意义上说，中国经济具有梅花精神。但另一方面，高储蓄率只是支撑中国经济增长的必要条件，人们越来越意识到多样化的需求和消费对经济的可持续健康发展的重要性。特别是，随着中国逐步进入老龄化社会，中国经济增长的动力会发生重大的改变。在摆脱基本物质的匮乏之后，服务业发展加速，对消费的多样性追求和文化消费开支的扩大，要求经济发展模式必须转变过去以资本投入为主的增长模式，转向追求创新和以需求多元化、供给多样化为导向的增长新路径，而这就要求中国经济更加彰显牡丹精神——其代表创新求变和海纳百川的包容精神、创业致富精神，增加每个人的选择机会。应倡导"勤劳立身"，长期保持艰苦奋斗作风的"梅花精神"；同时，倡导鼓励大胆创新、创业、创意和兼容并包的"牡丹精神"。中国经济在"梅花与牡丹""国花"式文化的交相辉映下，有望以本民族文化根底与外来文化融合形成"美美与共"的软实力，进而才能保持持续发展的生机与活力。

（三）"海上丝绸之路"和"陆上丝绸之路"并重，有效应对全球政治经济格局演变

1. 海上丝绸之路

中国经多年发展航运业，正在形成新的世界贸易中心或国际航运中心。2010 年年底，中国共有 22 个亿吨级大港口，上海港继续保持着世界第一大港的地位。我国造船的三大指标全面超过韩国，成为第一造船大国。中国作为贸易大国、港口大国、航运大国、造船大国，在世界航运界的地位显著提高。当我国经济总量超过美国经济总量成为世界第一时，依然会保持制造业的领先地位。这两者决定了我国出口和进口都会上升到居于全球第一位。外向型经济的特点，决定了全球海洋物流产业链条是我国国民经济的命脉。通过对海洋相关行业，例如远洋航运、码头、造船领域，企业或项目进行股权投资或控股收购，将有助于我国构建更为完整的海洋产业链条，建立遍布全球的海洋运输保障系统，确保我国对外贸易的正常开展和我国海洋战略的实施。从 2012 年我国于南海广阔海域正式建立三沙市(包括西沙、中沙、南沙三群岛，面积约 210 万平方千米)，到 2014 年正式确立"海上丝绸之路"战略，可谓水到渠成的重大进展。

2. 陆上丝绸之路

积极研究我国基于"高铁"的"西向战略"，拓展中国战略空间和促进亚欧非三个大陆经济一体化发展。可依托已有的新欧亚大陆桥中通道、南通道，新增从伊朗德黑兰至开罗等铁路通道规划，实现中国的人员、货物从陆路直达非洲。可考虑组织专门力量会同亚洲、非洲有关国家联合研究相关方案，除"义乌—新疆—欧洲（义新欧）"和"重庆—新疆—欧洲(渝新欧)"两大干线之

第四部分

315

外，考虑亚、非，至少可先侧重于如下两条干线：第一是依托新欧亚大陆桥中通道（已有初步规划），修建从新疆乌鲁木齐—喀什—塔什干—德黑兰—巴格达—安曼—开罗铁路，全长约 8000 千米，其中从已规划的新欧亚大陆桥中通道途经的德黑兰至埃及首都开罗新增规划里程约 3200 千米；第二是依托起于云南昆明的新亚欧大陆桥南通道(也已有初步规划)，经大理、瑞丽、缅甸曼德勒、孟加拉达卡，进入印度，经加尔各答、新德里，向西进入巴基斯坦，经拉合尔，再向西经库姆，全长 10000 千米，新增规划从库姆经巴格达、安曼至开罗，约 3000 千米。可充分运用开发性金融手段和组建我国为主导的"亚投行"或区域性融资机构，是相关的重大事项。这些构想，可融合、对接于"丝绸之路经济带"的全盘战略设计。

（四）柔性参与 TPP 与独立开展经济合作区谈判并重，主动参与国际贸易和投资规则的制定

1. 柔性参与太平洋伙伴关系协议（Trans -Pacific Partnership Agreement，以下简称 TPP）谈判

WTO 多哈谈判已经搁浅。美国通过 TPP 绸缪国际贸易新规则的努力，无疑对中国是一个巨大的挑战。美国已说服澳大利亚、秘鲁、越南、马来西亚和日本加入 TPP 谈判。国际货币基金组织（IMF）数据表明，2010 年 TPP 成员国 GDP 总额已高达 16.9 万亿美元，占世界 GDP 总额的 27.2%，日本加入后，其 GDP 总量将达 22.3 万亿美元，占世界 35.5%，成为世界最大自贸区。一旦 TPP 做大，加之美欧自贸区谈判的推进，"两洋战略"很大程度上又将把美国继续确立为全球贸易特别是服务贸易的中心。在太平洋方向，TPP 在很大程度上将成为 WTO 的替代版。中国面临是否加入、何时加入、如何参与规则制定等一系列棘手问题。我们的建议是，从长计议，柔性参与，不求短期内加入，但求"从谈中学"，积极靠拢和影响 TPP 规则。中国近年已从上海开始，后又扩大到广东、天津和福建的"自贸试验区"，要求打造高标准（实为向国际最高标准看齐）法治化营商环境，还是对此的国内铺垫。

更重要的还在于，2001 年中国加入 WTO 开启了以开放促改革的巨大红利空间，今后以应对 WTO 的态度应对 TPP，将再一次起到以开放促改革的积极

作用。降低关税之外，TPP 在经济透明度、知识产权保护、政府采购、环保高标准等领域的要求，将进一步推动中国改革，并契合中国经济升级版的要义。

2. 主动参与国际贸易和投资规则的谈判，加速推动"中非论坛"和筹备"中国拉丁美洲论坛"

建议国家将参与亚非拉国家铁路、机场、港口、电力、电信等基础设施建设及投资，作为今后 30—50 年中国推进"走出去"战略，拓展海外市场，获取海外资源及能源的重大举措。2008 年全球经济金融危机以来，由于欧美国家自顾不暇，亚非拉要求我国参与支持其基础设施建设的意愿强烈、需求巨大，这对中国是难得的战略机遇，对提升我国国际影响力，促进经济可持续发展意义重大，且我国在此领域已具有丰富经验、明显优势和强大能力。为此，建议国务院成立对外基础设施投融资协调领导小组，成员可包括外交部、商务部、财政部、发改委、交通部、工信部、人民银行、国资委等有关部委及国家开发银行、中国进出口银行等金融机构，统筹谋划，积极实施。

（五）高调推动国际货币体系改革与低调推进人民币国际化并重

1. 高调推动国际货币体系改革，重在话语权

20 国集团（以下简称 G20）领导人在戛纳峰会上承诺要"构筑更为稳定和更具活力的国际货币体系"，为国际货币体系改革给出了方向。从长期看，实质问题是应由一个"全球中央银行"来管理全球流动性。2009 年，中国人民银行行长周小川就在《关于改革国际货币体系的思考》一文中指出，国际货币体系的理想制度安排应采用超主权货币，如 SDR。从短期看，全球流动性管理是迫于国际社会需要，可考虑倡议新布雷顿森林体系，即在 G20"强劲可持续平衡增长的框架"下进一步落实 G20 戛纳峰会承诺和《IMF 章程》第一修正案，以基础 SDR 增长目标为"锚"，落实储备货币的国际协商制度，扩大 IMF 在全球流动性管理上的监督权，建立更为稳定和更具活力的国际货币体系，从而力求终结当前全球流动性"总闸门"毫无约束的局面；首先体现为形成话语权和在导向上促进加强全球流动性管理，为最终向超主权货币过渡创造条件。

2. 低调推进人民币国际化，抢占制高点

全球化不仅仅是贸易国际化，也是货币国际化。由于全球流动性缺乏管理，容易出现过剩局面和全球经济金融化局面。国际货币和国际金融中心成为孪生兄弟，而且大有凌驾于全球实体经济之上的趋势。如果人民币不能成为国际货币，我国经济越是开放，就越是面临被动对冲全球流动性泛滥和大幅度波动的困难局面，也难以有效打造自己的国际金融中心。所以，人民币国际化是我国经济参与全球竞争的战略制高点。成为"硬通货"的国际货币目前大体可分为三个层次，第一层次是美元，第二层次是欧元，第三层次是日元和英镑等。在较长时间段内，人民币还不可能达到"硬通货"的第一层次，只有进入"硬通货俱乐部"的第三层次（以人民币资本项目下可兑换为关键制度支持），进而再努力做成与欧元相当的第二层次货币。建议在现有已取得一些进展的基础上，低调务实推进。

在上述基本考虑中，八双中的"双创"是发展的灵魂和先行者；"双化"是发展的动力与升级过程的催化剂；"双减"则代表着侧重于提升供给效率、优化供给结构以更好适应和引导需求结构变化的制度基础；"双扩"是力求扩大供给方在国际、国内的市场空间；"双转"是不失时机地在人口政策和国有资产配置体系两大现实问题上与时俱进顺应供给结构与机制的优化需要，以支持打开新局；"双进"是明确市场供给主体在股份制现代企业制度安排演进中的合理资本金构成机制与功能互补和共赢效应；"双到位"是要在政府与市场这一核心问题上明确处理曾长期困扰相关各方的合理定位；"双配套"是财税、金融两大宏观经济政策体系上以大决心、大智慧推进新一轮势在必行的制度变革与机制升级。而上述"五并重"思路设计的视野，是把中国顺应世界潮流而寻求民族复兴的时间轴设为百年、空间轴设为全球，来认识和把握综合性的大格局、大战略问题。

总之，我们认为，应坚持邓小平"发展是硬道理"的核心思想，并升华为"全面、协调、可持续的科学发展"，以改革统领全局，适应中国新一轮经济发展的总体要求，针对当前和今后一个时期面临的多方面问题和矛盾，着重从供给方入手，构建促进总供需平衡和结构优化、增长方式转变的"新供给经济

学"，并作为指导中国未来可持续发展的核心经济理论之一。

以上"八双""五并重"是试图粗线条地、突出重点地表达我们在以改革为核心的新供给经济学思路上所强调的基本政策主张和建议内容。

党的十八大报告已经发出明确的号召："我们一定要坚定信心，打胜全面深化经济体制改革和加快转变经济发展方式这场硬仗，把中国经济发展活力和竞争力提高到新的水平"，"空谈误国，实干兴邦"。当前，最重要的就是落实党中央自十八大以来形成的"四个全面（全面建成小康社会、全面深化改革、全面依法治国和全面从严治党）"大政方针，贯彻实施改革总体方案和其路线图、时间表。这也关联到我国社会主义市场经济在 2020 年后究竟走向什么样的成熟模式，关系中华民族能否最终实现伟大复兴目标的光荣而艰巨的现代化历史任务，需要中国整个经济学界乃至全社会的积极参与，集中各方面的智慧，通过深入的讨论和思想碰撞，积极凝聚共识，不失改革机遇，不辱经济学人"经世济民"的使命。作为参与这个碰撞和讨论的形式之一，我们诚挚地希望并邀请更多的经济学工作者加入到构建和发展中国新供给经济学的研究和相关政策探讨行列，共同交出一份无愧当代经济学工作者社会责任担当的答卷。

第五章　重要应用：引领"新常态"，增加有效供给的选择性"聪明投资"

历经数年经济下行之后，2014 年三季度以来，我国工业、投资、消费等数据又继续出现回落，2015 年一季度的经济增速有加快下行迹象，已落到 7% 的重要市场心理关口。引发不少外媒"唱空中国"。自 2014 年 10 月底美国第三轮量化宽松（QE3）彻底退出后，国际、国内经济下行压力均明显加大。新供给经济学研究群体基于运用近年的创新认识认为应高度注重从供给端入手在未来一个时期抓住国际石油、矿产等大宗商品价格走低的难得历史机遇，充分运用我国高外汇储备、高储蓄及青壮年劳动力尚较充裕等多方面有利条件，按照我国打造新常态下经济发展升级版的总体要求和发展方向，以增加有效供给的选择性"聪明投资"，着眼于和发力于"补短板、挖潜能、转主体、增活力、提效率、可持续"，促进"稳增长、促改革、优结构、护生态、惠民生、化风险"，为 2015 年、"十三五"及长期经济可持续科学发展，实现"两个 100 年"目标，奠定坚实基础，并为全球经济稳增长做出积极贡献。

我们建议的核心内容，是在认识、适应和引领经济增长"新常态"的过程中，充分利用我国可用、可观、可贵的选择性投资空间，以"改革创新"为核心理念，从解放生产力、提升国际竞争力出发，以优化调整结构提升经济增长质量和改善生态与民生、实现可持续发展为落脚点，争取使"新常态"对接一个尽可能长的"中高速"而"质量升级"的增长平台期。

一、增加有效供给的"聪明投资"必要性分析

加大基于"稳增长、促改革、优结构、护生态、惠民生、化风险"的选择性投资力度，是有力应对当前及中长期国内外形势新变化和新挑战的客观需要、战略思维与诉求。从国内外发展经验看，投资是经济发展的重要支撑条件，是消费的前提和基础，也是国家经济硬实力成长性的依托和民生就业的源泉。我们认为，中国目前所处的发展阶段，特别是党的十八大提出的"三个没有变"（即"我国仍处于并将长期处于社会主义初级阶段的基本国情""人民日益增长的物质文化需要同落后的社会生产力之间的矛盾这一社会主要矛盾"和"我国是世界最大发展中国家的国际地位"这三者都没有变）体现的国情特征，决定了我国在相当长时期内经济领域的主要矛盾方面是在供给端，粗放型投资驱动转为集约型投资驱动并合理扩大消费的转变过程中，结构性有效供给不足的矛盾仍十分突出，为应对新阶段国内外形势的新变化和新挑战，适当增加有效投资对经济可持续健康发展尤显重要。中国投资领域的核心问题实际不是总量和增速，而是结构、质量和综合效益的问题。我们所强调的是在决策部门实施理性的"供给管理"视界之下的选择性"聪明投资"（Smart Investment），其可把政府"有所为有所不为"的结构性导向与"让市场充分起作用"的配置机制和多元主体合作制约之下审慎务实、高明聪慧的项目科学决策结合为一体。

（一）应对国际形势最新变化，提升我国综合实力及国际竞争力、影响力，需要增加有效供给的"聪明投资"

从战略格局分析，促进我国中长期可持续发展，实现"两个市场，两种资

源"，应对东海方向以"钓鱼岛"为代表的问题、南海方向的摩擦争端问题等，需要我国加大经略周边、全球经济布局的力度。

从应对当前面临挑战分析，2014 年三季度以来，全球经济整体复苏动能有所减弱，美、英等发达国家经济稳步复苏，而欧元区与日本经济增长下滑，新兴经济体整体复苏动态趋弱，国际经济格局复杂。美国量化宽松货币政策（QE）的彻底退出，成为全球经济发展的最新不稳定因素。为此，加快基础设施建设，出台能够有效稳增长的得力措施，成为全球共识，特别是发展中国家的客观需要与迫切愿望。

（二）确保国内稳增长，需要增加有效供给的"聪明投资"

近年来，我国宏观经济受外部环境变化及"三期叠加"影响，经济发展面临显著下行压力，而要保持 7%—7.5%（或 7%左右）可接受区间内的中高速增长，十分需要以增加有效供给的"聪明投资"，来加以支撑和驱动。

（三）促进加快改革，需要增加有效供给的"聪明投资"

经济走向"新常态"中，需要着力通过加快改革创新形成新制度供给，以解除制约生产力发展的制度瓶颈，进而盘活要素存量，并激发创新、创业、创造的潜力、动力和活力。从历史上反复验证的经验看，执政党"自我革命"的改革需要一个相对平稳的社会环境，经济增速必须保持在合理的区间内，以维持就业水平与收入增长预期处在防止"经济问题政治化"的临界点之上，而适当增加有效供给的投资，则是最为有力和比较便捷的举措。

（四）优化经济结构，需要增加有效供给的"聪明投资"

具体主要表现在：一是适应新型城镇化推进，一大批中心城市的交通、公用事业基础设施迫切需要加快升级换代（如相互联通的高铁网和中心区域的地铁网、周边区域的轻轨、城铁），实现社会生活基础条件的结构优化，在利用和消化钢铁、水泥等过剩产能的同时，形成长期的支撑性优质资产，这需要积极加大一系列投资；二是调整产业结构，需要运用节能降耗减排的中高端新产能、新供给，选择性投资建设示范园区和示范项目，促进"双高"产能的市场化淘汰、替代；三是我国农业现代化向高端发展，需要选点建设现代化农场、加大农业与科技和信息等现代化因素的结合、探索引入现代化设备和系统升级；四是制造业加快升级改造，需要通过重点企业的技术改造项目，带动新技术的研发和引进、新设备的制造和引入、新产品的创新和开发，促成产业升级和国际分工地位的提升；五是生产性服务业加快发展，需要在加快开放准入的同时加大国家选择性的相关投资。2013 年中国服务业对经济增长的贡献率为46.1%，首次超过制造业，但仍远低于发达国家 70% 左右的水平，也比同等收入水平的发展中国家低 10 个百分点左右，即便在"金砖国家"中，中国的服务业占比仍然是最低的，这同时所表明的，便是其相关投资与发展的空间及其必要性。

（五）使发展成果更好惠及民生，需要增加有效供给的"聪明投资"

未来需要增加有效供给的民生领域主要有：一是应对人口老龄化解决"养老难"，需要积极增加养老设施供给。从现在的人口结构来看，我国已快速进入老龄化社会，养老压力日趋严峻，"放开二胎"等人口政策的进一步调整势在必行，同时在机构养老、园区养老、社区养老等业态从硬件设施到软件服务的所有投入，必须适应客观要求。二是推进人力资本培育，需要增加设施供给。一方面，经济欠发达的中西部（尤以老少边穷区域为代表）教育设施供给仍明显不足、教育资源短缺亟待填补；另一方面，对社会生活影响日升的学龄前教育和作为国家经济发展重要支撑的现代职业教育等领域，有效供给明显不足。三是进一步深化医疗改革解决"看病难，看病贵"，需要增加医疗设施、设备投资；四是实现"住有所居"，需要政府在保障房、商品房双轨统筹规划之下，根据社会公平要求继续加快棚户区改造，增加公租房、共有产权房等保障性住房供给；五是为满足人民群众日益增长的文化、体育需求，必须加快相关文化创意产业园区和文体设施建设。参照欧美发达国家经验，2015 年以后，"十三五"及中长期，均需要加快建设博物馆、图书馆等文化设施以及足球场、运动场馆等体育设施。

（六）应对"雾霾"式挑战加快改善生态环境，亟须增加有效供给的"聪明投资"

加快生态文明建设，应对以雾霾为代表的环境危机因素的挑战，尽快改善环境，并加强国际合作应对气候变化，是改善民生的最为迫切需要之一。为此，一方面，需要加大相关投入，加快治理河流、大气、土壤等中间的存量污染物；另一方面，需要加快优化能源供给方式，调整能源、资源利用的结构和技术路线，大力加快煤炭清洁利用的设施投资建设，加快发展地铁、轻轨等综合性快速公共交通，加快污水处理厂、垃圾处理厂建设等环保设施建设，多措并举加快节能减排降污。

二、增加有效供给的"聪明投资"可行性分析

我国具备进一步加大"聪明投资"的多方面有利条件和可用、可观、可贵的空间，具体表现在以下几个方面。

（一）国际环境相对有利，亚非拉国家对加大基础设施建设有巨大需求且改善愿望迫切，"一带一路"及周边互联互通战略可成为加大海内外投资的战略抓手

近期我国外交取得一系列重要进步与合作框架构建中的成果，2014年11月初在北京召开的亚太经济合作组织（APEC）峰会通过的《北京纲领》和《亚太伙伴关系声明》，以及11月20日，在澳大利亚召开的G20会议通过的设立全球基础设施中心、全球基础设施基金等重大措施，表明加大基础设施建设进程，带动相关投资及产业发展，已成为国际共识。同时可清晰看到亚非拉发展中国家的基础设施短缺广泛存在，以及全球稳增长的迫切愿望，已形成了对我国加快海外投资的极为有利的国际环境。金砖银行的建立和亚洲基础设施投资银行的筹建进展，成为积极的配套条件。"一带一路"与周边互联互通战略，可成为加大海内外投资的战略抓手。

（二）国家已启动"十三五"研究，即将研究启动建设一批重大经济社会工程，可成为加快有效投资的重要驱动力

从国内看，国家有关部门已经启动"十三五"研究，落到谋划、推动发展的层面，就要涉及抓紧研究启动一批对加快经济社会发展、结构调整全局带动性强的重大经济社会工程，促进调整经济结构、保护生态、改善民生，推动经济发展和社会进步。

（三）我国已具备前所未有的强大设计、制造和施工能力

我国已具有在地域广阔、地质条件复杂地区推进铁路、公路、机场、港口、园区等公共工程、基础设施建设的丰富经验，也已具备当今全球实力最强的基础设施项目施工能力，以及适合不同经济体需要的铁路、电力等装备制造能力。总体而言我国足以积极参与国际竞争与合作的强大的项目设计、设备制造和工程施工能力水平，是前所未有的。

（四）我国财政能力具有较大的空间和潜力

从财政能力的整体空间分析，根据国家审计署公布的数据，2013 年 6 月来我国公共部门真实负债率为 40% 左右，参照欧盟规定的 60% 警戒线，我国这一比率显然在安全区内，可用空间还相当可观，亦弥足珍贵，别的主要经济体只有羡慕的份，用得好足以支持我国在较快完成"新常态"调整后乘势发展。

从 2014 年财政预算运行情况分析，未来 3 年间如分步把公共部门负债率提高至 50% 左右，可增加的公共部门举债资金规模不低于 6.5 万亿元，并将产生拉动社会资本的明显乘数效应，可挖掘的潜力空间巨大。

（五）货币政策仍有较大作用空间

主要表现在：一是大型商业银行法定存款准备率约 20%，仍处于历史高点；二是通胀率较低，PPI 已历经 3 年以上长期负增长；三是外汇储备规模巨大，至 2014 年 9 月末达 3.89 万亿美元。

三、注重"理性供给管理"的政策建议

（一）在 2015 年和"十三五"期间及更长的历史时期，我国应积极考虑适当加大基于质量和效益的结构导向选择性"聪明投资"，作为进入"新常态"、对接一个尽可能长的中高速增长平台的重要宏观政策方略和理性"供给管理"的有效选项，周密稳妥实施

从改革开放 36 年来的实际进程和成效看，我国由高储蓄支撑的高投资，总体上并不是中国经济的主要问题，而是中国经济得以快速发展的重要经验之一，新阶段上经济增速和投资率的适当调整是必要的，但中国投资领域的核心问题不是总量和增速，而是结构、质量和综合效益。

（二）通过加大相关领域改革力度攻坚克难，为提升投资质量和效益创造良好的政策环境和支撑条件

建议制度改革重点在已有部署上继续从以下方面深化：一是简政放权、放

松管制；二是消除过度垄断，实现竞争性市场准入；三是继续推进以"营改增"为切入点的财税配套改革，实现中央与地方财权、事权的合理调整及降低企业综合成本、促进企业设备更新改造、鼓励企业科技创新等目标；四是加快以"推进普惠制金融发展、扩大金融业开放"为目标的金融多样化改革，其中政策性、开发性金融的健康发展及商业性、政策性金融与PPP模式的良性互动和结合，应当纳入通盘战略性考量；五是加快以"反映市场供求关系"理顺比价关系和价格形成机制为目标的资源、能源产品价格改革；六是深化以"落实微观主体投资自主权"和发展混合所有制经济为核心的投融资体制改革；七是以打造高标准法治化营商环境、"实现投资自由化、贸易便利化和金融国际化"为目标的对外开放制度安排的改革。

（三）创新国际国内投融资模式，实现"中国全球共赢""政府市场双到位""国企民企双进步"

为加快推进全球基础设施领域合作，建议在加快资金供给端的金砖国家开发银行、丝路基金、亚洲基础设施投资银行等金融机构组建并发挥国家开发银行、中国进出口银行作用的同时，积极考虑创新基础设施建设的投融资主体、项目建设主体和相关项目建成后的运营主体构建问题。借鉴中国与新加坡合作的"苏州工业园"和近年表现了上升态势的国内"连片开发"多个案例中的可取经验，运用PPP机制创新，将国内外可带来资金力量的有关开发主体与需要投入资金而预期可取得未来现金流的基础设施建设项目和连片综合开发项目，在法治、契约保障条件下结为合作共同体，政府以提供规划、政策支持为主，并可适当投入追求"乘数效应"的部分资金，打造公司化、国际化、市场化的基础设施和连片开发建设新局面（比如，以基础设施发展公司形成"安哥拉模式"的升级版）。

近期国内基础设施及公共投资领域，正在加快推进市场化改革，开放市场准入，全面推广PPP模式，发挥民间资本的积极作用，对此亟须加快立法和示范指导，多方协作乘势推进，并积极扩大到境外（可重点对接"一带一路"战略的实施）。

（四）结合发展战略、产业政策，通盘规划加大高质量、高综合效益的投资力度，用中高端的"新供给"淘汰落后低端"旧供给"

基于新型城镇化、新型工业化、农业现代化、信息化进程中存在的供给不足等问题，进行有针对性选择性的聪明投资，需要极其注重防范无效、低效投资。新型城镇化过程中应注重首先对基本公共服务、养老设施等惠及民生的"托底"事项进行有侧重的投入；在新型工业化进程中应聚焦重点技术研发、产业升级换代、重大设备更新等有助于经济结构调整和产业转型的项目进行政策倾斜支持投入；在农业现代化进程中注重对农田水利、现代化农场、大型农用设备、服务运行体系硬件设施等方面进行有选择的投入；在信息化进程中应注重对大数据时代网络技术、网络系统建设、网络安全、网络人才、智慧城市等重点领域以引导基金等方式进行有选择的投入。

（五）财政和金融政策要为"稳增长、促改革、调结构、惠民生、护生态"提供有效支持

1. 财政政策方面：适当加大"积极"力度，有所作为，突出重点，创新机制

有针对性、选择性地加大投资支出，在增加公共产品和服务的供给方面，首先应当针对项目分类，选择资金来源的不同分类组合，注重积极扩大 PPP 制度供给创新模式的应用。特别应当加大教育、医疗、养老等民生项目投入。随着未来几年适当提升政府债务规模、赤字率，至少可在近两年 2.1% 的年度赤字率水平上明显提高 0.5 个百分点（即提高到 2.6% 以上），这可对应于年度数千亿元赤字规模扩张。建议地方政府债务规模可积极较快提升至年度发行 1 万亿元以上，用阳光化、低成本、长周期债务替换隐性化、高成本、短周期债务，减轻政府体系实际债务负担和基础设施融资成本。

2. 货币政策方面：适度放松，适当降准

货币政策应适当放松，在前不久降息之后，仍可适当降准，并把握必要情况下在降息、降准通道内继续运行。实际上，在利率逐步放开而市场化的条件下，只有降准，才能真正降息，这与经济刺激政策关联度并不太大，主要是对冲美国 QE 退出，降低企业融资成本，有利于市场稳定和供给端发展。

3. 拓展股权投资渠道：发挥资本市场作用，大力发展产业投资基金和政策性引导基金

建议在总结"沪港通"经验的基础上，可适当加大国内资本市场开放力度，及时推出"深港通"等对外"引水"举措，通过适度扩大股票发行增加股本融资，并通过资本市场产生的财富效应拉动国内消费增长（同时高度重视，积极引导股市风险的防范）。与此同时，建议可鼓励发展各类产业投资基金和政策性引导基金，为"聪明投资"和"创新驱动"提供资金支持。

4. 加快民营银行的组建进程和存款保险制度建设，大力发展互联网金融，构建以资金供给端"中小微银行"服务实体经济端"中小微企业"的普惠民生型金融体系

通过增加有效供给，缓解我国经济领域长期存在的中小微企业融资难、融资贵的痼疾，并为民间创业创新的民营经济发展，以及服务业发展提供强有力金融支持。

5. 加快构建绿色金融体系，为绿色经济、生态文明提供有效的金融支持

一方面，可借鉴国际经验，构建以绿色评级、绿色债券支撑的"绿色银行"机构（基于市场化运作的国家级或地方级"绿色银行"），并在现有的一些商业银行内部组建"绿色信贷事业部"，支持污水处理、垃圾处理、水利设施等环保基础设施，以及环保设备生产、低碳型新能源发展等；另一方面，应积极发展绿色保险、绿色信托等促进绿色发展金融机构。

6. 配合人口政策的及时调整

我国人口政策渐进而积极地实行"单独两孩"之后的"放开二胎"，已无任何理由再作拖延。考虑到计划生育工作体系随人口政策调整，需处理人员分流、经费保障机制转轨调整等配套问题，故财政部门应以专项资金和预算优化调整等方式，支持和配合人口政策的及时调整，以利国利民，达到"花钱买来新机制"的效果。

参考文献

[1] 贾康.热点与对策——2009—2010 年度财政研究报告 [M].北京：中国财政经济出版社，2011.

[2] 贾康.收入分配与政策优化、制度变革 [M].北京：经济科学出版社，2012.

[3] 贾康，刘军民.政策性金融与中国的现代化赶超战略——兼与林毅夫教授商榷 [J].财政研究，2010（1）.

[4] 贾康.战略机遇期金融创新的重大挑战：中国政策性金融向何处去 [M].北京：中国经济出版社，2010.

[5] 贾康，孙洁.公私伙伴关系（PPP）的概念、起源、特征与功能 [J].财政研究，2009（10）.

[6] 贾康，冯俏彬.从替代走向合作：论公共产品提供中政府、市场、志愿部门之间的新型关系 [J].财贸经济，2012（8）.

[7] 刘世锦.陷阱还是高墙 [M].北京：中信出版社，2011.

[8] 李斌.经济增长、B—S 效应与通货膨胀容忍度 [J].经济学动态，2011（1）.

[9] 李稻葵.新财富滞胀风险呼唤以改革为核心的新供给学派 [J].新财富，2008（8）.

[10] 沈建光，姚余栋.消费率反转契机 [J].财经，2011（30）.

[11] 王智鑫，李宏瑾.被误读的日本"广场协议"教训 [J].西南金融，2012（8）.

[12] 伍戈.输入型通胀与货币政策应对 [J].国际经济评论，2011（6）.

[13] 姚余栋，谭海鸣.中国金融市场通胀预期——基于利率期限结构的量度 [J].金融研究，2011（6）.

[14] 姚余栋，付竞卉.确定可持续性资产价格：清华规则 [J].比较，2012（62）.

［15］新供给经济学 50 人论坛.以"聪明投资"增加有效供给［N］.第一财经日报，2014－12－23.

［16］贾康.关于当前宏观经济运行的几点认识［N］.华夏时报，2015－04－30.

［17］贾康，刘薇.新供给·经济学理论的中国创新［M］.北京：中国经济出版社，2013.

［18］周其仁.城乡中国［M］.北京：中信出版社，2013.

［19］华生.城市化转型与土地陷阱［M］.北京：东方出版社，2013.

［20］文贯中.吾民无地：城市化、土地制度与户籍制度的内在逻辑［M］.北京：东方出版社，2014.

［21］张千帆.农村土地集体所有的困惑与消解［J］.法学研究，2012（4）.

［22］陈龙.新一轮土地制度改革的框架性设计与政策要点［N］.中国经济时报，2014－03－31.

［23］财政部财政科学研究所，北京财政学会联合课题组.新型城镇化进程中农民土地权益保障研究［J］.社科纵横，2014（11）.

并非结束的结束语："供给创造需求"的新解读

新供给经济学并不是对"萨伊定律"或"供给学派"的简单复活。从需求侧延伸出的思辨出发，新供给经济学理论研究唤醒了我们在供给侧长期"休眠"的神经，呼唤出对"供给创造需求"这一古老定律的新解读。

在供给侧创新中带来的"颠覆性创新"，在最近一二十年对中国意义特别突出，经济生活中特别值得我们关注的创新案例，是以美国硅谷引领新技术革命潮流所引出的在供给端实现升级、更新换代的事件，比如大家称道的乔布斯和他创新推出的苹果产品，还有现在互联网概念上包括"互联网金融"这种带有颠覆性特征的供给创新。在智能手机、互联网等这些产品方面，特别强调的就是所谓的"用户体验"。用户需求一直是有的，但"用户体验"这种不同的、由供给带来的升级换代的感受，被奇虎的周鸿祎称为"颠覆性创新"，它显然是在供给端发力的有决定性意义的创新，比如表现为把过去认为需要有偿使用的变成无偿——现在互联网上很多服务的直观形式就是无偿的，另外是把过去看来非常复杂的东西简单化，比如傻瓜相机、智能手机已可较高质量地完成摄影机的较复杂功能，省去光圈、速度等复杂因素的处理，实现便捷使用。萨伊"供给创造需求"命题的合理成分，在现实生活里面确是有所印证的。当然我们不应该否定需求的原生意义，人活着就会有需求，有需求才有各种各色的动机和满足需求的创新活动。但是一旦社会化大生产进入全球化阶段，特别鲜明的特点就是供给侧一旦实行了成功的颠覆性创新，市场上已不只是一呼百应，而是一呼万应、一呼亿应，一个产品可能迅速地风靡全球，而它给用户的感受确实是带来了人本主义视角上常说的幸福感——人们用到这种创新的产品以后，满意，于是就幸福。

类似的种种供给端创新所带来的颠覆性创新，对于中国的意义特别突出。中国追求现代化的过程，按照"三步走"这一战略构想的愿景目标，现在直观上仍是追赶，"大踏步地跟上时代"，实际上是借助于后发优势，形成综合性现代化水平的提升，最终要实现"后来居上"的赶超。而要真正实现像中国这样的后发经济体现代化、后来居上的赶超，供给管理特别值得关注。因为这里面具有丰富的可选择性空间，不像需求管理是单一指标的，亦"循规蹈矩"常规化的，按照反周期框架做总量调控即可——需求管理方面在总体框架上大体是认知比较成熟的，但对于后进经济体在真正发挥相关多元主体的潜力和可能的活力方面，空间是有限的。反之，和需求管理可优化互动的供给管理和供给端鼓励创新的空间却是巨大的。这样就可以回到最早萨伊所说的"供给自动创造需求"来做一轮新的阐发——对此话中国的理论界过去曾经给予批判，如归为"庸俗经济学"，但是这话语里面却含有合理的成分，就是带有破坏性创造、颠覆性创新特征的供给，确实有可能塑造市场、引领市场，创造出大量的可对应需求，是"升级换代"式阶段性提升的关键因素。没有苹果产品，很难想象市场上会有这么大的需求潜力释放的空间，有了乔布斯主导的苹果产品以后，移动通讯被普通社会成员由"用户体验"所接受的形势一下进入了一个"升级竞争"的境界。互联网金融现在表现出的某些东西是过去传统金融里无法想象的。余额宝和叫出租车连在一起，几秒钟之内就可以通过手机完成支付。余额宝和信用卡连通了，也跟理财产品实际上连通了，它承诺可以一天算一次利息，很零碎、细小的资金也无妨，赚多少钱随时自动结算，它的利率水平曾差不多是理财产品的水平，但绝对不是活期储蓄的水平，受低端散户的高度认可，从而打破原来的金融产品格局，客观上也在助推改革新阶段的到来。

制度供给的突破，能够打开的空间理念上为"改革是最大的红利"。其可引出的供给侧研究的一个重要视角，对于中国的意义在于经济、社会转轨中的制度供给问题。一旦在制度供给上有突破，打开的空间就表现为所谓"改革是最大的红利"，直接对应于"是中国实现现代化的关键一招"。

在处理生产产品满足消费需求的同时，必须注重解决供给侧生产什么、如何生产的问题，以及在什么制度、机制下生产的问题。对于中国经济社会转轨来说特别有意义的，是"制度供给怎么样"，这是我们从矫正经济学过去总体认识里需求侧与供给侧不对称性的"破"之后，特别要"立"的第一点。接下

并非结束的结束语：『供给创造需求』的新解读

来的第二点，要有一些必须明确树立的学术、学理支点，比如说把非完全竞争作为深入研究的前提确立起来，因为这是资源配置的真实环境。过去完全竞争的分析有很多的理论贡献，但是，在现实生活中，这些假设和实际情况之间又存在明显的不对应，可比喻为它只是一个所谓1.0版的模型，回到现实必须把它升级为2.0版、3.0版。一系列回避不了的供给侧问题，就必须引入我们的分析，虽然这种分析要困难得多——有很多过去注重需求侧时很好处理的经济学问题，于是乎现在变成了难题，比如说过去经济运行问题上可以一句话打发掉的"一般均衡中或者反周期调控中市场机制自然解决结构问题"——现在这话仍然有重要意义，但同时，在中国可预见的很长发展阶段中，追赶—赶超的现代化战略要求我们必须在充分发挥市场作用的同时，明确地需在非完全竞争的理论支点上，超越"自然解决"认识框架，在市场并不足以决定一切的时段和事项上，使诸如以财政为后盾的政策性金融、以政府政策导向鲜明的财税政策杠杆等，"区别对待"地发挥支持结构优化的作用。第三，应顺理成章提出市场、政府、企业、非营利组织各有所为并相互合作，是优化资源配置的客观要求，包括中国以后一定会发展壮大起来、现在已经很有这方面的动向和意愿的"政府和社会资本合作"机制和"第三部门"（即非政府组织、志愿者组织、公益团体）的培育和发展。在PPP等概念下，进一步探索推进政府、企业、非营利组织共赢、多赢创新的制度与机制，是供给侧的非常重要的一个观察点和研究与实践导向。在诸如推进城镇化、应对老龄化的一系列公共工程上，动员政府之外的其他主体包括企业、中介机构、社会上的非政府组织等介入其间，运用创新空间巨大的PPP机制更好地处理资源优化配置问题，在中国"后来居上"的现代化赶超中间优化制度、机制供给的全局意义是非常明显的，作用空间将是十分可观的。第四，我们应强调制度供给充分引入供给侧分析后，要形成有机联系、打通物与人两个视角的认知体系。对以"中等收入陷阱"等为代表的一系列具有"居安思危"现实意义的问题，极应做出有针对性的解释、分析和应对，如从资源环境制约（如雾霾问题）到人际关系制约（如收入分配问题）的矛盾凸显认识分析，引出合格的"对症下药"的建设性意见，并纳入全面配套框架。

在 20 个世纪 90 年代邓小平南方谈话、1994 年财税配套改革建立间接调控框架之后，我们已取得了一系列的调控成绩。但是延续主流经济教科书和仿效发达国家需求管理为主的思路，即继续贯彻单一反周期的需求管理操作路线，随着近年中国经济社会矛盾的积累和凸显，已经日益表现它的局限性。随着中国经济潜在增长率下台阶，经济下行的过程中间资源环境和收入分配等因素的制约之下，社会可接受的运行区间收窄，再复制"四万亿 2.0 版"的空间已经相当狭小，我们应该以力求高水平的理性供给管理的有效运用，来应对挑战，服务全局。而这，也正是新供给经济学本着"为天地立心、为生民立命"这一学术宗旨，本着"从实践中来到实践中去""融会古今贯通中西"这一学术路线，以及密切结合助力经济社会的现代化发展这一学术目标，所寻求的经济理论研究安身立命之基。